正進出版社

머리말

이 책은 한자능력검정시험을 준비하는 사람들을 위해 간편하게 들고 다니면서 언제 어디서나 편리하게 학습할 수 있도록 만든 한자책입니다. 바쁜 일상생활 때문에 한자 학습에 시간을 자주 못 내는 사람들에게 자기가 응시하고자 하는 급수에 맞는 시험을 집중적으로 공부할 수 있도록 한자와 사자성어를 급수별로 나누어 정리하였습니다.

이 책의 특징을 살펴보면 다음과 같습니다.

- **급수순 배열** : 8급부터 1급까지 총 3,500자와 사자성어 1,603개를 각 급수별로 나누어 가나다순으로 정리하였습니다.

- **한자풀이** : 각 한자의 대표 훈음 외에 부수 · 총획수 · 동의자[동] · 반대자[반] · 약자[약] · 필순 · 장단음 등을 한눈에 익힐 수 있도록 정리하였습니다.

- **한자용례 및 사자성어** : 그동안 한자능력검정시험에 출제되었던 단어와 사자성어들을 컴퓨터로 철저히 분석하여 각 급수에 맞는 가장 빈도수가 높은 것과 출제 가능성이 높은 것을 중복없이 수록하였습니다.

한자와 사자성어는 꼭 한자 시험을 위해서만 학습해야 하는 것이 아닙니다. 우리는 일상 속에서 자신도 모르는 사이에 수많은 한자와 사자성어를 접하며 살고 있습니다. 이 책을 꾸준히 학습하다 보면 어느새 교양과 지식이 쌓여 풍부한 언어생활과 세상을 바르게 보는 안목까지 생길 것입니다.

목차

한자능력검정시험 안내 ---------- 6

제1부 급수별 한자 ---------- 13

○ 한자능력검정용 급수별 한자 8급 / 14
○ 한자능력검정용 급수별 한자 7급Ⅱ / 19
○ 한자능력검정용 급수별 한자 7급 / 24
○ 한자능력검정용 급수별 한자 6급Ⅱ / 29
○ 한자능력검정용 급수별 한자 6급 / 36
○ 한자능력검정용 급수별 한자 5급Ⅱ / 43
○ 한자능력검정용 급수별 한자 5급 / 52
○ 한자능력검정용 급수별 한자 4급Ⅱ / 61
○ 한자능력검정용 급수별 한자 4급 / 82
○ 한자능력검정용 급수별 한자 3급Ⅱ / 103
○ 한자능력검정용 급수별 한자 3급 / 145
○ 한자능력검정용 급수별 한자 2급 / 172
○ 한자능력검정용 급수별 한자 1급 / 218

제2부 급수별 사자성어 ---------- **315**

- 한자능력검정용 급수별 사자성어 6급 / 316
- 한자능력검정용 급수별 사자성어 5급 / 324
- 한자능력검정용 급수별 사자성어 4급Ⅱ / 334
- 한자능력검정용 급수별 사자성어 4급 / 354
- 한자능력검정용 급수별 사자성어 3급Ⅱ / 372
- 한자능력검정용 급수별 사자성어 3급 / 427
- 한자능력검정용 급수별 사자성어 2급 / 448
- 한자능력검정용 급수별 사자성어 1급 / 462

찾아보기(가나다순) ---------- **495**

- 급수별 사자성어 / 496
- 급수별 한자 / 524

한자능력검정시험 안내

한자능력검정시험이란?

한자능력검정시험이란 사단법인 한국어문회가 주관하고 한국한자능력검정회에서 시행하는 제도로서, 학생과 일반인들의 진학과 취업에 대비하여 평생학습의 하나로 익힌 한자능력을 객관적으로 평가, 인정받을 수 있는 길을 마련하여, 공공기관이나 기업체의 채용시험, 인사고과, 대입 수시모집 또는 각종 자격시험 등에 활용할 수 있게 하는 시험입니다.

한자능력검정시험 안내

■ **주관** : 사단법인 韓國語文會(한국어문회)
　　　　서울특별시 서초구 서초1동 1627-1 교대벤처타워 501호
　　　　☎ 02-6003-1400, 팩스 02-6003-1441

■ **시행** : 韓國漢字能力檢定會(한국한자능력검정회)

■ **시험 일정** : 연 3회
　○ 교육급수는 4급~8급, 공인급수는 1급~3급Ⅱ.

■ **응시 자격**
　○ 1급~8급 → 재학 여부, 학력, 소속, 연령, 국적 등에 상관없이 원하는 급수에 응시.

■ **접수 방법**

○ **인터넷 접수(www.hangum.re.kr)** → 사전에 인터넷 접수 회원으로 신규 지원 등록한 후, 인터넷 접수 기간 중 지원 급수와 고사장을 선택하고, 신용카드 및 계좌이체 방식으로 결제하고 수험표를 출력함.

○ **접수처 방문 접수** → 준비물 : 반명함판 사진 2매(3×4cm·무배경·탈모), 성명(한글·한자), 주민등록번호, 정확한 급수증 수령 주소(잘못 기재시 급수증이 반송됨), 응시료(현금). 응시원서를 작성한 후, 접수처에 응시료와 함께 접수.

○ **우편 접수**(특급, 특급Ⅱ 지원자만 가능) → 해당 회차 인터넷 또는 창구 접수 기간 내 발송한 우편물에 한하여 접수 가능(접수 마감일 소인 유효). 접수처 방문 접수 준비물, 검정료 우편환 영수증(40,000원)을 동봉하고, 희망 특급, 특급Ⅱ 고사장을 명기하여 등기우편으로 발송.[주소 : (137-879)서울특별시 서초구 서초1동 1627-1 교대벤처타워 401호 한국한자능력검정회 특급, 특급Ⅱ 접수담당자]

■ **시험 준비물**

신분증(중·고생은 학생증 지참, 초등학생·미취학아동은 건강보험증 또는 주민등록등본 지참), 수험표, 검정색 필기구(볼펜 또는 플러스펜) ※연필과 빨간색 펜은 절대 사용 못함.

■ **시험 응시료**

구 분	응시료
1급	40,000
2급/3급/3급Ⅱ	20,000
4급/4급Ⅱ/5급/5급Ⅱ/6급/6급Ⅱ/7급/8급	15,000

❍ 창구 접수 응시료는 원서 접수일부터 마감시까지 해당 접수처 창구에서 받음. 인터넷으로 접수할 경우 별도의 수수료가 부과되지 않음.

■ 급수 배정

급수	읽기	쓰기	수준 및 특성
8급	50자	없음	한자 학습 동기 부여를 위한 급수
7급Ⅱ	100자	없음	기초 상용한자 활용의 초급 단계
7급	150자	없음	기초 상용한자 활용의 초급 단계
6급Ⅱ	225자	50자	기초 상용한자 활용의 중급 단계
6급	300자	150자	기초 상용한자 활용의 고급 단계
5급Ⅱ	400자	225자	중급 상용한자 활용의 초급 단계
5급	500자	300자	중급 상용한자 활용의 초급 단계
4급Ⅱ	750자	400자	중급 상용한자 활용의 중급 단계
4급	1,000자	500자	중급 상용한자 활용의 고급 단계
3급Ⅱ	1,500자	750자	고급 상용한자 활용의 초급 단계
3급	1,817자	1,000자	고급 상용한자 활용의 중급 단계
2급	2,355자	1,817자	상용한자를 활용하는 것은 물론 인명·지명용 기초한자 활용 단계
1급	3,500자	2,005자	국한 혼용 고전을 불편없이 읽고, 연구할 수 있는 수준

◐ 상위급수 한자는 하위급수 한자를 모두 포함. 쓰기 배정한자는 한두 급수 아래의 읽기 배정한자이거나 그 범위 내에 있음.

■ 합격 기준

구 분	출제 문항수	합격 문항수
1급	200	160
2급/3급/3급Ⅱ	150	105
4급/4급Ⅱ/5급/5급Ⅱ	100	70
6급	90	63
6급Ⅱ	80	56
7급	70	49
7급Ⅱ	60	42
8급	50	35

◐ 1급은 출제 문항수의 80% 이상, 2급~8급은 70% 이상 득점하면 합격.

■ 시험 시간

구 분	시험 시간
1급	90분
2급/3급/3급Ⅱ	60분
4급/4급Ⅱ/5급/5급Ⅱ/6급/6급Ⅱ/7급/7급Ⅱ/8급	50분

■ 출제 기준

쓰기 배정한자는 한두 급수 아래의 읽기 배정한자이거나 그 범위 내에 있습니다. 아래의 출제 유형표는 기본 지침자료로서, 출제자의 의도에 따라 차이가 있을 수 있습니다.

구 분	1급	2급	3급	3급Ⅱ	4급	4급Ⅱ	5급	5급Ⅱ	6급	6급Ⅱ	7급	7급Ⅱ	8급
독 음	50	45	45	45	32	35	35	35	33	32	32	22	24
훈 음	32	27	27	27	22	22	23	23	22	29	30	30	24
장단음	10	5	5	5	3	0	0	0	0	0	0	0	0
반의어	10	10	10	10	3	3	3	3	3	2	2	2	0
완성형	15	10	10	10	5	5	4	4	3	2	2	2	0
부 수	10	5	5	5	3	3	0	0	0	0	0	0	0
동의어	10	5	5	5	3	3	3	3	2	0	0	0	0
동음이의어	10	5	5	5	3	3	3	3	2	0	0	0	0
뜻풀이	10	5	5	5	3	3	3	3	2	2	2	2	0
필 순	0	0	0	0	0	0	3	3	3	3	2	2	2
약 자	3	3	3	3	3	3	3	3	0	0	0	0	0
한자쓰기	40	30	30	30	20	20	20	20	20	10	0	0	0
출제문항(계)	200	150	150	150	100	100	100	100	90	80	70	60	50

■문제 유형

독 음 ▶다음 漢字語의 讀音을 쓰시오.
[한자의 소리를 묻는 문제. 독음은 두음법칙, 속음 현상, 장단음과도 관련이 있음.]

훈 음 ▶다음 漢字의 訓과 음을 쓰시오.
[한자의 뜻과 소리를 동시에 묻는 문제. 특히 대표 훈음을 익히도록 함.]

장단음 ▶다음 漢字語 중 첫소리가 長音인 것을 골라 그 기호를 쓰시오.
▶위 글의 밑줄 친 漢字語 중에서 첫소리가 長音인 것을 골라 그 번호를 쓰시오.
[한자 단어의 첫소리 발음이 길고 짧음을 구분하고 있는가를 묻는 문제. 4급 이상에서만 출제.]

반의어 ▶다음 漢字와 뜻이 反對 또는 相對되는 漢字를 써넣어 漢字語를 만드시오.
▶다음 漢字語의 反義語 또는 相對語를 漢字로 쓰시오.
[어떤 글자(단어)와 반대 또는 상대되는 글자(단어)를 알고 있는가를 묻는 문제.]

완성형 ▶다음 빈칸에 漢字를 써넣어 成語를 完成하시오.
[고사성어나 단어의 빈칸을 채우도록 하여 단어와 성어의 이해력 및 조어력을 묻는 문제.]

부 수 ▶다음 漢字의 部首를 쓰시오.
[한자의 부수를 묻는 문제. 부수는 한자의 뜻을 짐작할 수 있는 중요한 부분임.]

동의어 ▶다음 漢字와 뜻이 비슷한 글자를 漢字로 적어 單語를 完成하시오.
▶다음 漢字語의 類義語를 漢字로 쓰시오.

	[어떤 글자(단어)와 뜻이 같거나 유사한 글자(단어)를 알고 있는가를 묻는 문제.]
동음이의어	▶다음 漢字語의 同音異義語를 하나씩만 漢字로 쓰시오. [소리는 같고, 뜻은 다른 단어를 알고 있는가를 묻는 문제.]
뜻풀이	▶다음 漢字語의 뜻을 쓰시오. [고사성어나 단어의 뜻을 제대로 알고 있는가를 묻는 문제.]
필 순	▶父자의 삐침(／)은 몇 번째에 쓰는지 번호로 답하시오. ▶右자의 쓰는 순서가 올바른 것을 고르시오. ▶右자에서 ㉠획의 쓰는 순서를 아래에서 골라 번호를 쓰세요. [글자를 바르게 쓰도록 하기 위해 쓰는 순서를 알고 있는가를 묻는 문제.]
약 자	▶다음 漢字의 略字를 쓰시오. [한자의 획을 줄여서 만든 약자를 알고 있는가를 묻는 문제.]
한자쓰기	▶다음 訓과 音을 지닌 漢字를 쓰시오. ▶다음 뜻에 알맞은 漢字語를 漢字로 쓰시오. ▶밑줄 친 漢字語를 漢字로 쓰시오. [제시된 뜻, 소리, 단어 등에 해당하는 한자를 쓸 수 있는가를 확인하는 문제.]

◐ 위 출제 예시는 상황에 따라 약간 변동될 수도 있음.

■우대 사항

○ 자격기본법 제27조에 의거 **국가자격 취득자와 동등한 대우 및 혜택**
○ 교육인적자원부 훈령 제616호『학생생활기록부 전산처리 및 관리지침』
  에 의거 **학교생활기록부에 등재, 입시에 활용**
○ 우리은행 채용 시 **가산점 반영**
○ 육군간부 **승진 고과에 반영**(3급 이상 : 대위~대령/군무원 2급~5급, 4급
  이상 : 준·부사관/군무원 6급~8급)

○ 경제5단체, **신입사원 채용 때 전국한자능력검정시험 응시 권고(3급 응시 요건, 3급 이상 가산점)**
○ 2005학년도 대학수학능력시험부터 **'漢文'이 선택과목으로** 채택
○ 전국한자능력검정시험의 한자능력급수 취득 시 대학에 따라 **대입 면접 가산점, 학점, 졸업인증에 반영**

■ 합격자 발표

ARS 060-800-1100 / www.hangum.re.kr

■ 기타 문의

한국한자능력검정회
☎ 02)1566-1400(代), 팩스 02)6003-1414
인터넷 http://www.hanja.re.kr
주소 : (137-879) 서울특별시 서초구 서초1동 1627-1 교대벤처타워 401호

제1부

한자능력**검정용**
급수별 한자

* 한자능력검정시험 8급부터 1급에 해당하는 한자 3,500자가 급수별로 정리되어 있습니다.
* 상위급수는 하위급수를 모두 포함합니다. 예를 들면, 3급은 3급Ⅱ에서 8급까지의 한자를 모두 포함한 급수입니다.

8급 한자능력검정용 급수별 한자

출제기준	읽기배정	쓰기배정	독음	훈음	장단음	반의어	완성형	부수	동의어	동음이의어	풀이	필순	약자	한자쓰기
	50	0	24	24	0	0	0	0	0	0	0	2	0	0

0001 教 攵 11획 — 가르칠 **교**: (반) 學(배울 학) — 필순 ノ ナ チ 耂 孝 孝 教 教
教室 교실　教學 교학　教生 교생　教人 교인

0002 校 木 10획 — 학교 **교**: — 필순 一 十 才 术 术 杧 校 校
校長 교장　校門 교문　母校 모교　校外 교외

0003 九 乙 2획 — 아홉 **구** — 필순 ノ 九
九月 구월　九日 구일　九十 구십　九門 구문

0004 國(国) 囗 11획 — 나라 **국** — 필순 丨 冂 同 同 國 國 國 國
國軍 국군　國民 국민　國土 국토　國外 국외

0005 軍 車 9획 — 군사 **군** — 필순 ᅳ ᅳ 冖 冨 冨 宣 軍
女軍 여군　水軍 수군　軍人 군인　大軍 대군

0006 金 金 8획 — 쇠 **금**/성 **김** — 필순 ノ 人 스 수 수 余 金 金
萬金 만금　白金 백금　一金 일금　青金 청금

0007 南 十 9획 — 남녘 **남** (반) 北(북녘 북) — 필순 一 十 十 内 内 南 南 南 南
南山 남산　南韓 남한　南大門 남대문

0008 女 女 3획 — 계집 **녀** — 필순 〈 女 女
女王 여왕　女人 여인　女學生 여학생

0009 年 干 6획 — 해 **년** — 필순 ノ 느 二 느 年 年
年金 연금　年中 연중　一年 일년　學年 학년

0010 大 大 3획 — 큰 **대**(:) (반) 小(작을 소) — 필순 一 ナ 大
大小 대소　大韓 대한　大國 대국　大人 대인

14 한자능력검정시험 한자에서 사자성어까지

0011	東	木 8획	동녘 **동** (반)西(서녘 서) 필순 一 厂 丙 丙 酉 東 東 東西 동서 南東 남동 東大門 동대문
0012	六	八 4획	여섯 **륙** 필순 ㆍ 亠 六 六 六月 유월(육월×) 五六月 오뉴월(오륙월×)
0013	萬 万	艹 13획	일만 **만** 필순 艹 艹 苩 苩 萬 萬 萬 萬山 만산 萬年 만년 萬國 만국 萬民 만민
0014	母	母 5획	어미 **모:** (반)父(아버지 부) 필순 乚 ㄈ ㅁ 母 母 父母 부모 母國 모국 母女 모녀 生母 생모
0015	木	木 4획	나무 **목** 필순 一 十 才 木 土木 토목 木人 목인 大木 대목 小木 소목
0016	門	門 8획	문 **문** 필순 丨 冂 冂 門 門 門 門 大門 대문 東門 동문 門中 문중 門人 문인
0017	民	氏 5획	백성 **민** 필순 一 ㄱ 尸 F 民 民生 민생 人民 인민 民國 민국 民軍 민군
0018	白	白 5획	흰 **백** 필순 ノ 亻 白 白 白 白人 백인 白日 백일 白軍 백군 白月 백월
0019	父	父 4획	아버지 **부** 필순 ㆍ ㆍ ゲ 父 生父 생부 父女 부녀 學父母 학부모
0020	北	匕 5획	북녘 **북**/달아날 **배** 필순 丨 ㅓ 扌 扌 北 北西 북서 北韓 북한 東北 동북 北門 북문
0021	四	囗 5획	넉 **사:** 필순 丨 冂 冂 四 四 四寸 사촌 四月 사월 四十 사십 四門 사문
0022	山	山 3획	메 **산** 필순 丨 凵 山 火山 화산 西山 서산 先山 선산 山水 산수

0023	三 3획	一	석 **삼**	필순 一 二 三
			三寸 삼촌　三韓 삼한　三軍 삼군　三國 삼국	

0024	生 5획	生	날 **생**	필순 ノ 一 ト 牛 生
			生水 생수　生日 생일　生年月日 생년월일	

0025	西 6획	西	서녘 **서**	필순 一 一 一 一 西 西
			西南 서남　西北 서북　東西南北 동서남북	

0026	先 6획	儿	먼저 **선**	필순 ノ 一 牛 生 牛 先
			先生 선생　先人 선인　先金 선금　先王 선왕	

0027	小 3획	小	작을 **소:**	필순 亅 丿 小
			小人 소인　小國 소국　小生 소생　小學 소학	

0028	水 4획	水	물 **수** (반)火(불 화)	필순 亅 丿 オ 水
			水火 수화　水中 수중　水門 수문　水月 수월	

0029	室 9획	宀	집/방 **실**	필순 丶 宀 宀 宀 宀 宀 室 室
			室長 실장　王室 왕실　小室 소실　室外 실외	

0030	十 2획	十	열 **십**	필순 一 十
			十日 십일　三十 삼십　十月 시월(십월×)	

0031	五 4획	二	다섯 **오:**	필순 一 丆 五 五
			五月 오월　五寸 오촌　五十 오십　五日 오일	

0032	王 4획	玉	임금 **왕**	필순 一 二 千 王
			大王 대왕　王國 왕국　王中王 왕중왕	

0033	外 5획	夕	바깥 **외:**	필순 ノ ク タ 外 外
			外人 외인　外國 외국　外三寸 외삼촌	

0034	月 4획	月	달 **월**	필순 ノ 刀 月 月
			八月 팔월　一月 일월　年月日 연월일	

한자능력검정시험 한자에서 사자성어까지

0035	二 2획	두 **이**:	필순 一 二
		二月 이월 二十 이십 二人 이인 二日 이일	
0036	人 2획	사람 **인**	필순 丿 人
		人生 인생 人中 인중 萬人 만인 中人 중인	
0037	一 1획	한 **일**	필순 一
		一日 일일 一生 일생 一人 일인 萬一 만일	
0038	日 4획	날/해 **일** (반) 月(달 월)	필순 丨 冂 冂 日
		日日 일일 日月 일월 日人 일인 先日 선일	
0039	長 8획	긴/어른 **장**(:)	필순 一 厂 F 트 트 트 長 長
		長女 장녀 年長 연장 學長 학장 生長 생장	
0040	弟 7획	아우 **제**:	필순 ˋ ˊ ㅛ 쓰 쓰 弟 弟
		弟兄 제형 長弟 장제 外兄弟 외형제	
0041	中 4획	가운데 **중** (반) 外(바깥 외)	필순 丨 口 口 中
		中國 중국 軍中 군중 中年 중년 中外 중외	
0042	靑 8획	푸를 **청**	필순 一 ㅗ 丰 主 靑 靑 靑 靑
		靑年 청년 靑山 청산 靑軍 청군 靑靑 청청	
0043	寸 3획	마디 **촌**:	필순 一 十 寸
		八寸 팔촌 寸外 촌외 寸土 촌토 寸寸 촌촌	
0044	七 2획	일곱 **칠**	필순 一 七
		七月 칠월 七日 칠일 七七 칠칠 七十 칠십	
0045	土 3획	흙 **토**	필순 一 十 土
		土人 토인 土民 토민 水土 수토 土金 토금	
0046	八 2획	여덟 **팔**	필순 丿 八
		八十 팔십 八月 팔월 八九月 팔구월	

8급

급수별 한자 8급

0047	學 (学)	子 / 16획	배울 **학** (반)敎(가르칠 교)	필순: ' ⺊ ⺍ ⺤ ⺥ ⺦ 學 學校 학교 大學 대학 中學生 중학생
0048	韓	韋 / 17획	한국/나라 **한**(:)	필순: ⺊ 古 卓 𠦝 𡈼 韓 韓 韓國 한국 韓日 한일 南北韓 남북한
0049	兄	儿 / 5획	형/맏 **형** (반)弟(아우 제)	필순: ⺄ 丷 口 尸 兄 兄弟 형제 外兄 외형 父兄 부형 長兄 장형
0050	火	火 / 4획	불 **화**(:)	필순: ' '' ⺉ 火 大火 대화 火中 화중 火門 화문 火木 화목

한자능력검정용 급수별 한자

출제기준	읽기배정	쓰기배정	독음	훈음	장단음	반의어	완성형	부수	동의어	동음이의어	풀이	필순	약자	한자쓰기
	100	0	22	30	0	2	2	0	0	0	2	2	0	0

0051 家 宀 / 10획 — 집 가 — 필순: 宀宀宀宁宇家家家
家門 가문 家長 가장 國家 국가 王家 왕가

0052 間 門 / 12획 — 사이 간(:) — 필순: 門門門門閒間
空間 공간 人間 인간 中間 중간 民間 민간

0053 江 水 / 6획 — 강 강 — (반)山(메 산) — 필순: 氵氵汀汀江江
江山 강산 江南 강남 江北 강북 江水 강수

0054 車 車 / 7획 — 수레 거/차 — 필순: 一 一 一 一 一 一 車
車道 차도 電車 전차 下車 하차 火車 화차

0055 工 工 / 3획 — 장인 공 — 필순: 一 T 工
工場 공장 工事 공사 手工 수공 人工 인공

0056 空 穴 / 8획 — 빌 공 — 필순: 宀宀宀宊宊空空
空中 공중 空軍 공군 空氣 공기 時空 시공

0057 氣 气 / 10획 (気) — 기운 기 — 필순: 气气气气氣氣氣
電氣 전기 人氣 인기 生氣 생기 軍氣 군기

0058 記 言 / 10획 — 기록할 기 — 필순: 言言言記記記
日記 일기 前記 전기 記事 기사 手記 수기

0059 男 田 / 7획 — 사내 남 — (반)女(계집 녀) — 필순: 丨口田田男男
男女 남녀 男子 남자 長男 장남 生男 생남

0060 內 入 / 4획 — 안 내: — (반)外(바깥 외) — 필순: 丨冂內內
內外 내외 內室 내실 室內 실내 家內 가내

0061	農 13획	辰	농사 농	필순 ㅁ 曲 曲 声 芦 農 農
			農事 농사　農土 농토　農家 농가　農場 농장	

0062	答 12획	竹	대답 답	(반) 問(물을 문)	필순 ＾ ＾ ⺮ 竺 茨 答
			正答 정답　名答 명답　自答 자답　手答 수답		

0063	道 13획	辶	길/말할 도:	필순 ＾ ＾ ＾ 首 首 道
			人道 인도　道民 도민　水道 수도　力道 역도	

0064	動 11획	力	움직일 동:	필순 ＾ 盲 盲 重 重 動 動
			動物 동물　動力 동력　手動 수동　生動 생동	

0065	力 2획	力	힘 력	필순 フ 力
			活力 활력　全力 전력　國力 국력　水力 수력	

0066	立 5획	立	설 립	필순 ＾ ＾ ＾ 寸 立
			自立 자립　正立 정립　國立 국립　中立 중립	

0067	每 7획	毋	매양 매(:)	필순 ＾ ＾ 仁 毎 毎 毎 每
			每日 매일　每年 매년　每月 매월　每事 매사	

0068	名 6획	口	이름 명	필순 ＾ ク タ タ 名 名
			名門 명문　名山 명산　名家 명가　學名 학명	

0069	物 8획	牛	물건 물	(반) 心(마음 심)	필순 ＾ ＾ ＾ 牜 物 物 物
			萬物 만물　人物 인물　事物 사물　先物 선물		

0070	方 4획	方	모 방	필순 ＾ ＾ 方 方
			四方 사방　前方 전방　東方 동방　北方 북방	

0071	不 4획	一	아닐 불/부	필순 ＾ ㄱ 才 不
			不正 부정　不安 불안　不平 불평　不動 부동	

0072	事 8획	亅	일 사:	필순 ＾ ＾ 戸 亘 写 事 事
			萬事 만사　事前 사전　食事 식사　軍事 군사	

0073	上	一 3획	위 상: 　반 下(아래 하)	필순 丨 卜 上
			上下 상하　上記 상기　水上 수상　海上 해상	
0074	姓	女 8획	성씨 성:	필순 ㄑ 女 女 女 姓 姓 姓
			姓名 성명　大姓 대성　子姓 자성　國姓 국성	
0075	世	一 5획	인간 세:	필순 一 十 卅 世
			世上 세상　世人 세인　中世 중세　後世 후세	
0076	手	手 4획	손 수(:)　반 足(발 족)	필순 ノ 二 三 手
			手足 수족　手中 수중　木手 목수　下手 하수	
0077	市	巾 5획	저자 시:	필순 丶 亠 亣 市
			市場 시장　市長 시장　市民 시민　市内 시내	
0078	時	日 10획	때 시	필순 日 旪 旪 旪 旪 時 時
			時間 시간　每時 매시　時事 시사　午時 오시	
0079	食	食 9획	밥/먹을 식	필순 人 今 今 今 今 食 食
			食水 식수　外食 외식　食前 식전　間食 간식	
0080	安	宀 6획	편안 안　동 便(편할 편)	필순 丶 宀 宀 安 安
			安全 안전　平安 평안　安家 안가　安東 안동	
0081	午	十 4획	낮 오:	필순 ノ 一 二 午
			正午 정오　午前 오전　午後 오후　下午 하오	
0082	右	口 5획	오른 우:　반 左(왼 좌)	필순 ノ ナ 冇 右 右
			右軍 우군　右手 우수　右方 우방　右記 우기	
0083	子	子 3획	아들 자　반 父(아버지 부)	필순 ㄱ 了 子
			父子 부자　子母 자모　王子 왕자　長子 장자	
0084	自	自 6획	스스로 자	필순 ノ 亻 丨 自 自 自
			自動 자동　自足 자족　自活 자활　自力 자력	

번호	한자	부수/획수	훈음	예시	필순
0085	場	土 / 12획	마당 **장**	場內 장내 場外 장외 後場 후장 上場 상장	필순 土 圹 坫 坦 坦 場 場
0086	全	入 / 6획	온전 **전**	全國 전국 全軍 전군 全南 전남 全一 전일	필순 ノ 人 스 仝 全 全
0087	前	刀 / 9획	앞 **전** (반)後(뒤 후)	前後 전후 直前 직전 生前 생전 日前 일전	필순 丶 丷 ソ 广 亣 前 前
0088	電	雨 / 13획	번개/전기 **전:**	電子 전자 電動 전동 電力 전력 家電 가전	필순 宀 帀 雨 雪 雷 電 電
0089	正	止 / 5획	바를 **정(:)** (동)直(곧을 직)	正直 정직 子正 자정 正門 정문 正月 정월	필순 一 丁 下 正 正
0090	足	足 / 7획	발 **족**	不足 부족 四足 사족 長足 장족 足下 족하	필순 丶 口 口 口 甲 尸 足
0091	左	工 / 5획	왼 **좌:** (반)右(오른 우)	左右 좌우 左手 좌수 左方 좌방 左記 좌기	필순 一 ナ 左 左 左
0092	直	目 / 8획	곧을 **직**	直立 직립 直後 직후 日直 일직 下直 하직	필순 一 十 广 古 甫 直 直
0093	平	干 / 5획	평평할 **평**	平生 평생 平年 평년 平民 평민 平日 평일	필순 一 ノ 二 프 平
0094	下	一 / 3획	아래 **하:**	下校 하교 下山 하산 天下 천하 門下 문하	필순 一 丁 下
0095	漢	水 / 14획	한수/한나라/놈 **한:**	漢江 한강 漢水 한수 門外漢 문외한	필순 丶 氵 汁 浐 淉 漢 漢
0096	海	水 / 10획	바다 **해:**	海外 해외 海軍 해군 西海 서해 東海 동해	필순 丶 氵 汇 沎 海 海 海

0097	話	言 13획	말씀 화	필순 言 言 言 訂 訢 話 話
			電話 전화 民話 민화 手話 수화 白話 백화	
0098	活	水 9획	살 활　　(동) 生(날 생)	필순 氵氵氵沪汗活活
			活動 활동 生活 생활 活火山 활화산	
0099	孝	子 7획	효도 효:	필순 一 十 土 耂 孝 孝 孝
			孝子 효자 孝女 효녀 孝道 효도 不孝 불효	
0100	後	彳 9획	뒤 후:　　(반) 先(먼저 선)	필순 彳 彳 彳 伙 伙 伙 後 後
			先後 선후 事後 사후 後方 후방 後食 후식	

7급 한자능력검정용 급수별 한자

출제기준	읽기배정	쓰기배정	독음	훈음	장단음	반의어	완성형	부수	동의어	동음이의어	풀이	필순	약자	한자쓰기
	150	0	32	30	0	2	2	0	0	0	2	2	0	0

0101 歌 欠 14획 — 노래 **가** — 필순: ㄱ ㅋ 쿅 뫍 歌 歌
歌手 가수　國歌 국가　軍歌 군가　校歌 교가

0102 口 口 3획 — 입 **구(ː)** — 필순: ㅣ ㄇ 口
食口 식구　人口 인구　出口 출구　入口 입구

0103 旗 方 14획 — 깃발 **기** — 필순: 一 ㄱ 方 㔾 㫁 旗 旗
旗手 기수　國旗 국기　軍旗 군기　白旗 백기

0104 冬 冫 5획 — 겨울 **동(ː)** — (반)夏(여름 하) — 필순: ノ ク 夂 冬 冬
立冬 입동　秋冬 추동　冬夏 동하　三冬 삼동

0105 同 口 6획 — 한가지 **동** — 필순: ㅣ ㄇ 冂 冋 同 同
同氣 동기　同姓 동성　同門 동문　同時 동시

0106 洞 水 9획 — 마을 **동ː**/통할 **통** — 필순: 丶 氵 氵 汩 汩 洞 洞
洞口 동구　洞里 동리　洞長 동장　洞門 동문

0107 登 癶 12획 — 오를 **등** — 필순: ノ 𠂉 タ ㅆ 癶 癶 登 登
登山 등산　登校 등교　登場 등장　登記 등기

0108 來 人 8획 — 올 **래(ː)** — 필순: 一 厂 冖 厸 來 來
來年 내년　來日 내일　來世 내세　來韓 내한

0109 老 老 6획 — 늙을 **로ː** — (반)少(적을 소) — 필순: 一 十 土 耂 耂 老
老少 노소　老人 노인　老母 노모　老年 노년

0110 里 里 7획 — 마을 **리ː** — 필순: ㅣ ㄇ 曰 甲 甲 里 里
里長 이장　萬里 만리　十里 십리　千里 천리

0111	林	木 8획	수풀 **림**	필순 一十才木村材林
			農林 농림　山林 산림　國有林 국유림	

0112	面	面 9획	낯 **면:**	필순 一丆丆丙丙面面面
			場面 장면　邑面 읍면　直面 직면　正面 정면	

0113	命	口 8획	목숨 **명:**	필순 八人人合合合命命
			生命 생명　天命 천명　王命 왕명　人命 인명	

0114	文	文 4획	글월 **문**	필순 丶一ナ文
			漢文 한문　文物 문물　文學 문학　文字 문자	

0115	問	口 11획	물을 **문:** 　반 答(대답 답)	필순 丨冂冂冃門門問
			問答 문답　學問 학문　自問 자문　問安 문안	

0116	百	白 6획	일백 **백**	필순 一一十万万百百
			百姓 백성　百年 백년　百方 백방　百萬 백만	

0117	夫	大 4획	지아비 **부**	필순 一二チ夫
			兄夫 형부　工夫 공부　夫人 부인　農夫 농부	

0118	算	竹 14획	셈할 **산:** 　동 數(셈 수)	필순 ⺮⺮竹笞笞筲算算
			算數 산수　算出 산출　電算 전산　算入 산입	

0119	色	色 6획	빛 **색**	필순 丿⺈夕各各色
			靑色 청색　名色 명색　同色 동색　氣色 기색	

0120	夕	夕 3획	저녁 **석**	필순 丿ク夕
			七夕 칠석　秋夕 추석　日夕 일석　夕月 석월	

0121	少	小 4획	적을 **소:**	필순 丨小小少
			少年 소년　少女 소녀　少數 소수　年少 연소	

0122	所	戶 8획	바 **소:**	필순 一丆戶戶所所所
			場所 장소　住所 주소　所有 소유　名所 명소	

7급

0123	數	攵 / 15획	셈 수:/자주 삭	필순: 口 曲 車 婁 婁 婁 數 數 數學 수학 數日 수일 數字 숫자 寸數 촌수
0124	植	木 / 12획	심을 식	필순: 十 ナ 木 杧 枯 枯 植 植 植物 식물 植木 식목 植木日 식목일
0125	心	心 / 4획	마음 심	필순: ˋ 心 心 心 安心 안심 民心 민심 孝心 효심 中心 중심
0126	語	言 / 14획	말씀 어:	필순: 言 訁 訂 訴 評 語 語 國語 국어 語學 어학 外來語 외래어
0127	然	火 / 12획	그러할 연	필순: ク タ 夕 肰 狀 然 然 自然 자연 天然 천연 然後 연후 不然 불연
0128	有	月 / 6획	있을 유:	필순: ノ ナ オ 有 有 有 有名 유명 有力 유력 國有 국유 有色 유색
0129	育	肉 / 8획	기를 육	필순: 一 亠 士 云 产 育 育 育 敎育 교육 生育 생육 事育 사육 字育 자육
0130	邑	邑 / 7획	고을 읍	필순: ˋ 口 口 早 吕 吕 邑 邑民 읍민 邑村 읍촌 小邑 소읍 邑長 읍장
0131	入	入 / 2획	들 입 (반)出(날 출)	필순: ノ 入 出入 출입 入場 입장 入學 입학 入金 입금
0132	字	子 / 6획	글자 자	필순: ˋ ˊ ㄱ 宀 字 字 漢字 한자 活字 활자 植字 식자 字母 자모
0133	祖	示 / 10획	할아버지 조	필순: 二 亍 示 礻 礻 礽 祖 祖 祖上 조상 祖母 조모 祖父 조부 先祖 선조
0134	主	ˋ / 5획	임금/주인 주	필순: ˋ ˊ 二 キ 主 主人 주인 主食 주식 主動 주동 自主 자주

0135	住	人 7획	살 주:	필순 ノイイ仁住住住		
			住民 주민	入住 입주	衣食住 의식주	

0136	重	里 9획	무거울 중:	필순 一二广台台重重		
			重大 중대	重力 중력	二重 이중	自重 자중

0137	地	土 6획	땅 지	(반)天(하늘 천) (동)土(흙 토)	필순 一十土 圤地地	
			天地 천지	土地 토지	平地 평지	地名 지명

0138	紙	糸 10획	종이 지	필순 ㄠ幺糸 紅紅紙紙		
			便紙 편지	白紙 백지	休紙 휴지	紙面 지면

0139	千	十 3획	일천 천	필순 ノ二千		
			千年 천년	千萬 천만	三千 삼천	千金 천금

0140	川	巛 3획	내 천	필순 ノ 丿丨川		
			山川 산천	大川 대천	小川 소천	春川 춘천

0141	天	大 4획	하늘 천	(반)地(땅 지)	필순 一二チ天	
			青天 청천	先天 선천	天年 천년	後天 후천

0142	草	艸 10획	풀 초	필순 ᅳ 艹 艹 芢 芢 苩 草草		
			花草 화초	草木 초목	水草 수초	草地 초지

0143	村	木 7획	마을 촌:	(동)里(마을 리)	필순 一十才木 村村村	
			江村 강촌	農村 농촌	村長 촌장	村里 촌리

0144	秋	禾 9획	가을 추	(반)春(봄 춘)	필순 二千千禾禾 秒秋	
			春秋 춘추	秋色 추색	立秋 입추	千秋 천추

0145	春	日 9획	봄 춘	필순 一二三声夫夫春春春		
			立春 입춘	春夏 춘하	春花 춘화	青春 청춘

0146	出	凵 5획	날 출	필순 ㅣ ㄴ 屮 出 出		
			出世 출세	出家 출가	出土 출토	外出 외출

0147	便	人 9획	편할 편(:)/똥, 오줌 변	필순 ノ イ 仁 仃 佰 恒 便 便
			不便 불편　便安 편안　男便 남편　便所 변소	
0148	夏	夂 10획	여름 하: (반)冬(겨울 동)	필순 一 丆 丌 丏 百 頁 夏
			夏冬 하동　立夏 입하　夏間 하간　中夏 중하	
0149	花	艹 8획	꽃 화	필순 一 十 卄 芢 芢 花 花
			生花 생화　木花 목화　百花 백화　白花 백화	
0150	休	人 6획	쉴 휴	필순 ノ イ 仁 什 休 休
			休校 휴교　休學 휴학　休日 휴일　休電 휴전	

한자능력검정용 급수별 한자

출제기준	읽기배정	쓰기배정	독음	훈음	장단음	반의어	완성형	부수	동의어	동음이의어	풀이	필순	약자	한자쓰기
	225	50	32	29	0	2	2	2	0	0	3	0	10

0151 各 口 6획 — 각각 **각** — 필순 ノクタ冬各各
各界 각계 各自 각자 各國 각국 各色 각색

0152 角 角 7획 — 뿔 **각** — 필순 ノクク角角角
直角 직각 內角 내각 四角 사각 角木 각목

0153 界 田 9획 — 지경 **계:** — 필순 口日田田男界界
世界 세계 業界 업계 外界 외계 學界 학계

0154 計 言 9획 — 셀 **계:** — 동算(셈 산) — 필순 ㄱㄹ구글글글言計
計算 계산 時計 시계 會計 회계 家計 가계

0155 高 高 10획 — 높을 **고** — 반下(아래 하) — 필순 ㅗㅗ古古古高高高
高山 고산 高空 고공 高祖 고조 高地 고지

0156 公 八 4획 — 공평할 **공** — 필순 ノ八公公
公用 공용 公金 공금 公社 공사 公表 공표

0157 功 力 5획 — 공 **공** — 필순 ㅡㄱㅗ功功
成功 성공 戰功 전공 有功 유공 功名 공명

0158 共 八 6획 — 한가지 **공:** — 동同(한가지 동) — 필순 ㅡㅗ艹共共共
共用 공용 公共 공공 共有 공유 共同 공동

0159 科 禾 9획 — 과목 **과** — 필순 ㅡ千禾禾禾科科
科學 과학 內科 내과 敎科 교과 理科 이과

0160 果 木 8획 — 실과 **과:** — 필순 口日旦早果果果
果然 과연 成果 성과 藥果 약과 百果 백과

급수별 한자 6급Ⅱ

0161	光	儿 6획	빛 **광**	동 明(밝을 명)	필순 ⺊ ⺌ ⺍ 业 光 光
			光明 광명 光線 광선 發光 발광 後光 후광		
0162	球	玉 11획	공 **구**		필순 = 王 王 对 对 球 球
			地球 지구 氣球 기구 球場 구장 直球 직구		
0163	今	人 4획	이제 **금**		필순 ノ 人 △ 今
			今年 금년 今世 금세 今後 금후 今日 금일		
0164	急	心 9획	급할 **급**	동 速(빠를 속)	필순 ノ ク 刍 刍 刍 急 急
			急死 급사 火急 화급 時急 시급 急電 급전		
0165	短	矢 12획	짧을 **단(:)**	반 長(긴 장)	필순 ⺉ 矢 矢 矢 短 短 短 短
			長短 장단 短命 단명 短文 단문 短音 단음		
0166	堂	土 11획	집 **당**		필순 ⺌ ⺍ ⺎ 些 堂 堂 堂
			明堂 명당 書堂 서당 食堂 식당 學堂 학당		
0167	代	人 5획	대신 **대:**		필순 ノ 亻 仁 代 代
			現代 현대 代身 대신 代表 대표 時代 시대		
0168 对	對	寸 14획	대할 **대:**		필순 ⺌ ⺍ 业 业 堂 對 對
			對話 대화 反對 반대 對答 대답 對面 대면		
0169 図	圖	囗 14획	그림 **도**	동 畵(그림 화)	필순 冂 冂 門 門 門 圖 圖
			地圖 지도 圖書 도서 圖面 도면 圖形 도형		
0170 読	讀	言 22획	읽을 **독**/구절 **두**		필순 言 言 言 讀 讀 讀 讀
			讀書 독서 讀本 독본 音讀 음독 一讀 일독		
0171	童	立 12획	아이 **동**		필순 ⺊ 立 产 音 音 音 童 童
			童話 동화 童心 동심 學童 학동 童子 동자		
0172	等	竹 12획	무리 **등:**		필순 ⺀ ⺀⺀ 丛 丛 竺 等 等
			平等 평등 高等 고등 等數 등수 對等 대등		

30 한자능력검정시험 한자에서 사자성어까지

번호	한자	부수/획수	훈음	필순	용례
0173	樂 (楽)	木 15획	즐길 락/풍류 악/좋아할 요	´ ´ ´ ´ 丷 啪 榔 樂 樂 樂	安樂 안락 歌樂 가악 國樂 국악 農樂 농악
0174	理	玉 11획	다스릴 리:	` ´ ´ ´ ´ 理 理 理 理 理 理	道理 도리 地理 지리 生理 생리 物理 물리
0175	利	刀 7획	이로울 리:	` ` ´ ´ 千 矛 矛 利 利	利用 이용 便利 편리 利子 이자 有利 유리
0176	明	日 8획	밝을 명	` ´ ´ ´ ´ 明 明 明	明月 명월 明日 명일 發明 발명 分明 분명
0177	聞	耳 14획	들을 문:	` ´ ´ ´ 門 門 聞 聞	新聞 신문 所聞 소문 風聞 풍문 後聞 후문
0178	反	又 4획	돌이킬 반:	` ´ 厂 反	反省 반성 反旗 반기 反共 반공 反戰 반전
0179	半	十 5획	반 반:	` ´ ´ 스 半	前半 전반 半音 반음 半球 반구 半身 반신
0180	班	玉 10획	나눌 반	` ´ ´ ´ 玨 玔 玨 班 班 班	班長 반장 文班 문반 九班 구반 分班 분반
0181	發 (発)	癶 12획	필 발	` ´ ´ ´ 癶 癶 登 發	出發 출발 發表 발표 發信 발신 發火 발화
0182	放	攴 8획	놓을 방(:)	` ´ ´ ´ ´ 扩 扩 放 放	放心 방심 放火 방화 放出 방출 放電 방전
0183	部	邑 11획	떼 부	` ´ ´ ´ ´ 音 音` 部 部	部分 부분 部下 부하 內部 내부 中部 중부
0184	分	刀 4획	나눌 분(:)	` ´ 八 分	分母 분모 分數 분수 分身 분신 氣分 기분

번호	한자	부수/획수	훈음	관련어	필순
0185	社	示 8획	모일 사	동 會(모일 회)	필순 ｀ ｊ ｆ ｒ ｒ 社社
			社會 사회 社訓 사훈 社長 사장 社主 사주		
0186	書	曰 10획	글/책 서		필순 ｀ ｒ ｒ 聿 書書書
			文書 문서 書記 서기 書生 서생 全書 전서		
0187	線	糸 15획	줄 선		필순 ｇ ｇ 糸 糸 約 綜 綜 線
			直線 직선 戰線 전선 有線 유선 電線 전선		
0188	雪	雨 11획	눈 설		필순 一 ┌ 雨 雨 雪 雪 雪
			白雪 백설 春雪 춘설 大雪 대설 小雪 소설		
0189	成	戈 7획	이룰 성		필순 ｊ ｆ ｒ 成 成 成
			成人 성인 成長 성장 大成 대성 作成 작성		
0190	省	目 9획	살필 성/덜 생		필순 ｊ ｆ 少 少 省 省
			自省 자성 內省 내성 三省 삼성 省文 생문		
0191	消	水 10획	사라질 소		필순 ｀ ｙ 汁 沪 消 消 消
			消火 소화 消日 소일 消失 소실 消音 소음		
0192	術	行 11획	재주/꾀 술	동 才(재주 재)	필순 ｊ ｆ 袜 林 術 術 術
			道術 도술 學術 학술 手術 수술 話術 화술		
0193	始	女 8획	비로소 시:		필순 ｊ ｆ 女 女 妒 始 始
			始作 시작 始祖 시조 始動 시동 始發 시발		
0194	神	示 10획	귀신 신		필순 ｊ ｆ 示 示 和 和 神
			失神 실신 神話 신화 神父 신부 神童 신동		
0195	身	身 7획	몸 신	반 心(마음 심)	필순 ｊ ｆ ｒ 白 身 身 身
			身體 신체 自身 자신 心身 심신 身長 신장		
0196	信	人 9획	믿을 신:		필순 ｊ ｆ 广 信 信 信 信
			信用 신용 自信 자신 書信 서신 外信 외신		

번호	한자	부수/획수	훈음	비고	필순	용례
0197	新	斤 / 13획	새 신	(반) 古(예 고)	立 立 辛 亲 亲 新 新	新人 신인, 新生 신생, 新年 신년, 新正 신정
0198	弱	弓 / 10획	약할 약		ㄱ ㅋ 弓 弓 弱 弱	心弱 심약, 弱小 약소, 弱體 약체, 老弱 노약
0199	藥	艸 / 19획	약 약		艹 苩 苩 蓹 藥 藥	藥草 약초, 農藥 농약, 藥物 약물, 藥水 약수
0200	業	木 / 13획	업 업		业 业 兴 兴 業 業	作業 작업, 事業 사업, 農業 농업, 工業 공업
0201	用	用 / 5획	쓸 용:		丿 刀 月 月 用	用語 용어, 登用 등용, 有用 유용, 全用 전용
0202	勇	力 / 9획	날랠 용:		乛 丙 丙 甬 勇 勇	勇氣 용기, 勇力 용력, 勇名 용명, 勇夫 용부
0203	運	辶 / 13획	옮길 운:	(동) 動(움직일 동)	冖 宀 宀 宣 軍 運	運動 운동, 運命 운명, 氣運 기운, 不運 불운
0204	音	音 / 9획	소리 음		亠 立 产 斉 音 音	音樂 음악, 和音 화음, 音色 음색, 表音 표음
0205	飮	食 / 13획	마실 음:		𠆢 𠆢 今 今 食 飮 飮	飮食 음식, 食飮 식음, 夜飮 야음, 對飮 대음
0206	意	心 / 13획	뜻 의:		立 产 音 音 意 意	同意 동의, 自意 자의, 發意 발의, 意圖 의도
0207	作	人 / 7획	지을 작		丿 亻 亻 仁 作 作 作	作文 작문, 作心 작심, 作家 작가, 工作 공작
0208	昨	日 / 9획	어제 작	(반) 今(이제 금)	丨 冂 日 日 昨 昨 昨	昨年 작년, 昨日 작일, 昨今 작금, 昨秋 작추

0209 才	手 3획	재주 재	동 術(재주 술)	필순 一十才
		天才 천재	文才 문재	人才 인재 才色 재색
0210 戰 (战)	戈 16획	싸움 전:		필순 ㅃ ᄅ 單 單 戰 戰 戰
		戰後 전후	休戰 휴전	戰場 전장 戰術 전술
0211 庭	广 10획	뜰 정		필순 广 广 庐 庐 庭 庭
		家庭 가정	親庭 친정	校庭 교정 庭球 정구
0212 第	竹 11획	차례 제:		필순 ᄼ ᄽ ᄽᄹ ᄽᄹ 笃 第 第
		第一 제일	等第 등제	第三國 제삼국
0213 題	頁 18획	제목 제		필순 日 早 昂 是_題 題 題
		話題 화제	問題 문제	主題 주제 出題 출제
0214 注	水 8획	물댈 주:		필순 冫 氵 氵 汁 注 注
		注入 주입	注文 주문	注意 주의 發注 발주
0215 集	隹 12획	모을 집	동 會(모일 회)	필순 亻 仹 倠 佳 隼 集
		集中 집중	集會 집회	集計 집계 文集 문집
0216 窓	穴 11획	창문 창		필순 宀 宀 灾 容 窣 窓 窓
		窓門 창문	同窓 동창	窓口 창구 車窓 차창
0217 淸	水 11획	맑을 청		필순 氵 氵 汫 汫 淸 淸 淸
		淸算 청산	淸風 청풍	淸明 청명 淸音 청음
0218 體 (体)	骨 23획	몸 체	동 身(몸 신)	필순 ʼʼ 胛 骨 骨 骨 體 體
		全體 전체	體力 체력	體面 체면 形體 형체
0219 表	衣 8획	겉 표		필순 一 十 主 丰 表 表 表
		表現 표현	表面 표면	圖表 도표 表意 표의
0220 風	風 9획	바람 풍		필순 丿 几 凡 凤 風 風
		東風 동풍	海風 해풍	春風 춘풍 外風 외풍

번호	한자	부수/획수	훈음	필순	용례
0221	幸	干 / 8획	다행 행:	一 十 土 丰 叁 축 축 幸	幸運행운 不幸불행 天幸천행 大幸대행
0222	現	玉 / 11획	나타날 현:	二 子 王 玑 玥 現 現	現場현장 現金현금 現物현물 出現출현
0223	形	彡 / 7획	모양 형 (동 式(꼴 식))	一 二 于 开 形 形 形	形成형성 形便형편 成形성형 外形외형
0224	和	口 / 8획	화할 화 (동 平(평평할 평))	一 二 千 千 千 和 和 和	平和평화 和色화색 和答화답 不和불화
0225	會 (会)	日 / 13획	모일 회: (동 社(모일 사))	人 人 命 命 命 會 會	會社회사 會話회화 分會분회 會食회식

6급 II

6급 한자능력검정용 급수별 한자

출제기준	읽기배정	쓰기배정	독음	훈음	장단음	반의어	완성형	부수	동의어	동음이의어	풀이	필순	약자	한자쓰기
	300	150	33	22	0	3	3	0	2	2	2	3	0	20

0226 感 13획 — 心 — 느낄 감: — 필순 厂厅咸咸咸感感
感動 감동　感氣 감기　交感 교감　反感 반감

0227 強 11획 — 弓 — 강할 강(:) — (반)弱(약할 약) — 필순 ⼸⼸弘弘强强强
強弱 강약　強力 강력　強直 강직　強國 강국

0228 開 12획 — 門 — 열 개 — 필순 ⾨⾨門門閂閂開
公開 공개　開放 개방　開會 개회　開發 개발

0229 京 8획 — 亠 — 서울 경 — 필순 丶亠宀宁宁亨京京
上京 상경　開京 개경　東京 동경　入京 입경

0230 古 5획 — 口 — 예 고: — (반)今(이제 금) — 필순 一十十古古
古今 고금　古代 고대　古文 고문　上古 상고

0231 苦 9획 — 艸 — 쓸 고 — (반)樂(즐길 락) — 필순 一十卄廿芍苦苦
苦樂 고락　苦待 고대　苦生 고생　苦心 고심

0232 交 6획 — 亠 — 사귈 교 — 필순 丶一亠六方交
交通 교통　交代 교대　交信 교신　近交 근교

0233 区 區 11획 — 匚 — 구역 구 — (동)別(나눌 별) — 필순 一丆丆丐丐品區
區別 구별　區間 구간　區分 구분　區畫 구획

0234 郡 10획 — 邑 — 고을 군: — 필순 ⼁⼜尹尹君君郡
市郡 시군　郡民 군민　郡內 군내　郡界 군계

0235 根 10획 — 木 — 뿌리 근 — (동)本(근본 본) — 필순 朮朮朩朩枦枦根根
根本 근본　球根 구근　草根 초근　語根 어근

36　한자능력검정시험 한자에서 사자성어까지

0236	近	辵 8획	가까울 근:	필순: ´ ⺁ ㄏ ㄏ 斤 沂 沂 近
			親近 친근 近代 근대 近者 근자 近年 근년	

0237	級	糸 10획	등급 급	필순: ㄠ 纟 糸 紀 紉 級 級
			高級 고급 等級 등급 學級 학급 級數 급수	

0238	多	夕 6획	많을 다 (반)少(적을 소)	필순: ノ ク タ 多 多 多
			多少 다소 多讀 다독 多幸 다행 多數 다수	

0239	待	彳 9획	기다릴 대:	필순: 彳 彳 衤 徍 待 待 待
			下待 하대 待命 대명 待合室 대합실	

0240	度	广 9획	법도 도(:)/헤아릴 탁	필순: ㄧ 广 户 产 序 度 度
			速度 속도 溫度 온도 年度 연도 高度 고도	

0241	頭	頁 16획	머리 두	필순: 亘 豆 豆' 豇 頭 頭 頭
			頭角 두각 頭目 두목 白頭山 백두산	

0242	例	人 8획	법식 례: (동)式(법 식)	필순: 亻 亻' 亻' 㐌 ‍例 例 例
			事例 사례 例外 예외 例題 예제 先例 선례	

0243	禮 (礼)	示 18획	예도 례:	필순: 丁 示 示' 禮 禮 禮
			禮式 예식 答禮 답례 禮物 예물 禮樂 예악	

0244	路	足 13획	길 로: (동)道(길 도)	필순: 口 旦 足 趵 跆 路 路
			道路 도로 通路 통로 路線 노선 活路 활로	

0245	綠	糸 14획	푸를 록	필순: ㄠ 糸 糹' 紀 紨 綠 綠
			草綠 초록 新綠 신록 靑綠 청록 綠地 녹지	

0246	李	木 7획	오얏 리:	필순: 一 十 ナ 木 李 李 李
			李朝 이조 行李 행리 李白 이백 李花 이화	

0247	目	目 5획	눈 목	필순: 丨 冂 冃 月 目
			題目 제목 科目 과목 面目 면목 注目 주목	

6급

0248	米	米 / 6획	쌀 **미**	필순: 丶⺌⺍米米米 白米 백미 米飮 미음 六米 육미 米食 미식
0249	美	羊 / 9획	아름다울 **미(ː)**	필순: 丶⺌⺍羊芏美美美 美術 미술 美國 미국 美男 미남 美人 미인
0250	朴	木 / 6획	성/소박할 **박**	필순: 一十十木 朴朴 朴直 박직 朴木月 박목월
0251	番	田 / 12획	차례 **번**	필순: 丶⺌乊乎采番番 番號 번호 番地 번지 萬番 만번 軍番 군번
0252	別	刀 / 7획	다를/나눌 **별** 〔동〕分(나눌 분)	필순: 丨口口另别別 分別 분별 別名 별명 別世 별세 作別 작별
0253	病	疒 / 10획	병 **병ː**	필순: 丶广疒疒疒病病 病弱 병약 病名 병명 發病 발병 病者 병자
0254	服	月 / 8획	옷 **복** 〔동〕衣(옷 의)	필순: 刂月月月 胛服服 衣服 의복 夏服 하복 洋服 양복 服用 복용
0255	本	木 / 5획	근본 **본**	필순: 一十十木本 本部 본부 本社 본사 本業 본업 本然 본연
0256	使	人 / 8획	하여금/부릴 **사ː**	필순: 亻亻亻伂伂伂使使 使用 사용 使命 사명 天使 천사 大使 대사
0257	死	歹 / 6획	죽을 **사** 〔반〕活(살 활)/生(살 생)	필순: 一ブグタ死死 死後 사후 生死 생사 死線 사선 死活 사활
0258	席	巾 / 10획	자리 **석**	필순: 丶广庐庐庐席席 出席 출석 空席 공석 立席 입석 病席 병석
0259	石	石 / 5획	돌 **석**	필순: 一ブア石石 石油 석유 木石 목석 自然石 자연석

번호	한자	부수/획수	훈음	필순	예시
0260	速	辵 11획	빠를 속	一 一 市 束 束 涑 速	速力 속력　時速 시속　速讀 속독　急速 급속
0261	孫	子 10획	손자 손(:) (반)祖(할아버지 조)	了 子 孑 孖 孫 孫 孫	祖孫 조손　孫子 손자　子孫 자손　後孫 후손
0262	樹	木 16획	나무 수 (동)木(나무 목)	木 木 朴 朴 枯 樹 樹	樹木 수목　植樹 식수　樹林 수림　果樹 과수
0263	習	羽 11획	익힐 습	习 习 习 羽 羽 習 習	自習 자습　學習 학습　敎習 교습　世習 세습
0264	勝	力 12획	이길 승	丿 月 月 胖 胖 胖 勝	勝者 승자　全勝 전승　勝戰 승전　勝利 승리
0265	式	弋 6획	법 식	一 一 二 弌 式 式	形式 형식　公式 공식　定式 정식　書式 서식
0266	失	大 5획	잃을 실	丿 一 二 失 失	失手 실수　失言 실언　失業 실업　失明 실명
0267	愛	心 13획	사랑 애:	爫 四 恶 恶 愛 愛 愛	愛國 애국　愛讀 애독　愛社 애사　愛用 애용
0268	夜	夕 8획	밤 야:	一 亠 广 产 夜 夜 夜	夜間 야간　夜食 야식　夜行 야행　夜光 야광
0269	野	里 11획	들 야:	口 日 里 里 野 野 野	野球 야구　平野 평야　野外 야외　分野 분야
0270	洋	水 9획	큰바다 양 (동)海(바다 해)	氵 氵 氵 沪 汫 洋 洋	海洋 해양　西洋 서양　洋藥 양약　東洋 동양
0271	陽	阜 12획	볕 양	阝 阝 阼 阼 阼 陽 陽	太陽 태양　陽地 양지　夕陽 석양　陽氣 양기

6급

0272	言	言 7획	말씀 언	동 語(말씀 어)	필순	言語 언어 言行 언행 金言 금언 方言 방언
0273	永	水 5획	길 영:	동 遠(멀 원)	필순	永遠 영원 永有 영유 永住 영주 永生 영생
0274	英	艹 9획	꽃부리 영		필순	英特 영특 英國 영국 英語 영어 英才 영재
0275	溫	水 13획	따뜻할 온		필순	溫水 온수 溫室 온실 體溫 체온 溫和 온화
0276	園	囗 13획	동산 원		필순	樂園 낙원 庭園 정원 公園 공원 花園 화원
0277	遠	辶 14획	멀 원:	반 近(가까울 근)	필순	遠近 원근 遠大 원대 遠交 원교 遠洋 원양
0278	油	水 8획	기름 유		필순	注油 주유 重油 중유 油畫 유화 食油 식유
0279	由	田 5획	말미암을 유		필순	理由 이유 自由 자유 由來 유래 事由 사유
0280	銀	金 14획	은 은		필순	銀行 은행 金銀 금은 水銀 수은 白銀 백은
0281	衣	衣 6획	옷 의		필순	衣食 의식 白衣 백의 上衣 상의 下衣 하의
0282	醫 (医)	酉 18획	의원 의		필순	醫術 의술 名醫 명의 醫藥 의약 韓醫 한의
0283	者	老 9획	놈/사람 자		필순	記者 기자 讀者 독자 長者 장자 學者 학자

번호	한자	부수/획수	훈음	상대/반의어	필순	활용 예
0284	章	立 11획	글월 장	동 文(글월 문)	필순 一 ㅗ 立 产 音 音 章 章	文章 문장　圖章 도장　樂章 악장　旗章 기장
0285	在	土 6획	있을 재:		필순 一 ナ 才 才 在 在	現在 현재　所在 소재　在野 재야　在學 재학
0286	定	宀 8획	정할 정:		필순 丶 宀 宁 宇 宇 定	安定 안정　定數 정수　定立 정립　定食 정식
0287	朝	月 12획	아침 조	반 夕(저녁 석)	필순 十 古 占 卓 車 朝 朝	朝夕 조석　朝會 조회　王朝 왕조　朝食 조식
0288	族	方 11획	겨레 족		필순 ㅗ 方 方 扩 旅 族 族	民族 민족　家族 가족　親族 친족　同族 동족
0289	晝	日 11획	낮 주	반 夜(밤 야)	필순 ㄱ 크 聿 圭 書 晝 晝	晝夜 주야　晝間 주간　白晝 백주　晝食 주식
0290	親	見 16획	친할 친		필순 立 辛 亲 新 親 親 親	先親 선친　親家 친가　母親 모친　親書 친서
0291	太	大 4획	클/처음 태		필순 一 ナ 大 太	太風 태풍　太白 태백　太祖 태조　太平 태평
0292	通	辶 11획	통할 통		필순 ㄱ 冂 甬 甬 通 通	通話 통화　共通 공통　通信 통신　神通 신통
0293	特	牛 10획	특별할 특		필순 ㄴ 上 牛 牜 特 特 特	特別 특별　特食 특식　特級 특급　特出 특출
0294	合	口 6획	합할 합	반 分(나눌 분)	필순 丿 人 合 合 合 合	集合 집합　和合 화합　合同 합동　合心 합심
0295	行	行 6획	다닐 행(:)/항렬 항		필순 丿 彳 彳 行 行 行	孝行 효행　行動 행동　所行 소행　急行 급행

급수별 한자 6급

0296	向	口 6획	향할 향:	필순 ノ ィ 冂 冋 向 向
			方向 방향 向上 향상 動向 동향 意向 의향	
0297	號 号	虍 13획	이름/부를 호:	필순 ㅁ 号 号 " 驴 驴 號 號
			記號 기호 信號 신호 號外 호외 口號 구호	
0298	畫 画	田 12획	그림 화:/그을 획	필순 一 ㄱ 中 聿 聿 書 畫 畫
			名畫 명화 畫家 화가 圖畫 도화 畫數 획수	
0299	黃	黃 12획	누를 황	필순 一 廿 廿 뷰 芇 莆 黃 黃
			黃土 황토 黃色 황색 黃海 황해 黃金 황금	
0300	訓	言 10획	가르칠 훈: 동 敎(가르칠 교)	필순 ` ㄷ ㅌ 言 言 訓 訓
			敎訓 교훈 校訓 교훈 訓話 훈화 訓放 훈방	

한자능력검정용 급수별 한자

출제기준	읽기배정	쓰기배정	독음	훈음	장단음	반의어	완성형	부수	동의어	동음이의어	풀이	필순	약자	한자쓰기
	400	225	35	23	0	3	4	0	3	3	3	3	3	20

0301 價 / 价 人 15획 값 **가**
필순 亻亻亻價價價價
價格 가격 物價 물가 油價 유가 定價 정가

0302 客 宀 9획 손 **객** (반) 主(주인 주)
필순 宀宀宀宀客客客
客觀 객관 客席 객석 主客 주객 觀客 관객

0303 格 木 10획 격식 **격** (동) 式(법 식)/規(법 규)
필순 木木木术格格格
合格 합격 格式 격식 格言 격언 人格 인격

0304 見 見 7획 볼 **견**:/뵈올 **현**:
필순 丨冂冂目目見
見聞 견문 意見 의견 見學 견학 發見 발견

0305 決 水 7획 결단할 **결**
필순 丶丶氵氵沪決決
決定 결정 對決 대결 表決 표결 先決 선결

0306 結 糸 12획 맺을 **결** (동) 終(마칠 종)
필순 乡幺幺糸糸結結
結果 결과 結局 결국 結實 결실 結集 결집

0307 敬 攴 13획 공경할 **경**:
필순 卝芍苟苟敬敬
敬老 경로 敬禮 경례 敬語 경어 敬意 경의

0308 告 口 7획 고할 **고**:
필순 丿丿生牛牛告告
告白 고백 廣告 광고 社告 사고 告發 고발

0309 課 言 15획 공부할/과정 **과**(:)
필순 言言言評評課課
課題 과제 課外 과외 課長 과장 日課 일과

0310 過 辵 13획 지날/허물 **과**: (반) 功(공 공)
필순 冂冂冂咼咼過過
過失 과실 過言 과언 通過 통과 過勞 과로

급수별 한자 5급 II

번호	한자	부수	뜻/음	필순
0311	觀 (观/観)	見 25획	볼 관	필순: ⺊ ⺊⺊ 萑 萑 雚 雚目 觀

觀光 관광　主觀 주관　觀望 관망　參觀 참관

| 0312 | 關 (関) | 門 19획 | 관계할 관 | 필순: ㅣ 門 門 門 鬥 鬧 鬫 關 |

關心 관심　關門 관문　通關 통관　相關 상관

| 0313 | 廣 (広) | 广 15획 | 넓을 광: | 필순: 广 广 广 庐 庐 庐 廣 廣 |

廣場 광장　廣野 광야　廣大 광대　廣木 광목

| 0314 | 具 | 八 8획 | 갖출 구(:) | 필순: ㅣ ⺆ ⺆ 目 且 具 具 |

具體 구체　道具 도구　具色 구색　家具 가구

| 0315 | 舊 (旧) | 臼 18획 | 예 구: （반）新(새 신) | 필순: ⺊⺊ 萑 萑 雚 萑 舊 舊 |

新舊 신구　舊式 구식　舊面 구면　親舊 친구

| 0316 | 局 | 尸 7획 | 판 국 | 필순: ㄱ ㄱ ㄕ 局 局 局 局 |

藥局 약국　局面 국면　當局 당국　時局 시국

| 0317 | 基 | 土 11획 | 터 기 | 필순: 一 廿 廿 並 其 基 基 |

基本 기본　基地 기지　基金 기금　基調 기조

| 0318 | 己 | 己 3획 | 몸 기 | 필순: ㄱ ㄱ 己 |

利己 이기　自己 자기　知己 지기　愛己 애기

| 0319 | 念 | 心 8획 | 생각 념: | 필순: 人 人 今 今 今 念 念 念 |

理念 이념　信念 신념　觀念 관념　記念 기념

| 0320 | 能 | 肉 10획 | 능할 능 | 필순: ⺈ ⺈ 育 育 育 能 能 |

能力 능력　有能 유능　才能 재능　能動 능동

| 0321 | 團 (团) | 囗 14획 | 둥글 단 | 필순: ㅣ 冂 冂 門 門 團 團 團 |

財團 재단　團結 단결　團長 단장　團體 단체

| 0322 | 當 (当) | 田 13획 | 마땅 당 （반）落(떨어질 락) | 필순: ⺌ ⺌ 当 当 営 當 當 |

正當 정당　當然 당연　當番 당번　充當 충당

0323	德 15획	彳	큰/덕 **덕**		필순 彳 彳 彳 徳 德 德 德
			道德 도덕	德望 덕망	功德 공덕　美德 미덕
0324	到 8획	刀	이를 **도**	(동) 來(올 래)/着(붙을 착)	필순 一 ᅮ 즈 즈 죠 至 到 到
			到着 도착	當到 당도	到來 도래　先到 선도
0325	獨 (独) 16획	犬	홀로 **독**		필순 犭 犭 犭 犭 犭 獨 獨
			獨立 독립	獨白 독백	獨學 독학　獨身 독신
0326	朗 11획	月	밝을 **랑:**	(동) 明(밝을 명)	필순 ᅥ ᅧ 良 良 朗 朗 朗
			明朗 명랑	朗讀 낭독	朗朗 낭랑　朗月 낭월
0327	良 7획	艮	어질 **량**		필순 ᅳ ᅴ 彐 艮 艮 良
			良心 양심	良民 양민	良書 양서　良質 양질
0328	旅 10획	方	나그네 **려**		필순 ᅳ 方 方 扩 扩 旅 旅
			旅行 여행	旅路 여로	旅客 여객　旅情 여정
0329	歷 16획	止	지날 **력**		필순 厂 厤 厤 厤 厤 歷
			歷史 역사	學歷 학력	歷代 역대　歷任 역임
0330	練 15획	糸	익힐 **련:**		필순 糸 糸 糸 紳 紳 紳 練
			訓練 훈련	洗練 세련	練習 연습　調練 조련
0331	勞 (労) 12획	力	일할 **로**	(반) 使(부릴 사)	필순 ᅭ ᅭ 妙 妙 燃 燃 勞
			勞使 노사	勞動 노동	勞苦 노고　功勞 공로
0332	流 10획	水	흐를 **류**		필순 氵 氵 浐 浐 浐 流 流
			交流 교류	流動 유동	流水 유수　海流 해류
0333	類 19획	頁	무리 **류(:)**		필순 丷 半 类 类 頪 類 類
			種類 종류	人類 인류	分類 분류　部類 부류
0334	陸 11획	阜	뭍 **륙**	(반) 海(바다 해) (동) 地(땅 지)	필순 阝 阦 阦 陜 陸 陸 陸
			着陸 착륙	陸地 육지	陸海 육해　內陸 내륙

0335	望	月 11획	바랄 망:		필순 ⺀ ㄱ ㅏ ㅏ ㅏ 切 望 望
			野望 야망	宿望 숙망	所望 소망 失望 실망
0336	法	水 8획	법 법	동 式(법 식)	필순 ⺀ ⺀ ⺀ 汁 法 法
			法式 법식	方法 방법	合法 합법 公法 공법
0337	變(変)	言 23획	변할 변:	동 化(될 화)	필순 ⺀ ㄹ 結 繼 變 變 變
			變化 변화	變質 변질	變色 변색 變數 변수
0338	兵	八 7획	병사 병	동 卒(군사 졸)	필순 ⺀ ⺀ ⺀ 丘 丘 兵 兵
			兵卒 병졸	兵力 병력	兵士 병사 新兵 신병
0339	福	示 14획	복 복		필순 ⺀ ⺀ ⺀ 和 福 福 福
			幸福 행복	多福 다복	飮福 음복 萬福 만복
0340	奉	大 8획	받들 봉:	동 仕(섬길 사)	필순 ⺀ ⺀ ⺀ 夫 表 奉 奉
			奉事 봉사	信奉 신봉	奉養 봉양 奉行 봉행
0341	仕	人 5획	섬길/벼슬 사(:)		필순 ⺀ ⺀ ⺀ 仕 仕
			奉仕 봉사	出仕 출사	
0342	史	口 5획	사기 사:		필순 ⺀ ⺀ ⺀ 史 史
			國史 국사	史記 사기	史的 사적 女史 여사
0343	士	士 3획	선비 사:		필순 一 十 士
			士氣 사기	力士 역사	軍士 군사 人士 인사
0344	産	生 11획	낳을 산:		필순 ⺀ 产 产 产 産 産
			生産 생산	産業 산업	出産 출산 産苦 산고
0345	商	口 11획	장사 상		필순 ⺀ ⺀ 内 内 商 商
			商品 상품	商業 상업	商號 상호 商人 상인
0346	相	目 9획	서로/정승 상		필순 一 十 才 木 机 相 相
			相對 상대	相通 상통	首相 수상 相反 상반

0347	仙	人 5획	신선 **선**	필순 ノイ亻仙仙
			仙女 선녀　神仙 신선　仙人 선인　仙家 선가	
0348	鮮	魚 17획	고울 **선**	필순 ⺈各名魚魚鮮鮮
			朝鮮 조선　鮮明 선명　新鮮 신선　生鮮 생선	
0349	說	言 14획	말씀 **설**/달랠 **세:**	필순 言言計討說說
			說明 설명　說話 설화　小說 소설　說客 세객	
0350	性	心 8획	성품 **성:**　(동)質(바탕 질)	필순 丶丨中忄忄忄性性
			理性 이성　感性 감성　急性 급성　人性 인성	
0351	歲	止 13획	해 **세:**　(동)年(해 년)	필순 止产岩岸崇歲歲
			年歲 연세　萬歲 만세　歲月 세월　歲入 세입	
0352	洗	水 9획	씻을 **세:**	필순 氵氵汁浐洪洗洗
			洗手 세수　洗面 세면　洗車 세차　洗足 세족	
0353	束	木 7획	묶을 **속**	필순 一ㄇ戸百申束束
			約束 약속　團束 단속　結束 결속　束手 속수	
0354	首	首 9획	머리 **수**	필순 丷一产产首首首
			首席 수석　部首 부수　元首 원수　自首 자수	
0355	宿	宀 11획	잘 **숙**/별자리 **수:**	필순 宀宀宁宿宿宿宿
			宿題 숙제　宿食 숙식　宿所 숙소　合宿 합숙	
0356	順	頁 12획	순할 **순:**	필순 丿川厂顺顺順順
			順行 순행　順理 순리　順番 순번　順位 순위	
0357	識	言 19획	알 **식**/기록할 **지**	필순 言訂訪詩識識識
			知識 지식　意識 의식　識別 식별　學識 학식	
0358	臣	臣 6획	신하 **신**	필순 一丆丏丏臣臣
			家臣 가신　臣下 신하　功臣 공신　使臣 사신	

급수별 한자 5급 Ⅱ

0359 實 実	宀 14획	열매 **실** (동)果(실과 과)	필순 宀宁宁宑宑實實
		果實 과실　現實 현실　事實 사실　實感 실감	

0360 兒 児	儿 8획	아이 **아** (동)童(아이 동)	필순 ′ ⺀ ⺍ 臼 臼 兒
		兒童 아동　男兒 남아　育兒 육아　小兒 소아	

0361 惡 悪	心 12획	악할 **악**/미워할 **오**	필순 一 一 亞 亞 亞 亞 惡
		惡材 악재　惡用 악용　惡習 악습　惡質 악질	

0362 約	糸 9획	맺을 **약** (동)束(묶을 속)	필순 ′ ⺀ 幺 糸 約 約
		節約 절약　要約 요약　公約 공약　言約 언약	

0363 養	食 15획	기를 **양:** (동)育(기를 육)	필순 ⺍ 并 关 养 養 養
		敎養 교양　養育 양육　養分 양분　休養 휴양	

0364 要	襾 9획	구할/요긴할 **요**	필순 一 丙 丙 西 要 要 要
		重要 중요　要理 요리　要望 요망　要式 요식	

0365 友	又 4획	벗 **우:**	필순 一 ナ 方 友
		友軍 우군　友情 우정　友愛 우애　級友 급우	

0366 雨	雨 8획	비 **우:**	필순 一 厂 厅 币 币 雨 雨 雨
		雨水 우수　雨衣 우의　風雨 풍우　雨天 우천	

0367 雲	雨 12획	구름 **운**	필순 宀 帘 乘 雲 雲 雲 雲
		雲集 운집　雲海 운해　白雲 백운　戰雲 전운	

0368 元	儿 4획	으뜸 **원**	필순 一 二 テ 元
		元老 원로　元祖 원조　身元 신원　元氣 원기	

0369 偉	人 11획	거룩할 **위** (동)大(큰 대)	필순 亻 亻 伫 佇 偉 偉 偉
		偉大 위대　偉人 위인　偉業 위업　偉力 위력	

0370 以	人 5획	써 **이:**	필순 ㅣ レ 以 以 以
		所以 소이　以上 이상　以南 이남　以後 이후	

0371	任	人 6획	맡길 임(:)	필순 ノ イ 仁 仁 任 任 新任 신임 信任 신임 重任 중임 任命 임명
0372	材	木 7획	재목 재	필순 一 十 才 才 木 材 材 門材 문재 材木 재목 藥材 약재 題材 제재
0373	財	貝 10획	재물 재	필순 刂 月 月 貝 貝 財 財 財産 재산 財物 재물 財界 재계 財力 재력
0374	的	白 8획	과녁 적	필순 ⺧ 冂 日 白 白 的 的 目的 목적 公的 공적 法的 법적 的中 적중
0375	傳 (伝)	人 13획	전할 전	필순 イ 伃 佴 俥 傳 傳 傳說 전설 傳記 전기 口傳 구전 傳言 전언
0376	典	八 8획	법/책 전: (동)法(법 법)	필순 丶 冂 曰 曲 典 典 典 法典 법전 古典 고전 事典 사전 出典 출전
0377	展	尸 10획	펼 전: (동)發(필 발)	필순 ⺖ 尸 尸 屈 屈 展 展 發展 발전 展開 전개 展望 전망 美展 미전
0378	切	刀 4획	끊을 절/온통 체	필순 一 七 切 切 一切 일체 切上 절상 親切 친절 切望 절망
0379	節	竹 15획	마디 절	필순 ⺮ 竺 笳 笳 節 節 節電 절전 名節 명절 節氣 절기 禮節 예절
0380	店	广 8획	가게 점:	필순 一 广 广 庁 庁 店 店 商店 상점 書店 서점 本店 본점 店主 점주
0381	情	心 11획	뜻 정	필순 ⺖ 忄 忄 忄 情 情 情 感情 감정 溫情 온정 事情 사정 愛情 애정
0382	調	言 15획	고를 조	필순 言 訚 訃 訽 調 調 調和 조화 強調 강조 調理 조리 調節 조절

번호	한자	부수/획수	훈음	동/반	필순
0383	卒 (卆)	十 / 8획	마칠/군사 **졸**		亠 亡 亡 卒 卒 卒
			卒業 졸업 大卒 대졸 卒兵 졸병 卒然 졸연		
0384	種	禾 / 14획	씨 **종(:)**		二 千 禾 禾 種 種 種
			種子 종자 品種 품종 種別 종별 種族 종족		
0385	州	巛 / 6획	고을 **주**		ㆍ ㅣ 丬 刋 州 州
			光州 광주 全州 전주 淸州 청주 公州 공주		
0386	週	辶 / 12획	주일/돌 **주**		丿 冂 冃 用 周 週 週
			每週 매주 週間 주간 前週 전주 來週 내주		
0387	知	矢 / 8획	알 **지**	동 識(알 식)	亠 丨 乍 乍 矢 知 知
			知友 지우 知人 지인 告知 고지 知能 지능		
0388	質	貝 / 15획	바탕 **질**		丿 厂 斤 斦 質 質
			性質 성질 質問 질문 質責 질책 物質 물질		
0389	着	羊 / 12획	붙을 **착**	반 發(필 발)	丷 亠 兰 羊 着 着
			着發 착발 着手 착수 着地 착지 定着 정착		
0390	參	厶 / 11획	참여할 **참**/석 **삼**		厶 厽 厽 夅 麥 參
			參加 참가 不參 불참 參戰 참전 參見 참견		
0391	責	貝 / 11획	꾸짖을 **책**		一 十 主 青 青 責
			責任 책임 問責 문책 責望 책망 重責 중책		
0392	充	儿 / 6획	채울 **충**		亠 亠 去 去 方 充
			充分 충분 充電 충전 充實 충실 充足 충족		
0393	宅	宀 / 6획	집 **택/댁**	동 家(집 가)	丶 宀 宀 宅 宅
			住宅 주택 自宅 자택 宅地 택지 社宅 사택		
0394	品	口 / 9획	물건 **품:**	동 物(물건 물)	丨 口 口 吕 品 品
			品性 품성 品質 품질 物品 물품 食品 식품		

번호	한자	부수	훈음	필순	용례
0395	必	心 5획	반드시 필	필순 `丶ソ必必必`	必要 필요 必讀 필독 必勝 필승 必然 필연
0396	筆	竹 12획	붓 필	필순 `ノ ⺮ 竹 竺 筆 筆`	筆記 필기 筆法 필법 筆者 필자 自筆 자필
0397	害	宀 10획	해할 해 (반)利(이로울 리)	필순 `丶 宀 宔 宔 害 害`	利害 이해 水害 수해 有害 유해 害惡 해악
0398	化	匕 4획	될 화(:)	필순 `ノ 亻 化 化`	文化 문화 強化 강화 化石 화석 同化 동화
0399	效	攴 10획	본받을 효:	필순 `亠 亣 亣 芀 芀 效 效`	效果 효과 效用 효용 特效 특효 效能 효능
0400	凶	凵 4획	흉할 흉	필순 `ノ ㄨ 凶 凶`	凶年 흉년 凶計 흉계 凶家 흉가 凶作 흉작

5급 한자능력검정용 급수별 한자

출제기준	읽기배정	쓰기배정	독음	훈음	장단음	반의어	완성형	부수	동의어	동음이의어	풀이	필순	약자	한자쓰기
	500	300	35	23	0	3	4	0	3	3	3	3	3	20

0401 可 口 5획 옳을 **가**: 필순 一 丁 FT 可 可
可決 가결 許可 허가 可能 가능 可望 가망

0402 加 力 5획 더할 **가** 필순 ㄱ 力 ガ 加 加
加熱 가열 加速 가속 加工 가공 加算 가산

0403 改 攵 7획 고칠 **개**: 필순 ᄀ ᄀ ᄅ ᄅ ᄅ 改 改
改良 개량 改善 개선 改正 개정 改名 개명

0404 去 ㄙ 5획 갈 **거**: (반) 來(올 래) 필순 一 十 土 去 去
去來 거래 過去 과거 去冷 거냉 去年 거년

0405 擧 (舉) 手 18획 들 **거**: 필순 ᄂ ᄂ 舁 舁 與 擧 擧
擧手 거수 選擧 선거 擧行 거행 擧動 거동

0406 件 人 6획 물건 **건** (동) 物(물건 물) 필순 ノ 亻 亻 件 件 件
物件 물건 案件 안건 件數 건수 事件 사건

0407 建 廴 9획 세울 **건**: (동) 立(설립) 필순 ᄀ ᄀ ᄅ 聿 聿 建 建
建物 건물 再建 재건 建立 건립 建國 건국

0408 健 人 11획 굳셀 **건**: 필순 亻 亻 亻 但 伊 伊 健 健
健實 건실 健兒 건아 健全 건전 强健 강건

0409 景 日 12획 볕 **경**(:) 필순 ᄆ 旦 昌 昌 景 景 景
景氣 경기 風景 풍경 雪景 설경 景觀 경관

0410 輕 (軽) 車 14획 가벼울 **경** (반) 重(무거울 중) 필순 ᄃ 亘 車 車 輕 輕 輕
輕重 경중 輕量 경량 輕油 경유 輕車 경차

번호	한자	부수/획수	훈·음	동/반	필순
0411	競	立 20획	다툴 경:	동 爭(다툴 쟁)	丶 亠 立 音 音 竞 競

競技 경기　競賣 경매　競選 경선　競合 경합

| 0412 | 考 | 老 6획 | 생각할 고(:) | | 一 十 土 耂 考 考 |

考案 고안　考古 고고　一考 일고　長考 장고

| 0413 | 固 | 口 8획 | 굳을 고 | | 丨 冂 冂 冋 冏 周 固 |

固定 고정　固有 고유　固體 고체　固着 고착

| 0414 | 曲 | 曰 6획 | 굽을 곡 | 반 直(곧을 직) | 丨 冂 曰 由 曲 曲 |

曲直 곡직　曲線 곡선　歌曲 가곡　作曲 작곡

| 0415 | 橋 | 木 16획 | 다리 교 | | 木 杧 样 榨 梓 橋 橋 |

陸橋 육교　鐵橋 철교　大橋 대교　廣橋 광교

| 0416 | 救 | 攴 11획 | 구원할 구: | | 一 十 寸 求 求 敉 救 |

救命 구명　救急 구급　救出 구출　自救 자구

| 0417 | 貴 | 貝 12획 | 귀할 귀: | | 口 虫 患 患 貴 貴 貴 |

貴重 귀중　貴族 귀족　品貴 품귀　貴中 귀중

| 0418 | 規 | 見 11획 | 법 규 | 동 法(법 법)/定(정할 정) | 二 扌 夫 夫 却 却 規 |

規格 규격　規則 규칙　法規 법규　規約 규약

| 0419 | 給 | 糸 12획 | 줄 급 | | 幺 乡 糸 糸 糸 紒 給 |

自給 자급　給食 급식　發給 발급　給仕 급사

| 0420 | 技 | 手 7획 | 재주 기 | 동 術(재주 술) | 一 十 扌 扌 扩 抆 技 |

技術 기술　技士 기사　特技 특기　技能 기능

| 0421 | 期 | 月 12획 | 기약할 기 | | 一 廿 其 其 期 期 期 |

期待 기대　工期 공기　無期 무기　任期 임기

| 0422 | 汽 | 水 7획 | 물끓는김 기 | | 丶 氵 氵 汽 汽 汽 |

汽車 기차　汽船 기선

0423	吉 口 6획	길할 **길**	(반) 凶(흉할 흉)	필순 一十士吉吉吉
		吉凶 길흉	吉日 길일	吉運 길운	吉人 길인

0424	壇 土 16획	단 **단**		필순 土 圹圹圻壇壇壇
		壇上 단상	畫壇 화단	敎壇 교단	登壇 등단

0425	談 言 15획	말씀 **담**	(동) 話(말씀 화)	필순 言言言訨談談談
		談話 담화	德談 덕담	筆談 필담	情談 정담

0426	島 山 10획	섬 **도**		필순 ′ 丫 白 皀 島 島 島
		獨島 독도	半島 반도	落島 낙도	海島 해도

0427	都 邑 12획	도읍 **도**	(동) 京(서울 경)	필순 土耂者者者者都都
		都市 도시	首都 수도	都心 도심	京都 경도

0428	落 艸 13획	떨어질 **락**	(반) 登(오를 등)	필순 艹 艾 艾 茨 落 落
		落葉 낙엽	落花 낙화	落第 낙제	當落 당락

0429	冷 冫 7획	찰 **랭:**	(반) 溫(따뜻할 온)	필순 ′ 冫 冫 汃 汵 冷 冷
		冷溫 냉온	冷水 냉수	冷情 냉정	冷戰 냉전

0430	量 里 12획	수량 **량**		필순 口旦昌昌昌量量
		質量 질량	分量 분량	量産 양산	數量 수량

0431	令 人 5획	하여금 **령(:)**		필순 ノ 人 人 今 令
		令弟 영제	打令 타령	發令 발령	號令 호령

0432	領 頁 14획	거느릴 **령**		필순 ^ 今 今 令 領 領 領
		領海 영해	領土 영토	要領 요령	領洗 영세

0433	料 斗 10획	헤아릴 **료(:)**		필순 丷 亠 斗 米 米 米 料 料
		原料 원료	料金 요금	料理 요리	材料 재료

0434	馬 馬 10획	말 **마:**		필순 丨 厂 厂 厂 馬 馬 馬
		鐵馬 철마	競馬 경마	馬車 마차	牛馬 우마

번호	한자	부수	훈음	반의/동의	필순
0435	末	木 5획	끝 **말**	반 本(근본 본)	一 一 十 才 末
			終末 종말　結末 결말　週末 주말　本末 본말		
0436	亡	亠 3획	망할 **망**		` 亠 亡
			敗亡 패망　亡命 망명　死亡 사망　亡德 망덕		
0437	買	貝 12획	살 **매:**	반 賣(팔 매)	丨 冂 罒 罒 罒 冒 胃 胃 買 買
			賣買 매매　買入 매입　買切 매절　買食 매식		
0438	賣 (売)	貝 15획	팔 **매(:)**		士 吉 吉 壹 賣 賣
			賣場 매장　賣店 매점　賣出 매출　發賣 발매		
0439	無	火 12획	없을 **무**	반 有(있을 유)	ノ 广 二 左 午 無 無
			有無 유무　無病 무병　無心 무심　無能 무능		
0440	倍	人 10획	갑절 **배:**		亻 亻 亻 仁 仵 倍 倍 倍
			倍加 배가　倍數 배수　倍前 배전　百倍 백배		
0441	比	比 4획	견줄 **비:**		一 ヒ ト 比
			對比 대비　比例 비례　比重 비중　比等 비등		
0442	費	貝 12획	쓸 **비:**		一 弓 弗 弗 弗 費 費
			消費 소비　費用 비용　工費 공비　旅費 여비		
0443	鼻	鼻 14획	코 **비:**		白 帛 帛 皍 皇 鼻 鼻
			鼻祖 비조　鼻音 비음		
0444	氷	水 5획	얼음 **빙**	반 炭(숯 탄)	丨 冫 冫 氷 水
			氷河 빙하　氷山 빙산　氷雪 빙설　氷水 빙수		
0445	査	木 9획	조사할 **사**		一 十 木 木 杏 杏 査
			調査 조사　實査 실사　考査 고사　査正 사정		
0446	思	心 9획	생각 **사(:)**	동 考(생각할 고)	丶 冂 田 田 田 思 思 思
			思考 사고　意思 의사　心思 심사　思念 사념		

0447 写/寫	寫 宀 15획	베낄 **사**	필순: 宀宀宀宙宙寫寫
		寫實 사실　筆寫 필사　寫本 사본　速寫 속사	

0448	賞 貝 15획	상줄 **상**	필순: 冖冖冎常常賞
		賞品 상품　大賞 대상　賞金 상금　入賞 입상	

0449	序 广 7획	차례 **서:**	필순: 丶亠广庁序序
		順序 순서　有序 유서　序曲 서곡　序文 서문	

0450	船 舟 11획	배 **선**	필순: 丿月月月舟舟船
		漁船 어선　戰船 전선　同船 동선　商船 상선	

0451	善 口 12획	착할 **선:** 　(동) 良(어질 량)	필순: 丷丷羊羊善善
		善惡 선악　善意 선의　善行 선행　最善 최선	

0452	選 辶 16획	가릴 **선:**	필순: 巳巴巴卯卯巽選
		選定 선정　選出 선출　再選 재선　選別 선별	

0453	示 示 5획	보일 **시:**	필순: 一二テ亍示
		展示 전시　表示 표시　訓示 훈시　告示 고시	

0454	案 木 10획	책상/상고할 **안:**	필순: 宀宀安安安案案
		方案 방안　案內 안내　圖案 도안　代案 대안	

0455	魚 魚 11획	고기 **어**	필순: 夕夕鱼鱼鱼魚魚
		養魚 양어　魚族 어족　魚類 어류　活魚 활어	

0456	漁 水 14획	고기잡을 **어**	필순: 氵氵汅渔渔漁漁
		漁夫 어부　漁具 어구　漁民 어민　漁業 어업	

0457	億 人 15획	억 **억**	필순: 亻亻仵仵倍億億
		億萬 억만　億萬長者 억만장자	

0458	熱 火 15획	더울 **열**	필순: 土 夫 幸 刲 執 執 熱
		熱氣 열기　熱意 열의　熱情 열정　熱望 열망	

0459 **葉**	艹 13획	잎 **엽**	필순 `艹 艹 苎 芒 芷 華 葉`
		葉書 엽서　中葉 중엽　葉草 엽초　末葉 말엽	
0460 **屋**	尸 9획	집 **옥**	동 家(집 가)　필순 `一 コ 尸 尸 屋 屋 屋`
		家屋 가옥　屋上 옥상　屋外 옥외　舊屋 구옥	
0461 **完**	宀 7획	완전할 **완**	필순 `' 宀 宀 宁 宇 完`
		完工 완공　完成 완성　完全 완전　完結 완결	
0462 **曜**	日 18획	빛날 **요**	필순 `日 日' 日" 日" 㬢 曜 曜`
		曜日 요일　七曜 칠요　火曜日 화요일	
0463 **浴**	水 10획	목욕할 **욕**	필순 `氵 氵' 氵" 沙 浴 浴 浴`
		浴室 욕실　入浴 입욕　海水浴 해수욕	
0464 **牛**	牛 4획	소 **우**	필순 `' ー 二 牛`
		黃牛 황우　韓牛 한우　牛角 우각　農牛 농우	
0465 **雄**	隹 12획	수컷 **웅**	필순 `ナ ナ' 㐲 䧺 雄 雄 雄`
		英雄 영웅　雄大 웅대　雄圖 웅도　雄健 웅건	
0466 **院**	阜 10획	집/관청 **원**	필순 `ㄱ ㅏ 阝 阝' 阼 陟 院`
		病院 병원　醫院 의원　登院 등원　法院 법원	
0467 **原**	厂 10획	언덕 **원**	필순 `厂 厂 厈 原 原 原`
		原因 원인　原始 원시　原理 원리　原油 원유	
0468 **願**	頁 19획	원할 **원:**	필순 `厂 厃 原 原 願 願`
		所願 소원　願書 원서　願望 원망　念願 염원	
0469 **位**	人 7획	자리 **위**	필순 `丿 亻 亻' 亻" 位 位 位`
		方位 방위　高位 고위　位相 위상　地位 지위	
0470 **耳**	耳 6획	귀 **이:**	필순 `一 丅 丆 丆 耳 耳`
		耳順 이순　耳科 이과　耳目 이목　充耳 충이	

급수별 한자 5급

0471	因	口 6획	인할 **인** (반)果(결과 과)	필순 ㅣ 冂 冃 因 因 因 因果 인과 敗因 패인 因習 인습 要因 요인
0472	再	冂 6획	두/다시 **재ː**	필순 一 一 冂 冂 再 再 再考 재고 再生 재생 再活 재활 再現 재현
0473	災	火 7획	재앙 **재**	필순 ⸝ ⸝⸝ ⸝⸝⸝ 巛 巛 灾 災 火災 화재 災害 재해 産災 산재 天災 천재
0474	爭 (争)	爪 8획	다툴 **쟁** (동)戰(싸움 전)	필순 ⸝ ⸝⸝ ⸝⸝⸝ ⸝⸝⸝⸝ 爭 爭 爭 爭 戰爭 전쟁 競爭 경쟁 言爭 언쟁 分爭 분쟁
0475	貯	貝 12획	쌓을 **저ː**	필순 目 貝 貯 貯 貯 貯 貯金 저금 貯炭 저탄 貯水 저수 貯養 저양
0476	赤	赤 7획	붉을 **적**	필순 一 十 土 尹 赤 赤 赤 赤色 적색 赤字 적자 赤道 적도 赤化 적화
0477	停	人 11획	머무를 **정** (동)止(그칠 지)	필순 亻 亻 庁 庁 停 停 停 停 停止 정지 停年 정년 停電 정전 調停 조정
0478	操	手 16획	잡을 **조(ː)**	필순 扌 扌 扩 扩 扦 捛 操 體操 체조 操業 조업 操作 조작 操心 조심
0479	終	糸 11획	마칠 **종** (반)始(비로소 시)	필순 幺 幺 糸 糸 終 終 始終 시종 終身 종신 最終 최종 終局 종국
0480	罪	网 13획	허물 **죄ː**	필순 冂 冖 罒 罒 罪 罪 罪 重罪 중죄 無罪 무죄 有罪 유죄 罪惡 죄악
0481	止	止 4획	그칠 **지**	필순 ㅣ ㅏ 止 止 中止 중지 終止 종지 休止 휴지 擧止 거지
0482	唱	口 11획	부를 **창ː**	필순 口 口 叮 미 미 唱 唱 唱歌 창가 唱法 창법 愛唱 애창 獨唱 독창

0483	鐵 (鉄)	金	21획	쇠 철	필순	鐵路 철로 鐵板 철판 鐵窓 철창 古鐵 고철
0484	初	刀	7획	처음 초 [동] 始(비로소 시)	필순	最初 최초 始初 시초 初等 초등 正初 정초
0485	最	曰	12획	가장 최:	필순	最古 최고 最小 최소 最高 최고 最近 최근
0486	祝	示	10획	빌 축	필순	祝歌 축가 祝電 축전 祝願 축원 祝福 축복
0487	致	至	10획	이를 치:	필순	一致 일치 景致 경치 筆致 필치 致命 치명
0488	則	刀	9획	법칙 칙/곧 즉 [동] 法(법 법)	필순	法則 법칙 鐵則 철칙 學則 학칙 原則 원칙
0489	他	人	5획	다를 타 [반] 自(스스로 자)	필순	自他 자타 他意 타의 他界 타계 他國 타국
0490	打	手	5획	칠 타:	필순	打球 타구 安打 안타 打席 타석 打者 타자
0491	卓	十	8획	높을 탁	필순	卓球 탁구 卓見 탁견 食卓 식탁 卓子 탁자
0492	炭	火	9획	숯 탄:	필순	石炭 석탄 氷炭 빙탄 炭水 탄수 木炭 목탄
0493	板	木	8획	널 판	필순	板紙 판지 氷板 빙판 黑板 흑판 畫板 화판
0494	敗	攴	11획	패할 패: [반] 勝(이길 승)	필순	勝敗 승패 敗北 패배 失敗 실패 成敗 성패

5급

0495	河	水 8획	물 하 (반)山(메 산) (동)川(내 천)	필순 ㄱ ㄱ ㄱ 沪 沪 沪 河 河
			河川 하천 山河 산하 運河 운하 黃河 황하	
0496	寒	宀 12획	찰 한 (동)冷(찰 랭)	필순 宀 宀 宀 宀 宑 寒 寒
			寒害 한해 寒氣 한기 寒冷 한랭 惡寒 오한	
0497	許	言 11획	허락할 허	필순 ㄱ ㄱ 言 言 言 許 許
			許多 허다 特許 특허 許國 허국 許身 허신	
0498	湖	水 12획	호수 호	필순 氵 氵 氵 沽 湖 湖 湖
			湖水 호수 湖南 호남 江湖 강호 大湖 대호	
0499	患	心 11획	근심 환:	필순 一 口 串 串 患 患
			患者 환자 病患 병환 老患 노환 患部 환부	
0500	黑	黑 12획	검을 흑 (반)白(흰 백)	필순 口 口 甲 里 里 黑
			黑白 흑백 黑炭 흑탄 黑色 흑색 黑字 흑자	

한자능력검정용 급수별 한자

출제기준	읽기배정	쓰기배정	독음	훈음	장단음	반의어	완성형	부수	동의어	동음이의어	풀이	필순	약자	한자쓰기
	750	400	35	22	0	3	5	3	3	3	3	3	0	3	20

0501 街 / 仮(街) 行 12획 거리 **가**(:) (동) 道(길 도)/路(길 로)
필순: 彳 彳 ⺅ ⺅ 徍 徍 街 街
街路 가로   商街 상가   街道 가도   市街 시가

0502 假 / 仮 人 11획 거짓 **가**:
필순: 亻 亻 亻 仟 俨 假 假
假定 가정   眞假 진가   假面 가면   假橋 가교

0503 減 水 12획 덜 **감**: (반) 加(더할 가)
필순: 氵 氵 沪 沪 減 減 減
減員 감원   增減 증감   加減 가감   減量 감량

0504 監 皿 14획 볼 **감** (동) 視(볼 시)/觀(볼 관)
필순: 丨 丨 丨 臣 臣 臣 監 監
監査 감사   監察 감찰   令監 영감   監視 감시

0505 康 广 11획 편안 **강** (동) 安(편안할 안)
필순: 广 广 户 庐 序 唐 康
康健 강건   健康 건강   康樂 강락   康國 강국

0506 講 言 17획 강론할 **강**:
필순: 言 言 訁 詳 講 講 講 講
講壇 강단   講堂 강당   講讀 강독   休講 휴강

0507 個 人 10획 낱 **개**(:)
필순: 亻 亻 亻 們 們 個 個
個體 개체   個別 개별   個人 개인   個性 개성

0508 檢 木 17획 검사할 **검**: (동) 査(조사할 사)
필순: 十 才 杧 枚 枘 檢 檢
檢問 검문   檢事 검사   檢擧 검거   檢察 검찰

0509 缺 / 欠 缶 10획 이지러질 **결** (반) 出(날 출)
필순: 亠 亠 缶 缶 缶 缺 缺
缺席 결석   缺員 결원   缺食 결식   缺格 결격

0510 潔 水 15획 깨끗할 **결** (동) 淸(맑을 청)
필순: 氵 汀 沪 洵 潔 潔 潔
淸潔 청결   潔白 결백   不潔 불결   純潔 순결

급수별 한자 4급Ⅱ 61

번호	한자	부수·획수	훈음		필순	단어
0511	慶	心 15획	경사 경:		亠 广 户 庐 庐 廖 慶	慶祝 경축 慶事 경사 國慶日 국경일
0512	經 (経)	糸 13획	지날/글 경	[동] 過(지날 과)	幺 糸 糸 糸 絅 經 經	經過 경과 經歷 경력 經路 경로 經典 경전
0513	境	土 14획	지경 경	[동] 界(경계 계)	十 扌 圹 垆 培 培 境	逆境 역경 境界 경계 國境 국경 死境 사경
0514	警	言 20획	경계할 경:		艹 芍 苟 苟 敬 警 警	警察 경찰 警告 경고 警備 경비 警護 경호
0515	係	人 9획	맬 계:		亻 亻 亻 伾 伾 俘 係	關係 관계 係員 계원 係長 계장 係數 계수
0516	故	攴 9획	연고 고(:)		一 十 古 古 古 故 故	故意 고의 事故 사고 故國 고국 故鄕 고향
0517	官	宀 8획	벼슬 관	[반] 民(백성 민)	丶 宀 宀 宀 宀 官 官	長官 장관 官職 관직 高官 고관 民官 민관
0518	究	穴 7획	연구할 구		丶 丶 宀 穴 穴 穷 究	硏究 연구 講究 강구 究明 구명 學究 학구
0519	句	口 5획	글귀 구		丿 勹 勺 句 句	句節 구절 詩句 시구 絶句 절구 文句 문구
0520	求	水 7획	구할 구	[동] 要(구할 요)	一 十 寸 才 永 求 求	求職 구직 求道 구도 求人 구인 求愛 구애
0521	宮	宀 10획	집 궁		丶 宀 宀 宀 宀 宮 宮	古宮 고궁 王宮 왕궁 宮城 궁성 子宮 자궁
0522	權 (权)	木 22획	권세 권		木 木 栉 栉 桦 權 權	權勢 권세 權利 권리 復權 복권 主權 주권

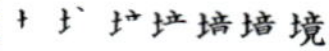

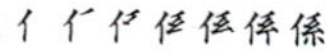

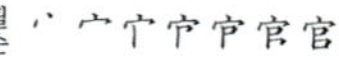

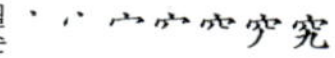

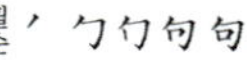

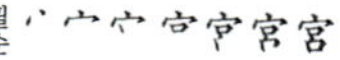

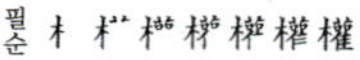

0523	極	木 13획	극진할 **극**	필순: 木 朽 朽 柯 柯 柯 極 極 極端 극단　極度 극도　極貧 극빈　極樂 극락
0524	禁	示 13획	금할 **금:**	필순: 一 十 木 林 埜 埜 禁 出禁 출금　禁止 금지　一禁 일금　監禁 감금
0525	起	走 10획	일어날 **기** （반）結(맺을 결）	필순: 土 丰 丰 走 走 起 起 起動 기동　起立 기립　起因 기인　想起 상기
0526	器	口 16획	그릇 **기**	필순: 口 吅 哭 哭 哭 器 器 容器 용기　器具 기구　樂器 악기　祭器 제기
0527	暖	日 13획	따뜻할 **난:** （반）冷(찰 랭)/寒(찰 한)	필순: 日 日 旷 旷 暖 暖 暖 溫暖 온난　暖流 난류　寒暖 한란　暖房 난방
0528	難	隹 19획	어려울 **난(:)**	필순: 廿 苗 莫 莫 艱 難 難民 난민　難解 난해　論難 논란　災難 재난
0529	努	力 7획	힘쓸 **노**	필순: ㄑ 女 女 奴 奴 努 努 努力 노력　努肉 노육　努責 노책　努目 노목
0530	怒	心 9획	성낼 **노:**	필순: ㄑ 女 女 奴 奴 怒 怒 怒氣 노기　大怒 대로　怒號 노호　天怒 천노
0531 單/单	單	口 12획	홑 **단**	필순: 口 吅 吅 胃 胃 單 單獨 단독　單純 단순　單式 단식　單價 단가
0532	端	立 14획	끝 **단** （동）末(끝 말）	필순: 立 立 岩 地 端 端 端 端正 단정　一端 일단　末端 말단　端宗 단종
0533	檀	木 17획	박달나무 **단**	필순: 木 朴 柯 柯 柯 檀 檀 檀國 단국　檀木 단목　檀國大學校 단국대학교
0534 斷/断	斷	斤 18획	끊을 **단:** （반）續(이을 속)	필순: ㄴ 丝 蜂 鐵 斷 斷 切斷 절단　斷絕 단절　斷念 단념　斷電 단전

번호	한자	부수/획수	훈음	관련어	필순 및 예시
0535	達	辵 / 13획	통달할 달	통(通통할 통)	필순: 土 + 幸 達達 傳達전달 到達도달 發達발달 達人달인
0536	擔(担)	手 / 16획	멜 담		필순: 扌扩护护擔 擔當담당 擔保담보 擔任담임 加擔가담
0537	黨(党)	黑 / 20획	무리 당		필순: 尚当堂黨 政黨정당 野黨야당 黨權당권 黨論당론
0538	帶	巾 / 11획	띠 대(:)		필순: 卅 卅 帶帶 地帶지대 連帶연대 熱帶열대 一帶일대
0539	隊	阜 / 12획	무리 대	동(部떼 부)	필순: 阝阝阝阝隊隊 軍隊군대 隊列대열 部隊부대 隊員대원
0540	導	寸 / 16획	인도할 도:		필순: 首道導導 引導인도 導入도입 指導지도 主導주도
0541	毒	毋 / 8획	독할 독		필순: 主 丰 青毒毒 毒藥독약 毒素독소 飮毒음독 解毒해독
0542	督	目 / 13획	감독할/재촉할 독		필순: 十 木 叔督督 監督감독 總督총독 檢督검독 提督제독
0543	銅	金 / 14획	구리 동		필순: 金 釘銅銅 銅線동선 黃銅황동 靑銅청동 金銅금동
0544	斗	斗 / 4획	말 두		필순: 丶 丶 三 斗 斗量두량 斗牛두우 斗起두기 北斗북두
0545	豆	豆 / 7획	콩 두		필순: 一 一 一 一 豆 豆 綠豆녹두 豆油두유 豆滿江두만강
0546	得	彳 / 11획	얻을 득	반(失잃을 실)	필순: 彳 犭 得得得 得失득실 習得습득 利得이득 所得소득

0547 燈 灯	火 16획	등불 등	필순 丷 火 火 炉 烙 燈 燈	
		燈油 등유　石燈 석등　電燈 전등　消燈 소등		
0548 羅	网 19획	벌일 라	필순 ⺲ ⺲ ⺲ 羅 羅 羅 羅	
		新羅 신라　羅列 나열　羅城 나성　羅漢 나한		
0549 兩 両	入 8획	두 량:	필순 一 丅 丙 丙 兩 兩	
		兩面 양면　兩家 양가　兩國 양국　兩班 양반		
0550 麗	鹿 19획	고울 려　(동) 美(아름다울 미)	필순 一 ⺽ ⺽ 严 严 麗 麗	
		麗水 여수　美麗 미려　高麗 고려　流麗 유려		
0551 連	辶 11획	이을 련	필순 一 市 車 車 連 連	
		連結 연결　連打 연타　連休 연휴　連綿 연면		
0552 列	刀 6획	벌일 렬	필순 一 ブ ヲ 歹 列 列	
		五列 오열　列傳 열전　列擧 열거　班列 반열		
0553 錄	金 16획	기록할 록　(동) 記(기록할 기)	필순 人 乍 全 金 錄 錄 錄	
		記錄 기록　登錄 등록　目錄 목록　收錄 수록		
0554 論	言 15획	논할 론	필순 言 訃 診 論 論 論	
		論語 논어　論議 논의　理論 이론　衆論 중론		
0555 留	田 10획	머무를 류　(동) 停(머무를 정)	필순 ⺉ ⺉ ⺡ ⺢ 留 留 留	
		停留 정류　留級 유급　留念 유념　留保 유보		
0556 律	彳 9획	법칙 률	필순 ノ 彳 伃 伊 律 律 律	
		法律 법률　自律 자율　律動 율동　規律 규율		
0557 滿 満	水 14획	찰 만(:)　(동) 充(찰 충)	필순 氵 氵 汁 汁 滿 滿 滿	
		滿足 만족　充滿 충만　滿發 만발　滿開 만개		
0558 脈 脉	肉 10획	줄기 맥	필순 月 月 肝 胪 胪 脈	
		山脈 산맥　動脈 동맥　人脈 인맥　水脈 수맥		

4급 Ⅱ

0559	毛	毛 / 4획	터럭 모	필순 ノ 二 三 毛 毛布 모포 毛根 모근 體毛 체모 純毛 순모
0560	牧	牛 / 8획	칠/기를 목	필순 ノ ト 生 牛 牛 牧 牧 牧 牧場 목장 放牧 방목 牧童 목동 牧師 목사
0561	武	止 / 8획	호반/무사 무: 땐 文(글월 문)	필순 一 T F 正 正 武 武 武 武功 무공 武器 무기 武力 무력 武官 무관
0562	務	力 / 11획	힘쓸 무:	필순 ᄀ 予 矛 矛 矛 矛 務 務 任務 임무 義務 의무 實務 실무 業務 업무
0563	未	木 / 5획	아닐 미(:)	필순 一 二 キ 未 未 未聞 미문 未備 미비 未來 미래 未達 미달
0564	味	口 / 8획	맛 미	필순 丨 冂 口 叮 吁 咔 味 味 興味 흥미 意味 의미 別味 별미 一味 일미
0565	密	宀 / 11획	빽빽할 밀	필순 宀 宀 宀 宓 宓 密 密 精密 정밀 密約 밀약 密接 밀접 內密 내밀
0566	博	十 / 12획	넓을 박	필순 十 十 忄 忄 忄 忄 博 博 博士 박사 博學 박학 博識 박식 博愛 박애
0567	防	阜 / 7획	막을 방	필순 ' ㅏ ㅑ 阝 阝 阝 防 防 防音 방음 防寒 방한 防水 방수 防止 방지
0568	房	戶 / 8획	방 방	필순 ' ㅗ ㅏ 戶 戶 戶 房 房 監房 감방 獨房 독방 冷房 냉방 藥房 약방
0569	訪	言 / 11획	찾을 방:	필순 ' 二 言 言 訃 訪 訪 訪韓 방한 訪問 방문 答訪 답방 訪北 방북
0570	拜	手 / 9획	절 배:	필순 ノ 二 三 手 手 拝 拝 拜 拜上 배상 歲拜 세배 禮拜 예배 參拜 참배

번호	한자	부수/획수	훈음	예시
0571	背	肉 9획	등 배: (반)向(향할 향)	필순: 背恩배은 背景배경 背書배서 背信배신
0572	配	酉 10획	나눌/짝 배 (동)分(나눌 분)	필순: 配給배급 配達배달 配當배당 配列배열
0573	伐	人 6획	칠 벌	필순: 伐木벌목 伐草벌초 殺伐살벌 北伐북벌
0574	罰	网 14획	벌할 벌 (반)賞(상줄 상)	필순: 賞罰상벌 罰金벌금 罰則벌칙 重罰중벌
0575	壁	土 16획	벽 벽	필순: 絶壁절벽 壁報벽보 壁畫벽화 氷壁빙벽
0576	邊(边)	辵 19획	가 변	필순: 路邊노변 邊方변방 江邊강변 身邊신변
0577	步	止 7획	걸음 보:	필순: 進步진보 速步속보 步道보도 競步경보
0578	保	人 9획	지킬 보(:) (동)護(지킬 호)	필순: 保安보안 保障보장 醫保의보 保衛보위
0579	報	土 12획	갚을/알릴 보: (동)告(고할 고)	필순: 報告보고 情報정보 報恩보은 報道보도
0580	寶(宝)	宀 20획	보배 보:	필순: 寶石보석 家寶가보 寶貨보화 國寶국보
0581	復	彳 12획	회복할 복/다시 부:	필순: 復元복원 復古복고 復活부활 復舊복구
0582	府	广 8획	마을 부(:)	필순: 政府정부 學府학부 上府상부 陰府음부

4급 II

0583	婦	女 11획	며느리 **부** (반)夫(지아비 부)	필순: 女 女 妇 妇 妇 妇 婦 婦 夫婦 부부 主婦 주부 孝婦 효부 子婦 자부
0584	副	刀 11획	버금 **부:**	필순: 一 口 昌 昌 畐 副 副 副賞 부상 副業 부업 副題 부제 副食 부식
0585	富	宀 12획	부자 **부:**	필순: 宀 宀 宁 宫 富 富 富 富貴 부귀 豊富 풍부 貧富 빈부 富強 부강
0586	佛 (仏)	人 7획	부처 **불**	필순: 丿 亻 亻 佀 佛 佛 佛 佛家 불가 佛經 불경 佛教 불교 念佛 염불
0587	非	非 8획	아닐 **비:**	필순: 丿 彐 扌 킈 非 非 非 非理 비리 非命 비명 非常 비상 非行 비행
0588	悲	心 12획	슬플 **비:** (반)樂(즐거울 락)	필순: 丨 扌 킈 非 非 悲 悲 悲歌 비가 悲運 비운 悲報 비보 悲話 비화
0589	飛	飛 9획	날 **비**	필순: 乁 飞 飞 飞 飛 飛 飛 飛上 비상 飛行 비행 飛火 비화 飛報 비보
0590	備	人 12획	갖출 **비:** (동)具(갖출 구)	필순: 亻 亻 伊 伊 俌 備 備 具備 구비 對備 대비 備置 비치 備品 비품
0591	貧	貝 11획	가난할 **빈** (반)富(부자 부)	필순: 八 分 分 分 貧 貧 貧 貧寒 빈한 清貧 청빈 貧者 빈자 最貧 최빈
0592	寺	寸 6획	절 **사**	필순: 一 十 土 土 寺 寺 寺院 사원 山寺 산사 佛國寺 불국사
0593	舍	舌 8획	집 **사** (동)屋(집 옥)/宅(집 택)	필순: 人 八 仌 仝 仐 舍 舍 校舍 교사 舍監 사감 舍宅 사택 客舍 객사
0594	師 (师)	巾 10획	스승 **사** (반)弟(아우 제)	필순: 丿 𠂆 𠂆 𠂆 師 師 師 醫師 의사 敎師 교사 師弟 사제 恩師 은사

0595	謝	言 17획	사례할 사(:)	필순 言 訂 訂 謝 謝 謝 謝	感謝 감사 謝過 사과 謝禮 사례 謝罪 사죄
0596	殺	殳 11획	죽일 살/감할 쇄: 통 生(살생)	필순 ノ メ 并 杀 乔 殺 殺	殺生 살생 殺人 살인 相殺 상쇄 殺到 쇄도
0597	床	广 7획	상 상	필순 丶 亠 广 产 庁 床 床	病床 병상 平床 평상 卓床 탁상 起床 기상
0598	狀	犬 8획	형상 상/문서 장:	필순 ㅣ ㅐ ㅑ ㅒ ㅓ 狀 狀	原狀 원상 狀態 상태 現狀 현상 賞狀 상장
0599	想	心 13획	생각 상 통 思(생각 사)	필순 十 才 札 相 相 相 想 想	思想 사상 空想 공상 感想 감상 理想 이상
0600	常	巾 11획	떳떳할/항상 상	필순 ᄽ 尚 尚 常 常 常 常	常設 상설 常識 상식 常用 상용 正常 정상
0601	設	言 11획	베풀 설	필순 亠 亠 言 言 訂 設 設	建設 건설 設備 설비 增設 증설 設令 설령
0602	城	土 10획	성/재 성	필순 土 圵 圹 圻 城 城 城	築城 축성 城壁 성벽 開城 개성 都城 도성
0603	盛	皿 12획	성할 성:	필순 厂 厂 成 成 成 盛 盛	盛大 성대 豊盛 풍성 全盛 전성 盛行 성행
0604	誠	言 14획	정성 성	필순 言 言 訂 訢 誠 誠 誠	忠誠 충성 誠金 성금 誠實 성실 孝誠 효성
0605	星	日 9획	별 성	필순 丨 曰 曰 旦 旦 星 星	星宿 성수 星雲 성운 流星 유성 將星 장성
0606	聖	耳 13획	성인 성:	필순 耳 耳 耴 聖 聖 聖 聖	聖人 성인 聖火 성화 神聖 신성 聖經 성경

번호	한자	부수/획수	훈음	필순	예시
0607	聲 (声)	耳 17획	소리 **성** ⑧ 音(소리 음)	士 吉 吉 吉 殸 殸 聲	音聲 음성 聲明 성명 無聲 무성 形聲 형성
0608	細	糸 11획	가늘 **세:**	幺 糸 糸 糸 紅 細 細	細工 세공 細部 세부 細分 세분 細心 세심
0609	稅	禾 12획	세금 **세:**	千 禾 禾 科 科 稅	課稅 과세 稅金 세금 稅制 세제 重稅 중세
0610	勢	力 13획	형세 **세:**	士 去 卦 執 埶 勢	運勢 운세 情勢 정세 虛勢 허세 形勢 형세
0611	素	糸 10획	본디/흴 **소(:)** ⑧ 質(바탕 질)	一 主 主 素 素 素	素質 소질 素材 소재 素朴 소박 素服 소복
0612	笑	竹 10획	웃음 **소:**	竹 竹 竹 竺 竺 笑 笑	可笑 가소 大笑 대소 談笑 담소 失笑 실소
0613	掃	手 11획	쓸 **소(:)**	扌 扌 扫 扫 掃 掃 掃	淸掃 청소 掃除 소제 一掃 일소 掃地 소지
0614	俗	人 9획	풍속 **속**	亻 俗 俗 俗 俗 俗 俗	俗謠 속요 風俗 풍속 低俗 저속 俗談 속담
0615	續 (続)	糸 21획	이을 **속**	幺 糸 糸' 約 続 續 續	相續 상속 接續 접속 連續 연속 續出 속출
0616	送	辶 10획	보낼 **송:** ㊮ 受(받을 수)	关 关 关 送 送	放送 방송 電送 전송 回送 회송 送信 송신
0617	守	宀 6획	지킬 **수** ⑧ 衛(지킬 위)	宀 宀 宀 宀 守	郡守 군수 死守 사수 守護 수호 固守 고수
0618	收 (収)	攴 6획	거둘 **수** ㊮ 支(지탱할 지)	丿 丩 屮 收 收 收	收入 수입 收益 수익 收買 수매 買收 매수

번호	한자	부수/획수	훈음	관련어	필순	예시
0619	受	又 8획	받을 **수**	(반)給(줄 급)	필순	受理 수리　受信 수신　傳受 전수　受給 수급
0620	授	手 11획	줄 **수**	(반)受(받을 수)	필순	授受 수수　敎授 교수　授業 수업　傳授 전수
0621	修	人 10획	닦을 **수**	(동)習(익힐 습)	필순	修身 수신　修道 수도　修習 수습　修正 수정
0622	純	糸 10획	순수할 **순**		필순	純種 순종　純情 순정　純眞 순진　淸純 청순
0623	承	手 8획	이을 **승**		필순	承認 승인　承服 승복　傳承 전승　起承 기승
0624	視	見 12획	볼 **시:**		필순	輕視 경시　無視 무시　視力 시력　視野 시야
0625	是	日 9획	이/옳을 **시:**	(반)非(그를 비)	필순	都是 도시　是非 시비　是認 시인　必是 필시
0626	施	方 9획	베풀 **시:**	(동)設(베풀 설)	필순	施行 시행　施工 시공　施政 시정　施設 시설
0627	詩	言 13획	글/시 **시**		필순	詩人 시인　童詩 동시　序詩 서시　詩歌 시가
0628	試	言 13획	시험 **시(:)**	(동)驗(시험 험)	필순	試驗 시험　試圖 시도　試合 시합　入試 입시
0629	息	心 10획	쉴/아들 **식**	(동)休(쉴 휴)	필순	消息 소식　令息 영식　休息 휴식　安息 안식
0630	申	田 5획	알릴/납 **신**	(동)告(고할 고)	필순	申告 신고　申請 신청　內申 내신　上申 상신

4급 Ⅱ

번호	한자	부수/획수	훈음	필순 / 예시
0631	深	水 11획	깊을 심	필순: 氵氵氵深深深深 深夜 심야 深海 심해 深化 심화 水深 수심
0632	眼	目 11획	눈 안: (동)目(눈 목)	필순: 目 眄 眄 眄 眼 眼 眼 眼目 안목 眼科 안과 肉眼 육안 眼界 안계
0633	暗	日 13획	어두울 암: (반)明(밝을 명)	필순: 日 旿 旿 睁 暗 暗 暗 暗黑 암흑 明暗 명암 暗室 암실 暗記 암기
0634	壓(压)	土 17획	누를 압	필순: 厂 严 厣 厭 壓 壓 壓 壓力 압력 外壓 외압 制壓 제압 壓尊 압존
0635	液	水 11획	액체 액	필순: 氵氵汁汁 浐 液 液 液體 액체 樹液 수액 液化 액화 血液 혈액
0636	羊	羊 6획	양 양	필순: ` ′ ゛ 兰 羊 羊 羊毛 양모 牧羊 목양 羊皮 양피 山羊 산양
0637	如	女 6획	같을 여	필순: 乚 女 女 如 如 如 如前 여전 缺如 결여 如意 여의 如許 여허
0638	餘(余)	食 16획	남을 여	필순: 人 今 食 飮 飮 餘 餘 餘波 여파 餘念 여념 餘力 여력 餘生 여생
0639	逆	辵 10획	거스를 역: (반)順(좇을 순)	필순: ` ′ ㅛ 节 节 逆 逆 逆行 역행 逆順 역순 逆風 역풍 逆流 역류
0640	硏	石 11획	갈 연: (동)修(닦을 수)	필순: 石 石 石 石 硏 硏 硏 硏修 연수 硏考 연고 硏席 연석 硏學 연학
0641	煙	火 13획	연기/담배 연	필순: ` ′ 火 炬 煙 煙 煙 禁煙 금연 煙氣 연기 吸煙 흡연 愛煙 애연
0642	演	水 14획	펼 연:	필순: 氵 氵 汀 淙 演 演 演 演技 연기 演說 연설 演出 연출 講演 강연

0643	榮 栄	木 14획	영화 **영**	필순: 艹 艹 芍 芍 熒 榮 榮
			榮光 영광　榮位 영위　榮達 영달　榮利 영리	

0644	藝 芸	艹 19획	재주 **예**: (동)才(재주 재)	필순: 艹 艹 艿 蓺 蓺 藝 藝
			藝術 예술　藝能 예능　文藝 문예　曲藝 곡예	

0645	誤	言 14획	그르칠 **오**: (반)正(바를 정)	필순: 言 言 訂 誤 誤 誤 誤
			誤用 오용　正誤 정오　誤答 오답　誤報 오보	

0646	玉	玉 5획	구슬 **옥** (반)石(돌 석)	필순: 一 T 干 王 玉
			玉石 옥석　玉體 옥체　白玉 백옥　玉水 옥수	

0647	往	彳 8획	갈 **왕**: (반)來(올 래)	필순: ノ ノ 彳 彳 ㅓ 徍 徍 往
			往來 왕래　往往 왕왕　往復 왕복　往年 왕년	

0648	謠	言 17획	노래 **요** (동)歌(노래 가)	필순: 言 言 訂 詶 謠 謠 謠
			歌謠 가요　童謠 동요　民謠 민요　農謠 농요	

0649	容	宀 10획	얼굴/받아들일 **용**	필순: 宀 宀 宀 宀 容 容 容
			內容 내용　相容 상용　許容 허용　受容 수용	

0650	員	口 10획	인원 **원**	필순: 口 口 目 目 目 員 員
			全員 전원　動員 동원　社員 사원　要員 요원	

0651	圓	口 13획	둥글 **원** (반)方(모 방)	필순: 冂 冂 円 圓 圓 圓 圓
			圓形 원형　圓滿 원만　團圓 단원　一圓 일원	

0652	衛	行 16획	지킬 **위**	필순: 彳 彳 律 律 律 衛 衛
			衛星 위성　防衛 방위　衛生 위생　護衛 호위	

0653	爲 为	爪 12획	할 **위**(:)	필순: 一 业 尹 尹 爲 爲
			爲主 위주　人爲 인위　行爲 행위　所爲 소위	

0654	肉	肉 6획	고기 **육** (동)體(몸 체)/身(몸 신)	필순: 丨 冂 内 内 肉 肉
			肉筆 육필　肉聲 육성　肉體 육체　肉親 육친	

번호	한자	부수/획수	훈음	유의/반의	필순
0655	恩	心 10획	은혜 은	(동) 惠(은혜 혜)	필순 ㄱ 冂 日 田 因 因 恩 恩

恩惠 은혜   謝恩 사은   恩功 은공   恩德 은덕

| 0656 | 陰 | 阜 11획 | 그늘 음 | (반) 陽(볕 양) | 필순 ㅏ ㅏ 阝 阝 险 陰 陰 陰 |

陰陽 음양   陰地 음지   陰凶 음흉   陰害 음해

| 0657 | 応 應 | 心 17획 | 응할 응: | | 필순 ㆍ 广 庁 府 雁 雁 應 應 |

應答 응답   應用 응용   對應 대응   反應 반응

| 0658 | 義 | 羊 13획 | 옳을 의: | | 필순 ㅛ 羊 羊 羊 義 義 義 義 |

義士 의사   意義 의의   同義 동의   定義 정의

| 0659 | 議 | 言 20획 | 의논할 의 | (동) 論(논할 론) | 필순 言 訁 訁 詳 詳 議 議 |

會議 회의   議論 의논   議員 의원   議題 의제

| 0660 | 移 | 禾 11획 | 옮길 이 | | 필순 二 千 禾 禾' 移 移 移 |

移動 이동   移民 이민   移住 이주   移記 이기

| 0661 | 益 | 皿 10획 | 더할 익 | (동) 利(이로울 리) | 필순 ㅅ ㅆ 六 谷 谷 益 益 |

國益 국익   有益 유익   利益 이익   純益 순익

| 0662 | 認 | 言 14획 | 알 인 | (동) 識(알 식) | 필순 言 訁 訁 訒 認 認 認 |

確認 확인   認識 인식   認定 인정   公認 공인

| 0663 | 引 | 弓 4획 | 끌 인 | (동) 導(인도할 도) | 필순 ㄱ ㄱ 弓 引 |

引上 인상   引下 인하   引責 인책   引受 인수

| 0664 | 印 | 卩 6획 | 도장 인 | | 필순 ㆍ 广 ㄷ ㅌ 印 印 |

印度 인도   印章 인장   印稅 인세   檢印 검인

| 0665 | 将 將 | 寸 11획 | 장수/장차 장(:) | (반) 兵(병사 병) | 필순 丬 爿 扌 护 脬 將 將 |

將來 장래   將兵 장병   大將 대장   將校 장교

| 0666 | 障 | 阜 14획 | 막을 장 | | 필순 ㅣ 阝 阝 阵 陪 陪 障 障 |

支障 지장   障壁 장벽   障害 장해   故障 고장

0667	低	人 7획	낮을 저: 〈반〉高(높을 고)	필순 ノ イ 亻 仁 イ 千 低 低
			高低 고저 低空 저공 低利 저리 低調 저조	
0668	敵	攴 15획	대적할 적	필순 ㅁ 产 肖 商 蔄 敵 敵
			無敵 무적 敵國 적국 敵手 적수 對敵 대적	
0669	田	田 5획	밭 전	필순 丨 冂 闩 田 田
			田園 전원 火田 화전 油田 유전 田地 전지	
0670	絶	糸 12획	끊을 절 〈동〉斷(끊을 단)	필순 ㄠ 糸 糽 終 紹 絡 絶
			絶對 절대 絶斷 절단 絶交 절교 絶望 절망	
0671	接	手 11획	접할 접	필순 扌 扩 护 按 接 接
			間接 간접 直接 직접 接待 접대 接受 접수	
0672	政	攴 9획	정사 정	필순 一 丅 下 正 正 政 政
			政治 정치 家政 가정 市政 시정 政局 정국	
0673	程	禾 12획	길 정	필순 一 禾 秆 秆 程 程 程
			程度 정도 過程 과정 課程 과정 規程 규정	
0674	精	米 14획	정할 정	필순 丷 半 米 米 精 精 精
			精神 정신 精度 정도 精誠 정성 精選 정선	
0675	制	刀 8획	마를 제:	필순 ノ ㅗ 두 두 当 制 制
			制度 제도 制限 제한 規制 규제 統制 통제	
0676	製	衣 14획	지을 제: 〈동〉作(지을 작)	필순 一 伟 制 制 製 製 製
			製藥 제약 製作 제작 製造 제조 製品 제품	
0677	除	阜 10획	덜 제 〈반〉加(더할 가)	필순 阝 阣 陉 陉 除 除 除
			除去 제거 除蟲 제충 解除 해제 除名 제명	
0678	祭	示 11획	제사 제:	필순 ク 夕 奴 奴 癶 祭 祭
			祭壇 제단 祭典 제전 祝祭 축제 祭禮 제례	

번호	한자	부수/획수	훈음	필순	예시
0679	際	阜 14획	즈음 제	필순: ㅏ ㅏ 陜 陸 際 際	交際 교제 國際 국제 實際 실제 際會 제회
0680	提	手 12획	끌 제	필순: 一 扌 押 押 押 挨 提	提示 제시 提案 제안 提議 제의 前提 전제
0681 濟	濟	水 17획	건널 제:	필순: 氵 沪 沪 沪 漣 漣 濟	經濟 경제 百濟 백제 救濟 구제 決濟 결제
0682	早	日 6획	일찍 조: (동)速(빠를 속)	필순: 丨 冂 日 旦 早	早起 조기 早期 조기 早死 조사 早朝 조조
0683	造	辶 11획	지을 조: (동)作(지을 작)	필순: 一 ㅗ 生 告 告 告 造 造	造船 조선 造作 조작 創造 창조 造化 조화
0684	助	力 7획	도울 조:	필순: 丨 刂 冂 月 月 助 助	助敎 조교 助長 조장 共助 공조 救助 구조
0685	鳥	鳥 11획	새 조	필순: 丿 丆 丆 白 白 鳥 鳥	吉鳥 길조 白鳥 백조 鳥類 조류 鳥銃 조총
0686	尊	寸 12획	높을 존 (동)貴(귀할 귀)	필순: ㅗ 台 酋 酋 酋 尊 尊	尊敬 존경 尊待 존대 尊貴 존귀 尊重 존중
0687	宗	宀 8획	마루 종	필순: 丶 宀 宀 宗 宗 宗	宗敎 종교 宗家 종가 宗孫 종손 宗臣 종신
0688	走	走 7획	달아날 주	필순: 一 十 土 卡 卡 走 走	競走 경주 走力 주력 走行 주행 暴走 폭주
0689	竹	竹 6획	대 죽	필순: 丿 𠂉 竹 竹 竹 竹	竹刀 죽도 竹林 죽림 竹工 죽공 竹馬 죽마
0690	準	水 13획	준할/법 준:	필순: 氵 汁 沂 准 准 進 準	準備 준비 基準 기준 準則 준칙 平準 평준

0691	衆	血 12획	무리 중:	필순: 宀 血 血 血 眾 眾 衆 公衆 공중　衆生 중생　觀衆 관중　大衆 대중
0692	增	土 15획	더할 증	(반)減(덜 감)　필순: 土 圹 圹 坳 増 増 增 增加 증가　增進 증진　增强 증강　增産 증산
0693	支	支 4획	지탱할 지	필순: 一 十 ナ 支 支出 지출　支店 지점　支給 지급　支配 지배
0694	至	至 6획	이를 지	필순: 一 エ ズ 즈 至 至 冬至 동지　至誠 지성　至尊 지존　至毒 지독
0695	指	手 9획	가리킬 지	필순: 扌 扌 扩 扩 拧 指 指 指定 지정　指名 지명　指目 지목　指向 지향
0696	志	心 7획	뜻 지	(동)意(뜻 의)　필순: 一 十 士 志 志 志 志 志操 지조　有志 유지　意志 의지　寸志 촌지
0697	職	耳 18획	벼슬 직	필순: 耳 耳 耶 聯 職 職 職 公職 공직　職位 직위　敎職 교직　無職 무직
0698	眞	目 10획	참 진	(반)假(거짓 가)　필순: 宀 匕 直 直 直 眞 眞 眞理 진리　寫眞 사진　眞率 진솔　眞實 진실
0699	進	辶 12획	나아갈 진:	(반)退(물러날 퇴)　필순: 亻 仁 佧 佳 隹 進 進 進退 진퇴　前進 전진　進路 진로　進行 진행
0700	次	欠 6획	버금 차	(동)第(차례 제)　필순: 丶 ㇀ 冫 次 次 次 次元 차원　次男 차남　次女 차녀　次善 차선
0701	察	宀 14획	살필 찰	(동)省(살필 성)　필순: 宀 宀 宀 宀 寍 察 察 觀察 관찰　省察 성찰　査察 사찰　視察 시찰
0702	創	刀 12획	비롯할 창:	필순: 人 今 仒 今 倉 倉 創 創始 창시　創業 창업　創意 창의　創作 창작

0703 处	處 11획	虍 곳 **처**:	필순 ` 广 广 庐 庐 處 處		
		處事 처사	對處 대처	處斷 처단	處分 처분
0704	請 15획	言 청할 **청**	필순 言 言 計 詰 請 請 請		
		提請 제청	要請 요청	強請 강청	請求 청구
0705	銃 14획	金 총 **총**	필순 ㅗ 노 乍 乍 金 鉾 鋅 銃		
		銃殺 총살	銃器 총기	銃聲 총성	銃口 총구
0706 総	總 17획	糸 다 **총**:	필순 糸 紒 紒 絢 絢 總 總 總		
		總理 총리	總選 총선	總長 총장	總論 총론
0707	蓄 14획	艸 모을 **축**	(동) 貯(쌓을 저) 필순 ㅛ 艹 艹 茔 蓄 蓄 蓄		
		貯蓄 저축	蓄財 축재	備蓄 비축	電蓄 전축
0708	築 16획	竹 쌓을 **축**	필순 ^^ ^^ 笁 筑 筑 築 築		
		建築 건축	新築 신축	增築 증축	改築 개축
0709	忠 8획	心 충성 **충**	(반) 逆(거스릴 역) 필순 ` 口 口 中 忠 忠 忠		
		忠告 충고	忠臣 충신	忠孝 충효	忠直 충직
0710 虫	蟲 18획	虫 벌레 **충**	필순 ` ' 口 巾 虫 虫 蟲 蟲		
		蟲齒 충치	害蟲 해충	病蟲 병충	食蟲 식충
0711	取 8획	又 가질 **취**:	필순 一 T F F 耳 取 取		
		取消 취소	取材 취재	取得 취득	受取 수취
0712	測 12획	水 헤아릴 **측**	필순 冫 冫 汃 汃 汨 汨 測		
		測量 측량	測定 측정	觀測 관측	計測 계측
0713	治 8획	水 다스릴 **치**	필순 ` ` 冫 汁 汁 治 治		
		統治 통치	法治 법치	治安 치안	退治 퇴치
0714	置 13획	网 둘 **치**:	필순 ` ` 冖 罒 罒 罒 置 置 置		
		配置 배치	設置 설치	留置 유치	位置 위치

번호	한자	부수	훈음	획수	필순	예시
0715	齒	齒	이 **치**	15획	止 扩 扩 步 뷰 齒 齒	年齒 연치 齒科 치과 齒藥 치약 齒石 치석
0716	侵	人	침노할 **침**	9획	亻 伊 伊 伊 停 侵	侵害 침해 侵入 침입 南侵 남침 再侵 재침
0717	快	心	쾌할 **쾌**	7획	丶 忄 忄 忄 快 快	快樂 쾌락 快勝 쾌승 輕快 경쾌 快擧 쾌거
0718	態	心	모습 **태:** 동 形(모양 형)	14획	育 育 能 能 態	態度 태도 事態 사태 形態 형태 態勢 태세
0719	統	糸	거느릴 **통:**	12획	糸 紝 紝 統 統	傳統 전통 統計 통계 統一 통일 正統 정통
0720	退	辵	물러날 **퇴:**	10획	ㄱ ㅋ 艮 退 退 退	退職 퇴직 後退 후퇴 退出 퇴출 退院 퇴원
0721	波	水	물결 **파**	8획	氵 氵 沪 沪 波 波	電波 전파 寒波 한파 人波 인파 波長 파장
0722	破	石	깨뜨릴 **파:**	10획	石 矿 砂 破 破	破産 파산 打破 타파 讀破 독파 說破 설파
0723	布	巾	베, 펼 **포(:)** / 보시 **보:**	5획	ノ ナ 冇 布 布	布告 포고 公布 공포 布施 보시 配布 배포
0724	包	勹	쌀 **포(:)** 동 容(받아들일 용)	5획	ノ ク 勹 勾 包	包容 포용 小包 소포 內包 내포 包有 포유
0725	砲	石	대포 **포:**	10획	石 矿 矿 矿 砲 砲	銃砲 총포 祝砲 축포 砲兵 포병 發砲 발포
0726	暴	日	사나울 **폭** / 모질 **포:**	15획	口 日 旦 昇 異 暴	暴惡 포악 暴動 폭동 暴力 폭력 暴風 폭풍

4급 II

0727	票	示 11획	표 표	票決 표결 賣票 매표 暗票 암표 傳票 전표	필순 一 襾 西 西 票 票 票
0728	豊	豆 13획	풍년 풍 (반)凶(흉할 흉)	豊年 풍년 大豊 대풍 豊滿 풍만 豊作 풍작	필순 ᅵ 冂 曲 曲 曹 豊 豊
0729	限	阜 9획	지경 한:	限界 한계 局限 국한 時限 시한 限度 한도	필순 ᄀ ß ß' ß⁻ 阴 限 限
0730	航	舟 10획	배 항:	航路 항로 航進 항진 航空 항공 航海 항해	필순 丿 丿 丹 月 舟 舟⁻ 航
0731	港	水 12획	항구 항:	港口 항구 空港 공항 漁港 어항 港都 항도	필순 氵 汁 洪 洪 洪 港 港
0732	解	角 13획	풀 해: (동)放(놓을 방)	見解 견해 和解 화해 解氷 해빙 解消 해소	필순 ⺈ 角 角 角⁻ 角⁻ 解 解
0733	香	香 9획	향기 향	香水 향수 香氣 향기 暗香 암향 香料 향료	필순 一 二 千 禾 禾 香 香
0734	鄕	邑 13획	시골 향 (반)京(서울 경)	京鄕 경향 同鄕 동향 他鄕 타향 望鄕 망향	필순 ᄼ ᄽ 乡 乡⁻ 乡⁻ 乡⁻ 鄕
0735	虛	虍 12획	빌 허 (반)實(찰 실) (동)空(빌 공)	虛實 허실 虛空 허공 虛費 허비 虛言 허언	필순 ᅵ 广 卢 虎 虎 虚 虚
0736	驗	馬 23획	시험할 험:	經驗 경험 實驗 실험 體驗 체험 效驗 효험	필순 ᄃ 馬 馬 駷 駷 駷 驗
0737	賢	貝 15획	어질 현 (동)良(어질 량)	賢明 현명 賢母 현모 先賢 선현 聖賢 성현	필순 ᅵ 臣 臤 臤 臤 賢 賢
0738	血	血 6획	피 혈	無血 무혈 血氣 혈기 血壓 혈압 血統 혈통	필순 ノ 亻 竹 白 血 血

번호	한자	부수/획수	훈음	필순	예시
0739	協	十 8획	화할 협	一十十ヤ竹协狮協	協助 협조　農協 농협　協商 협상　協議 협의
0740	惠	心 12획	은혜 혜:	一一戸百申車車恵恵	天惠 천혜　特惠 특혜　受惠 수혜　施惠 시혜
0741	戶	戶 4획	집/지게문 호: 동 門(문 문)	、一戸戶	門戶 문호　窓戶 창호　戶主 호주　戶口 호구
0742	呼	口 8획	부를 호 반 應(응할 응)	丶口口叭叮吁呼	呼價 호가　呼吸 호흡　呼應 호응　呼出 호출
0743	好	女 6획	좋을 호: 동 良(좋을 량)	〈女女 好好好	好惡 호오　好意 호의　好材 호재　好感 호감
0744	護	言 21획	도울/지킬 호:	言 計 評 謹 謹 護 護	保護 보호　救護 구호　護送 호송　護身 호신
0745	貨	貝 11획	재물 화: 동 財(재물 재)	亻 化 化 作 貨 貨 貨	通貨 통화　貨物 화물　財貨 재화　百貨 백화
0746	確	石 15획	굳을 확 동 固(굳을 고)	丆 石 矿 矿 碓 確 確	確言 확언　正確 정확　確固 확고　確保 확보
0747	回	口 6획	돌아올 회	丨 冂 冋 同 回 回	回答 회답　回想 회상　回生 회생　回復 회복
0748	吸	口 7획	마실 흡	丶 口 口 口 叨 吸 吸	吸收 흡수　吸引 흡인　吸入 흡입　吸血 흡혈
0749	興 (兴)	臼 16획	일 흥(:) 반 亡(망할 망)	丨 ⺮ 𦥑 𦥑 旭 與 興 興	興亡 흥망　餘興 여흥　興行 흥행　復興 부흥
0750	希	巾 7획	바랄 희 동 望(바랄 망)	丿 ㄨ 产 矛 矛 希 希	希望 희망　希求 희구　希念 희념　希願 희원

급수별 한자 4급 II

한자능력검정용 급수별 한자

4급

출제기준	읽기배정	쓰기배정	독음	훈음	장단음	반의어	완성형	부수	동의어	동음이의어	풀이	필순	약자	한자쓰기
	1,000	500	32	22	3	3	5	3	3	3	3	0	3	20

0751 暇 日 13획 — 겨를/틈 가: (동)餘(남을 여) 필순: 日 旷 旷 旷 昨 暇
閑暇 한가 餘暇 여가 病暇 병가 休暇 휴가

0752 刻 刀 8획 — 새길 각 필순: 亠 亣 亥 亥 刻
寸刻 촌각 刻苦 각고 刻印 각인 時刻 시각

0753 覺 (약자 覚) 見 20획 — 깨달을 각 (동)感(느낄 감) 필순: 覺
視覺 시각 聽覺 청각 感覺 감각 自覺 자각

0754 干 干 3획 — 방패 간 필순: 一 二 干
干潮 간조 干滿 간만 干與 간여 干支 간지

0755 看 目 9획 — 볼 간 필순: 二 三 手 看 看 看 看
看護 간호 看過 간과 看板 간판 看病 간병

0756 簡 竹 18획 — 대쪽/간략할 간(:) (동)略(간략할 략) 필순: 簡
簡潔 간결 簡單 간단 簡易 간이 簡素 간소

0757 甘 甘 5획 — 달 감 (반)苦(쓸 고) 필순: 一 十 廿 甘
甘受 감수 甘味 감미 甘草 감초 甘言 감언

0758 敢 攴 12획 — 감히 감: (동)勇(날랠 용) 필순: 敢
果敢 과감 勇敢 용감 敢行 감행 敢鬪 감투

0759 甲 田 5획 — 갑옷 갑 필순: 丨 冂 月 日 甲
甲富 갑부 甲板 갑판 回甲 회갑 華甲 화갑

0760 降 阜 9획 — 내릴 강:/항복할 항 (동)下(내릴 하) 필순: 降
降雪 강설 降伏 항복 下降 하강 降神 강신

0761	更	日 7획	다시 갱:/고칠 경 (동)變(변할 변) 필순 一一一一一一更更
			更新 갱신/경신 更生 갱생 變更 변경 更紙 갱지

0762	巨	工 5획	클 거: (동)大(큰 대) 필순 一丁FFE巨
			巨大 거대 巨金 거금 巨物 거물 巨富 거부

0763	拒	手 8획	막을 거: 필순 一扌扌扩扩拒拒拒
			拒否 거부 拒絶 거절 抗拒 항거 拒逆 거역

0764	居	尸 8획	살 거 (동)住(살 주)/留(머무를 류) 필순 ㄱㄲ尸尸尸居居居
			居留 거류 隱居 은거 居室 거실 居處 거처

0765	據(拠)	手 16획	근거 거: (동)依(의지할 의) 필순 一扌扩扩扩护护据據
			根據 근거 論據 논거 準據 준거 占據 점거

0766	傑	人 12획	뛰어날/호걸 걸 필순 亻亻亻伫伫伫伒傑傑
			傑作 걸작 傑出 걸출 人傑 인걸 傑物 걸물

0767	儉(俭)	人 15획	검소할 검: 필순 亻亻亻亻伶伶倹儉
			儉約 검약 儉素 검소 勤儉 근검 儉省 검생

0768	激	水 16획	격할 격 (동)烈(매울 렬) 필순 氵汀沪涉涉涉激
			激變 격변 激憤 격분 過激 과격 急激 급격

0769	擊	手 17획	칠 격 (동)攻(칠 공)/打(칠 타) 필순 一戸車軎軗軗擊
			攻擊 공격 擊退 격퇴 擊鬪 격투 遊擊 유격

0770	犬	犬 4획	개 견 필순 一ナ大犬
			愛犬 애견 鬪犬 투견 忠犬 충견 軍犬 군견

0771	堅(坚)	土 11획	굳을 견 (동)固(굳을 고) 필순 丨ㄱ臣臣臤臤堅堅
			堅固 견고 堅實 견실 堅持 견지 堅果 견과

0772	鏡	金 19획	거울 경: 필순 人金金釒錀錀鏡
			眼鏡 안경 破鏡 파경 望遠鏡 망원경

4급

급수별 한자 4급

번호	한자	부수/획수	훈음	필순	예시
0773	傾	人 13획	기울 경	필순 亻 仆 仆 作 俯 傾 傾	傾聽경청 傾向경향 傾注경주 左傾좌경
0774	驚	馬 23획	놀랄 경	필순 艹 苟 荀 敬 敬 驚 驚	驚氣경기 驚歎경탄 驚異경이 大驚대경
0775	系	糸 7획	계통 계:	필순 一 了 죠 조 주 系 系	體系체계 系統계통 系列계열 家系가계
0776	戒	戈 7획	경계할 계:	필순 一 二 F 开 戒 戒 戒	警戒경계 訓戒훈계 戒律계율 戒告계고
0777	季	子 8획	계절 계:	필순 一 二 千 禾 禾 季 季 季	季節계절 叔季숙계 冬季동계 四季사계
0778	階	阜 12획	섬돌 계 (동) 段(층계 단)	필순 阝 阝 阝 阣 陟 階 階	階級계급 段階단계 位階위계 音階음계
0779	鷄	鳥 21획	닭 계	필순 爫 叾 줗 奚 鷄 鷄 鷄	鷄舍계사 養鷄양계 鬪鷄투계 鷄鳴계명
0780 继 繼	繼	糸 20획	이을 계: (동) 續(이을 속)	필순 幺 糸 幺 幺 絆 絆 繼	繼續계속 繼承계승 繼母계모 繼走계주
0781	孤	子 8획	외로울 고 (동) 獨(홀로 독)	필순 了 孑 孑 孑 扩 孤 孤 孤	孤立고립 孤獨고독 孤兒고아 孤行고행
0782	庫	广 10획	곳집 고	필순 亠 广 广 庐 庐 庫	寶庫보고 庫舍고사 在庫재고 史庫사고
0783	穀	禾 15획	곡식 곡	필순 士 声 壴 幸 軎 穀	穀食곡식 糧穀양곡 雜穀잡곡 秋穀추곡
0784	困	口 7획	곤할 곤: (동) 貧(가난할 빈)	필순 丨 冂 冂 刀 困 困 困	困難곤란 困窮곤궁 貧困빈곤 困境곤경

0785	骨	骨 10획	뼈 **골** (반) 肉(고기 육) 필순 丨 冂 冎 冎 骨 骨 骨 骨格 골격 骨肉 골육 骨折 골절 刻骨 각골
0786	孔	子 4획	구멍 **공:** 필순 孑 子 孔 孔 毛孔 모공 孔子 공자 氣孔 기공 鼻孔 비공
0787	攻	攴 7획	칠 **공** (반) 防(막을 방)/守(지킬 수) 필순 一 T I I᾿ ഥ 攻 攻 攻防 공방 侵攻 침공 攻勢 공세 速攻 속공
0788	管	竹 14획	대롱/주관할 **관** (동) 理(다스릴 리) 필순 ᾿ ᾿᾿ ᾿᾿᾿ 竹 竹 管 管 管理 관리 氣管 기관 保管 보관 配管 배관
0789 鉱	鑛	金 23획	쇳돌 **광:** 필순 牟 金 釒 鈩 鍄 鎆 鑛 鑛 採鑛 채광 炭鑛 탄광 鑛脈 광맥 鑛物 광물
0790	構	木 14획	얽을 **구** 필순 木 木᾿ 木᾿᾿ 栉 栉 構 構 構 構造 구조 構圖 구도 機構 기구 構內 구내
0791	君	口 7획	임금 **군** (반) 臣(신하 신) (동) 王(임금 왕) 필순 丨 コ ヨ 尹 尹 君 君 君子 군자 檀君 단군 聖君 성군 暴君 폭군
0792	群	羊 13획	무리 **군** (동) 衆(무리 중) 필순 ᾿ ᾿᾿ ᾿᾿᾿ 君 君' 群' 群 群 群衆 군중 學群 학군 群落 군락 群小 군소
0793	屈	尸 8획	굽힐 **굴** 필순 ᾿ ᾿᾿ 尸 尸 尸 屈 屈 屈 屈折 굴절 屈曲 굴곡 屈服 굴복 不屈 불굴
0794	窮	穴 15획	다할/궁할 **궁** (동) 貧(가난할 빈) 필순 ᾿ ᾿᾿ 宀 宀 宀 窎 窮 窮 貧窮 빈궁 窮理 궁리 窮地 궁지 窮究 궁구
0795	券	刀 8획	문서 **권** 필순 ᾿ ᾿᾿ ᾿᾿᾿ 쓰 兲 夹 券 券 證券 증권 福券 복권 旅券 여권 食券 식권
0796	卷	卩 8획	책 **권(:)** 필순 ᾿ ᾿᾿ ᾿᾿᾿ 쓰 兲 夹 卷 卷 卷末 권말 席卷 석권 壓卷 압권 卷頭 권두

번호	한자	부수/획수	훈음	동자	필순	용례
0797	勸	力 20획	권할 권:	동 獎(장려할 장)	필순	勸善 권선　勸告 권고　勸學 권학　強勸 강권
0798	歸	止 18획	돌아갈 귀:	동 回(돌아올 회)	필순	歸鄕 귀향　歸屬 귀속　歸着 귀착　歸省 귀성
0799	均	土 7획	고를 균	동 平(평평할 평)	필순	均等 균등　平均 평균　均一 균일　均配 균배
0800	劇	刀 15획	심할/연극 극		필순	劇場 극장　演劇 연극　悲劇 비극　劇藥 극약
0801	勤	力 13획	부지런할 근(:)		필순	勤務 근무　出勤 출근　勤勞 근로　缺勤 결근
0802	筋	竹 12획	힘줄 근		필순	筋力 근력　筋肉 근육　鐵筋 철근　筋骨 근골
0803	紀	糸 9획	벼리 기		필순	紀念 기념　紀律 기율　紀元 기원　檀紀 단기
0804	奇	大 8획	기이할 기		필순	奇計 기계　奇妙 기묘　奇特 기특　神奇 신기
0805	寄	宀 11획	부칠 기		필순	寄宿 기숙　寄與 기여　寄生 기생　寄居 기거
0806	機	木 16획	틀 기		필순	機會 기회　動機 동기　投機 투기　機能 기능
0807	納	糸 10획	들일 납	반 出(날 출) 동 入(들 입)	필순	納得 납득　納稅 납세　納期 납기　納品 납품
0808	段	殳 9획	층계 단	동 階(섬돌 계)	필순	階段 계단　手段 수단　段落 단락　文段 문단

번호	한자	부수/획수	훈음	필순	예시
0809	逃	辶 10획	도망할 도 (동)避(피할 피)	필순 ノ 亻 扎 兆 兆 逃 逃	逃避 도피 逃亡 도망 逃走 도주 逃去 도거
0810	徒	彳 10획	무리 도	필순 彳 彳 壮 徍 徒 徒 徒	生徒 생도 暴徒 폭도 信徒 신도 學徒 학도
0811	盜	皿 12획	도적 도 (동)賊(도적 적)	필순 氵 次 次 汶 盜 盜 盜	盜賊 도적 盜難 도난 強盜 강도 盜用 도용
0812	卵	卩 7획	알 란:	필순 ノ 匸 白 白 白 卵 卵	産卵 산란 鷄卵 계란 明卵 명란 卵子 난자
0813	亂 (乱)	乙 13획	어지러울 란: (반)治(다스릴 치)	필순 ノ 亠 丹 呙 呙 亂	混亂 혼란 散亂 산란 避亂 피란 亂髮 난발
0814	覽 (览)	見 21획	볼 람	필순 爫 臣 臣仁 臣仁 臣覽 覽	觀覽 관람 遊覽 유람 展覽 전람 回覽 회람
0815	略	田 11획	간략할 략 (동)省(덜 생)	필순 丨 日 田 旷 旷 略 略	省略 생략 略歷 약력 侵略 침략 略圖 약도
0816	糧	米 18획	양식 량	필순 丷 米 米 粐 糎 糧 糧	食糧 식량 糧食 양식 軍糧 군량 糧米 양미
0817	慮	心 15획	생각할 려 (동)思(생각 사)	필순 广 庐 庐 庐 庐 慮 慮	配慮 배려 考慮 고려 思慮 사려 心慮 심려
0818	烈	火 10획	매울 렬	필순 一 フ 歹 列 列 烈 烈	烈士 열사 極烈 극렬 先烈 선열 激烈 격렬
0819	龍 (竜)	龍 16획	용 룡	필순 亠 ㅛ 育 背 龍 龍	龍宮 용궁 龍床 용상 龍王 용왕 靑龍 청룡
0820	柳	木 9획	버들 류(:)	필순 十 オ 木 木 杯 柳 柳	花柳 화류 路柳 노류 柳營 유영 柳葉 유엽

번호	한자	부수/획수	훈음	필순	예시
0821	輪	車 15획	바퀴 륜	필순 ㅠ ㅁ ㅁ 車 軒 幹 輪 輪	年輪 연륜　輪轉 윤전　後輪 후륜　五輪 오륜
0822 難	離	隹 19획	떠날 리: (반)合(합할 합)	필순 ㅗ ㅗ ㅕ 离 离 離 離	離散 이산　流離 유리　離別 이별　離職 이직
0823	妹	女 8획	누이 매	필순 ㄑ 夕 女 女 妌 妹 妹	妹夫 매부　妹弟 매제　妹兄 매형　男妹 남매
0824	勉	力 9획	힘쓸 면:	필순 ㅁ ㄇ 仫 免 免 勉 勉	勤勉 근면　勉學 면학　勉強 면강　勸勉 권면
0825	鳴	鳥 14획	울 명	필순 ㅁ 吖 咿 咿 鳴 鳴	共鳴 공명　悲鳴 비명　自鳴 자명　耳鳴 이명
0826	模	木 15획	본뜰/모범 모	필순 ㅊ 栌 栌 楟 模 模 模	模範 모범　規模 규모　模樣 모양　模造 모조
0827	妙	女 7획	묘할 묘:	필순 ㄑ 夕 女 妒 妙 妙	妙技 묘기　妙味 묘미　妙案 묘안　絶妙 절묘
0828	墓	土 14획	무덤 묘:	필순 ㅗ ㅗ 甘 草 茣 墓 墓	省墓 성묘　墓地 묘지　墓所 묘소　墓域 묘역
0829	舞	舛 14획	춤출 무:	필순 ㅗ 缶 無 無 舞 舞 舞	歌舞 가무　亂舞 난무　舞劇 무극　舞曲 무곡
0830	拍	手 8획	칠 박	필순 ㅗ ㅊ 扌 扌 拍 拍 拍	拍子 박자　拍動 박동　拍手 박수　拍車 박차
0831	髮	髟 15획	터럭 발 (동)毛(터럭 모)	필순 ㅗ ㅠ 髟 髟 髮 髮 髮	毛髮 모발　假髮 가발　白髮 백발　理髮 이발
0832	妨	女 7획	방해할 방	필순 ㄑ 夕 女 女 妒 妨 妨	妨害 방해　無妨 무방　妨止 방지

번호	한자	부수/획수	훈음	반의어/동의어	필순	용례
0833	犯	犬 5획	범할 범:	동 侵(침노할 침)	丿𠂉犭犭犯	防犯 방범 犯罪 범죄 侵犯 침범 犯行 범행
0834	範	竹 15획	모범 범:		⺮ 竹 筲 筲 範 範	範圍 범위 教範 교범 規範 규범 示範 시범
0835	辯	辛 21획	말씀 변:		亠 亠 彦 辡 辩 辯 辯	辯護 변호 代辯 대변 辯論 변론 答辯 답변
0836	普	日 12획	넓을 보:		丷 亚 並 並 普 普	普通 보통
0837	伏	人 6획	엎드릴 복	반 起(일어날 기)	丿 亻 伀 伏 伏 伏	伏望 복망 起伏 기복 初伏 초복 伏中 복중
0838	複	衣 14획	겹칠 복	반 單(홑 단)	丶 衤 衤 衻 複 複	複雜 복잡 複寫 복사 複數 복수 複式 복식
0839	否	口 7획	아닐 부:	반 可(옳을 가)/眞(참 진)	一 プ 才 不 否 否	否定 부정 否決 부결 眞否 진부 否認 부인
0840	負	貝 9획	질 부:	반 勝(이길 승)	丿 𠂊 伫 伫 負 負	負擔 부담 勝負 승부 負傷 부상 負商 부상
0841	粉	米 10획	가루 분(:)		丷 米 粉 粉 粉 粉	製粉 제분 粉末 분말 粉筆 분필 粉紅 분홍
0842	憤	心 15획	분할 분:		丶 忄 忄 忄 忄 忄 憤 憤	憤怒 분노 憤痛 분통 憤敗 분패 悲憤 비분
0843	批	手 7획	비평할 비:		一 十 扌 扌 扌 批 批	批評 비평 批判 비판 批點 비점 批答 비답
0844	祕	示 10획	숨길 비:		一 二 亓 利 祕 祕	祕密 비밀 祕法 비법 極祕 극비 祕書 비서

번호	한자	부수	훈음	필순	예시
0845	碑	石 13획	비석 **비**	ノ 石 矿 砷 碑 碑 碑	墓碑 묘비　碑石 비석　碑文 비문　建碑 건비
0846	私	禾 7획	사사로울 **사** (반)公(공평할 공)	ノ 二 千 禾 禾 私 私	私心 사심　私說 사설　私刑 사형　私田 사전
0847	絲	糸 12획	실 **사**	ノ 幺 幺 糸 糸 絲	原絲 원사　鐵絲 철사　生絲 생사　金絲 금사
0848	射	寸 10획	쏠 **사**	ノ 冂 冂 月 身 射 射	射殺 사살　反射 반사　射擊 사격　發射 발사
0849	辭 (辞)	辛 19획	말씀/사양할 **사** (동)言(말씀 언)	⺌ 爫 肏 盾 辞 辭	辭職 사직　辭典 사전　辭意 사의　辭任 사임
0850	散	攵 12획	흩을 **산**: (반)會(모일 회)	一 艹 甘 昔 背 散	散步 산보　散文 산문　發散 발산　分散 분산
0851	象	豕 12획	코끼리/모양 **상** (동)形(모양 형)	⺈ 宀 ⺈ 罒 罗 罗 象	現象 현상　對象 대상　印象 인상　表象 표상
0852	傷	人 13획	다칠 **상**	ノ 亻 ⺅ 仵 値 傷 傷	傷處 상처　損傷 손상　傷害 상해　傷心 상심
0853	宣	宀 9획	베풀 **선**	⺌ 宀 宀 宣 宣 宣	宣敎 선교　宣言 선언　宣傳 선전　宣布 선포
0854	舌	舌 6획	혀 **설**	ノ 二 千 千 舌 舌	舌戰 설전　毒舌 독설　口舌 구설　舌音 설음
0855	屬 (属)	尸 21획	붙일 **속**	尸 尸 尸 属 属 属 屬	屬性 속성　金屬 금속　所屬 소속　從屬 종속
0856	損	手 13획	덜 **손** (반)益(더할 익) (동)失(잃을 실)	一 扌 扌 損 損 損 損	損益 손익　損失 손실　損害 손해　破損 파손

0857 **松**	木 8획	소나무 **송**	필순 十 才 木 朴 朴 松 松	
		松板 송판　松林 송림　松蟲 송충　松竹 송죽		
0858 **頌**	頁 13획	칭송할/기릴 **송:**	필순 ʼ 公 公 ⽑ 頌 頌 頌	
		讚頌 찬송　頌德 송덕　稱頌 칭송　頌辭 송사		
0859 **秀**	禾 7획	빼어날 **수**	필순 一 二 千 千 禾 禿 秀	
		優秀 우수　秀才 수재　秀麗 수려　特秀 특수		
0860 **叔**	又 8획	아재비 **숙**	필순 丨 ㅏ 上 ‡ 扌 村 叔 叔	
		叔行 숙항　叔母 숙모　叔父 숙부　堂叔 당숙		
0861 肅 肃 **肅**	聿 12획	엄숙할 **숙**	필순 ⼀ 肀 肀 肀 肅 肅 肅	
		嚴肅 엄숙　靜肅 정숙　肅然 숙연　自肅 자숙		
0862 **崇**	山 11획	높을 **숭**	(동) 高(높을 고) 필순 ⼭ 岀 岢 岢 崇 崇	
		崇高 숭고　崇拜 숭배　崇禮門 숭례문		
0863 **氏**	氏 4획	성 **씨**	(동) 姓(성 성) 필순 ノ ⺁ 氏 氏	
		氏族 씨족　姓氏 성씨　宗氏 종씨　兄氏 형씨		
0864 **額**	頁 18획	이마 **액**	필순 宀 安 客 客 額 額 額	
		額子 액자　稅額 세액　殘額 잔액　金額 금액		
0865 樣 **樣**	木 15획	모양 **양**	필순 木 ‡ 栏 栏 样 樣 樣	
		多樣 다양　樣相 양상　樣式 양식　外樣 외양		
0866 嚴 **嚴**	口 20획	엄할 **엄**	필순 吅 严 严 厣 严 嚴 嚴	
		嚴密 엄밀　嚴格 엄격　嚴禁 엄금　嚴冬 엄동		
0867 与 **與**	臼 14획	더불/줄 **여:**	(반) 野(들 야) 필순 ᄂ ㅌ 铂 铂 铀 與 與	
		給與 급여　授與 수여　與野 여야　參與 참여		
0868 **易**	日 8획	바꿀 **역**/쉬울 **이:**	(반) 難(어려울 난) 필순 丨 口 日 日 月 叧 易 易	
		難易 난이　容易 용이　交易 교역　易經 역경		

0869	域	土 11획	지경 **역** (동)境(지경 경)	필순: 土 圵 圹 垣 域 域 域 異域이역 廣域광역 區域구역 地域지역
0870	延	廴 7획	늘일/뻗칠 **연**	필순: ノ 一 T 下 正 延 延 延期연기 延長연장 延着연착 順延순연
0871	鉛	金 13획	납 **연**	필순: ノ 仝 釒 鈆 鈆 鉛 鉛 鉛筆연필 黑鉛흑연 鉛毒연독 鉛管연관
0872	燃	火 16획	불사를 **연**	필순: 火 炒 炒 炒 燃 燃 燃 燃料연료 燃燈연등 內燃내연 不燃불연
0873	緣	糸 15획	인연 **연** (동)因(인할 인)	필순: 糸 糸 紒 紓 絆 綠 緣 因緣인연 緣故연고 地緣지연 血緣혈연
0874	迎	辶 8획	맞을 **영** (반)送(보낼 송)	필순: ノ 卬 卬 迎 迎 歡迎환영 送迎송영 迎入영입 迎接영접
0875	映	日 9획	비칠 **영(:)**	필순: 丨 冂 日 旷 盱 映 映 映畫영화 反映반영 放映방영 上映상영
0876 営	營	火 17획	경영할 **영**	필순: 火 炏 炏 熒 營 營 營 營生영생 營爲영위 營業영업 經營경영
0877 予	豫	豕 16획	미리 **예:**	필순: マ 予 矛 矜 豫 豫 豫 豫測예측 豫防예방 豫習예습 豫約예약
0878	遇	辶 13획	만날 **우**	필순: 日 目 禺 禺 禺 遇 遇 待遇대우 境遇경우 不遇불우 處遇처우
0879	郵	邑 11획	우편 **우**	필순: 二 乒 乒 乖 乖 垂 郵 郵 郵票우표 郵送우송 郵便우편 郵政우정
0880	優	人 17획	뛰어날 **우** (동)秀(빼어날 수)	필순: 亻 亻 俨 俨 優 優 優 優待우대 優等우등 優勢우세 優勝우승

번호	한자	부수	훈음	유의/반의	필순
0881	怨	心 9획	원망할 원:	동 恨(한할 한)	필순 ノクタタ 怨怨怨
			怨恨 원한 怨望 원망 怨聲 원성 宿怨 숙원		
0882	源	水 13획	근원 원	동 本(근본 본)	필순 氵汀沪沪源源源
			源泉 원천 電源 전원 根源 근원 資源 자원		
0883	援	手 12획	도울 원:	동 助(도울 조)	필순 扌扩押押援援
			支援 지원 援助 원조 救援 구원 應援 응원		
0884	危	卩 6획	위태할 위	반 安(편안 안)	필순 ノ 厂 产 序 危
			危機 위기 危險 위험 安危 안위 危害 위해		
0885	委	女 8획	맡길 위	동 任(맡길 임)	필순 二千千禾季委委
			委員 위원 委任 위임 信委 신위 委細 위세		
0886	威	女 9획	위엄 위		필순 厂厂反威威威
			威勢 위세 權威 권위 示威 시위 威力 위력		
0887	圍 (囲)	囗 12획	에울 위	동 包(쌀 포)	필순 冂門門門間圍圍
			周圍 주위 防圍 방위 包圍 포위 圍立 위립		
0888	慰	心 15획	위로할 위		필순 尸屋尉尉慰慰
			慰勞 위로 慰安 위안 慰問 위문 自慰 자위		
0889	乳	乙 8획	젖 유		필순 一 爫 ㅠ 쯔 乎 乎 乳
			乳母 유모 粉乳 분유 牛乳 우유 乳兒 유아		
0890	遊	辶 13획	놀 유		필순 方 圹 圹 游 游 遊
			遊說 유세 周遊 주유 遊興 유흥 外遊 외유		
0891	遺	辶 16획	남길/끼칠 유		필순 一 屮 串 串 貴 遺
			遺傳 유전 遺事 유사 遺言 유언 遺族 유족		
0892	儒	人 16획	선비 유		필순 亻 伫 伫 俨 傦 儒
			儒家 유가 儒敎 유교 儒學 유학 儒林 유림		

0893	隱 (隱)	阜 17획	숨을 은	필순: ⻖ ⻖¹ ⻖² 隱 隱 隱 隱密 은밀 隱退 은퇴 隱身 은신 隱語 은어
0894	依	人 8획	의지할 의 (동)支(지탱할 지)	필순: 亻 亻' 亻" 价 佟 佟 依 依他 의타 依存 의존 依支 의지 依據 의거
0895	儀	人 15획	거동 의	필순: 亻 亻' 伴 伴 儀 儀 儀 儀典 의전 儀禮 의례 儀式 의식 禮儀 예의
0896	疑	疋 14획	의심할 의 (반)信(믿을 신)	필순: ヒ 上 矣 疑 疑 疑 質疑 질의 疑心 의심 疑問 의문 容疑 용의
0897	異	田 11획	다를 이: (반)同(한가지 동)	필순: 田 甲 畀 異 異 異同 이동 異國 이국 異變 이변 異端 이단
0898	仁	人 4획	어질 인	필순: 丿 亻 仁 仁 仁政 인정 仁德 인덕 仁術 인술 仁義 인의
0899	姉	女 8획	손위누이 자 (반)妹(누이 매)	필순: 女 女 女' 姉 姉 姉 姉妹 자매 姉兄 자형 姉母 자모 姉夫 자부
0900	姿	女 9획	모양 자:	필순: 冫 冫 次 姿 姿 姿 姿態 자태 姿勢 자세 姿色 자색 勇姿 용자
0901	資	貝 13획	재물 자 (동)材(재목 재)	필순: 冫 冫 次 咨 資 資 物資 물자 投資 투자 資金 자금 資本 자본
0902	殘 (残)	歹 12획	남을 잔	필순: 歹 歹' 残 残 殘 殘金 잔금 殘在 잔재 殘留 잔류 殘惡 잔악
0903	雜 (雑)	隹 18획	섞일 잡	필순: 亠 卒 衣 雜 雜 雜誌 잡지 雜技 잡기 雜念 잡념 雜談 잡담
0904	壯	士 7획	씩씩할 장:	필순: 丬 爿 壯 壯 壯觀 장관 壯談 장담 壯烈 장렬 壯士 장사

0905	裝	衣 13획	꾸밀 **장**	필순: 丨 丬 丬 壯 壯 裝 裝 裝 假裝 가장 旅裝 여장 端裝 단장 服裝 복장
0906	獎	大 14획	장려할 **장**(:)	필순: 丨 丬 丬 奬 奬 奬 奬 獎 勸獎 권장 獎學 장학 獎訓 장훈 激獎 격장
0907	帳	巾 11획	장막 **장**	필순: 丨 冂 巾 巾 帄 帳 帳 帳 揮帳 휘장 通帳 통장 帳中 장중 元帳 원장
0908	張	弓 11획	베풀 **장**	필순: ㄱ 弓 引 弘 張 張 張 主張 주장 出張 출장 張力 장력 張大 장대
0909	腸	肉 13획	창자 **장**	필순: 月 肚 肝 胆 腸 腸 腸 大腸 대장 直腸 직장 脫腸 탈장 小腸 소장
0910	底	广 8획	밑 **저**:	필순: 亠 广 广 庐 庐 底 底 底力 저력 底邊 저변 底意 저의 海底 해저
0911	賊	貝 13획	도둑 **적**	필순: 目 貝 貯 賊 賊 賊 賊 義賊 의적 逆賊 역적 海賊 해적 山賊 산적
0912	適	辵 15획	맞을 **적**	필순: 亠 立 产 商 商 適 適切 적절 適當 적당 適格 적격 適期 적기
0913	積	禾 16획	쌓을 **적** (동)蓄(모을 축)	필순: 二 千 禾 和 秬 秬 積 積 蓄積 축적 積極 적극 容積 용적 積立 적립
0914	績	糸 17획	길쌈 **적**	필순: 幺 糸 糸 紬 紬 績 績 績 成績 성적 業績 업적 功績 공적 實績 실적
0915	籍	竹 20획	문서 **적** (동)書(책 서)	필순: 𠂉 𥫗 笒 笙 箝 籍 籍 本籍 본적 書籍 서적 戶籍 호적 黨籍 당적
0916	專	寸 11획	오로지 **전**	필순: 一 戸 亘 車 車 車 專 專 專門 전문 專用 전용 專攻 전공 專念 전념

0917	轉 / 転	車 18획	구를 전:	筆順 ᅠ日 車 軒 軒 轉 轉 轉
			轉落 전락 轉移 이전 轉入 전입 轉職 전직	
0918	錢	金 16획	돈 전:	筆順 ᅠ스 牟 金 鈠 鈡 錢 錢
			金錢 금전 急錢 급전 銅錢 동전 葉錢 엽전	
0919	折	手 7획	꺾을 절	筆順 ᅠ一 ᅡ 扌 扩 扩 折
			折半 절반 曲折 곡절 半折 반절 面折 면절	
0920	占	卜 5획	점칠/차지할 점	筆順 ᅠ丨 ㅏ 占 占 占
			占領 점령 占有 점유 獨占 독점 占術 점술	
0921	點 / 点	黑 17획	점 점(:)	筆順 ᅠ冂 日 里 黑 黑 點 點
			長點 장점 點數 점수 觀點 관점 採點 채점	
0922	丁	一 2획	장정 정	筆順 ᅠ一 丁
			壯丁 장정 兵丁 병정 白丁 백정 園丁 원정	
0923	整	攴 16획	가지런할 정:	筆順 ᅠ日 束 軟 敕 整 整
			調整 조정 整列 정렬 整理 정리 整備 정비	
0924	靜 / 静	靑 16획	고요할 정	筆順 ᅠ一 靑 靑 靑 靜 靜 靜
			動靜 동정 冷靜 냉정 安靜 안정 平靜 평정	
0925	帝	巾 9획	임금 제: 동 王(임금 왕)	筆順 ᅠ一 ᅩ 产 产 帝 帝
			帝國 제국 帝王 제왕 帝位 제위 帝政 제정	
0926	組	糸 11획	짤 조 동 織(짤 직)	筆順 ᅠ幺 糸 糸 糽 糽 組 組
			組織 조직 組合 조합 組立 조립 組成 조성	
0927	條 / 条	木 11획	가지 조	筆順 ᅠ亻 亻 仁 攸 攸 條 條
			條件 조건 條例 조례 條理 조리 條約 조약	
0928	潮	水 15획	밀물 조	筆順 ᅠ氵 浐 沽 淖 潮 潮 潮
			潮流 조류 滿潮 만조 潮水 조수 思潮 사조	

번호	한자	부수/획수	훈음	관련	필순	예시
0929	存	子 6획	있을 존	반)亡(망할 망) 동)在(있을 재)	필순 一ナオチ存存	共存 공존　存立 존립　存在 존재　保存 보존
0930	從(从)	彳 11획	좇을 종(ː)	반)主(주인 주)	필순 彳彳彳彳從從從從	服從 복종　從前 종전　順從 순종　從事 종사
0931	鍾	金 17획	쇠북 종		필순 ⺊午金金´鍾鍾鍾	鍾路 종로　打鍾 타종　自鳴鍾 자명종
0932	座	广 10획	자리 좌ː		필순 ⼀广广户应应座座	座談 좌담　座席 좌석　座標 좌표　講座 강좌
0933	朱	木 6획	붉을 주	동)紅(붉을 홍)	필순 ノ ⺊ ⺊ 牛 朱 朱	朱紅 주홍　朱黃 주황　印朱 인주　朱子 주자
0934	周	口 8획	두루 주		필순 ⺍月円円円周周周	周邊 주변　周知 주지　周到 주도　一周 일주
0935	酒	酉 10획	술 주ː		필순 氵氵沪沪洒酒酒	飮酒 음주　酒店 주점　酒量 주량　酒客 주객
0936	證	言 19획	증거 증		필순 言 言 訃 訃 詃 詃 證 證	證據 증거　證明 증명　檢證 검증　確證 확증
0937	誌	言 14획	기록할 지		필순 言 言 言 言 誌 誌 誌	校誌 교지　本誌 본지　日誌 일지　會誌 회지
0938	智	日 12획	지혜/슬기 지		필순 ⺊ ⺊ 矢 知 知 智 智	衆智 중지　機智 기지　智略 지략　大智 대지
0939	持	手 9획	가질 지		필순 扌 扌 扩 扩 扫 持 持	持論 지론　持病 지병　持續 지속　持參 지참
0940	織	糸 18획	짤 직		필순 ⺑ 糸 糸 糸 紵 織 織 織	毛織 모직　織物 직물　手織 수직　織造 직조

0941	陣	阜 10획	진칠 **진**	필순 ` ㅏ ㅸ ㅸ 陌 陌 陣 陣`
			陣痛 진통 敵陣 적진 陣營 진영 退陣 퇴진	
0942	珍	玉 9획	보배 **진**	필순 ` ⼀ ⼆ ⺩ ⺩ 珎 珍`
			珍貴 진귀 珍味 진미 珍奇 진기 珍秀 진수	
0943	盡	皿 14획	다할 **진:**	필순 ` ⼀ ⺻ 尽 聿 盡 盡 盡`
尽			盡力 진력 未盡 미진 脫盡 탈진 盡心 진심	
0944	差	工 10획	다를 **차** 동 別(다를 별)/異(다를 이)	필순 ` ⼀ ⺌ 羊 差 差 差`
			差度 차도 差等 차등 差別 차별 誤差 오차	
0945	讚	言 26획	기릴 **찬:**	필순 `言 言 訓 謨 讚 讚 讚`
			極讚 극찬 讚美 찬미 讚辭 찬사 禮讚 예찬	
0946	採	手 11획	캘 **채:**	필순 ` ⼀ ⺘ ⺘ ⺘ 挆 挆 採`
			採算 채산 採用 채용 採集 채집 採取 채취	
0947	冊	冂 5획	책 **책** 동 書(책 서)	필순 `⼁ 冂 冊 冊 冊`
			冊房 책방 冊床 책상 冊子 책자 冊張 책장	
0948	泉	水 9획	샘 **천**	필순 `ʼ ⺁ ⽩ 白 宀 宀 泉 泉`
			九泉 구천 黃泉 황천 溫泉 온천 冷泉 냉천	
0949	聽	耳 22획	들을 **청** 반 視(볼 시)	필순 `⼀ ⽿ 耳 耳 聽 聽 聽`
听			視聽 시청 聽取 청취 盜聽 도청 聽衆 청중	
0950	廳	广 25획	관청 **청**	필순 `广 庐 庐 庐 廳 廳 廳`
庁			廳舍 청사 官廳 관청 區廳 구청 市廳 시청	
0951	招	手 8획	부를 **초**	필순 ` ⼀ ⺘ ⺘ 扣 扣 招 招`
			招待 초대 招請 초청 招來 초래 自招 자초	
0952	推	手 11획	밀 **추/퇴** 반 引(끌 인)	필순 ` ⼀ ⺘ ⺘ 扩 拚 拚 推`
			推移 추이 推進 추진 推測 추측 推定 추정	

0953	縮 17획	糸	줄일 **축**		필순 ㄠ ㄠ 紒 紒 絎 絎 縮
			縮小 축소 短縮 단축 縮約 축약 壓縮 압축		
0954	趣 15획	走	뜻 **취:**		필순 土 キ 走 走 起 趨 趣
			趣味 취미 趣向 취향 情趣 정취 興趣 흥취		
0955	就 12획	尢	나아갈 **취:**	동 進(나아갈 진)	필순 ㄧ 亠 产 京 京 就 就
			就業 취업 就職 취직 去就 거취 成就 성취		
0956	層 15획	尸	층 **층**	동 階(섬돌 계)	필순 ㄱ 尸 尸 屑 屑 層 層
			層階 층계 斷層 단층 深層 심층 階層 계층		
0957	寢 14획	宀	잘 **침:**		필순 宀 宀 宀 宇 宇 寑 寢 寢
			寢室 침실 寢具 침구 寢床 침상 就寢 취침		
0958	針 10획	金	바늘 **침(:)**		필순 ㅅ 亽 仐 全 全 金 針
			針線 침선 針術 침술 檢針 검침 指針 지침		
0959	称 稱 14획	禾	일컬을 **칭**		필순 ㄴ 千 禾 秆 秤 稱 稱
			稱讚 칭찬 稱號 칭호 總稱 총칭 呼稱 호칭		
0960	弾 彈 15획	弓	탄알/튕길 **탄:**		필순 ㄱ 弓 弓' 弓" 弹 彈 彈
			爆彈 폭탄 彈壓 탄압 彈性 탄성 實彈 실탄		
0961	歎 15획	欠	탄식할 **탄:**		필순 一 廿 廿 茣 莫 歎 歎
			歎息 탄식 讚歎 찬탄 歎願 탄원 感歎 감탄		
0962	脫 11획	肉	벗을 **탈**	반 着(입을 착)	필순 刂 月 肝 肝 胪 胎 脫
			脫線 탈선 脫稅 탈세 脫黨 탈당 虛脫 허탈		
0963	探 11획	手	찾을 **탐**		필순 ㇀ 扌 扩 扩 挥 探 探
			探究 탐구 探査 탐사 廉探 염탐 探知 탐지		
0964	択 擇 16획	手	가릴 **택**	동 選(가릴 선)	필순 ㇀ 扌 扌 扩 押 揮 擇
			選擇 선택 採擇 채택 擇一 택일 擇日 택일		

번호	한자	부수/획수	훈음	동/반	필순
0965	討	言 10획	칠 토(:)	(동)伐(칠 벌)	필순: 討
			討議 토의	討論 토론	討伐 토벌 檢討 검토
0966	痛	疒 12획	아플 통:		필순: 痛
			苦痛 고통	頭痛 두통	痛快 통쾌 痛憤 통분
0967	投	手 7획	던질 투	(반)打(칠 타)	필순: 投
			投手 투수	投宿 투숙	投票 투표 投球 투구
0968	鬪	鬥 20획	싸움 투	(동)爭(다툴 쟁)/戰(싸움 전)	필순: 鬪
			鬪爭 투쟁	鬪技 투기	戰鬪 전투 暗鬪 암투
0969	派	水 9획	갈래 파		필순: 派
			派兵 파병	派生 파생	學派 학파 黨派 당파
0970	判	刀 7획	판단할 판	(동)決(결단할 결)	필순: 判
			判斷 판단	判例 판례	判決 판결 判定 판정
0971	篇	竹 15획	책 편		필순: 篇
			短篇 단편	長篇 장편	玉篇 옥편 全篇 전편
0972	評	言 12획	평할 평:		필순: 評
			評價 평가	評判 평판	論評 논평 好評 호평
0973	閉	門 11획	닫을 폐:	(반)開(열 개)	필순: 閉
			閉會 폐회	開閉 개폐	閉店 폐점 閉講 폐강
0974	胞	肉 9획	세포 포(:)		필순: 胞
			細胞 세포	同胞 동포	胞子 포자 氣胞 기포
0975	爆	火 19획	불터질 폭		필순: 爆
			爆破 폭파	爆擊 폭격	爆發 폭발 爆藥 폭약
0976	標	木 15획	표할 표		필순: 標
			標識 표지	目標 목표	標準 표준 標記 표기

0977	疲 10획	疒	피곤할 **피** 　　동 困(곤할 곤)	필순 广疒疒疒疒疲疲
			疲勞 피로　疲困 피곤　疲民 피민	
0978	避 17획	辵	피할 **피**:	필순 ᛜ ㄅ 卩 𠯃 𠯥 𠯥 避
			避難 피난　避身 피신　待避 대피　回避 회피	
0979	恨 9획	心	한할 **한**:	필순 ᛜ ㅏ ㅏ ㅏ 忄 忄 恨 恨 恨
			恨歎 한탄　痛恨 통한　遺恨 유한　餘恨 여한	
0980	閑 12획	門	한가할 **한**	필순 ᛜ ㅣ ㅏ ㅏ 門 門 門 閑 閑
			閑良 한량　閑職 한직　閑散 한산　閑居 한거	
0981	抗 7획	手	겨룰/항거할 **항**: 　동 拒(막을 거)	필순 ᛜ ㅏ ㅏ 扌 扩 扩 抗
			反抗 반항　抗爭 항쟁　抗告 항고　抗議 항의	
0982	核 10획	木	씨 **핵**	필순 ᛜ 木 ㅘ 朴 杧 杧 杨 核 核
			核心 핵심　結核 결핵　核武器 핵무기	
0983	憲 16획	心	법 **헌**: 　　동 法(법 법)	필순 宀 宀 宀 宀 宀 宀 宀 憲
			憲法 헌법　憲章 헌장　改憲 개헌　制憲 제헌	
0984 險	險 16획	阜	험할 **험**:	필순 阝 阝 阝 阝 阝 險 險 險
			探險 탐험　險惡 험악　險談 험담　險難 험난	
0985	革 9획	革	가죽/바꿀 **혁**	필순 ㅏ ㅛ ㅛ ㅛ ㅛ 革 革
			改革 개혁　革新 혁신　革帶 혁대　革命 혁명	
0986 顯	顯 23획	頁	나타날 **현**:	필순 日 昻 㬎 㬎 㬎 顯 顯
			發顯 발현　顯考 현고　顯著 현저　顯達 현달	
0987	刑 6획	刀	형벌 **형** 　　동 罰(벌할 벌)	필순 一 二 干 开 开 刑
			刑罰 형벌　死刑 사형　減刑 감형　處刑 처형	
0988	或 8획	戈	혹 **혹**	필순 一 厂 厂 ㅁ 可 或 或 或
			間或 간혹　或是 혹시　或說 혹설　或者 혹자	

0989	婚	女 11획	혼인할 **혼**	필순: ㄑ 女 妒 妒 娇 婚 婚 結婚결혼　未婚미혼　離婚이혼　請婚청혼
0990	混	水 11획	섞을 **혼:**　(동)雜(섞일 잡)	필순: 氵 沪 沪 沪 沪 混 混 混用혼용　混入혼입　混雜혼잡　混血혼혈
0991	紅	糸 9획	붉을 **홍**	필순: 幺 幺 糸 糸 糸 紅 紅 紅燈홍등　紅葉홍엽　紅玉홍옥　紅潮홍조
0992	華	艹 12획	빛날 **화**	필순: 艹 莎 莎 莎 莘 華 華 華婚화혼　華麗화려　中華중화　榮華영화
0993	環	玉 17획	고리 **환**	필순: 王 圹 严 理 環 環 環 環境환경　一環일환　花環화환　金環금환
0994	歡 (欢)	欠 22획	기쁠 **환**　(반)悲(슬플 비)	필순: 艹 苹 莓 雚 雚 歡 歡 歡樂환락　歡談환담　歡待환대　歡聲환성
0995	況	水 8획	모양 **황:**	필순: 冫 氵 冴 汧 況 況 盛況성황　狀況상황　近況근황　實況실황
0996	灰	火 6획	재 **회**	필순: 一 ナ 大 ポ 灰 灰 石灰석회　灰色회색　洋灰양회　灰壁회벽
0997	厚	厂 9획	두터울 **후:**	필순: 一 厂 厂 厈 厚 厚 厚 厚德후덕　厚待후대　厚謝후사　厚意후의
0998	候	人 10획	기후 **후:**	필순: 亻 亻 亻 俨 俨 候 候 節候절후　氣候기후　測候측후　問候문후
0999	揮	手 12획	휘두를 **휘**	필순: 扌 扩 扩 护 挥 揮 揮 指揮지휘　發揮발휘　揮發油휘발유
1000	喜	口 12획	기쁠 **희**　(반)悲(슬플 비)	필순: 士 吉 吉 吉 直 喜 喜 喜劇희극　喜悲희비　歡喜환희　喜色희색

한자능력검정용 급수별 한자

출제기준	읽기배정	쓰기배정	독음	훈음	장단음	반의어	완성형	부수	동의어	동음이의어	풀이	필순	약자	한자쓰기
	1,500	750	45	27	5	10	10	5	5	5	5	0	3	30

1001 佳 | 人 8획 | 아름다울 가: | 필순 亻亻亻件件佳佳
佳話 가화 佳境 가경 佳緣 가연 佳約 가약

1002 架 | 木 9획 | 시렁 가: | 필순 フ カ 加 加 架 架 架
架空 가공 高架 고가 架橋 가교 架設 가설

1003 閣 | 門 14획 | 집/누각 각 | 필순 丨冂冂冋門門閁閣
閣下 각하 改閣 개각 內閣 내각 鍾閣 종각

1004 脚 | 肉 11획 | 다리 각 | 필순 丨月月月 胠 胠 脚
脚光 각광 橋脚 교각 脚本 각본 脚色 각색

1005 刊 | 刀 5획 | 간행할 간 | 필순 一 二 千 刊 刊
刊行 간행 創刊 창간 發刊 발간 新刊 신간

1006 肝 | 肉 7획 | 간 간(:) | 필순 丨月月月 肝 肝
肝腸 간장 肝油 간유 肝臟 간장 肝肺 간폐

1007 幹 | 干 13획 | 줄기 간 | 필순 一 + 古 車 幹 幹 幹
幹部 간부 根幹 근간 幹線 간선 基幹 기간

1008 懇 | 心 17획 | 간절할 간: | 필순 ㄹ 号 豸 豿 豤 懇 懇
懇切 간절 懇請 간청 懇曲 간곡 懇求 간구

1009 鑑 鑒 | 金 22획 | 거울 감 | 동 鏡(거울 경) | 필순 丿 仨 仨 釒 鈩 鏗 鑑
鑑賞 감상 鑑別 감별 鑑識 감식 鑑定 감정

1010 剛 | 刀 10획 | 굳셀 강 | 반 柔(부드러울 유) | 필순 丨冂冂冋冏岡岡剛
剛健 강건 剛直 강직 剛果 강과 堅剛 견강

급수별 한자 3급 II

1011 綱 14획	糸	벼리 **강**	필순	ㄠ ㄠ 糸 紅 紅 網 網
		紀綱 기강 綱領 강령 政綱 정강 三綱 삼강		
1012 鋼 16획	金	강철 **강**	필순	ㅅ 牟 釒 釘 鉀 鋼 鋼
		鋼鐵 강철 鋼板 강판 製鋼 제강 鐵鋼 철강		
1013 介 4획	人	낄 **개:**	필순	ノ 人 个 介
		介潔 개결 介入 개입 介在 개재 介意 개의		
1014 概 15획	木	대개 **개**	필순	木 朾 柠 柠 柢 梔 槪
		槪念 개념 氣槪 기개 槪觀 개관 槪論 개론		
1015 蓋 14획	艹	덮을 **개**	필순	ㅛ 艹 盐 盖 蓋 蓋
		蓋然 개연 蓋世 개세 蓋瓦 개와 蓋草 개초		
1016 距 12획	足	떨어질 **거:**	필순	ㅁ ㅁ ㅁ 足 趴 距 距
		距離 거리 距今 거금 相距 상거 距星 거성		
1017 乾 11획	乙	마를/하늘 **건** (반)濕(젖을 습)	필순	ㅏ 古 古 卓 휙 乾
		乾期 건기 乾草 건초 乾性 건성 乾濕 건습		
1018 劍 (剣) 15획	刀	칼 **검:**	필순	ㅅ ㅅ ㅅ 슈 僉 僉 劍
		劍客 검객 劍道 검도 劍舞 검무 劍術 검술		
1019 隔 13획	阜	사이뜰 **격**	필순	ㅋ 阝 阝 阹 阽 隔 隔
		隔離 격리 隔差 격차 隔世 격세 隔週 격주		
1020 訣 11획	言	이별할 **결**	필순	ㅗ 亠 言 訁 訣 訣
		訣別 결별 祕訣 비결 永訣 영결 口訣 구결		
1021 兼 10획	八	겸할 **겸**	필순	ㅅ ㅆ 今 弇 兼 兼
		兼備 겸비 兼業 겸업 兼任 겸임 兼職 겸직		
1022 謙 17획	言	겸손할 **겸**	필순	言 訁 詳 詳 謙 謙 謙
		恭謙 공겸 謙讓 겸양 謙虛 겸허 謙退 겸퇴		

1023	耕	耒 10획	밭갈 **경**	필순: 三 丰 丰 耒 耒 耘 耕 耕 耕地 경지　耕作 경작　農耕 농경　耕牧 경목
1024	頃	頁 11획	이랑/잠깐 **경**	필순: 匕 比 比 頃 頃 頃 頃刻 경각　萬頃 만경　頃者 경자　頃歲 경세
1025 (径)	徑	彳 10획	지름길 **경**	필순: 彳 彳 彳 徑 徑 徑 半徑 반경　直徑 직경　徑路 경로　砲徑 포경
1026	硬	石 12획	굳을 **경** (반)軟(연할 연)	필순: 一 厂 石 矿 硬 硬 硬直 경직　硬質 경질　強硬 강경　硬骨 경골
1027	械	木 11획	기계 **계**	필순: 十 木 木 杠 械 械 械 機械 기계　器械 기계
1028	桂	木 10획	계수나무 **계:**	필순: 十 木 木 木 杜 桂 桂 桂林 계림　桂冠 계관　桂樹 계수　桂皮 계피
1029	契	大 9획	맺을 **계:**/부족이름 **글**	필순: 一 三 丰 邦 契 契 契約 계약　契機 계기　契丹 글안　契員 계원
1030	啓	口 11획	열 **계:** (반)閉(닫을 폐)	필순: 丶 ㄱ 户 产 所 啟 啓 啓蒙 계몽　啓導 계도　啓發 계발　啓示 계시
1031	溪	水 13획	시내 **계**	필순: 氵 氵 河 浐 浐 溪 溪 退溪 퇴계　溪谷 계곡　碧溪 벽계　淸溪 청계
1032	姑	女 8획	시어미 **고** (반)婦(며느리 부)	필순: 乀 女 女 女 如 姑 姑 姑婦 고부　姑母 고모　姑息 고식　姑從 고종
1033	稿	禾 15획	원고 **고**	필순: 二 千 禾 禾 稈 稿 稿 稿料 고료　原稿 원고　脫稿 탈고　投稿 투고
1034	鼓	鼓 13획	북 **고**	필순: 士 古 吉 壴 彭 鼓 鼓 鼓吹 고취　鼓舞 고무　擊鼓 격고　鍾鼓 종고

1035	谷	谷 7획	골 곡	필순: 丶丷夕𠔿公谷谷 陵谷 능곡 幽谷 유곡 谷泉 곡천 谷水 곡수
1036	哭	口 10획	울 곡	필순: 丶丨口吅吅哭哭 哭聲 곡성 止哭 지곡 號哭 호곡 痛哭 통곡
1037	恐	心 10획	두려울 공:	필순: 丁丬玑玑玑恐恐 可恐 가공 恐龍 공룡 恐妻家 공처가
1038	貢	貝 10획	바칠 공: (동)獻(드릴 헌)	필순: 一丅干干首貢 貢獻 공헌 貢納 공납 貢物 공물 朝貢 조공
1039	供	人 8획	이바지할 공: (반)需(쓰일 수)	필순: 亻亻什供供供 供給 공급 提供 제공 供養 공양 佛供 불공
1040	恭	心 10획	공손할 공 (동)敬(공경 경)	필순: 一卄艹共恭恭 恭敬 공경 恭待 공대 恭順 공순 不恭 불공
1041	誇	言 13획	자랑할 과:	필순: 言言言訐訐誇誇 誇張 과장 誇示 과시 誇大 과대 誇言 과언
1042	寡	宀 14획	적을 과: (반)衆(많을 중)	필순: 宀宀宀宀寊寡寡 衆寡 중과 寡默 과묵 寡聞 과문 寡少 과소
1043	館 (舘)	食 17획	집 관	필순: 𠂉𠂉𠂉食飠飠館館 館舍 관사 旅館 여관 會館 회관 別館 별관
1044	冠	冖 9획	갓 관	필순: 丶冖冖冝冠冠冠 冠帶 관대 冠詞 관사 弱冠 약관 衣冠 의관
1045	貫	貝 11획	꿸 관(:) (동)徹(통할 철)	필순: 丨口毌毌毌貫貫 貫通 관통 一貫 일관 貫流 관류 貫鄕 관향
1046	慣	心 14획	익숙할 관 (동)習(익힐 습)	필순: 忄忄忄忄忄慣慣慣 慣例 관례 慣習 관습 習慣 습관 慣用 관용

1047	寬 15획	宀	너그러울 관 (반)猛(사나울 맹)	필순 宀宀宀宀宀寶寬寬
			寬大 관대 寬容 관용 寬待 관대 寬厚 관후	

1048	狂 7획	犬	미칠 광	필순 ノイオオギ狂狂
			狂亂 광란 狂奔 광분 發狂 발광 熱狂 열광	

1049	怪 8획	心	괴이할 괴(:)	필순 忄忄忄怪怪怪
			怪變 괴변 怪常 괴상 怪異 괴이 怪談 괴담	

1050	壞 19획	土	무너질 괴:	필순 土 圹 圹 壤 壤 壞
			破壞 파괴 壞滅 괴멸 壞損 괴손 倒壞 도괴	

1051	巧 5획	工	공교할 교	필순 一 T 工 巧
			技巧 기교 巧妙 교묘 巧辯 교변 精巧 정교	

1052	較 13획	車	견줄/비교할 교 (동)比(견줄 비)	필순 一 一 戸 車 車 較 較
			比較 비교 較準 교준 日較差 일교차	

1053	久 3획	丿	오랠 구 : (동)永(길 영)/長(긴 장)	필순 ノ 勹 久
			悠久 유구 耐久 내구 永久 영구 恒久 항구	

1054	拘 8획	手	잡을 구	필순 一 扌 扌 扌 扚 拘 拘
			拘束 구속 拘禁 구금 拘留 구류 拘置 구치	

1055	丘 5획	一	언덕 구	필순 ノ ㄏ F 丘 丘
			丘陵 구릉 丘木 구목 丘民 구민 丘墓 구묘	

1056	菊 12획	艸	국화 국	필순 艹 艹 艻 荺 菊 菊
			菊花 국화 菊版 국판 霜菊 상국 水菊 수국	

1057	弓 3획	弓	활 궁 (반)矢(화살 시)	필순 ㄱ ㄢ 弓
			名弓 명궁 弓道 궁도 弓術 궁술 洋弓 양궁	

1058	拳 9획	手	주먹 권:	필순 ハ 스 半 失 券 拳
			拳鬪 권투 拳銃 권총 鐵拳 철권 空拳 공권	

1059	鬼	鬼 10획	귀신 귀: 　　（동）神(귀신 신)	필순 ´ ｲ 宀 白 自 ♉ 鬼 鬼
			鬼神 귀신　惡鬼 악귀　鬼面 귀면　鬼哭 귀곡	
1060	菌	艸 12획	버섯/균 균	필순 ˉ ⺉⺉ 芦 芦 菌 菌
			病菌 병균　殺菌 살균　細菌 세균　抗菌 항균	
1061	克	儿 7획	이길 극 　　（동）勝(이길 승)	필순 一 十 ナ 古 古 克 克
			克服 극복　克己 극기　克復 극복　克明 극명	
1062	禽	内 13획	새 금 　　（반）獸(길짐승 수)	필순 ノ 人 全 合 含 禽 禽
			禽獸 금수　家禽 가금　野禽 야금　禽鳥 금조	
1063	琴	玉 12획	거문고 금	필순 一 ¯ 王 王¯ 王¯ 珡 琴
			心琴 심금　風琴 풍금　大琴 대금　彈琴 탄금	
1064	錦	金 16획	비단 금:	필순 ノ 全 金 針 鈩 錦 錦
			錦江 금강　錦衣 금의　錦字 금자　錦歸 금귀	
1065	及	又 4획	미칠 급 　　（반）落(떨어질 락)	필순 ノ フ 及 及
			普及 보급　言及 언급　波及 파급　及第 급제	
1066	企	人 6획	꾀할 기	필순 ノ 人 个 全 企 企
			企圖 기도　企業 기업　企劃 기획　企望 기망	
1067	其	八 8획	그 기	필순 一 十 廿 甘 甘 其 其
			其他 기타　其次 기차　各其 각기　其實 기실	
1068	祈	示 9획	빌 기	필순 ¯ ╦ 示 示 ˊ 祈 祈
			祈願 기원　祈福 기복　祈雨 기우　祈求 기구	
1069	畿	田 15획	경기 기	필순 ˊ ⺍ ˊˊ 丝 丝 丝 丝 畿
			京畿 경기　畿湖 기호　畿內 기내　近畿 근기	
1070	騎	馬 18획	말탈 기	필순 「 ｦ 馬 馬 馬¯ 駒 騎
			騎士 기사　騎手 기수　騎兵 기병　騎馬 기마	

1071 緊	糸 14획	긴할 **긴**	필순 ⁸ ᵋ 臤 臤 緊 緊 緊
		緊密 긴밀 緊張 긴장 緊急 긴급 緊要 긴요	

1072 諾	言 16획	허락할 **낙** (동) 許(허락할 허)	필순 ᵇ 言 言 訃 訝 諾
		承諾 승낙 許諾 허락 受諾 수락 應諾 응낙	

1073 娘	女 10획	계집 **낭**	필순 ᵕ ㅅ ㅅ ᅑ ᅑ 娘 娘 娘
		娘子 낭자 令娘 영랑 娘家 낭가 老娘 노랑	

1074 耐	而 9획	견딜 **내:**	필순 ᵇ ᵎ 而 而 而 耐 耐
		忍耐 인내 耐性 내성 耐火 내화 耐熱 내열	

1075 寧	宀 14획	편안 **녕** (동) 康(편안 강)/安(편안 안)	필순 ᵎ 宀 宀 宀 寧 寧 寧
		康寧 강녕 會寧 회령 寧邊 영변 安寧 안녕	

1076 奴	女 5획	종 **노** (반) 婢(계집종 비)	필순 ᵕ ㅅ ㅅ ᅑ 奴
		奴婢 노비 奴主 노주 官奴 관노 家奴 가노	

1077 腦	肉 13획	골/뇌수 **뇌**	필순 ᵇ 月 月 肸 朥 腦 腦
		頭腦 두뇌 腦死 뇌사 洗腦 세뇌 首腦 수뇌	

1078 泥	水 8획	진흙 **니**	필순 ᵇ ᵕ ㆍ 氵 沪 沪 泥
		雲泥 운니 泥沙 이사 泥水 이수 泥土 이토	

1079 茶	艹 10획	차 **다/차**	필순 ᵇ ᵎ ᵎ 艹 艹 茨 茶 茶
		茶道 다도 茶房 다방 茶禮 차례 綠茶 녹차	

1080 丹	丶 4획	붉을 **단**	필순 ᵇ 刀 刀 丹
		丹精 단정 丹楓 단풍 丹青 단청 丹田 단전	

1081 旦	日 5획	아침 **단** (반) 夕(저녁 석)	필순 ᵎ 冂 日 日 旦
		旦夕 단석 旦朝 단조 元旦 원단 一旦 일단	

1082 但	人 7획	다만 **단:**	필순 ᵕ ᵎ 亻 亻 佀 但 但
		但書 단서 非但 비단	

1083	淡	水 11획	맑을 담:	필순 氵氵氵沙浐浐淡
			雅淡 아담 淡白 담백 淡水 담수 冷淡 냉담	

1084	踏	足 15획	밟을 답	필순 口甲昆距踏踏踏
			踏査 답사 踏步 답보 踏破 답파 踏靑 답청	

1085	唐	口 10획	당나라/당황할 당	필순 广庐庐庐唐唐
			唐詩 당시 唐突 당돌 唐書 당서 荒唐 황당	

1086	糖	米 16획	엿 당/탕	필순 丷 米 扩 护 糖 糖
			糖度 당도 糖分 당분 製糖 제당 血糖 혈당	

1087	臺 (台)	至 14획	대 대	필순 一 十 吉 声 臺 臺 臺
			燈臺 등대 舞臺 무대 築臺 축대 寢臺 침대	

1088	貸	貝 12획	빌릴 대: (비)借(빌릴 차)	필순 亻 代代 代 伴 貸 貸
			貸借 대차 貸與 대여 貸付 대부 貸出 대출	

1089	刀	刀 2획	칼 도	필순 フ 刀
			果刀 과도 面刀 면도 短刀 단도 執刀 집도	

1090	途	辶 11획	길 도:	필순 人 今 余 余 余 涂 途
			別途 별도 途中 도중 用途 용도 方途 방도	

1091	陶	阝 11획	질그릇 도	필순 阝 阝 阝 阝 陶 陶 陶
			陶醉 도취 陶工 도공 陶藝 도예 陶器 도기	

1092	倒	人 10획	거꾸러질 도:	필순 亻 亻 佢 佢 佢 倒 倒
			倒錯 도착 倒産 도산 倒置 도치 壓倒 압도	

1093	桃	木 10획	복숭아 도	필순 十 木 村 村 机 桃 桃
			桃源 도원 桃花 도화 仙桃 선도 桃園 도원	

1094	渡	水 12획	건널 도	필순 氵 氵 沪 沪 泸 渡
			引渡 인도 不渡 부도 讓渡 양도 賣渡 매도	

번호	한자	부수	뜻/음	필순	예시
1095	突	穴 9획	갑자기 돌	丶宀宀宍宍突突	衝突 충돌 突破 돌파 突擊 돌격 突發 돌발
1096	凍	冫 10획	얼 동:	冫厂厂厂冲冲凍	凍結 동결 凍死 동사 凍傷 동상 冷凍 냉동
1097	絡	糸 12획	이을/얼을 락 (동)連(이을 련)	丶幺幺糸糸紗絡絡	連絡 연락 脈絡 맥락 經絡 경락 聯絡 연락
1098	蘭	艹 21획	난초 란	丶宀宀門蘭蘭蘭	蘭草 난초 和蘭 화란 金蘭 금란 春蘭 춘란
1099	欄	木 21획	난간 란	丨十才柯柳欄欄	欄干 난간 空欄 공란 欄外 난외 欄邊 난변
1100	浪	水 10획	물결 랑:	冫氵汀沪浪浪浪	浪費 낭비 激浪 격랑 浪說 낭설 放浪 방랑
1101	郞	邑 10획	사내 랑	丶 冫 冫 良 良 郞	新郞 신랑 花郞 화랑 郞君 낭군 侍郞 시랑
1102	廊	广 13획	행랑 랑	一广广广庐廊廊	行廊 행랑 畵廊 화랑 舍廊 사랑 廊下 낭하
1103	凉	水 11획	서늘할 량	冫氵汁沖沖涼涼	淸涼 청량 納涼 납량 寒涼 한량 涼氣 양기
1104	梁	木 11획	들보 량 (동)橋(다리 교)	冫氵沙沙汐梁梁	橋梁 교량 梁材 양재 梁柱 양주 上梁 상량
1105	勵 励	力 17획	힘쓸 려: (동)勉(힘쓸 면)	一厂厂厂厝厲勵	激勵 격려 勉勵 면려 獎勵 장려 督勵 독려
1106	曆	日 16획	책력 력	一厂厂厂厤暦暦	陽曆 양력 陰曆 음력 冊曆 책력 西曆 서력

1107	鍊	金 17획	단련할 련:	필순 후 훜 釤 釤 鈩 鍊 鍊
			老鍊 노련　鍊習 연습　教鍊 교련　試鍊 시련	

1108 联	聯	耳 17획	연이을 련	필순 「 Ε 耳 聃 聯 聯 聯
			關聯 관련　聯盟 연맹　柱聯 주련　聯合 연합	

1109 恋	戀	心 23획	그리워할 련: (동) 愛(사랑 애)	필순 言 绾 綠 綠 戀 戀
			戀慕 연모　戀愛 연애　戀歌 연가　戀情 연정	

1110	蓮	艹 15획	연꽃 련	필순 艹 芍 芍 苔 蓮 蓮
			木蓮 목련　蓮根 연근　蓮花 연화　白蓮 백련	

1111	裂	衣 12획	찢어질 렬	필순 一 ろ タ 列 列 裂 裂
			決裂 결렬　分裂 분열　破裂 파열　裂開 열개	

1112	嶺	山 17획	고개 령	필순 屵 屵 嶺 嶺 嶺 嶺
			嶺東 영동　嶺南 영남　大關嶺 대관령	

1113 灵	靈	雨 24획	신령 령 (동) 神(귀신 신)	필순 雨 雪 雷 雷 靈 靈
			魂靈 혼령　靈光 영광　靈感 영감　靈驗 영험	

1114	露	雨 20획	이슬/드러날 로 (반) 霜(서리 상)	필순 雨 雪 雪 雪 露 露
			露出 노출　露天 노천　露宿 노숙　暴露 폭로	

1115 炉	爐	火 20획	화로 로	필순 火 炉 炉 炉 爐 爐
			火爐 화로　爐邊 노변　風爐 풍로　香爐 향로	

1116	祿	示 13획	녹 록	필순 示 肝 邢 邢 祿 祿 祿
			國祿 국록　貫祿 관록　祿米 녹미　祿位 녹위	

1117	弄	廾 7획	희롱할 롱:	필순 一 二 王 王 弄 弄
			戲弄 희롱　弄談 농담　才弄 재롱　愚弄 우롱	

1118	賴	貝 16획	의뢰할 뢰:	필순 口 申 東 東 郝 賴 賴
			信賴 신뢰　依賴 의뢰　無賴 무뢰　安賴 안뢰	

1119	雷	雨 13획	천둥 **뢰**	필순 一千币币币雷雷
			雷管 뇌관　落雷 낙뢰　地雷 지뢰　避雷 피뢰	

1120	樓 (楼)	木 15획	다락 **루**	필순 一十木 栌 桙 桙 樓 樓
			樓閣 누각　望樓 망루　鍾樓 종루　水樓 수루	

1121	累	糸 11획	포갤 **루:**	필순 ' ㅁ 田 甲 累 累 累
			累計 누계　累積 누적　累進 누진　累次 누차	

1122	漏	水 14획	샐 **루:**	필순 氵 沪 沪 湢 漏 漏 漏
			漏落 누락　漏水 누수　漏電 누전　漏出 누출	

1123	倫	人 10획	인륜 **륜**	필순 亻 亻 伶 佮 倫 倫 倫
			倫理 윤리　不倫 불륜　人倫 인륜　天倫 천륜	

1124	栗	木 10획	밤 **률**	필순 一 冖 丙 丙 西 甲 栗
			栗谷 율곡　生栗 생률　黃栗 황률　栗房 율방	

1125	率	玄 11획	비율 **률**/거느릴 **솔**	필순 一 亠 玄 玄 泫 率 率
			比率 비율　輕率 경솔　利率 이율　能率 능률	

1126	隆	阜 12획	높을 **륭**	필순 阝 阝 阡 阼 阼 隆 隆
			興隆 흥륭　隆崇 융숭　隆盛 융성　隆起 융기	

1127	陵	阜 11획	언덕 **릉**	필순 阝 阝 阡 陡 陡 陵 陵
			江陵 강릉　光陵 광릉　王陵 왕릉　陵園 능원	

1128	裏	衣 13획	속 **리:**　(비)表(겉 표)	필순 一 ㅗ 白 亩 审 亩 裏
			腦裏 뇌리　表裏 표리　裏面 이면　裏書 이서	

1129	履	尸 15획	밟을 **리:**	필순 一 尸 尸 戸 屑 屑 履
			履歷 이력　履修 이수　履行 이행　木履 목리	

1130	吏	口 6획	아전 **리:**	필순 一 ㄱ 亓 亓 吏 吏
			官吏 관리　吏房 이방　淸白吏 청백리	

1131	臨	臣 / 17획	임할 **림**	필순: ` ㄱ 乃 臣 臣´ 臣` 臨 臨 臨迫 임박 降臨 강림 臨時 임시 臨終 임종
1132	麻	麻 / 11획	삼 **마(:)**	필순: 一 广 广 广 庐 府 麻 麻藥 마약 大麻 대마 麻織 마직 麻絲 마사
1133	磨	石 / 16획	갈 **마** (동) 硏(갈 연)	필순: 广 广 广 庐 麻 麼 磨 磨滅 마멸 練磨 연마 硏磨 연마 磨損 마손
1134	莫	艹 / 11획	없을 **막**	필순: 艹 艹 艹 荁 苜 草 莫 莫強 막강 莫大 막대 莫論 막론 莫重 막중
1135	幕	巾 / 14획	장막 **막**	필순: 艹 艹 艹 荁 苜 莫 幕 幕 幕營 막영 閉幕 폐막 開幕 개막 帳幕 장막
1136	漠	水 / 14획	넓을 **막**	필순: 氵 氵 氵 浐 漠 漠 漠 廣漠 광막 漠然 막연 沙漠 사막 漠漠 막막
1137	晩	日 / 11획	늦을 **만:** (반) 早(이를 조)	필순: 日 日 旷 晩 晩 晩 晩 早晩 조만 晩成 만성 晩年 만년 晩學 만학
1138	妄	女 / 6획	망령될 **망:**	필순: 亠 亡 亡 安 妄 妄覺 망각 妄發 망발 妄想 망상 妄動 망동
1139	梅	木 / 11획	매화 **매**	필순: 十 木 木 朾 柏 梅 梅 梅實 매실 梅花 매화 梅毒 매독 梅竹 매죽
1140	媒	女 / 12획	중매 **매**	필순: 𠄌 女 女 妒 妒 媒 媒 冷媒 냉매 觸媒 촉매 媒體 매체 媒介 매개
1141	麥 (麦)	麥 / 11획	보리 **맥**	필순: 一 亦 亦 夾 麥 麥 麥 麥酒 맥주 麥飯 맥반 麥芽 맥아 小麥 소맥
1142	盲	目 / 8획	눈멀 **맹**	필순: 亠 亡 亡 育 盲 盲 盲信 맹신 盲腸 맹장 盲從 맹종 色盲 색맹

번호	한자	부수/획수	훈음	동자	필순	용례
1143	孟	子 8획	맏 맹:		一 了 子 舌 舌 舌 孟	孟子 맹자 孔孟 공맹 孟母 맹모 孟浪 맹랑
1144	猛	犬 11획	사나울 맹:	勇(날랠 용)	丿 犭 犭 猛 猛 猛	猛獸 맹수 猛烈 맹렬 猛威 맹위 猛襲 맹습
1145	盟	皿 13획	맹세 맹		日 明 明 明 明 盟	盟約 맹약 加盟 가맹 同盟 동맹 結盟 결맹
1146	眠	目 10획	잘 면	睡(잠잘 수)	丨 冂 目 目 眠 眠 眠	熟眠 숙면 永眠 영면 冬眠 동면 不眠 불면
1147	綿	糸 14획	솜 면		幺 糸 紀 紀 綿 綿	綿密 면밀 綿毛 면모 綿花 면화 綿絲 면사
1148	免	儿 7획	면할 면:		丿 𠂊 刍 刍 免 免	減免 감면 放免 방면 免稅 면세 免除 면제
1149	滅	水 13획	멸할 멸	亡(망할 망)	氵 汀 汀 泝 滅 滅	滅亡 멸망 消滅 소멸 滅種 멸종 全滅 전멸
1150	銘	金 14획	새길 명		金 釘 釘 鈞 銘 銘	銘心 명심 碑銘 비명 銘記 명기 感銘 감명
1151	謀	言 16획	꾀할 모		言 訂 訮 謀 謀 謀	謀策 모책 陰謀 음모 謀陷 모함 圖謀 도모
1152	慕	心 15획	사모할 모:		艹 莫 莫 慕 慕	思慕 사모 崇慕 숭모 愛慕 애모 追慕 추모
1153	貌	豸 14획	모양 모	容(얼굴 용)	豸 豹 豹 貌 貌	貌樣 모양 面貌 면모 美貌 미모 外貌 외모
1154	睦	目 13획	화목할 목	和(화목할 화)	目 睦 睦 睦	和睦 화목 親睦 친목 恭睦 공목 睦族 목족

1155	沒	水 7획	빠질 몰 凹出(날 출)/生(살 생)	필순 ` ` ` ` 氵 氵 沪 沙 没 没 沈沒 침몰 沒落 몰락 出沒 출몰 沒頭 몰두
1156	夢 (梦)	夕 14획	꿈 몽:	필순 一 艹 艹 艹 曲 夢 夢 夢 惡夢 악몽 夢想 몽상 吉夢 길몽 解夢 해몽
1157	蒙	艹 14획	어릴/몽매할 몽	필순 一 艹 艹 艹 艹 夢 夢 蒙 童蒙 동몽 蒙古 몽고 訓蒙 훈몽 蒙民 몽민
1158	茂	艹 9획	무성할 무:	필순 一 艹 艹 广 芅 茂 茂 茂盛 무성 茂林 무림 茂生 무생 茂才 무재
1159	貿	貝 12획	무역할 무:	필순 ` ` 句 句 句 句 貿 貿 貿 貿易 무역 貿穀 무곡 貿易風 무역풍
1160	默	黑 16획	잠잠할 묵	필순 丨 口 口 甲 里 黑 黑 默 默 沈默 침묵 默念 묵념 默認 묵인 默秘 묵비
1161	墨	土 15획	먹 묵	필순 丨 口 口 甲 里 黑 黑 墨 墨 墨客 묵객 墨竹 묵죽 水墨 수묵 筆墨 필묵
1162	紋	糸 10획	무늬 문	필순 ` ` 幺 糸 糸 糸 紅 紋 紋 波紋 파문 花紋 화문 細紋 세문 指紋 지문
1163	勿	勹 4획	말 물	필순 ` ` 勹 勿 勿驚 물경 勿論 물론 勿禁 물금 四勿 사물
1164	微	彳 13획	작을 미	필순 彳 彳 彳 彳 샿 샿 샾 샾 微 微笑 미소 微動 미동 微妙 미묘 微細 미세
1165	尾	尸 7획	꼬리 미 凹首(머리 수)	필순 ` ` 尸 尸 尸 居 尾 首尾 수미 蛇尾 사미 韻尾 운미 末尾 말미
1166	迫	辶 9획	핍박할 박	필순 ` ` 白 白 白 迫 迫 迫頭 박두 壓迫 압박 切迫 절박 急迫 급박

1167	薄	艸 17획	엷을 박 (반)厚(두터울 후)	필순 ⺿ 氵 沛 泃 蓮 薄 薄
			稀薄 희박 厚薄 후박 淺薄 천박 薄福 박복	
1168	般	舟 10획	가지/일반 반	필순 丿 亻 月 月 舟 舡 般 般
			全般 전반 萬般 만반 般若 반야 一般 일반	
1169	飯	食 13획	밥 반	필순 ⺉ ⺉ 今 今 食 飣 飯
			飯酒 반주 白飯 백반 朝飯 조반 殘飯 잔반	
1170	盤	皿 15획	소반 반	필순 丿 亻 月 月 舟 舡 般 盤
			基盤 기반 盤石 반석 音盤 음반 骨盤 골반	
1171	拔	手 8획	뽑을 발 (동)選(가릴 선)	필순 ⺊ 扌 扌 扩 扐 拔 拔
			奇拔 기발 選拔 선발 拔本 발본 拔群 발군	
1172	芳	艸 8획	꽃다울 방	필순 ⺿ ⺾ 艹 艻 芳
			芳年 방년 芳草 방초 芳名 방명 芳香 방향	
1173	培	土 11획	북돋울 배:	필순 一 土 扩 垃 垃 培 培
			培養 배양 培植 배식	
1174	排	手 11획	밀칠 배	필순 一 亻 扌 扚 排 拥 排
			排他 배타 排球 배구 排除 배제 排出 배출	
1175	輩	車 15획	무리 배: (동)徒(무리 도)	필순 ⺿ ⺾ 非 背 菲 輩 輩
			先輩 선배 後輩 후배 年輩 연배 徒輩 도배	
1176	伯	人 7획	맏 백	필순 丿 亻 亻 亻 伯 伯 伯
			伯母 백모 伯父 백부 畵伯 화백 伯叔 백숙	
1177	繁	糸 17획	번성할 번	필순 ⺅ ⺈ 每 敏 敏 繁 繁
			繁榮 번영 繁盛 번성 繁昌 번창 繁華 번화	
1178	凡	几 3획	무릇 범(:)	필순 丿 几 凡
			平凡 평범 非凡 비범 凡常 범상 大凡 대범	

1179	碧	石 14획	푸를 벽	필순 ⁼ ⌐ ⌐′ 珀 珀 碧 碧
			碧眼 벽안 碧空 벽공 碧天 벽천 碧海 벽해	
1180	丙	一 5획	남녘 병:	필순 一 ⊤ ⊤ 丙 丙
			丙時 병시 丙科 병과 丙子 병자 丙夜 병야	
1181	補	衣 12획	기울 보:	필순 ⋯ 衤 衤 衤 補 補
			補修 보수 補充 보충 候補 후보 補助 보조	
1182	譜	言 19획	족보/적을 보:	필순 言 言 言 詿 詿 譜 譜
			族譜 족보 家譜 가보 系譜 계보 樂譜 악보	
1183	腹	肉 13획	배 복 (반)背(등 배)	필순 ⌐ 月 月 扩 肿 腹 腹
			腹部 복부 腹痛 복통 腹案 복안 腹背 복배	
1184	覆	襾 18획	엎을 복/덮을 부	필순 襾 襾 扩 戸 覀 鬲 覆
			覆蓋 복개 覆面 복면 被覆 피복 覆船 복선	
1185	封	寸 9획	봉할 봉	필순 一 十 土 土 圭 圭 封 封
			封建 봉건 封印 봉인 開封 개봉 密封 밀봉	
1186	峯	山 10획	봉우리 봉	필순 ⋅ 屮 山 쑈 쑈 峷 峯
			主峯 주봉 峯頂 봉정 最高峯 최고봉	
1187	逢	辵 11획	만날 봉 (반)別(헤어질 별)	필순 ⁄ ⍱ 夊 夂 夆 夆 逢
			逢變 봉변 逢辱 봉욕 逢着 봉착 相逢 상봉	
1188	鳳	鳥 14획	봉새 봉:	필순 ⌐ 几 几 凧 鳳 鳳
			鳳湯 봉탕 鳳蓋 봉개 鳳仙花 봉선화	
1189	扶	手 7획	도울/붙들 부 (동)助(도울 조)	필순 ⋯ 扌 扌 扌 扶 扶
			扶助 부조 扶餘 부여 扶持 부지 相扶 상부	
1190	付	人 5획	부칠 부:	필순 ⁄ 亻 亻 付 付
			交付 교부 納付 납부 配付 배부 送付 송부	

번호	한자	부수/획수	훈음	비고	필순	용례
1191	附	阜 8획	붙을 부:	동 着(붙을 착)	필순: ㅈ ㅌ ㅌ' ㅌ" 阝 附 附	附屬 부속 附着 부착 附錄 부록 附加 부가
1192	符	竹 11획	부호 부(:)		필순: ㅅ ㅆ ㅆㅅ 竹 竹 符 符	符籍 부적 符合 부합 符號 부호 符應 부응
1193	浮	水 10획	뜰 부	반 沈(잠길 침)	필순: ㅇ ㅇ" ㅇ"" 沪 浮 浮	浮沈 부침 浮刻 부각 浮上 부상 浮揚 부양
1194	簿	竹 19획	문서 부:		필순: ㅅ ㅆ ㅆㅅ 笋 箔 簿 簿	置簿 치부 簿記 부기 名簿 명부 帳簿 장부
1195	腐	肉 14획	썩을 부:		필순: 广 广 广 庐 府 腐 腐	腐敗 부패 陳腐 진부 腐儒 부유 豆腐 두부
1196	賦	貝 15획	매길/구실 부:		필순: 日 貝 貝" 貯 賦 賦	賦課 부과 賦與 부여 月賦 월부 割賦 할부
1197	奔	大 9획	달아날 분		필순: 一 ナ 大 大 本 本 奔	奔走 분주 奔放 분방 奔散 분산 奔流 분류
1198	奮	大 16획	떨칠 분:		필순: 一 ナ 大 木 本 奞 奪 奮	興奮 흥분 奮鬪 분투 奮發 분발 激奮 격분
1199	紛	糸 10획	어지러울 분		필순: ㄥ ㄠ ㄠ' 糸 紀 紛	紛失 분실 紛爭 분쟁 紛亂 분란 內紛 내분
1200	拂 (払)	手 8획	떨칠 불		필순: ㅣ ㅏ ㅓ 扌 扑 扔 拂 拂	假拂 가불 先拂 선불 支拂 지불 還拂 환불
1201	妃	女 6획	왕비 비		필순: ㄑ 女 女 妇 妇 妃	大妃 대비 王妃 왕비 皇妃 황비 貴妃 귀비
1202	肥	肉 8획	살찔 비:		필순: ノ 月 月 月' 月" 肥	肥肉 비육 肥料 비료 肥滿 비만 肥大 비대

번호	한자	부수/획수	훈음	반/동	필순
1203	卑	十 8획	낮을 비:	반 尊(높을 존)	필순 ′ ′ ′ ′ ′ 甶 鱼 卑
			尊卑 존비 卑賤 비천 卑俗 비속 卑下 비하		
1204	婢	女 11획	계집종 비		필순 ㄥ 女 女 圹 妒 婢 婢
			侍婢 시비 婢女 비녀 官婢 관비 從婢 종비		
1205	祀	示 8획	제사 사	동 祭(제사 제)	필순 ′ ′ ′ ′ ′ 礻 礻 祀
			祭祀 제사 祀典 사전 告祀 고사 祀事 사사		
1206	沙	水 7획	모래 사		필순 ′ ′ ′ 氵 沙 沙 沙
			沙果 사과 沙器 사기 黃沙 황사 白沙 백사		
1207	邪	邑 7획	간사할 사	반 正(바를 정)	필순 ′ ′ ′ 牙 牙 邪 邪
			邪惡 사악 正邪 정사 邪敎 사교 邪念 사념		
1208	司	口 5획	맡을 사		필순 ㄱ ㄱ 司 司 司
			有司 유사 司試 사시 公司 공사 司法 사법		
1209	詞	言 12획	말/글 사		필순 ′ ′ ′ 言 訂 訂 詞
			名詞 명사 副詞 부사 助詞 조사 品詞 품사		
1210	蛇	虫 11획	뱀 사		필순 ′ ′ ′ 中 虫 蚣 蛇 蛇
			蛇足 사족 毒蛇 독사 長蛇 장사 白蛇 백사		
1211	斜	斗 11획	비낄 사	동 傾(기울 경)	필순 ′ ′ ′ 今 余 余 斜 斜
			斜陽 사양 傾斜 경사 斜面 사면 斜線 사선		
1212	削	刀 9획	깎을 삭	반 增(더할 증)	필순 ′ ′ ′ ′ 肖 肖 削
			削減 삭감 削除 삭제 削髮 삭발 削奪 삭탈		
1213	森	木 12획	수풀 삼	동 林(수풀 림)	필순 ′ 十 オ 木 森 森 森
			森林 삼림 森羅 삼라 森嚴 삼엄 森立 삼립		
1214	霜	雨 17획	서리 상		필순 ′ ′ ′ 雨 雨 霜 霜
			霜露 상로 霜雪 상설 霜降 상강 霜楓 상풍		

1215	詳	言 13획	자세할 상 (반)略(간략할 략)	필순 一亠〒言言詳詳
			詳述 상술 詳論 상론 詳細 상세 未詳 미상	
1216	喪	口 12획	잃을 상(:) (동)失(잃을 실)	필순 一十巾冊丗冓喪
			喪失 상실 喪家 상가 喪主 상주 喪配 상배	
1217	像	人 14획	모양 상 (동)形(모양 형)	필순 亻𠂉俨俨傍傍像
			映像 영상 虛像 허상 銅像 동상 氣像 기상	
1218	尙	小 8획	오히려/숭상 상(:)	필순 丨ㅣ亠亣冋冋尙尙
			高尙 고상 崇尙 숭상 尙宮 상궁 尙武 상무	
1219	裳	衣 14획	치마 상	필순 ⺌ 兴兴竺堂裳
			紅裳 홍상 衣裳 의상 靑裳 청상 甲裳 갑상	
1220	桑	木 10획	뽕나무 상	필순 乛ㄱ叒叒叒桑桑
			桑海 상해 桑園 상원 桑田 상전 桑葉 상엽	
1221	償	人 17획	갚을 상	필순 亻亻𠂉俨償償
			報償 보상 補償 보상 償還 상환 償金 상금	
1222	塞	土 13획	변방 새/막힐 색	필순 宀宀宊寒寒塞
			要塞 요새 窮塞 궁색 閉塞 폐색 塞源 색원	
1223	索	糸 10획	찾을 색/쓸쓸할 삭	필순 一十亠宀宎索索
			索引 색인 檢索 검색 探索 탐색 索莫 삭막	
1224	恕	心 10획	용서할 서:	필순 ㄑ 女 女 如 如 恕 恕
			容恕 용서 忠恕 충서 寬恕 관서 海恕 해서	
1225	徐	彳 10획	천천할 서(:)	필순 彳彳彳𠂉𠂉徐徐徐
			徐行 서행 徐緩 서완 徐羅伐 서라벌	
1226	署	网 14획	마을/관청 서:	필순 ㅁ 罒 署 署 署 署
			署理 서리 部署 부서 署長 서장 署名 서명	

1227	緒	糸 15획	실마리 서:	필순 ㄠ 糸 紆 紗 紗 緒 緒 緒
			端緒 단서 緒論 서론 緒言 서언 頭緒 두서	
1228	惜	心 11획	아낄 석	필순 ，忄忄忄忄忄惜惜
			惜別 석별 愛惜 애석 惜敗 석패 哀惜 애석	
1229	釋 (釈)	釆 20획	풀/석가 석 (동) 解(풀 해)	필순 ㄱ 干 来 釆 釈 釋 釋
			釋放 석방 保釋 보석 解釋 해석 釋然 석연	
1230	旋	方 11획	돌 선 (동) 回(돌 회)	필순 ㆍ 方 圹 圹 斿 旋 旋
			旋律 선율 旋回 선회 周旋 주선 旋風 선풍	
1231	禪	示 17획	참선 선	필순 ㆍ 示 示 示 襌 禪 禪
			參禪 참선 坐禪 좌선 禪房 선방 禪宗 선종	
1232	訴	言 12획	호소할 소	필순 ㆍ 言 言 訢 訴 訴 訴
			呼訴 호소 訴請 소청 提訴 제소 被訴 피소	
1233	疏	疋 11획	소통할 소 (반) 密(빽빽할 밀)	필순 ㄱ ㄱ 正 疏 疏 疏 疏
			疏遠 소원 疏外 소외 疏通 소통 疏脫 소탈	
1234	蘇	艸 20획	깨어날 소	필순 艹 蒔 薪 蘇 蘇
			蘇聯 소련 蘇生 소생 蘇息 소식 蘇子 소자	
1235	燒 (焼)	火 16획	불사를 소(:)	필순 ㆍ 火 灯 灯 炸 燒 燒
			燃燒 연소 燒失 소실 燒酒 소주 全燒 전소	
1236	訟	言 11획	송사할 송	필순 ㆍ 言 言 訟 訟 訟 訟
			訴訟 소송 訟事 송사 訟費 송비 訟案 송안	
1237	刷	刀 8획	인쇄할/쓸 쇄:	필순 ㆍ 尸 尸 吊 吊 刷 刷
			印刷 인쇄 刷掃 쇄소 刷新 쇄신 縮刷 축쇄	
1238	鎖	金 18획	자물쇠/쇠사슬 쇄:	필순 ㆍ ㅅ 金 針 鎖 鎖 鎖
			閉鎖 폐쇄 項鎖 항쇄 鎖國 쇄국 封鎖 봉쇄	

번호	한자	부수/획수	훈음	관련	필순 및 예시
1239	衰	衣 10획	쇠할 쇠	(반) 盛(성할 성)	필순: 一 亠 亡 亨 亨 衰 衰 盛衰 성쇠　衰弱 쇠약　衰退 쇠퇴　老衰 노쇠
1240	帥	巾 9획	장수 수	(동) 將(장수 장)	필순: 丨 凢 皀 皀 皀 帥 統帥 통수　元帥 원수　總帥 총수　將帥 장수
1241	殊	歹 10획	다를 수		필순: 一 ク タ 歹 殊 殊 特殊 특수　殊怪 수괴　殊常 수상　殊異 수이
1242	愁	心 13획	근심 수		필순: 二 千 禾 私 秋 愁 愁 憂愁 우수　愁心 수심　鄕愁 향수　哀愁 애수
1243	需	雨 14획	쓰일 수	(반) 給(줄 급)	필순: 一 市 雨 雨 雪 需 需 需要 수요　軍需 군수　祭需 제수　需給 수급
1244	壽(寿)	士 14획	목숨 수	(동) 命(목숨 명)	필순: 士 圭 圭 壽 壽 壽 壽 壽命 수명　壽宴 수연　長壽 장수　喜壽 희수
1245	隨(随)	阜 16획	따를 수		필순: 冫 阝 阝 阼 阼 隋 隋 隨 隨筆 수필　隨時 수시　隨行 수행　附隨 부수
1246	輸	車 16획	보낼 수	(동) 送(보낼 송)	필순: 亘 車 軩 軩 軩 輸 輸 輸送 수송　輸入 수입　運輸 운수　輸出 수출
1247	獸(獣)	犬 19획	짐승 수		필순: 口 罒 單 單 嘼 獸 獸 野獸 야수　獸心 수심　怪獸 괴수　鳥獸 조수
1248	垂	土 8획	드리울 수		필순: 二 千 千 垂 乖 垂 垂 懸垂 현수　垂直 수직　垂範 수범　垂敎 수교
1249	淑	水 11획	맑을 숙		필순: 冫 氵 氵 氵 沽 浐 淑 淑女 숙녀　靜淑 정숙　私淑 사숙　賢淑 현숙
1250	熟	火 15획	익을 숙		필순: 一 亩 享 享 孰 孰 熟 未熟 미숙　熟達 숙달　熟練 숙련　親熟 친숙

번호	한자	부수/획수	훈음	필순
1251	旬	日 6획	열흘 순	필순 ' ㄅ 勹 勺 旬 旬
			初旬 초순 八旬 팔순 下旬 하순 中旬 중순	
1252	巡	巛 7획	돌 순	필순 く 巜 巛 ˋ 巡 巡 巡
			巡禮 순례 巡警 순경 巡訪 순방 巡察 순찰	
1253	瞬	目 17획	눈깜짝일 순	필순 目 瞬 瞬 瞬 瞬 瞬
			瞬間 순간 一瞬 일순 瞬時 순시 瞬息 순식	
1254	述	辶 9획	지을/펼 술	필순 一 十 才 朮 朮 述 述
			述語 술어 著述 저술 略述 약술 口述 구술	
1255	拾	手 9획	주울 습/열 십 (동)收(거둘 수)	필순 扌 扌 扒 扲 拾 拾
			拾得 습득 收拾 수습 拾遺 습유 拾萬 십만	
1256	襲	衣 22획	엄습할 습	필순 亠 产 育 龍 龍 襲 襲
			襲擊 습격 奇襲 기습 踏襲 답습 逆襲 역습	
1257	濕 湿	水 17획	젖을 습	필순 氵 氵 氵 沪 泹 濕
			濕氣 습기 濕度 습도 濕潤 습윤 多濕 다습	
1258	昇	日 8획	오를 승 (반)降(내릴 강)	필순 丶 口 日 尸 尸 昇
			昇降 승강 上昇 상승 昇天 승천 昇華 승화	
1259	乘	丿 10획	탈 승 (반)降(내릴 강)	필순 一 千 千 禾 乖 乘 乘
			乘車 승차 乘客 승객 同乘 동승 乘馬 승마	
1260	僧	人 14획	중 승	필순 亻 亻 亻 俏 俏 僧 僧
			僧舞 승무 高僧 고승 僧堂 승당 僧服 승복	
1261	侍	人 8획	모실 시:	필순 亻 亻 仁 伫 佳 侍 侍
			侍從 시종 侍女 시녀 侍生 시생 內侍 내시	
1262	飾	食 14획	꾸밀 식 (동)修(닦을 수)/裝(꾸밀 장)	필순 亽 亽 食 食 食 飾 飾
			裝飾 장식 修飾 수식 假飾 가식 粉飾 분식	

1263	愼	心 13획	삼갈 신:	통 謹(삼갈 근)	필순 ′ ㅏ ㅏ′ ㅏ′ ㅏ′ 愼 愼
			愼重 신중　愼慮 신려　愼言 신언　愼厚 신후		

1264	甚	甘 9획	심할 심:		필순 一 ㅜ ㅠ ㅛ ㅛ 甚 甚
			激甚 격심　極甚 극심　甚大 심대　甚難 심난		

1265	審	宀 15획	살필 심:	통 察(살필 찰)	필순 宀 宀 宀 宷 宷 審
			審察 심찰　審判 심판　審理 심리　審問 심문		

1266	雙 (双)	隹 18획	쌍 쌍		필순 亻 亻′ 亻′′ 雔 雙 雙
			雙方 쌍방　雙手 쌍수　雙生 쌍생　雙眼 쌍안		

1267	牙	牙 4획	어금니 아		필순 一 一 二 牙
			牙旗 아기　齒牙 치아　象牙 상아　牙城 아성		

1268	芽	艸 8획	싹 아		필순 艹 艹′ 艹′′ 艹′′′ 芕 芽
			發芽 발아　出芽 출아　摘芽 적아　豆芽 두아		

1269	雅	隹 12획	맑을 아(:)		필순 一 ㅜ 牙 牙′ 雅′ 雅 雅
			雅樂 아악　高雅 고아　雅量 아량　端雅 단아		

1270	我	戈 7획	나 아:		필순 ′ 二 千 手 我 我 我
			我軍 아군　我執 아집　自我 자아　沒我 몰아		

1271	亞 (亜)	二 8획	버금 아(:)		필순 一 ㅜ 万 万′ 万′′ 亞 亞
			亞鉛 아연　亞太 아태　東亞 동아　亞流 아류		

1272	阿	阜 8획	언덕 아		필순 ′ ㅏ ㅏ′ 阝 阝′ 阿 阿
			阿片 아편　阿附 아부　阿房宮 아방궁		

1273	岸	山 8획	언덕 안:		필순 ′ 山 山′ 山′′ 岸 岸
			沿岸 연안　西岸 서안　海岸 해안　斷岸 단안		

1274	顔	頁 18획	얼굴 안:	통 面(얼굴 면)	필순 ′ 产 彦 彦′ 顔 顔
			顔色 안색　紅顔 홍안　顔面 안면　破顔 파안		

1275 岩	巖	山 23획	바위 **암** 巖石 암석 奇巖 기암 巖壁 암벽 巖盤 암반	필순 ᅟᅟᅟᅟ产产产崖巖
1276	央	大 5획	가운데 **앙** 〈동〉 中(가운데 중) 中央 중앙 震央 진앙	필순 丶 口 口 央 央
1277	仰	人 6획	우러를 **앙:** 信仰 신앙 仰祝 앙축 推仰 추앙 仰望 앙망	필순 丿 亻 亻 亻 仰 仰
1278	哀	口 9획	슬플 **애** 〈동〉 悲(슬플 비) 哀戀 애련 悲哀 비애 哀願 애원 哀痛 애통	필순 一 亠 亠 古 亨 亨 哀
1279	若	艸 9획	같을 **약**/반야 **야:** 自若 자약 若干 약간 萬若 만약 若輩 약배	필순 一 十 廾 艹 艹 若
1280	揚	手 12획	날릴 **양** 抑揚 억양 揚名 양명 止揚 지양 讚揚 찬양	필순 扌 扌 押 押 押 揚 揚
1281 壤	壤	土 20획	흙덩이 **양:** 〈동〉 土(흙 토) 平壤 평양 天壤 천양 土壤 토양 擊壤 격양	필순 土 圹 圹 垆 壇 壞 壞
1282 讓	讓	言 24획	사양할/넘겨줄 **양:** 辭讓 사양 讓步 양보 分讓 분양 割讓 할양	필순 言 言 診 諄 諄 讓 讓
1283	御	彳 11획	모실/임금 **어:** 御用 어용 御命 어명 制御 제어 御醫 어의	필순 彳 彳 个 件 件 御 御
1284	抑	手 7획	누를 **억** 〈반〉 揚(날릴 양) 抑制 억제 抑留 억류 抑壓 억압 抑止 억지	필순 一 十 才 扌 扣 抑
1285	憶	心 16획	생각할 **억** 〈동〉 記(기록할 기) 記憶 기억 追憶 추억 憶念 억념 憶起 억기	필순 丶 忄 忄 忄 忄 忴 憶 憶
1286	亦	亠 6획	또 **역** 亦是 역시 其亦 기역	필순 丶 亠 ナ 亣 亣 亦

1287 役	彳 7획	부릴 **역** 동 使(부릴 사)	필순 ノ ィ ィ ゲ ゲ 役 役	
		役事 역사 重役 중역 使役 사역 苦役 고역		
1288 疫	疒 9획	전염병 **역**	필순 一 广 疒 疒 疒 疒 疫 疫	
		疫神 역신 疫疾 역질 檢疫 검역 防疫 방역		
1289 譯 訳	言 20획	번역할 **역**	필순 言 評 評 評 評 譯 譯	
		意譯 의역 直譯 직역 通譯 통역 誤譯 오역		
1290 驛 駅	馬 23획	역 **역**	필순 厂 馬 馬 馬 馿 驛 驛	
		驛舍 역사 驛前 역전 驛長 역장 館驛 관역		
1291 沿	水 8획	물따라갈 **연(:)**	필순 丶 冫 氵 氿 氿 沿 沿 沿	
		沿道 연도 沿革 연혁 沿邊 연변 沿海 연해		
1292 宴	宀 10획	잔치 **연:**	필순 丶 宀 宀 宫 宴 宴	
		宴會 연회 酒宴 주연 祝賀宴 축하연		
1293 軟	車 11획	연할 **연**	필순 一 冂 白 甶 車 車 軒 軟	
		柔軟 유연 軟骨 연골 軟禁 연금 軟弱 연약		
1294 燕	火 16획	제비 **연(:)**	필순 一 廿 甘 甘 甘 燕 燕 燕	
		燕京 연경 胡燕 호연 燕尾服 연미복		
1295 悅	心 10획	기쁠 **열** 동 樂(즐길 락)	필순 丶 忄 忄 忄 忄 忄 悅 悅	
		喜悅 희열 悅樂 열락 悅愛 열애 法悅 법열		
1296 染	木 9획	물들일 **염:**	필순 丶 冫 氵 沈 沈 染 染 染	
		染色 염색 染料 염료 感染 감염 傳染 전염		
1297 炎	火 8획	불꽃 **염**	필순 丶 丶 丷 火 炎 炎 炎	
		炎涼 염량 炎症 염증 腦炎 뇌염 暴炎 폭염		
1298 鹽 塩	鹵 24획	소금 **염**	필순 丆 臣 臣 臣 鹽 鹽 鹽	
		鹽田 염전 鹽分 염분 食鹽 식염 鹽素 염소		

급수별 한자 3급 II

1299	影 15획	彡	그림자 영:	필순 ⁱ ㅁ 므 里 몯 景 景 影 影
			投影 투영　眞影 진영　殘影 잔영　反影 반영	

1300	譽 21획	言	기릴/명예 예:	필순 ´ ⁺ 臼 臼 與 與 譽
			名譽 명예　榮譽 영예	

1301	悟 10획	心	깨달을 오:	필순 ´ ⺊ ⺊ 忄 忄 忻 悟 悟
			覺悟 각오　感悟 감오　改悟 개오　大悟 대오	

1302	烏 10획	火	까마귀 오	필순 ´ ´ ⺊ ⺊ 乌 乌 烏 烏
			烏有 오유　烏金 오금　烏骨鷄 오골계	

1303	獄 14획	犬	옥 옥	필순 ´ ⺊ ⺊ 犭 犴 狺 獄 獄
			監獄 감옥　獄苦 옥고　獄死 옥사　投獄 투옥	

1304	瓦 5획	瓦	기와 와:	필순 ⁻ ⺊ ⺊ 瓦 瓦
			瓦解 와해　瓦器 와기　青瓦臺 청와대	

1305	緩 15획	糸	느릴 완: (반)急(급할 급)	필순 糸 糸 紉 紉 緩 緩 緩
			緩急 완급　緩和 완화　緩衝 완충　緩行 완행	

1306	辱 10획	辰	욕될 욕 (반)榮(영화 영)	필순 ⺁ ⺁ 辰 辰 辱 辱 辱
			榮辱 영욕　困辱 곤욕　苦辱 고욕　屈辱 굴욕	

1307	欲 11획	欠	하고자할 욕	필순 ´ ⺊ 谷 谷 谷 欲 欲 欲
			欲求 욕구　欲望 욕망　欲情 욕정　情欲 정욕	

1308	慾 15획	心	욕심 욕	필순 ´ ⺊ 谷 谷ᵛ 欲 慾 慾
			意慾 의욕　慾心 욕심　食慾 식욕　過慾 과욕	

1309	宇 6획	宀	집 우: (동)宙(집 주)	필순 ´ ´ ⺀ 宀 宇 宇
			宇宙 우주　玉宇 옥우　屋宇 옥우　堂宇 당우	

1310	偶 11획	人	짝 우: (동)配(짝 배)	필순 ⺊ 们 伊 俱 偶 偶 偶
			配偶 배우　偶然 우연　偶像 우상　偶發 우발	

번호	한자	부수	훈음	관련	필순
1311	愚	心 13획	어리석을 우	(반)賢(어질 현)	필순: 口曰月禺禺愚愚
			賢愚 현우 愚問 우문 愚民 우민 愚直 우직		
1312	憂	心 15획	근심 우	(동)患(근심 환)	필순: 一一币亙夢憂
			憂慮 우려 憂患 우환 憂國 우국 內憂 내우		
1313	羽	羽 6획	깃 우:		필순: 丿丁丬羽羽羽
			羽翼 우익 羽毛 우모		
1314	韻	音 19획	운 운:	(동)音(소리 음)	필순: 立音音訡韻韻韻
			韻致 운치 韻文 운문 音韻 음운 韻律 운율		
1315	越	走 12획	넘을 월		필순: 土キ走走起越越
			越境 월경 移越 이월 寧越 영월 越權 월권		
1316	胃	肉 9획	밥통 위		필순: 口曰田甲胃胃胃
			胃腸 위장 胃痛 위통 胃炎 위염 胃壁 위벽		
1317	謂	言 16획	이를 위		필순: 言評評評謂謂謂
			所謂 소위 云謂 운위 可謂 가위 稱謂 칭위		
1318	僞	人 14획	거짓 위	(반)眞(참 진)	필순: 亻伊伊偽偽偽
			眞僞 진위 僞造 위조 僞善 위선 僞裝 위장		
1319	幼	幺 5획	어릴 유	(반)長(어른 장)	필순: 幺幺幻幼
			幼弱 유약 長幼 장유 幼年 유년 幼兒 유아		
1320	猶	犬 12획	오히려 유		필순: 犭犭犷猶猶猶
			猶豫 유예 猶太 유태		
1321	柔	木 9획	부드러울 유		필순: フ予矛矛柔柔
			柔道 유도 柔順 유순 柔弱 유약 溫柔 온유		
1322	幽	幺 9획	그윽할 유		필순: 丨丬幺幽幽幽
			幽思 유사 幽明 유명 幽閉 유폐 幽靈 유령		

1323	悠	心 11획	멀 유	悠悠 유유 悠遠 유원 悠長 유장 悠隔 유격	필순 亻亻亻攸悠悠悠
1324	維	糸 14획	벼리/얽을 유	維持 유지 維新 유신 四維 사유 地維 지유	필순 幺 糸 糸 紒 絆 維 維
1325	裕	衣 12획	넉넉할 유:	餘裕 여유 裕福 유복 富裕 부유 裕足 유족	필순 ㄱ ネ ネ ネ 衤 衫 裕
1326	誘	言 14획	달랠 유	誘惑 유혹 誘導 유도 誘致 유치 誘發 유발	필순 言 言 訁 訮 訮 誘 誘
1327	潤	水 15획	윤택할 윤:	潤澤 윤택 潤氣 윤기 潤色 윤색 利潤 이윤	필순 氵 氵 沪 潤 潤 潤 潤
1328	乙	乙 1획	새 을	甲乙 갑을 乙夜 을야 乙種 을종 乙未 을미	필순 乙
1329	淫	水 11획	음란할 음	淫亂 음란 淫貪 음탐 淫慾 음욕 賣淫 매음	필순 氵 氵 沪 洰 浑 淫
1330	已	己 3획	이미 이:	已往 이왕 已甚 이심 不得已 부득이	필순 ㄱ ㄱ 已
1331	翼	羽 17획	날개 익	右翼 우익 左翼 좌익 輔翼 보익 鶴翼 학익	필순 ㄱ ㄱ 羽 羿 翌 翼 翼
1332	忍	心 7획	참을 인 동 耐(견딜 내)	忍苦 인고 強忍 강인 殘忍 잔인 忍辱 인욕	필순 ㄱ ㄲ ㄲ 刃 刃 忍 忍
1333	逸	辵 12획	편안할/뛰어날 일	安逸 안일 逸話 일화 逸品 일품 逸樂 일락	필순 勹 刍 刍 免 免 逸
1334	壬	士 4획	북방 임:	壬方 임방 壬辰 임진	필순 ノ 二 千 壬

1335 賃	貝 13획	품삯 임:	賃金 임금　賃借 임차　賃貸 임대　運賃 운임	필순 亻 仁 任 任 任 賃 賃
1336 慈	心 14획	사랑 자　(동) 愛(사랑 애)	慈愛 자애　仁慈 인자　慈悲 자비　慈善 자선	필순 ⺊ 亥 玄 兹 兹 慈 慈
1337 刺	刀 8획	찌를 자/척	刺傷 자상　刺客 자객　亂刺 난자　刺殺 척살	필순 一 厂 宀 市 東 東 刺
1338 紫	糸 11획	자줏빛 자(:)	紫色 자색　朱紫 주자　紫外線 자외선	필순 ⺊ 止 此 紫 紫 紫
1339 暫	日 15획	잠깐 잠(:)	暫時 잠시　暫間 잠간　暫定 잠정　暫逢 잠봉	필순 日 車 軒 斬 斬 暫 暫
1340 潛	水 15획	잠길 잠	潛在 잠재　潛伏 잠복　潛水 잠수　潛入 잠입	필순 氵 汀 沪 浐 潜 潛
1341 丈	一 3획	어른 장:	丈母 장모　丈夫 장부　老人丈 노인장	필순 一 ナ 丈
1342 莊 (庄)	艹 11획	장엄할 장	莊嚴 장엄　莊重 장중　別莊 별장　莊園 장원	필순 艹 芢 芢 菲 菲 莊
1343 掌	手 12획	손바닥 장:	管掌 관장　合掌 합장　拍掌 박장　掌甲 장갑	필순 ⺌ 冖 尚 尚 堂 堂 掌
1344 葬	艹 13획	장사지낼 장:	葬禮 장례　火葬 화장　葬地 장지　移葬 이장	필순 艹 葬 葬 葬 葬 葬
1345 粧	米 12획	단장할 장	化粧 화장　丹粧 단장　治粧 치장　粧飾 장식	필순 ⺀ 丷 半 米 粁 粧
1346 藏	艹 18획	감출 장:	貯藏 저장　藏書 장서　死藏 사장　所藏 소장	필순 艹 艹 芦 莊 蔀 藏 藏

3급 II

1347	臟	肉 22획	오장 **장**: 臟器 장기 心臟 심장	필순 月 膅 膅 臟 臟 臟 內臟 내장 五臟 오장
1348	栽	木 10획	심을 **재**: 통 植(심을 식) 栽培 재배 移栽 이재	필순 土 丰 夫 栽 栽 栽 栽植 재식 植栽 식재
1349	裁	衣 12획	옷마를 **재** 裁斷 재단 決裁 결재	필순 土 卉 坴 哉 裁 裁 裁可 재가 裁量 재량
1350	載	車 13획	실을 **재**: 連載 연재 積載 적재	필순 土 吉 查 車 載 載 記載 기재 登載 등재
1351	抵	手 8획	막을 **저**: 抵抗 저항 抵觸 저촉	필순 扌 扩 扺 抵 抵 大抵 대저 抵當 저당
1352	著	艸 13획	나타날 **저**: 통 作(지을 작) 著名 저명 著書 저서	필순 艹 艿 艼 茅 著 著 著者 저자 著作 저작
1353	跡	足 13획	발자취 **적** 人跡 인적 潛跡 잠적	필순 口 足 趵 趵 蹟 跡 足跡 족적 奇跡 기적
1354	寂	宀 11획	고요할 **적** 靜寂 정적 寂寂 적적	필순 宀 宀 宇 宇 宋 寂 寂 閑寂 한적 入寂 입적
1355	笛	竹 11획	피리 **적** 警笛 경적 汽笛 기적	필순 ⺮ 竹 竹 竺 笛 笛 鼓笛 고적 橫笛 횡적
1356	摘	手 14획	딸 **적** 摘發 적발 摘要 적요	필순 扌 扩 拧 拧 摘 摘 指摘 지적 摘出 적출
1357	蹟	足 18획	자취 **적** 史蹟 사적 遺蹟 유적	필순 口 足 趵 趞 蹟 蹟 奇蹟 기적 行蹟 행적
1358	殿	殳 13획	전각/큰집 **전**: 殿閣 전각 殿堂 전당	필순 尸 屈 屏 殿 殿 聖殿 성전 神殿 신전

번호	한자	부수/획수	훈음	필순	용례
1359	漸	水 14획	점점 점:	氵汀沪渐渐漸	漸增 점증 漸進 점진 漸層 점층 漸次 점차
1360	亭	亠 9획	정자 정	亠亠古古亭亭亭	亭閣 정각 亭子 정자 八角亭 팔각정
1361	頂	頁 11획	정수리 정	一丁广顶顶頂	頂上 정상 絶頂 절정 登頂 등정 頂點 정점
1362	井	二 4획	우물 정(:)	一二丯井	井邑 정읍 龍井 용정 油井 유정 井水 정수
1363	征	彳 8획	칠 정	ノイイ彳彳征征征	征伐 정벌 征服 정복 出征 출정 長征 장정
1364	廷	廴 7획	조정 정	一二千壬任廷廷	朝廷 조정 法廷 법정 退廷 퇴정 閉廷 폐정
1365	貞	貝 9획	곧을 정	丨丶卜冎貞貞貞	貞婦 정부 貞淑 정숙 不貞 부정 貞節 정절
1366	淨	水 11획	깨끗할 정	氵汀泸泸浄淨	淨潔 정결 淨水 정수 淨化 정화 不淨 부정
1367	齊	齊 14획	가지런할 제	亠亠亠亦亦齊齊	整齊 정제 齊唱 제창 齊家 제가 齊民 제민
1368	諸	言 16획	모든 제	言言評評評諸諸	諸國 제국 諸位 제위 諸君 제군 諸賢 제현
1369	兆	儿 6획	억조 조	ノ丿扎兆兆兆	吉兆 길조 亡兆 망조 億兆 억조 凶兆 흉조
1370	照	火 13획	비칠 조:	日日日昭昭照照	對照 대조 參照 참조 照明 조명 照準 조준

1371	租	禾 10획	조세 **조**	필순: ⼆ 千 禾 和 和 租 租 租稅 조세　租借 조차　租界 조계　地租 지조
1372	縱	糸 17획	세로 **종**	(반)橫(가로 횡)　필순: 幺 幺 斜 斜 斜 縱 縱 縱橫 종횡　操縱 조종　縱斷 종단　放縱 방종
1373	坐	土 7획	앉을 **좌:**	(반)立(설 립)　필순: 丿 人 人 从 丛 坐 坐 坐視 좌시　對坐 대좌　坐定 좌정　連坐 연좌
1374	柱	木 9획	기둥 **주**	필순: 十 才 木 木 杧 杧 柱 柱 圓柱 원주　電柱 전주　柱石 주석　支柱 지주
1375	株	木 10획	그루 **주**	필순: 十 才 木 木 杧 株 株 株價 주가　株券 주권　株式 주식　株主 주주
1376	珠	玉 10획	구슬 **주**	필순: ⼀ 千 王 玗 玗 玕 珠 珠算 주산　念珠 염주　珍珠 진주　默珠 묵주
1377	洲	水 9획	물가 **주**	필순: 氵 氵 氵 汌 沙 洲 洲 滿洲 만주　美洲 미주　亞洲 아주　洲島 주도
1378	宙	宀 8획	집 **주:**	필순: 丶 宀 宀 宀 宙 宙 宙 宙宇 주우
1379	奏	大 9획	아뢸 **주:**	필순: ⼆ 三 夫 夫 表 奏 奏 奏請 주청　演奏 연주　獨奏 독주　協奏 협주
1380	鑄	金 22획	쇠불릴 **주:**	필순: 金 釒 鈩 鈩 鋳 鑄 鑄 鑄物 주물　鑄造 주조　鑄貨 주화　鑄字 주자
1381	仲	人 6획	버금 **중(:)**	필순: 丿 亻 亻 仁 仲 仲 伯仲 백중　仲介 중개　仲媒 중매　仲秋 중추
1382	卽	卩 9획	곧 **즉**	필순: 丶 白 白 自 皀 卽 卽 卽刻 즉각　卽決 즉결　卽發 즉발　卽效 즉효

1383	症 10획	疒	증세 증	症狀 증상 症勢 증세 症候 증후 痛症 통증	필순 ᅟ广广广疒疖症症
1384	曾 12획	曰	일찍 증	曾孫 증손 曾祖 증조 未曾有 미증유	필순 八个分份份曾曾
1385	憎 15획	心	미울 증 (동)惡(미워할 오)	憎惡 증오 愛憎 애증 可憎 가증 憎怨 증원	필순 忄忄忄忄悄悄悄憎憎
1386	蒸 14획	艸	찔 증	蒸氣 증기 蒸發 증발 蒸熱 증열 蒸炎 증염	필순 艹艹艹莁莁蒸
1387	之 4획	丿	갈 지	之次 지차 之子 지자 之字路 지자로	필순 丶ㅗ㇇之
1388	池 6획	水	못 지 (동)澤(못 택)	天池 천지 電池 전지 貯水池 저수지	필순 丶㇇氵氵汁池池
1389	枝 8획	木	가지 지	枝幹 지간 枝葉 지엽 枝節 지절 折枝 절지	필순 一十才木木朾枋枝
1390	辰 7획	辰	별, 5째지지 진/때 신	辰時 진시 生辰 생신 北辰 북신 辰宿 진수	필순 一厂厂厄居辰辰
1391	振 10획	手	떨칠 진:	振動 진동 振興 진흥 不振 부진 振作 진작	필순 ㇐㇑才扌扩护振
1392	震 15획	雨	우레 진:	地震 지진 微震 미진 震怒 진노 震動 진동	필순 宀币币雪雪震震
1393	鎭 18획	金	진정할 진(:)	鎭壓 진압 鎭靜 진정 鎭火 진화 鎭痛 진통	필순 스ㅗ金金鉦錆鎭鎭
1394	陳 11획	阜	펼칠 진(:) (동)列(벌일 렬)	陳列 진열 陳述 진술 陳情 진정 開陳 개진	필순 ㇇阝阝阿阿陣陣陳

1395	疾	疒 10획	병/빠를 질　(동)病(병 병)	필순: 亠广广广疒疾疾 疾病 질병　疾走 질주　疾風 질풍　疾患 질환
1396	秩	禾 10획	차례 질　(동)序(차례 서)	필순: 二千千禾和秩秩 秩序 질서　秩滿 질만
1397	執	土 11획	잡을 집	필순: 土古幸幸執執 執着 집착　執行 집행　執權 집권　執念 집념
1398	徵	彳 15획	부를 징	필순: 彳彳彳𢾭𢾭徵徵 象徵 상징　特徵 특징　徵兵 징병　徵收 징수
1399	此	止 6획	이 차　(반)彼(저 피)	필순: 丨卜止止此 彼此 피차　此後 차후　如此 여차　此際 차제
1400	借	人 10획	빌릴 차:	필순: 亻仁伫伫借借借 借用 차용　借入 차입　借名 차명　假借 가차
1401	錯	金 16획	어긋날 착	필순: 𠂉 乍 金 金' 金'' 金''' 錯 錯覺 착각　錯視 착시　錯誤 착오　交錯 교착
1402	贊	貝 19획	도울 찬:　(반)反(돌이킬 반)	필순: 𥫗 兟 兟 賛 贊 贊 贊成 찬성　贊反 찬반　贊助 찬조　協贊 협찬
1403	昌	日 8획	창성할 창(:)	필순: 丨冂日日冒昌昌 昌盛 창성　昌平 창평　昌慶宮 창경궁
1404	倉	人 10획	곳집/창고 창(:)　(동)庫(곳집 고)	필순: 人八今今今倉倉 倉庫 창고　穀倉 곡창　船倉 선창　彈倉 탄창
1405	蒼	艸 14획	푸를 창	필순: 艹 𦫳 𦫳 荅 荅 蒼 蒼 蒼空 창공　蒼白 창백　蒼生 창생　蒼然 창연
1406	菜	艸 12획	나물 채:	필순: 艹 艹 𦰩 苹 荬 菜 菜 生菜 생채　菜食 채식　野菜 야채　山菜 산채

1407	彩 11획	彡	채색 채:	光彩 광채 色彩 색채 彩色 채색 彩紋 채문	필순 ´ ´´ 平 采 采 彩 彩
1408	債 13획	人	빚 채:	債務 채무 債券 채권 債權 채권 負債 부채	필순 亻 亻 伫 侍 倩 債 債
1409	策 12획	竹	꾀 책	政策 정책 策謀 책모 計策 계책 散策 산책	필순 ´ ´´ ⺮ 竺 竺 笨 策
1410	妻 8획	女	아내 처 (반) 夫(지아비 부)	夫妻 부처 妻家 처가 妻弟 처제 妻兄 처형	필순 一 亖 亖 圭 妻 妻 妻
1411	尺 4획	尸	자 척	縮尺 축척 尺度 척도 越尺 월척 尺地 척지	필순 ´ ´ ⺜ 尺
1412	拓 8획	手	넓힐 척/박을 탁	開拓 개척 干拓 간척 拓本 탁본 拓地 척지	필순 ㇀ 扌 扌 扩 拓 拓 拓
1413	戚 11획	戈	친척/겨레 척	親戚 친척 外戚 외척 哀戚 애척 戚臣 척신	필순 厂 厂 厂 戚 戚 戚
1414 淺	淺 11획	水	얕을 천: (반) 深(깊을 심)	深淺 심천 淺學 천학 淺慮 천려 淺識 천식	필순 氵 氵 浐 浐 浅 浅 淺
1415 踐	踐 15획	足	밟을 천:	踐踏 천답 實踐 실천 踐行 천행 踐言 천언	필순 口 足 足 趵 跱 踐 踐
1416 賤	賤 15획	貝	천할 천: (반) 貴(귀할 귀)	貧賤 빈천 賤待 천대 賤職 천직 貴賤 귀천	필순 目 貝 貝 貯 賎 賤 賤
1417 迁	遷 16획	辵	옮길 천:	遷善 천선 遷移 천이 變遷 변천 左遷 좌천	필순 一 西 西 覀 粤 粤 遷
1418	哲 10획	口	밝을 철	哲學 철학 明哲 명철 哲理 철리 賢哲 현철	필순 一 扌 扩 扩 折 折 哲

1419	徹	彳 15획	통할 **철**	필순 彳 彳 泸 徍 徫 徶 徹
			貫徹 관철 徹底 철저 徹夜 철야 冷徹 냉철	
1420	滯	水 14획	막힐 **체**	필순 氵 氵 浐 浐 滯 滯 滯
			滯納 체납 滯留 체류 延滯 연체 停滯 정체	
1421	肖	肉 7획	닮을/같을 **초**	필순 丨 ㄴ 小 小 䒑 肖 肖
			肖像 초상 不肖 불초 肖像畫 초상화	
1422	超	走 12획	뛰어넘을 **초** (동)越(뛰어넘을 월)	필순 土 キ キ 走 起 起 超
			超越 초월 超過 초과 超然 초연 超人 초인	
1423	礎	石 18획	주춧돌 **초**	필순 丆 石 矿 碎 碐 礎
			基礎 기초 礎石 초석 定礎 정초 柱礎 주초	
1424	促	人 9획	재촉할 **촉**	필순 亻 亻 巨 伲 伲 伲 促
			督促 독촉 促求 촉구 促迫 촉박 促進 촉진	
1425 触	觸	角 20획	닿을 **촉**	필순 ク 月 角 角' 艄 鰡 觸
			接觸 접촉 觸覺 촉각 觸角 촉각 感觸 감촉	
1426	催	人 13획	재촉할/베풀 **최**	필순 亻 亻' 伫 伫 俨 催 催
			開催 개최 主催 주최 催告 최고 催眠 최면	
1427	追	辵 10획	쫓을/따를 **추**	필순 亻 亻 户 自 𠂤 追
			追求 추구 追加 추가 追擊 추격 追窮 추궁	
1428	畜	田 10획	기를 **축**	필순 亠 玄 䒑 产 斉 斉 畜
			畜舍 축사 畜産 축산 牧畜 목축 家畜 가축	
1429	衝	行 15획	찌를 **충** (동)突(부딪칠 돌)	필순 彳 彳 彳 袹 衝 衝 衝
			衝擊 충격 折衝 절충 衝動 충동 衝天 충천	
1430	吹	口 7획	불 **취:**	필순 丨 口 口 吖 吹 吹
			吹入 취입 吹奏 취주 吹打 취타 吹雪 취설	

번호	한자	부수/획수	훈음	동자	필순
1431	醉	酉 15획	취할 취:		一十两两酉酉醉醉

醉客 취객 醉氣 취기 宿醉 숙취 心醉 심취

| 1432 | 側 | 人 11획 | 곁 측 | | 亻亻 伂伂 俱俱側 |

側面 측면 側近 측근 兩側 양측 左側 좌측

| 1433 | 値 | 人 10획 | 값 치 | 동 價(값 가) | 亻亻 伂伂 伂値値値 |

價値 가치 數値 수치 加重値 가중치

| 1434 | 恥 | 心 10획 | 부끄러울 치 | | 一 T T 耳 耳 耻恥 |

恥辱 치욕 恥部 치부 國恥 국치 恥事 치사

| 1435 | 稚 | 禾 13획 | 어릴 치 | 동 幼(어릴 유) | 一 千 禾 利 秆 稚稚 |

稚魚 치어 幼稚 유치 稚兒 치아 稚子 치자

| 1436 | 漆 | 水 14획 | 옻 칠 | | 氵氵汁汁沐漆漆 |

漆器 칠기 漆板 칠판 漆黑 칠흑 金漆 금칠

| 1437 | 沈 | 水 7획 | 잠길 침(:)/성 심 | 동 沒(빠질 몰) | 氵氵氵汁沈沈 |

沈水 침수 沈着 침착 沈痛 침통 擊沈 격침

| 1438 | 浸 | 水 10획 | 잠길 침: | 동 透(사무칠 투) | 氵氵沪浔浔浸浸 |

浸水 침수 浸透 침투 浸禮 침례 浸染 침염

| 1439 | 奪 | 大 14획 | 빼앗을 탈 | | 大木衣衣奞奪奪 |

奪取 탈취 奪還 탈환 收奪 수탈 爭奪 쟁탈

| 1440 | 塔 | 土 13획 | 탑 탑 | | 土土圹圹坎塔塔 |

鐵塔 철탑 寺塔 사탑 佛塔 불탑 石塔 석탑

| 1441 | 湯 | 水 12획 | 끓을 탕: | | 氵汀沮湯湯湯湯 |

湯藥 탕약 湯液 탕액 溫湯 온탕 浴湯 욕탕

| 1442 | 殆 | 歹 9획 | 위태할 태 | | 一 ブ 歹 歹 殆 殆 |

危殆 위태 殆半 태반

번호	한자	부수/획수	훈음	필순	예시
1443	泰	水 10획	클 태	필순 一二キ夫夫秦泰泰	泰山 태산　泰國 태국　泰斗 태두　泰然 태연
1444	澤	水 16획	못/윤 택	필순 氵沪沪沪渭渭澤	平澤 평택　德澤 덕택　惠澤 혜택　光澤 광택
1445	兔	儿 8획	토끼 토	필순 ′ ⺈ ⺈ 免免免免	兔皮 토피　玉兔 옥토　兔影 토영　家兔 가토
1446	吐	口 6획	토할 토(:)	필순 丨口口叶吐	吐露 토로　吐血 토혈　實吐 실토　吐說 토설
1447	透	辶 11획	꿰뚫을 투	필순 二千禾禾秀透	透徹 투철　透視 투시　透明 투명　透映 투영
1448	版	片 8획	조각 판	필순 丿片片片版版	版圖 판도　版權 판권　絶版 절판　製版 제판
1449	片	片 4획	조각 편(:)	필순 丿丿 片片	破片 파편　一片 일편　片月 편월　片肉 편육
1450	偏	人 11획	치우칠 편	필순 亻亻伊伊偏偏偏	偏見 편견　偏差 편차　偏食 편식　偏執 편집
1451	編	糸 15획	엮을 편	필순 幺糸糽絎絹編編	編隊 편대　編成 편성　編著 편저　續編 속편
1452	肺	肉 9획	허파 폐:	필순 丿月月旷胪肺肺	肺病 폐병　肺炎 폐렴　心肺 심폐　肺熱 폐열
1453	弊	廾 15획	폐단/해질 폐:	필순 丷 内 甪 甫 敝 敝 弊	弊端 폐단　弊習 폐습　弊害 폐해　病弊 병폐
1454	廢	广 15획	폐할/버릴 폐: 통 亡(망할 망)	필순 广广广库庚廢廢	廢刊 폐간　廢鑛 폐광　廢止 폐지　存廢 존폐

번호	한자	부수/획수	훈음	필순 및 용례
1455	浦	水 10획	물가 포	필순 氵氵沪沪沪浦浦 浦港 포항　浦口 포구　三浦 삼포　木浦 목포
1456	捕	手 10획	잡을 포: (동) 獲(얻을 획)	필순 扌扌扩扩捎捕捕 捕獲 포획　生捕 생포　捕手 포수　捕球 포구
1457	楓	木 13획	단풍나무 풍	필순 十 木 机 枫 枫 枫 枫 楓林 풍림　楓葉 풍엽
1458	皮	皮 5획	가죽 피 (동) 革(가죽 혁)	필순 丿厂广皮皮 虎皮 호피　皮革 피혁　毛皮 모피　表皮 표피
1459	彼	彳 10획	저 피:	필순 丿彳彳卂卂彷彼彼 彼我 피아　彼岸 피안
1460	被	衣 10획	입을 피:	필순 衤衤衤衤衤衤被被 被告 피고　被服 피복　被害 피해　被擊 피격
1461	畢	田 11획	마칠 필	필순 田 田 田 畢 畢 畢 畢 卒畢 졸필　未畢 미필　畢納 필납　畢生 필생
1462	何	人 7획	어찌 하	필순 丿亻亻亻何何何 何等 하등　何必 하필　何事 하사　何人 하인
1463	荷	艸 11획	멜 하(:)	필순 艹艹艹芢荷荷 負荷 부하　荷役 하역　出荷 출하　荷物 하물
1464	賀	貝 12획	하례할 하:	필순 フ カ カロ カロ 智 智 賀 賀 慶賀 경하　祝賀 축하　賀禮 하례　致賀 치하
1465	鶴	鳥 21획	학 학	필순 十 卒 奮 崔 奮 奮 鶴 鶴 鶴首 학수　鶴壽 학수　舞鶴 무학　白鶴 백학
1466	汗	水 6획	땀 한(:)	필순 氵氵氵汗汗 汗漫 한만　冷汗 냉한　汗蒸 한증　發汗 발한

급수별 한자 3급 II

1467	割	刀 12획	벨 **할**	필순 宀宀宝宝害害割
			割據 할거 割當 할당 均割 균할 分割 분할	

1468	含	口 7획	머금을 **함**	필순 ノ人人今今含含
			包含 포함 含蓄 함축 含量 함량 含有 함유	

1469	陷	阜 11획	빠질 **함**:	필순 阝阝阝阞陷陷陷
			陷落 함락 陷沒 함몰 缺陷 결함 陷害 함해	

1470	恒	心 9획	항상 **항**	동 常(항상 상) 필순 丶忄忄忄恒恒恒
			恒常 항상 恒時 항시 恒星 항성 恒性 항성	

1471	項	頁 12획	항목 **항**	필순 工 圢 項項項項項
			項目 항목 事項 사항 條項 조항 各項 각항	

1472	響	音 22획	울릴 **향**:	필순 乡 乡' 纟' 纟' 纟 鄕 響
			影響 영향 交響 교향 音響 음향 反響 반향	

1473 獻	獻	犬 20획	드릴 **헌**:	필순 广 广 声 虐 虐 獻 獻
			獻壽 헌수 獻金 헌금 獻身 헌신 獻血 헌혈	

1474	玄	玄 5획	검을 **현**	동 黑(검을 흑) 필순 丶亠玄玄玄
			玄關 현관 玄米 현미 玄妙 현묘 玄學 현학	

1475	懸	心 20획	매달 **현**:	필순 日 県 県 縣 縣 懸 懸
			懸賞 현상 懸案 현안 懸隔 현격 懸板 현판	

1476	穴	穴 5획	굴 **혈**	필순 丶宀宀穴穴
			穴居 혈거 穴見 혈견 穴深 혈심 穴室 혈실	

1477	脅	肉 10획	위협할 **협**	필순 ク 夕 夕ケ 夕' 脋 脅
			威脅 위협 脅迫 협박 脅約 협약 脅制 협제	

1478	衡	行 16획	저울대 **형**	필순 彳 彳' 彳' 徣 徣 衡 衡
			均衡 균형 衡平 형평 度量衡 도량형	

번호	한자	부수/획수	뜻·음	필순 및 예
1479	慧	心 15획	슬기로울 혜:	필순: 彗彗慧慧慧 智慧 지혜 慧眼 혜안 慧性 혜성 慧智 혜지
1480	虎	虍 8획	범 호(:)	필순: 丨 ト 广 卢 虍 虎 虎骨 호골 虎班 호반 猛虎 맹호 龍虎 용호
1481	胡	肉 9획	오랑캐 호	필순: 十 古 古 刮 胡 胡 胡 胡笛 호적 胡角 호각 胡人 호인 胡亂 호란
1482	浩	水 10획	넓을 호:	필순: 氵 沪 汁 洪 洪 浩 浩 浩氣 호기 浩然 호연 浩歌 호가 浩歎 호탄
1483	豪	豕 14획	호걸 호	필순: 亠 产 声 亭 豪 豪 豪傑 호걸 豪華 호화 豪快 호쾌 豪放 호방
1484	惑	心 12획	미혹할 혹	필순: 一 戓 或 或 惑 惑 惑星 혹성 困惑 곤혹 當惑 당혹 疑惑 의혹
1485	魂	鬼 14획	넋 혼 (동)靈(신령 령)	필순: 云 动 动 魂 魂 魂 招魂 초혼 靈魂 영혼 怨魂 원혼 鬪魂 투혼
1486	忽	心 8획	갑자기 홀	필순: 丿 勹 勿 勿 忽 忽 忽然 홀연 忽待 홀대 疏忽 소홀 忽視 홀시
1487	洪	水 9획	넓을 홍	필순: 氵 沪 汁 汫 洪 洪 洪 洪水 홍수 洪魚 홍어 洪大 홍대 洪福 홍복
1488	禍	示 14획	재앙 화: (반)福(복 복)	필순: 示 示 和 稇 禍 禍 禍福 화복 禍根 화근 災禍 재화 戰禍 전화
1489	換	手 12획	바꿀 환	필순: 扌 扩 换 换 换 換 轉換 전환 換率 환율 換算 환산 換錢 환전
1490	還	辵 17획	돌아올 환 (동)返(돌아올 반)	필순: 罒 罒 罗 睘 睘 還 還給 환급 還甲 환갑 還收 환수 還元 환원

3급 Ⅱ

급수별 한자 3급Ⅱ

1491	皇	白 9획	임금 **황**	통 帝(임금 제)	필순 ′ ⁄ ㅎ 白 白 皇 皇 皇
			皇帝 황제 皇宮 황궁 皇室 황실 敎皇 교황		
1492	荒	艸 10획	거칠 **황**	통 廢(폐할 폐)	필순 ⺿ ⺿ 芒 芒 芒 荒
			荒涼 황량 荒野 황야 荒廢 황폐 虛荒 허황		
1493	悔	心 10획	뉘우칠 **회:**		필순 ′ ㅏ ㅏ 忙 悔 悔 悔
			悔恨 회한 後悔 후회 悔改 회개 悔心 회심		
1494	懷 (懐)	心 19획	품을 **회**		필순 ㅏ 忄 忄 忄 忄 懷 懷
			懷疑 회의 懷古 회고 感懷 감회 述懷 술회		
1495	劃	刀 14획	그을 **획**		필순 ⼀ ⼁ 卉 書 書 畫 劃
			劃數 획수 劃順 획순 劃一 획일 計劃 계획		
1496	獲	犬 17획	얻을 **획**		필순 ⼅ ⼅ 犭 犭 犭 犭 獲
			獲得 획득 漁獲 어획 殺獲 살획 生獲 생획		
1497	橫	木 16획	가로 **횡**		필순 木 木 栏 横 横 横 横
			橫暴 횡포 橫斷 횡단 橫列 횡렬 橫領 횡령		
1498	胸	肉 10획	가슴 **흉**		필순 ⺆ 月 月′ 肑 肑 胸 胸
			胸背 흉배 胸部 흉부 胸像 흉상 胸中 흉중		
1499	稀	禾 12획	드물 **희**		필순 千 千 禾 禾 稀 稀 稀
			稀貴 희귀 稀微 희미 稀少 희소 古稀 고희		
1500	戱	戈 17획	놀이 **희**		필순 ⺊ ⼧ 虍 虛 戱 戱 戱
			遊戱 유희 戱曲 희곡 戱劇 희극 戱畫 희화		

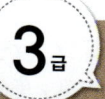 한자능력검정용 급수별 한자

출제기준	읽기배정	쓰기배정	독음	훈음	장단음	반의어	완성형	부수	동의어	동음이의어	풀이	필순	약자	한자쓰기
	1,817	1,000	45	27	5	10	10	5	5	5	5	0	3	30

1501 **却** 卩 7획 — 물리칠 **각**
필순 一十土去去却却
冷却 냉각　忘却 망각　却下 각하　燒却 소각

1502 **姦** 女 9획 — 간음할 **간:**
필순 ㄴㄴ女女女姦姦姦
姦淫 간음　姦通 간통　强姦 강간　輪姦 윤간

1503 **渴** 水 12획 — 목마를 **갈**
필순 氵汩汩渇渇渇
渴症 갈증　渴望 갈망　渴求 갈구　解渴 해갈

1504 **皆** 白 9획 — 다 **개**
필순 ヒ比比皆皆皆
皆勤 개근　皆旣 개기　皆骨山 개골산

1505 **慨** 心 14획 — 슬퍼할 **개:**
필순 忄忄忄忄慨慨慨
慨歎 개탄　感慨 감개　憤慨 분개　慨世 개세

1506 **乞** 乙 3획 — 빌 **걸**
필순 ノ 乞
乞暇 걸가　乞食 걸식　求乞 구걸　哀乞 애걸

1507 **肩** 肉 8획 — 어깨 **견**
필순 ゛冖戶肩肩肩
肩骨 견골　肩章 견장　肩次 견차　比肩 비견

1508 **牽** 牛 11획 — 이끌/끌 **견**
필순 一十玄玄亥牽牽
牽引 견인　牽制 견제　牽牛 견우　牽强 견강

1509 **遣** 辵 14획 — 보낼 **견:**
필순 一 ㅂ 宀 串 貴 遣
派遣 파견　差遣 차견　遣歸 견귀　遣外 견외

1510 **絹** 糸 13획 — 비단 **견**
필순 ㄥ 幺 糸 糸 紀 絹 絹
絹絲 견사　絹布 견포　絹織 견직　生絹 생견

1511	庚	广 8획	별 **경**	필순: 亠广户户庐庚庚 庚戌 경술　庚午 경오　庚伏 경복　庚時 경시
1512	竟	立 11획	마침내 **경:** （동）畢(마칠 필）	필순: 亠亠立音音竟竟 畢竟 필경　竟夜 경야　究竟 구경　竟夕 경석
1513	卿	卩 12획	벼슬 **경**	필순: ′ ι ㅌ ㅌ ㅌ 卯 卿 卿 卿相 경상　六卿 육경　公卿 공경　卿輩 경배
1514	癸	癶 9획	북방/천간 **계:**	필순: ノ ア ア ア 癶 攻 癸 癸丑 계축　癸未 계미　癸方 계방　癸坐 계좌
1515	繫	糸 19획	맬 **계:**	필순: 一 車 車 軎 軗 毄 繫 繫留 계류　連繫 연계　繫累 계루　繫船 계선
1516	枯	木 9획	마를 **고** （반）榮(영화 영）	필순: 一 十 才 木 术 枮 枯 枯葉 고엽　枯渴 고갈　枯木 고목　枯死 고사
1517	顧	頁 21획	돌아볼 **고**	필순: 彐戶戶雇雇顧顧 顧問 고문　顧客 고객　顧慮 고려　回顧 회고
1518	坤	土 8획	땅 **곤** （반）乾(하늘 건）	필순: 一 十 土 圤 圳 坤 坤 乾坤 건곤　坤方 곤방　坤殿 곤전　坤位 곤위
1519	郭	邑 11획	성/둘레 **곽**	필순: 亠 古 亨 享 享 郭 郭 城郭 성곽　外郭 외곽　輪郭 윤곽　胸郭 흉곽
1520	掛	手 11획	걸 **괘**	필순: 一 扌 扌 扯 挂 掛 掛 掛冠 괘관　掛念 괘념　掛圖 괘도　掛鍾 괘종
1521	塊	土 13획	흙덩이 **괴**	필순: 一 土 圹 坤 坤 塊 塊 塊炭 괴탄　肉塊 육괴　金塊 금괴　塊石 괴석
1522	愧	心 13획	부끄러울 **괴:**	필순: 一 忄 忄 怀 愧 愧 愧 自愧 자괴　愧色 괴색　愧死 괴사　愧心 괴심

번호	한자	부수/획수	훈음	필순	예시
1523	郊	邑 9획	들 교	필순 ᅩ ᅮ ᅲ 亣 交 交 郊 郊	郊外 교외　近郊 근교　遠郊 원교　江郊 강교
1524	矯	矢 17획	바로잡을 교:	필순 ᅩ 矢 矢 矫 矫 矯 矯	矯導 교도　矯僞 교위　矯正 교정　矯風 교풍
1525	俱	人 10획	함께 구	필순 亻 亻 佀 佀 俱 俱 俱	俱現 구현　俱存 구존　俱樂 구락　俱發 구발
1526	苟	艸 9획	진실로 구	필순 ᅩ ᅭ 艹 芍 芍 苟 苟	苟且 구차　苟免 구면　苟安 구안　苟合 구합
1527	狗	犬 8획	개 구	필순 ᅩ 亻 犭 犭 狗 狗 狗	鬪狗 투구　走狗 주구　狗肉 구육　黃狗 황구
1528	驅 (驱)	馬 21획	몰 구	필순 厂 馬 馬 馬 駆 駆 驅	驅逐 구축　驅除 구제　驅迫 구박　驅使 구사
1529	懼	心 21획	두려워할 구	필순 忄 忄 愕 愕 愕 懼 懼	恐懼 공구　疑懼 의구　戒懼 계구　危懼 위구
1530	厥	厂 12획	그 궐	필순 ᅩ 厂 厂 厂 厥 厥 厥	厥女 궐녀　厥角 궐각　厥尾 궐미　突厥 돌궐
1531	軌	車 9획	바퀴자국 궤:	필순 ᅩ 亇 日 旦 車 軒 軌	軌跡 궤적　軌道 궤도　軌範 궤범　廣軌 광궤
1532	龜 (龟)	龜 16획	거북 귀/나라이름 구/터질 균	필순 ᅩ 亇 亇 亅 龜 龜 龜	龜浦 구포　龜鑑 귀감　龜裂 균열　龜船 귀선
1533	叫	口 5획	부르짖을 규	필순 丨 口 口 叩 叫	絶叫 절규　叫號 규호　叫聲 규성　哀叫 애규
1534	糾	糸 8획	얽힐 규	필순 ᅩ ᅭ 幺 幺 糸 糸 糾 糾	糾彈 규탄　糾明 규명　糾合 규합　紛糾 분규

번호	한자	부수/획수	훈음	필순 및 예
1535	斤	斤 / 4획	근/도끼 근	필순: ノ ｒ ｆ 斤 斤量근량 斤兩근량 斤數근수 千斤천근
1536	僅	人 / 13획	겨우 근:	필순: 亻 仁 忄 伫 伫 僅 僅 僅僅근근 僅少근소
1537	謹	言 / 18획	삼갈 근:	필순: 言 許 許 謹 謹 謹 謹愼근신 謹弔근조 謹嚴근엄 謹賀근하
1538	肯	肉 / 8획	즐길 긍:	필순: 丨 ヒ 屮 屮 肯 肯 肯定긍정 首肯수긍 肯諾긍낙 肯首긍수
1539	豈	豆 / 10획	어찌 기	필순: 山 屮 屶 豈 豈 豈 豈敢기감 豈有此理기유차리
1540	忌	心 / 7획	꺼릴 기	필순: 그 己 己 忌 忌 忌 忌日기일 忌避기피 禁忌금기 忌祭기제
1541	欺	欠 / 12획	속일 기	(동)詐(속일 사) 필순: 一 ㅜ 甘 其 其 欺 欺 詐欺사기 欺罔기망 欺弄기롱 欺心기심
1542	飢	食 / 11획	주릴 기	(반)飽(배부를 포) 필순: 人 今 今 食 食 飢 飢 飢餓기아 飢渴기갈 虛飢허기 飢色기색
1543	旣	无 / 11획	이미 기	필순: 白 皀 皀 旣 旣 旣 旣存기존 旣約기약 旣婚기혼 旣往기왕
1544	棄(弃)	木 / 12획	버릴 기	필순: 一 宀 亠 查 查 棄 棄 遺棄유기 廢棄폐기 投棄투기 棄權기권
1545	幾	幺 / 12획	몇 기	필순: 纟 纟 丝 丝 丝 丝 幾 幾 幾年기년 幾日기일 幾何기하 幾微기미
1546	那	邑 / 7획	어찌 나:	필순: ㄱ ㄱ 刁 刃 那 那 那 那落나락 那間나간 那邊나변 那何나하

148 한자능력검정시험 한자에서 사자성어까지

번호	한자	부수	훈음	필순
1547	乃	丿 2획	이에 내:	필순 ノ 乃
			乃至 내지 乃父 내부 人乃天 인내천	
1548	奈	大 8획	어찌 내/나	필순 一ナ大太卒卒奈奈
			奈何 내하 奈落 나락	
1549	惱	心 12획	번뇌할 뇌	필순 丶丶忄忄忄忆惱惱
			苦惱 고뇌 惱神 뇌신 惱殺 뇌쇄 惱亂 뇌란	
1550	畓	田 9획	논 답 (반)田(밭 전)	필순 丨刀水水沓沓沓
			田畓 전답 畓土 답토 畓農 답농 乾畓 건답	
1551	挑	手 9획	돋울 도	필순 丨扌扌扎扎扎挑挑
			挑發 도발 挑禍 도화 挑戰 도전 挑出 도출	
1552	跳	足 13획	뛸 도	필순 口 ㅁ 모 足 趴 趴 跳 跳
			跳躍 도약 跳梁 도량 高跳 고도 跳丸 도환	
1553	塗	土 13획	칠할/진흙 도	필순 氵氵氵冷涂涂塗
			塗壁 도벽 塗炭 도탄 塗色 도색 塗裝 도장	
1554	稻	禾 15획	벼 도	필순 二千禾禾乘稻稻
			晚稻 만도 早稻 조도 稻熱病 도열병	
1555	篤	竹 16획	도타울 독 (동)敦(도타울 돈)	필순 ⺮ ⺮ 竺 竺 笃 篤 篤
			篤實 독실 危篤 위독 懇篤 간독 篤志 독지	
1556	豚	豕 11획	돼지 돈	필순 丿月月月肝肝豚
			豚兒 돈아 豚舍 돈사 豚肉 돈육 養豚 양돈	
1557	敦	攴 12획	도타울 돈	필순 亠 亠 古 享 享 敦
			敦篤 돈독 敦厚 돈후 敦睦 돈목	
1558	屯	屮 4획	진칠 둔	필순 一 口 屮 屯
			屯營 둔영 屯軍 둔군 屯防 둔방 屯田 둔전	

3급

1559	鈍	金 12획	둔할 둔: (반)敏(민첩할 민)	필순 ᄼ 슏 숲 釒 鈍 鈍 遲鈍 지둔　鈍感 둔감　鈍器 둔기　鈍才 둔재
1560	騰	馬 20획	오를 등	필순 月 肝 胖 胖 腾 腾 騰 騰貴 등귀　騰落 등락　急騰 급등　暴騰 폭등
1561	濫	水 17획	넘칠 람:	필순 氵 汈 沪 澕 濫 濫 濫用 남용　濫伐 남벌　濫發 남발　濫獲 남획
1562	掠	手 11획	노략질할 략 (동)侵(침노할 침)	필순 扌 扩 护 抢 掠 掠 掠奪 약탈　侵掠 침략　抄掠 초략　盜掠 도략
1563	諒	言 15획	살펴알/믿을 량	필순 言 訁 詝 諒 諒 諒 海諒 해량　諒知 양지　諒解 양해　諒察 양찰
1564	憐	心 15획	불쌍히여길 련	필순 忄 忙 怜 憐 憐 憐 可憐 가련　哀憐 애련　憐惜 연석　愛憐 애련
1565	劣	力 6획	용렬할 렬 (반)優(뛰어날 우)	필순 丿 少 少 劣 劣 劣等 열등　優劣 우열　劣勢 열세　卑劣 비열
1566	廉	广 13획	청렴할/쌀 렴	필순 广 广 庐 庐 唐 廉 廉 廉價 염가　廉恥 염치　低廉 저렴　淸廉 청렴
1567	獵	犬 18획	사냥 렵	필순 犭 犭 狝 猎 獵 獵 涉獵 섭렵　禁獵 금렵　密獵 밀렵　獵銃 엽총
1568	零	雨 13획	떨어질 령	필순 一 广 雨 雷 雯 零 零 零細 영세　零下 영하　零點 영점　零落 영락
1569	隷	隶 16획	종/서체 례:	필순 十 土 丰 耒 耒 隶 隷 隷書 예서　隷屬 예속　奴隷 노예　隷臣 예신
1570	鹿	鹿 11획	사슴 록	필순 一 广 广 声 唐 唐 鹿 逐鹿 축록　鹿角 녹각　鹿血 녹혈　鹿骨 녹골

1571	了	亅 / 2획	마칠 료	필순: 了了 / 동: 終(마칠 종) / 終了종료 滿了만료 修了수료 完了완료
1572	僚	人 / 14획	동료 료	필순: 亻亻伂伀佟偗僚 / 閣僚각료 同僚동료 官僚관료 幕僚막료
1573	淚	水 / 11획	눈물 루	필순: 氵氵沪沪沪淚淚 / 淚管누관 淚水누수 催淚최루 血淚혈루
1574	屢	尸 / 14획	여러 루:	필순: 尸戸居屈屢屢屢 / 屢代누대 屢報누보 屢次누차 屢年누년
1575	梨	木 / 11획	배 리	필순: 一二千禾利梨梨 / 梨雪이설 梨園이원 梨花이화 梨果이과
1576	隣	阜 / 15획	이웃 린	필순: 阝阝阡阡陜隣隣 / 善隣선린 隣近인근 隣邦인방 隣接인접
1577	慢	心 / 14획	게으를/거만할 만:	필순: 忄忄忄慢慢慢慢 / 慢性만성 緩慢완만 自慢자만 侮慢모만
1578	漫	水 / 14획	흩어질 만:	필순: 氵氵沪沪洹湨漫 / 漫談만담 漫畫만화 放漫방만 散漫산만
1579	忙	心 / 6획	바쁠 망	필순: 丶丶忄忄忙忙 / 奔忙분망 繁忙번망 忙中閑망중한
1580	忘	心 / 7획	잊을 망	필순: 丶亠亡忘忘忘 / 忘德망덕 難忘난망 健忘건망 忘恩망은
1581	茫	艸 / 10획	아득할 망	필순: 丶丷艹艹茫茫茫 / 茫漠망막 茫茫망망 茫洋망양 茫然망연
1582	罔	网 / 8획	없을 망	필순: 丨冂冂罒罔罔 / 罔極망극 罔測망측 罔民망민 罔然망연

번호	한자	부수/획수	훈음	필순 및 예
1583	埋	土 10획	묻을 매	필순: 一 + 十 + 押 押 押 押 埋 埋 埋沒 매몰　埋立 매립　埋伏 매복　埋藏 매장
1584	冥	冖 10획	어두울 명	필순: 冖 冖 冝 冝 冝 冥 冥 冥想 명상　冥福 명복　幽冥 유명　冥府 명부
1585	某	木 9획	아무 모:	필순: 一 十 廿 甘 甘 其 某 某 某年 모년　某月 모월　某日 모일　某處 모처
1586	侮	人 9획	업신여길 모(:)	필순: 亻 广 伫 侮 侮 侮 侮 侮辱 모욕　受侮 수모　免侮 면모　侮蔑 모멸
1587	冒	冂 9획	무릅쓸 모:	필순: 丶 冖 冃 冃 冒 冒 冒 冒險 모험　冒頭 모두　冒名 모명　冒進 모진
1588	募	力 13획	모을/뽑을 모　(동)集(모을 집)	필순: 艹 艹 草 草 菒 募 募 募金 모금　募集 모집　公募 공모　應募 응모
1589	暮	日 15획	저물 모: (반)旦(아침 단)	필순: 艹 艹 苔 苔 莫 幕 暮 旦暮 단모　歲暮 세모　暮改 모개　日暮 일모
1590	卯	卩 5획	토끼 묘:	필순: 丶 乙 日 印 卯 卯時 묘시　卯酒 묘주　卯年 묘년　乙卯 을묘
1591	苗	艸 9획	모 묘:	필순: 丶 艹 艹 芅 苗 苗 苗 種苗 종묘　苗木 묘목　苗板 묘판　苗族 묘족
1592	廟	广 15획	사당 묘:	필순: 广 广 庐 庐 庿 廟 廟 廟堂 묘당　家廟 가묘　宗廟 종묘　廟議 묘의
1593	戊	戈 5획	천간 무:	필순: 丿 厂 广 戊 戊 戊夜 무야　戊年 무년　戊午 무오　戊戌 무술
1594	霧	雨 19획	안개 무:	필순: 宀 霏 霏 霏 霏 霧 霧 雲霧 운무　霧散 무산　煙霧 연무　霧集 무집

1595	迷	辵 10획	미혹할 미(:)	필순 `丶丷丬半米米迷迷`
			迷惑 미혹　迷妄 미망　迷夢 미몽　昏迷 혼미	

1596	眉	目 9획	눈썹 미	필순 `𠃌𠃍尸尸尸眉眉`
			眉壽 미수　眉間 미간　白眉 백미　眉月 미월	

1597	敏	攴 11획	민첩할 민	필순 `𠂉𠂊年每每敏敏`
			銳敏 예민　敏速 민속　敏感 민감　過敏 과민	

1598	憫	心 15획	불쌍히여길 민	필순 `丶忄忄忄忄憫憫`
			憐憫 연민　不憫 불민　憫迫 민박　愛憫 애민	

1599	蜜	虫 14획	꿀 밀	필순 `宀宀宀宓宓宓宓蜜`
			蜜蜂 밀봉　蜜語 밀어　蜜月 밀월　蜜水 밀수	

1600	泊	水 8획	머무를 박	필순 `丶氵氵汩汩泊泊`
			淡泊 담박　民泊 민박　宿泊 숙박　外泊 외박	

1601	返	辵 8획	돌이킬 반:	필순 `丆反反返返返`
			返還 반환　返納 반납　返送 반송　返品 반품	

1602	叛	又 9획	배반할 반:	필순 `丷半扌扦扳叛`
			叛徒 반도　叛軍 반군　叛旗 반기　叛亂 반란	

1603	伴	人 7획	짝 반:	필순 `亻亻伫伫伴伴`
			伴奏 반주　隨伴 수반　同伴 동반　伴偶 반우	

1604	邦	邑 7획	나라 방	필순 `二丰丰邦邦`
			聯邦 연방　友邦 우방　異邦 이방　盟邦 맹방	

1605	倣	人 10획	모방할 방:	필순 `亻亻仃仿倣倣`
			模倣 모방　倣似 방사	

1606	傍	人 12획	곁 방	필순 `亻亻伫伫傍傍`
			傍觀 방관　傍系 방계　傍聽 방청　傍白 방백	

3급

1607	杯	木 8획	잔 **배**	필순 一十 才 木 杧 朼 杯 杯
			乾杯 건배 苦杯 고배 祝杯 축배 杯酒 배주	

1608	飜	飛 21획	번역할 **번**	필순 ... 番 番 飜 飜 飜
			飜譯 번역 飜案 번안 飜覆 번복 飜曲 번곡	

1609	煩	火 13획	번거로울 **번**	필순 ... 火 灯 炸 煩 煩 煩
			煩雜 번잡 煩惱 번뇌 煩多 번다 煩羅 번라	

1610	辨	辛 16획	분별할 **변:**	필순 ... 亠 ㅛ 辛 辛 判 辨 辨
			辨別 변별 辨明 변명 辨償 변상 辨濟 변제	

1611 並	竝	立 10획	나란히 **병:**	필순 ... 亠 六 立 立 竝 竝
			竝列 병렬 竝設 병설 竝行 병행 竝立 병립	

1612	屛	尸 11획	병풍 **병**	필순 ... 尸 尸 尸 屛 屛 屛
			屛帳 병장 屛風 병풍 屛去 병거 屛居 병거	

1613	卜	卜 2획	점 **복**	필순 ㅏ 卜
			卜債 복채 卜術 복술 卜占 복점 卜居 복거	

1614	蜂	虫 13획	벌 **봉**	필순 口 虫 虫 蚁 蜂 蜂 蜂
			蜂蜜 봉밀 蜂起 봉기 養蜂 양봉 蜂王 봉왕	

1615	赴	走 9획	다다를 **부:**	필순 土 牛 半 走 走 赴 赴
			赴任 부임 赴役 부역 赴告 부고 赴救 부구	

1616	墳	土 15획	무덤 **분** (동) 墓(무덤 묘)	필순 土 圹 圹 坤 墳 墳 墳
			墳墓 분묘 古墳 고분 封墳 봉분 墳上 분상	

1617	朋	月 8획	벗 **붕** (동) 友(벗 우)	필순 刀 月 月 月 朋 朋 朋
			朋黨 붕당 朋友 붕우 朋輩 붕배 朋徒 붕도	

1618	崩	山 11획	무너질 **붕** (동) 壞(무너질 괴)	필순 山 屵 屵 屵 岁 崩 崩
			崩壞 붕괴 崩落 붕락 崩御 붕어 土崩 토붕	

번호	漢字	부수/획수	훈음	예시	필순
1619	賓	貝 14획	손 **빈** (반)主(주인 주) (동)客(손 객)	賓客 빈객 貴賓 귀빈 來賓 내빈 國賓 국빈	宀宀宷宷賓賓
1620	頻	頁 16획	자주 **빈**	頻數 빈삭 頻繁 빈번 頻度 빈도 頻發 빈발	十 止 步 頻頻頻
1621	聘	耳 13획	부를/사위 **빙**	招聘 초빙 聘母 빙모 聘父 빙부 報聘 보빙	「 F 耳 取 即 聘聘
1622	巳	己 3획	뱀 **사:**	己巳 기사 巳時 사시 乙巳 을사 巳初 사초	一 ㄱ 巳
1623	似	人 7획	닮을 **사:**	類似 유사 無似 무사 近似 근사 似續 사속	ノ亻仁们似似似
1624	捨	手 11획	버릴 **사:** (반)取(취할 취)	取捨 취사 喜捨 희사 捨身 사신 用捨 용사	扌 扌 扒 拎 拎 捨
1625	詐	言 12획	속일 **사**	詐取 사취 詐稱 사칭 詐僞 사위 詐計 사계	言言言計許許詐
1626	斯	斤 12획	이 **사**	斯界 사계 斯道 사도 斯文 사문 斯學 사학	十 甘 其 斯 斯 斯
1627	賜	貝 15획	줄 **사:**	賜藥 사약 下賜 하사 厚賜 후사 賜田 사전	丨 冂 月 目 則 賜 賜
1628	朔	月 10획	초하루 **삭**	朔望 삭망 朔風 삭풍 朔月 삭월 滿朔 만삭	ㅛ 屮 屰 朔 朔 朔
1629	祥	示 11획	상서 **상**	吉祥 길상 祥運 상운 不祥 불상 祥光 상광	二 亍 示 齐 祥 祥
1630	嘗	口 14획	맛볼 **상**	嘗味 상미 嘗試 상시 未嘗不 미상불	宀 伫 씁 嘗 嘗

번호	한자	부수/획수	훈음	필순 및 예
1631	敍(叙)	攴 11획	베풀 서:	필순: 스 쉬 쉬 쉬 솬 솬 敍 敍述 서술　敍事 서사　自敍 자서　追敍 추서
1632	庶	广 11획	무리 서:	필순: 丶 广 广 庐 庐 庶 庶 庶民 서민　庶務 서무　庶政 서정　庶子 서자
1633	暑	日 13획	더울 서: (반) 寒(찰 한)	필순: 冂 日 旦 昇 昇 昇 暑 炎暑 염서　避暑 피서　處暑 처서　暴暑 폭서
1634	誓	言 14획	맹세할 서:	필순: 扌 扩 扩 扩 折 誓 誓 誓約 서약　盟誓 맹서　宣誓 선서　誓言 서언
1635	逝	辶 11획	갈 서:	필순: 扌 扩 扩 扩 折 折 逝 逝去 서거　急逝 급서　卒逝 졸서　逝世 서세
1636	昔	日 8획	옛 석 (반) 今(이제 금)	필순: 一 艹 # 昔 昔 昔 昔 今昔 금석　昔年 석년　昔日 석일　古昔 고석
1637	析	木 8획	쪼갤 석	필순: 一 十 才 木 杧 析 析 析 分析 분석　解析 해석　析出 석출　開析 개석
1638	涉	水 10획	건널 섭	필순: 丶 氵 汁 汁 汁 汁 涉 涉 交涉 교섭　涉外 섭외　干涉 간섭　涉歷 섭력
1639	攝(摂)	手 21획	다스릴/잡을 섭	필순: 扌 扩 扩 扩 押 攝 攝 攝政 섭정　攝氏 섭씨　攝取 섭취　包攝 포섭
1640	召	口 5획	부를 소	필순: 丁 刀 刀 召 召 召命 소명　召集 소집　召還 소환　應召 응소
1641	昭	日 9획	밝을 소	필순: 丨 冂 日 日 旷 旷 昭 昭 昭明 소명　昭詳 소상　昭著 소저　昭蘇 소소
1642	蔬	艸 15획	나물 소	필순: 艹 艹 艻 萨 萨 萨 蔬 蔬 菜蔬 채소　蔬果 소과　蔬飯 소반　蔬店 소점

1643	騷	馬 20획	떠들 소	필순 ㄷ 馬 馬 駈 駆 駆 騷	騷亂 소란 騷音 소음 騷動 소동 騷氣 소기
1644	粟	米 12획	조 속	필순 一 币 西 西 覀 覃 粟	粟豆 속두 粟麥 속맥 粟米 속미 穀粟 곡속
1645	誦	言 14획	외울 송:	필순 言 訂 訂 誦 誦 誦	誦詠 송영 暗誦 암송 朗誦 낭송 愛誦 애송
1646	囚	口 5획	가둘 수	필순 丨 冂 冈 囚 囚	囚役 수역 罪囚 죄수 囚衣 수의 囚人 수인
1647	睡	目 13획	졸음 수	필순 冂 目 目 眊 眘 睡 睡	午睡 오수 寢睡 침수 睡眠 수면 坐睡 좌수
1648	須	頁 12획	모름지기 수	필순 彡 彡 須 須 須 須	必須 필수 須眉 수미 須要 수요 須知 수지
1649	遂	辵 13획	드디어/이룰 수	필순 ㅗ 宀 宀 宋 家 家 遂	遂行 수행 未遂 미수 完遂 완수 成遂 성수
1650	誰	言 15획	누구 수	필순 言 訁 訁 誰 誰 誰 誰	誰何 수하 誰某 수모
1651	雖	隹 17획	비록 수	필순 口 吕 虽 虽 虽 雖 雖	雖然 수연
1652	搜	手 13획	찾을 수	필순 扌 扌 扌 抴 抴 搜 搜	搜査 수사 搜索 수색 搜檢 수검 搜訪 수방
1653	孰	子 11획	누구 숙	필순 亠 白 亨 享 享 孰 孰	孰慮 숙려 孰成 숙성 孰視 숙시 孰誰 숙수
1654	殉	歹 10획	따라죽을 순	필순 一 ㄅ ㄉ 歹 歹 殉 殉	殉職 순직 殉敎 순교 殉國 순국 殉死 순사

번호	한자	부수/획수	훈음	필순
1655	循	彳 12획	좇을 순	필순 ノ 彳 彳 彳 循 循 循 循環 순환 循次 순차 循吏 순리 循良 순량
1656	脣	肉 11획	입술 순	필순 一 厂 厂 辰 辱 脣 脣 丹脣 단순 脣音 순음 脣頭 순두 脣舌 순설
1657	戌	戈 6획	개 술	필순 ノ 厂 厂 戌 戌 戌時 술시 戌年 술년 戌日 술일 壬戌 임술
1658	矢	矢 5획	화살 시:	필순 ノ 一 二 午 矢 弓矢 궁시 矢服 시복 矢石 시석 矢言 시언
1659	伸	人 7획	펼 신 (반)屈(굽힐 굴) (동)張(베풀 장)	필순 ノ 亻 亻 亻 伯 伸 伸 伸縮 신축 伸張 신장 屈伸 굴신 伸殿 신전
1660	辛	辛 7획	매울 신 (동)苦(쓸 고)	필순 ` 一 ナ ㅗ ㅛ 立 辛 辛苦 신고 辛味 신미 香辛料 향신료
1661	晨	日 11획	새벽 신	필순 ㅁ ㅂ 尸 戸 戽 戾 晨 晨星 신성 晨明 신명 晨夕 신석 晨省 신성
1662	尋	寸 12획	찾을 심 (동)訪(찾을 방)	필순 フ コ ヨ 尋 尋 尋 尋 尋訪 심방 推尋 추심 尋常 심상 尋究 심구
1663	餓	食 16획	주릴 아: (동)飢(주릴 기)	필순 ノ ケ 乍 食 食 餓 餓 餓死 아사 餓鬼 아귀 餓殺 아살 凍餓 동아
1664	岳	山 8획	큰산/멧부리 악	필순 ´ 广 戸 丘 乒 岳 岳 山岳 산악 岳氣 악기 岳母 악모 岳頭 악두
1665	雁	隹 12획	기러기 안	필순 厂 厂 厈 雁 雁 雁 雁行 안행 孤雁 고안 雁書 안서 雁陣 안진
1666	謁	言 16획	뵐 알	필순 一 言 訂 訂 謁 謁 謁 謁見 알현 拜謁 배알 謁聖 알성 請謁 청알

1667	押	手 8획	누를 **압**	필순 一 十 扌 扌 扚 抨 押 押
			押送 압송 押留 압류 押收 압수 差押 차압	
1668	殃	歹 9획	재앙 **앙**	필순 一 ㄅ 歹 歼 歼 殃 殃
			殃禍 앙화 災殃 재앙	
1669	涯	水 11획	물가 **애**	필순 氵 汀 汀 汗 涯 涯 涯
			天涯 천애 生涯 생애 涯岸 애안 涯角 애각	
1670	厄	厂 4획	재앙 **액**	필순 一 厂 厄 厄
			災厄 재액 厄運 액운 厄禍 액화 厄年 액년	
1671	也	乙 3획	어조사 **야:**	필순 一 也 也
			厥也 궐야 必也 필야 及其也 급기야	
1672	耶	耳 9획	어조사 **야**	필순 一 厂 F 耳 耳 耶 耶
			有耶無耶 유야무야	
1673	躍	足 21획	뛸 **약**	필순 口 ㅁ 뮤 P 跎 踝 躍
			飛躍 비약 躍動 약동 躍進 약진 活躍 활약	
1674	楊	木 13획	버들 **양**	필순 才 木 杧 枵 楊 楊 楊
			楊口 양구 楊柳 양류 楊貴妃 양귀비	
1675	於	方 8획	어조사 **어**	필순 一 亠 方 方 方 於 於
			於此彼 어차피 於中間 어중간	
1676	焉	火 11획	어조사 **언**	필순 一 丆 ㅍ 正 焉 焉 焉
			終焉 종언 於焉間 어언간	
1677	予	ㅣ 4획	나/줄 **여**	필순 一 マ ㄋ 予
			予奪 여탈	
1678	汝	水 6획	너 **여:**	필순 丶 氵 氵 汝 汝 汝
			汝輩 여배 汝等 여등	

번호	한자	부수/획수	훈음	필순 및 예
1679	輿	車 17획	수레/많을 여:	輿望 여망　輿論 여론　喪輿 상여　輿地 여지
1680	余	人 7획	나 여	余等 여등　余輩 여배
1681	閱	門 15획	볼 열	閱覽 열람　檢閱 검열　査閱 사열　校閱 교열
1682	泳	水 8획	헤엄칠 영:	背泳 배영　水泳 수영　混泳 혼영　競泳 경영
1683	詠	言 12획	읊을 영: (동)吟(읊을 음)	詠歌 영가　吟詠 음영　詠誦 영송　詠唱 영창
1684	銳	金 15획	날카로울 예: (반)鈍(둔할 둔)	銳角 예각　銳利 예리　精銳 정예　新銳 신예
1685	吾	口 7획	나 오	吾等 오등　吾人 오인　吾兄 오형　吾輩 오배
1686	汚	水 6획	더러울 오:	汚染 오염　汚濁 오탁　汚辱 오욕　汚名 오명
1687	娛	女 10획	즐길 오:	娛樂 오락　娛遊 오유　戱娛 희오　歡娛 환오
1688	嗚	口 13획	슬플 오	嗚呼 오호　嗚泣 오읍
1689	傲	人 13획	거만할 오:	傲氣 오기　傲慢 오만　傲視 오시　傲色 오색
1690	翁	羽 10획	늙은이 옹	翁姑 옹고　翁主 옹주　白頭翁 백두옹

1691	擁	手 16획	낄/안을 **옹:**	필순 扌扩扩拧拧擁擁
			擁衛 옹위　抱擁 포옹　擁壁 옹벽　擁護 옹호	
1692	臥	臣 8획	누울 **와:**	필순 一 丆 丂 于 臣 臣/臥
			臥床 와상　臥席 와석　臥病 와병　臥龍 와룡	
1693	曰	曰 4획	가로 **왈**	필순 丨 冂 日 日
			或曰 혹왈　一曰 일왈	
1694	畏	田 9획	두려워할 **외:**	필순 冂 日 甲 田 禺 畏 畏 畏
			畏敬 외경　畏懼 외구　畏忌 외기　畏愼 외신	
1695	腰	肉 13획	허리 **요**	필순 月 肝 肝 脾 腰 腰 腰
			細腰 세요　腰帶 요대　腰折 요절　腰痛 요통	
1696	搖	手 13획	흔들 **요**	필순 扌 扩 护 抨 抨 搖 搖
			搖動 요동　動搖 동요　搖車 요거　搖亂 요란	
1697	遙	辵 14획	멀 **요**　동 遠(멀 원)	필순 ⺈ 夕 夂 乑 乑 乑 遙
			遙遠 요원　遙望 요망　遙拜 요배　遙度 요탁	
1698	庸	广 11획	떳떳할 **용**	필순 广 广 广 户 肩 肩 庸 庸
			中庸 중용　庸劣 용렬　庸人 용인　庸拙 용졸	
1699	又	又 2획	또 **우:**	필순 フ 又
			又況 우황　一又 일우	
1700	于	二 3획	어조사 **우**	필순 一 二 于
			于今 우금　于歸 우귀　于山國 우산국	
1701	尤	尢 4획	더욱 **우**	필순 一 ナ 尤 尤
			尤甚 우심　尤極 우극　尤文 우문　尤物 우물	
1702	云	二 4획	이를 **운**	필순 一 二 宀 云
			云云 운운　云爲 운위	

급수별 한자 3급

1703	違	辵 13획	어긋날 **위**	필순 ' 丷 ㅗ 뜌 査 韋 違
			違背 위배　違法 위법　違憲 위헌　違反 위반	
1704	緯	糸 15획	씨 **위**	(반) 經(날 경)　필순 纟 糸 紹 紹 緯 緯 緯
			經緯 경위　緯度 위도　緯線 위선　南緯 남위	
1705	酉	酉 7획	닭 **유**	필순 一 厂 厅 丙 丙 酉 酉
			酉時 유시　酉年 유년　辛酉 신유　己酉 기유	
1706	唯	口 11획	오직 **유**	필순 口 미 吖 吖 咋 唯 唯
			唯一 유일　唯獨 유독　唯諾 유락　唯物 유물	
1707	惟	心 11획	생각할 **유**	(동) 思(생각 사)　필순 ' 忄 忄 忄 惟 惟
			惟獨 유독　思惟 사유　伏惟 복유　惟政 유정	
1708	愈	心 13획	나을 **유**	필순 入 入 令 侴 俞 愈 愈
			快愈 쾌유　愈愈 유유	
1709	閏	門 12획	윤달 **윤:**	필순 丨 ｒ ｐ 門 門 閏 閏
			閏年 윤년　閏朔 윤삭　閏位 윤위　正閏 정윤	
1710	吟	口 7획	읊을 **음**	필순 ' 口 口 吖 吟 吟
			吟味 음미　吟誦 음송　吟詩 음시　愛吟 애음	
1711	泣	水 8획	울 **읍**	필순 ' 氵 氵 汁 汁 汸 泣
			哭泣 곡읍　泣訴 읍소　感泣 감읍　悲泣 비읍	
1712	凝	冫 16획	엉길 **응:**	필순 ' 冫 冫 冸 冸 凝 凝
			凝固 응고　凝滯 응체　凝結 응결　凝集 응집	
1713	矣	矢 7획	어조사 **의**	필순 ' ㄴ ㄥ ㄠ 纟 矣 矣
			矣乎 의호　汝矣島 여의도	
1714	宜	宀 8획	마땅 **의**	(동) 當(마땅 당)　필순 ' 宀 宀 宜 宜 宜 宜
			宜當 의당　便宜 편의　適宜 적의　時宜 시의	

번호	한자	부수/획수	훈음	필순 및 예
1715	而	而 6획	말이을 이	필순 一 丆 丙 而 而 而立 이립 然而 연이 似而非 사이비
1716	夷	大 6획	오랑캐 이	필순 一 二 弓 吾 夷 夷 東夷 동이 陵夷 능이 夷滅 이멸 夷俗 이속
1717	姻	女 9획	혼인 인 (동)婚(혼인할 혼)	필순 乀 女 女 如 如 姻 姻 姻戚 인척 婚姻 혼인 姻家 인가 姻姪 인질
1718	寅	宀 11획	범/동방 인	필순 宀 宀 宀 宙 宙 寅 寅 寅時 인시 寅年 인년 寅初 인초 寅正 인정
1719	恣	心 10획	방자할 자:	필순 冫 ソ 次 次 次 恣 恣 恣行 자행 放恣 방자 恣意 자의 恣樂 자락
1720	玆	玄 10획	이 자	필순 丶 亠 亠 玄 玄 玆 玆 今玆 금자 來玆 내자
1721	酌	酉 10획	술부을 작	필순 爿 爿 酉 酉 酉 酌 酌 酌定 작정 自酌 자작 參酌 참작 酌婦 작부
1722	爵	爪 18획	벼슬 작	필순 爫 爫 爫 爵 爵 爵 爵 官爵 관작 爵位 작위 伯爵 백작 公爵 공작
1723	墻	土 16획	담 장	필순 土 圢 圢 圢 坢 墻 墻 墻壁 장벽 越墻 월장 短墻 단장 土墻 토장
1724	宰	宀 10획	재상 재:	필순 宀 宀 宀 宅 宰 宰 宰 宰相 재상 宰割 재할 宰殺 재살 宰臣 재신
1725	哉	口 9획	어조사 재	필순 十 士 吉 吉 哉 哉 哉 快哉 쾌재 哉生明 재생명
1726	滴	水 14획	물방울 적	필순 氵 汀 浐 浐 滴 滴 滴 滴下 적하 滴露 적로 餘滴 여적 點滴 점적

1727	竊 (窃)	穴 22획	훔칠 절	竊盜 절도, 竊取 절취, 竊念 절념, 竊食 절식
1728	蝶	虫 15획	나비 접	蝶泳 접영, 胡蝶 호접, 蝶夢 접몽, 黃蝶 황접
1729	訂	言 9획	바로잡을 정	訂正 정정, 改訂 개정, 校訂 교정, 修訂 수정
1730	堤	土 12획	둑 제	堤防 제방, 突堤 돌제, 防波堤 방파제
1731	燥	火 17획	마를 조	乾燥 건조, 燥濕 조습, 燥熱 조열, 燥葉 조엽
1732	弔	弓 4획	조상할 조: (반)慶(경사 경)	慶弔 경조, 弔詞 조사, 弔問 조문, 弔喪 조상
1733	拙	手 8획	못날 졸 (반)巧(공교할 교)	拙劣 졸렬, 拙速 졸속, 拙作 졸작, 巧拙 교졸
1734	佐	人 7획	도울 좌:	補佐 보좌, 贊佐 찬좌, 上佐 상좌, 保佐 보좌
1735	舟	舟 6획	배 주	片舟 편주, 舟遊 주유, 舟橋 주교, 舟子 주자
1736	俊	人 9획	준걸 준:	俊傑 준걸, 俊秀 준수, 俊骨 준골, 俊敏 준민
1737	遵	辵 16획	좇을 준:	遵據 준거, 遵守 준수, 遵法 준법, 遵用 준용
1738	贈	貝 19획	줄 증	贈與 증여, 寄贈 기증, 追贈 추증, 惠贈 혜증

1739	只	口 5획	다만 지	但只 단지　只今 지금	필순 ﾉ 冂 冂 只 只
1740	遲	辶 16획	더딜/늦을 지 (반)速(빠를 속)	遲刻 지각　遲延 지연　遲滯 지체　遲留 지류	필순 尸 尸 尸 屖 屖 犀 遲
1741	姪	女 9획	조카 질 (반)叔(아재비 숙)	姪女 질녀　姪婦 질부　堂姪 당질　叔姪 숙질	필순 ㄑ 女 女 女 妒 妒 姪 姪
1742	懲	心 19획	징계할 징	懲戒 징계　懲惡 징악　懲罰 징벌　懲役 징역	필순 彳 犭 徣 徬 徵 懲 懲
1743	且	一 5획	또 차:	況且 황차　且置 차치　重且大 중차대	필순 丨 冂 月 月 且
1744	捉	手 10획	잡을 착 (동)捕(잡을 포)	捕捉 포착　捉去 착거　捉送 착송　捉囚 착수	필순 一 扌 扌 打 护 护 捉 捉
1745	慘	心 14획	참혹할 참	慘敗 참패　慘狀 참상　慘變 참변　慘事 참사	필순 ㆍ 忄 忄 忄 忄 忄 慘 慘
1746	慙	心 15획	부끄러울 참	慙愧 참괴　慙悔 참회　慙慨 참개　慙德 참덕	필순 車 車 斬 斬 斬 慙 慙
1747	暢	日 14획	화창할 창:	方暢 방창　暢快 창쾌　暢達 창달　和暢 화창	필순 日 申 旸 旸 旸 暢 暢 暢
1748	斥	斤 5획	물리칠 척	排斥 배척　斥邪 척사　斥和 척화　斥候 척후	필순 ﾉ 厂 斤 斥 斥
1749	薦	艸 17획	천거할 천:	薦擧 천거　推薦 추천　公薦 공천　自薦 자천	필순 艹 产 产 产 薦 薦 薦
1750	尖	小 6획	뾰족할 첨	尖端 첨단　尖銳 첨예　尖兵 첨병　尖塔 첨탑	필순 ﾉ 刂 小 小 尖 尖

번호	한자	부수/획수	훈음	반의어	필순
1751	添	水 11획	더할 첨	削(깎을 삭)	氵汙沃添添添添

添削 첨삭   添加 첨가   添附 첨부   別添 별첨

| 1752 | 妾 | 女 8획 | 첩 첩 | | 亠亠立立立妾妾 |

妾室 첩실   妾出 첩출   愛妾 애첩   臣妾 신첩

| 1753 | 晴 | 日 12획 | 갤 청 | | 日 旷旷旷晴晴晴 |

快晴 쾌청   晴空 청공   晴雨 청우   晴天 청천

| 1754 | 逮 | 辵 12획 | 잡을 체 | | 彐申聿隶逮 |

逮繫 체계   逮捕 체포   連逮 연체   逮夜 체야

| 1755 | 替 | 日 12획 | 바꿀 체 | | 二 失 扶 扶 替 替 |

交替 교체   代替 대체   移替 이체   替換 체환

| 1756 | 遞(逓) | 辵 14획 | 갈릴 체 | | 厂 广 庐 虒 遞 |

遞減 체감   郵遞 우체   遞信 체신   遞增 체증

| 1757 | 抄 | 手 7획 | 뽑을 초 | | 扌 扒 抄 |

抄本 초본   抄略 초략   抄錄 초록   抄集 초집

| 1758 | 秒 | 禾 9획 | 분초 초 | | 千 禾 利 利 秒 秒 |

秒速 초속   秒針 초침   分秒 분초   閏秒 윤초

| 1759 | 燭 | 火 17획 | 촛불 촉 | | 火 炉 炉 焪 烱 燭 燭 |

華燭 화촉   燭光 촉광   燭臺 촉대   燭淚 촉루

| 1760 | 聰 | 耳 17획 | 귀밝을 총 | | 耳 耶 耶 聰 聰 聰 |

聰氣 총기   聰明 총명   聰敏 총민   聰俊 총준

| 1761 | 抽 | 手 8획 | 뽑을 추 | | 扌 扌 扫 抽 抽 |

抽象 추상   抽出 추출   抽拔 추발   抽身 추신

| 1762 | 醜 | 酉 17획 | 추할 추 | 美(아름다울 미) | 酉 酉 酉 酌 酌 醜 醜 |

醜物 추물   美醜 미추   醜惡 추악   醜雜 추잡

번호	한자	부수/획수	훈음	필순
1763	丑	一 4획	소 축	필순 フ フ 刃 丑
			丑時 축시　丑年 축년　丑末 축말　丑方 축방	
1764	逐	辵 11획	쫓을 축	필순 一 丆 丂 豕 豕 豕 逐
			逐邪 축사　逐出 축출　角逐 각축　逐斥 축척	
1765	臭	自 10획	냄새 취:	필순 ′ 冂 白 自 皀 臭 臭
			惡臭 악취　體臭 체취　脫臭 탈취　口臭 구취	
1766	枕	木 8획	베개 침:	필순 一 十 才 木 ホ 朳 枕 枕
			木枕 목침　高枕 고침　枕席 침석　枕上 침상	
1767	妥	女 7획	온당할 타:	필순 ′ ′ ′ ′ ′ 妥 妥
			妥結 타결　妥當 타당　妥協 타협　妥議 타의	
1768	墮	土 15획	떨어질 타:	필순 ′ 阝 阝 阼 隋 隋 墮
			墮落 타락　墮淚 타루　失墮 실타　墮漏 타루	
1769	托	手 6획	맡길 탁	필순 一 十 扌 扌 扞 托
			依托 의탁　托生 탁생　托身 탁신　假托 가탁	
1770	濁	水 16획	흐릴 탁 (반) 淸(맑을 청)	필순 氵 沪 沪 沪 濁 濁 濁
			淸濁 청탁　混濁 혼탁　鈍濁 둔탁　濁酒 탁주	
1771	濯	水 17획	씻을 탁 (동) 洗(씻을 세)	필순 氵 沪 沪 沪 澤 濯 濯
			洗濯 세탁　濯足 탁족	
1772	誕	言 14획	낳을/거짓 탄:	필순 ′ 言 言 計 証 誕 誕
			誕降 탄강　誕辰 탄신　誕生 탄생　誕日 탄일	
1773	貪	貝 11획	탐낼 탐 (동) 慾(욕심 욕)	필순 ′ 人 今 今 貪 貪 貪
			貪官 탐관　貪慾 탐욕　貪食 탐식　貪色 탐색	
1774	怠	心 9획	게으를 태: (반) 勤(부지런할 근)	필순 ′ ′ ′ 台 台 怠 怠 怠
			勤怠 근태　怠慢 태만　過怠料 과태료	

1775	頗	頁 14획	자못 **파**	필순 ⼚ ⼴ 皮 皮 皮 頗 頗	頗多 파다 偏頗 편파
1776	罷	网 15획	마칠 **파:**	필순 ⼀ ⺲ ⺲ 罒 罷 罷 罷	罷免 파면 罷業 파업 罷場 파장 罷職 파직
1777	播	手 15획	뿌릴 **파(:)**	필순 ⼿ 扌 扩 拌 捵 播 播	播種 파종 傳播 전파 播遷 파천 播多 파다
1778	把	手 7획	잡을 **파:**	필순 ⼀ ⼗ 扌 扌 扌 把 把	把守 파수 把持 파지 劍把 검파 把手 파수
1779	販	貝 11획	팔 **판** (동)賣(팔매)	필순 ⽬ ⽬ ⽬ ⽬ 貝 販 販	販賣 판매 販促 판촉 街販 가판 總販 총판
1780	貝	貝 7획	조개 **패:**	필순 ⼁ ⼝ ⼏ ⼏ ⽬ ⽬ 貝	貝類 패류 貝物 패물 貝石 패석 魚貝 어패
1781	遍	辶 13획	두루 **편**	필순 ⼾ ⼾ 戶 局 扁 扁 遍	普遍 보편 遍歷 편력 遍在 편재 遍散 편산
1782	蔽	艸 16획	덮을 **폐:**	필순 ⺾ ⺾ 芇 芇 蔽 蔽	隱蔽 은폐 蔽護 폐호 建蔽率 건폐율
1783	幣	巾 15획	화폐/폐백 **폐:**	필순 ⼧ 尚 尚 尚 敝 幣 幣	幣聘 폐빙 僞幣 위폐 紙幣 지폐 貨幣 화폐
1784	抱	手 8획	안을 **포:**	필순 ⼀ ⼗ 扌 扌 扌 扚 抱 抱	懷抱 회포 抱負 포부 抱合 포합 抱主 포주
1785	飽	食 14획	배부를 **포:**	필순 ⼈ ⼊ ⾷ 食 飣 飿 飽	飽腹 포복 暖飽 난포 飽滿 포만 飽和 포화
1786	幅	巾 12획	폭 **폭**	필순 ⼝ ⼱ ⼱ 帄 幅 幅 幅	步幅 보폭 增幅 증폭 振幅 진폭 畫幅 화폭

번호	한자	부수/획수	훈음	필순 및 예
1787	漂	水 14획	떠다닐 표	필순: 氵汙汙洒漂漂漂 漂泊 표박 漂流 표류 浮漂 부표 漂白 표백
1788	匹	匚 4획	짝 필	필순: 一 厂 兀 匹 配匹 배필 匹夫 필부 匹婦 필부 匹敵 필적
1789	旱	日 7획	가물 한:	필순: 丨 口 日 日 旦 旱 旱災 한재 旱害 한해 旱熱 한열 旱天 한천
1790	咸	口 9획	다 함	필순: 一 厂 厂 厂 咸 咸 咸 咸興 함흥 咸告 함고 咸氏 함씨 咸池 함지
1791	巷	己 9획	거리 항:	필순: 一 卄 丑 共 巷 巷 巷間 항간 巷說 항설 巷歌 항가 巷議 항의
1792	亥	亠 6획	돼지 해	필순: 一 二 亠 亥 亥 亥 亥時 해시 亥年 해년 亥末 해말 亥方 해방
1793	該	言 13획	갖출/마땅 해	필순: 言 言 訂 該 該 該 該當 해당 該博 해박 該地 해지 該貫 해관
1794	奚	大 10획	어찌 해	필순: 一 爫 爫 巠 쯮 奚 奚琴 해금 奚奴 해노
1795	享	亠 8획	누릴 향:	필순: 一 亠 亠 宁 宁 亨 享 享有 향유 享樂 향락 享壽 향수 享年 향년
1796	軒	車 10획	집 헌	필순: 車 車 車 軒 軒 東軒 동헌 軒燈 헌등 烏竹軒 오죽헌
1797	絃	糸 11획	줄 현	필순: 糸 糸 糽 絃 絃樂 현악 續絃 속현 管絃 관현 絶絃 절현
1798	縣 県	糸 16획	고을 현:	필순: 目 且 県 県 縣 縣 縣監 현감 縣令 현령

3급

169

번호	한자	부수/획수	훈음	필순 및 예
1799	嫌	女 13획	싫어할 혐	필순: 女 女 女 妒 妒 嫌 嫌 嫌 嫌惡 혐오 嫌畏 혐외 嫌疑 혐의 嫌忌 혐기
1800	亨	亠 7획	형통할 형	필순: 亠 一 亠 亨 亨 亨 亨 亨通 형통 亨國 형국
1801	螢 (蛍)	虫 16획	반딧불 형	필순: 艹 炏 炏 炏 炏 螢 螢 螢 螢光 형광 螢雪 형설 螢案 형안 螢窓 형창
1802	兮	八 4획	어조사 혜	필순: 八 八 公 兮 ~兮 ~혜 罔兮 망혜
1803	互	二 4획	서로 호: (동)相(서로 상)	필순: 一 工 互 互 相互 상호 互換 호환 互角 호각 互惠 호혜
1804	乎	丿 5획	어조사 호	필순: 丿 乊 丷 亚 乎 斷乎 단호 確乎 확호
1805	毫	毛 11획	터럭 호	필순: 亠 古 古 高 亭 豪 毫 秋毫 추호 揮毫 휘호 一毫 일호 毫髮 호발
1806	昏	日 8획	어두울 혼	필순: 匕 匕 氏 氏 昏 昏 昏 昏睡 혼수 黃昏 황혼 昏絶 혼절 昏亂 혼란
1807	弘	弓 5획	클/넓을 홍	필순: ᄀ ᄀ 弓 弘 弘 弘報 홍보 弘大 홍대 弘基 홍기 弘益 홍익
1808	鴻	鳥 17획	기러기 홍	필순: 氵 氵 沪 沪 沪 鴻 鴻 鴻雁 홍안 鴻業 홍업 鴻志 홍지 鴻恩 홍은
1809	禾	禾 5획	벼 화	필순: 一 二 千 禾 禾 禾穀 화곡 晚禾 만화 禾苗 화묘 田禾 전화
1810	穫	禾 19획	거둘 확 (동)收(거둘 수)	필순: 禾 禾 和 秆 秆 稑 穫 穫 收穫 수확 秋穫 추확

1811	擴 (拡)	手 18획	넓힐 **확**	필순 扌 扩 护 擴 擴 擴
			擴張 확장　擴散 확산　擴大 확대　擴充 확충	
1812	丸	丶 3획	둥글 **환**	필순 丿 九 丸
			丸藥 환약　彈丸 탄환　砲丸 포환　逸丸 일환	
1813	曉	日 16획	새벽/깨달을 **효:**	필순 日 旷 咭 睦 睦 曉
			曉星 효성　曉月 효월　曉天 효천　曉達 효달	
1814	侯	人 9획	제후/임금 **후**	필순 亻 亻 亻 仟 仟 侯 侯
			王侯 왕후　諸侯 제후　侯爵 후작　君侯 군후	
1815	毁	殳 13획	헐 **훼:**	필순 ′ ′ ′ 臼 毁 毁 毁
			毁傷 훼상　毁損 훼손　毁破 훼파　毁滅 훼멸	
1816	輝	車 15획	빛날 **휘**	필순 ⺌ 光 扩 𤉒 𤎼 煇 輝
			光輝 광휘　輝度 휘도　輝線 휘선　輝光 휘광	
1817	携	手 13획	이끌 **휴**	필순 扌 扩 扩 拮 拷 携
			携帶 휴대　提携 제휴　携行 휴행　必携 필휴	

2급 한자능력검정용 급수별 한자

출제기준	읽기배정	쓰기배정	독음	훈음	장단음	반의어	완성형	부수	동의어	동음이의어	풀이	필순	약자	한자쓰기
	2,355	1,817	45	27	5	10	10	5	5	5	0	3	30

1818 葛 (13획) 艸 / 칡 **갈** / 짜임 ++ + 曷
葛藤 갈등 葛根 갈근 葛粉 갈분 葛布 갈포

1819 憾 (16획) 心 / 섭섭할 **감:** / (동) 怨(원망할 원) / 짜임 忄 + 感
憾情 감정 憾怨 감원 憾悔 감회 遺憾 유감

1820 坑 (7획) 土 / 구덩이 **갱** / 짜임 土 + 亢
坑儒 갱유 鋼坑 강갱 炭坑 탄갱 坑道 갱도

1821 揭 (12획) 手 / 들/걸 **게:** / 짜임 扌 + 曷
揭揚 게양 揭載 게재 揭示 게시 揭告 게고

1822 憩 (16획) 心 / 쉴 **게:** / (동) 休(쉴 휴)/息(쉴 식) / 짜임 舌 + 息
憩息 게식 休憩 휴게 憩泊 게박 憩止 게지

1823 雇 (12획) 隹 / 품팔 **고** / (동) 傭(품팔 용) / 짜임 戶 + 隹
雇傭 고용 雇役 고역 解雇 해고 雇賃 고임

1824 戈 (4획) 戈 / 창 **과** / (반) 干(방패 간) / 짜임 戈 (一 弋 戈 戈)
干戈 간과 戈矛 과모 戈劍 과검 戈兵 과병

1825 瓜 (5획) 瓜 / 오이 **과** / 짜임 瓜 (一 厂 爪 瓜 瓜)
破瓜 파과 瓜田 과전 瓜葛 과갈 瓜滿 과만

1826 菓 (12획) 艸 / 과자/실과 **과** / 짜임 ++ + 果
菓子 과자 茶菓 다과 製菓 제과 氷菓 빙과

1827 款 (12획) 欠 / 항목 **관** / (동) 項(항목 항) / 짜임 士 + 示 + 欠
借款 차관 落款 낙관 定款 정관 約款 약관

#	漢字	部首	訓音	획수	짝입	예시
1828	傀	人	허수아비 괴(:)	12획	亻+鬼	傀奇 괴기 傀儡 괴구 傀然 괴연 傀網 괴망
1829	絞	糸	목맬 교	12획	糸+交	絞臺 교대 絞殺 교살 絞首 교수 絞死 교사
1830	僑	人	더부살이 교	14획	亻+喬	僑民 교민 僑胞 교포 華僑 화교 僑居 교거
1831	膠	肉	아교 교	15획	月+翏	阿膠 아교 膠着 교착 膠漆 교칠 膠質 교질
1832	購	貝	살 구 (동)買(살 매)	17획	貝+冓	購買 구매 購讀 구독 購販 구판 購入 구입
1833	歐	欠	구라파/칠 구 (동)打(칠 타)	15획	區+欠	歐美 구미 歐洲 구주 西歐 서구 歐刀 구도
1834	鷗	鳥	갈매기 구	22획	區+鳥	白鷗 백구 海鷗 해구 鷗盟 구맹 鷗汀 구정
1835	掘	手	팔 굴	11획	扌+屈	盜掘 도굴 發掘 발굴 採掘 채굴 掘檢 굴검
1836	窟	穴	굴 굴(:) (동)穴(굴 혈)	13획	穴+屈	巢窟 소굴 洞窟 동굴 土窟 토굴 窟居 굴거
1837	圈	囗	우리 권	11획	囗+卷	野圈 야권 商圈 상권 圈內 권내 圈域 권역
1838	闕	門	대궐/빠질 궐	18획	門+欮	宮闕 궁궐 補闕 보궐 闕內 궐내 闕然 궐연
1839	閨	門	안방 규 (동)房(방 방)	14획	門+圭	閨房 규방 閨秀 규수 閨範 규범 閨中 규중

번호	한자	부수/획수	훈음	비고	짜임	용례
1840	棋	木 12획	바둑/장기 기		木+其	棋士 기사 棋局 기국 棋院 기원 棋聖 기성
1841	濃	水 16획	짙을 농	(반) 淡(맑을 담)	氵+農	濃淡 농담 濃厚 농후 濃度 농도 濃縮 농축
1842	尿	尸 7획	오줌 뇨		尸+水	頻尿 빈뇨 放尿 방뇨 糖尿 당뇨 排尿 배뇨
1843	尼	尸 5획	여승 니		尸+匕	僧尼 승니 仲尼 중니 比丘尼 비구니
1844	溺	水 13획	빠질 닉	(동) 沒(빠질 몰)	氵+弱	溺死 익사 沒溺 몰닉 耽溺 탐닉 溺沒 익몰
1845	鍛	金 17획	쇠불릴 단	(동) 鍊(단련할 련)	金+段	鍛鍊 단련 鍛工 단공 鍛壓 단압 鍛鐵 단철
1846	潭	水 15획	못 담	(동) 沼(못 소)/淵(못 연)	氵+覃	潭根 담근 潭淵 담연 白鹿潭 백록담
1847 胆	膽	肉 17획	쓸개 담:		月+詹	膽石 담석 膽力 담력 肝膽 간담 落膽 낙담
1848	垈	土 8획	집터 대		代+土	垈地 대지 空垈 공대 落星垈 낙성대
1849	戴	戈 17획	일 대:		𢦏+異	推戴 추대 戴冠 대관 負戴 부대 奉戴 봉대
1850	悼	心 11획	슬퍼할 도		忄+卓	哀悼 애도 追悼 추도 悼惜 도석 痛悼 통도
1851	桐	木 10획	오동나무 동		木+同	梧桐 오동 桐油 동유 桐君 동군 刺桐 자동

번호	한자	부수/획수	훈음	짝임	용례
1852	棟	木 12획	마룻대 **동**	木+東	充棟충동 病棟병동 棟梁동량 棟宇동우
1853	謄	言 17획	베낄 **등** (동) 寫(베낄 사)	朕+言	謄寫등사 謄抄등초 謄本등본 照謄조등
1854	藤	艸 19획	등나무 **등**	艹+滕	藤架등가 藤柳등류 藤梨등리 藤床등상
1855	裸	衣 13획	벗을 **라:**	衤+果	裸麥나맥 裸體나체 赤裸적나 全裸전라
1856	洛	水 9획	물이름 **락**	氵+各	洛陽낙양 洛誦낙송 洛水낙수 洛花낙화
1857	爛	火 21획	빛날 **란:**	火+闌	爛漫난만 爛發난발 能爛능란 爛開난개
1858	藍	艸 18획	쪽 **람**	艹+監	藍碧남벽 出藍출람 藍色남색 靑藍청람
1859	拉	手 8획	끌어갈 **랍**	扌+立	拉致납치 被拉피랍 拉北납북 拉殺납살
1860	輛	車 15획	수레 **량**	車+兩	車輛차량
1861	煉	火 13획	달굴 **련:**	火+東	煉炭연탄 煉丹연단 煉瓦연와 煉乳연유
1862	籠	竹 22획	대바구니 **롱(:)**	⺮+龍	籠球농구 籠絡농락 籠城농성 藥籠약롱
1863	療	疒 17획	병고칠 **료**	疒+尞	醫療의료 診療진료 治療치료 療養요양

1864	硫 石 12획	유황 **류** 硫黃 유황 硫氣孔 유기공	짜임 石+充
1865	謬 言 18획	그르칠 **류(:)** 동 誤(그르칠 오) 誤謬 오류 糾謬 규류 謬例 유례 謬旨 유지	짜임 言+翏
1866	摩 手 15획	문지를 **마** 摩滅 마멸 摩切 마절 摩天樓 마천루	짜임 麻+手
1867	魔 鬼 21획	마귀 **마** 동 鬼(귀신 귀) 魔鬼 마귀 魔法 마법 魔術 마술 病魔 병마	짜임 麻+鬼
1868	痲 疒 13획	저릴 **마** 痲藥 마약 痲醉 마취 痲木 마목 脚痲 각마	짜임 疒+林
1869	膜 肉 15획	막/꺼풀 **막** 筋膜 근막 角膜 각막 鼓膜 고막 結膜 결막	짜임 月+莫
1870	娩 女 10획	낳을 **만:** 娩痛 만통 順娩 순만 分娩 분만 解娩 해만	짜임 女+免
1871	灣(湾) 水 25획	물굽이 **만** 臺灣 대만 港灣 항만 灣曲 만곡 灣入 만입	짜임 氵+彎
1872	蠻(蛮) 虫 25획	오랑캐 **만** 蠻夷 만이 蠻勇 만용 野蠻 야만 蠻行 만행	짜임 䜌+虫
1873	網 糸 14획	그물 **망** 法網 법망 漁網 어망 鐵網 철망 網膜 망막	짜임 糸+罔
1874	魅 鬼 15획	매혹할 **매.** 魅了 매료 魅惑 매혹 魅力 매력 妖魅 요매	짜임 鬼+未
1875	枚 木 8획	낱 **매** 枚擧 매거 枚數 매수 枚卜 매복 枚移 매이	짜임 木+攵

1876	蔑	艸 15획	업신여길 **멸**	짜임 ++ +四+戌

侮蔑 모멸　蔑視 멸시　輕蔑 경멸　陵蔑 능멸

1877	矛	矛 5획	창 **모** 동盾(방패 순) 동戈(창 과)	짜임 矛 (フマユ予矛)

矛盾 모순　矛戈 모과　霜矛 상모　戈矛 과모

1878	帽	巾 12획	모자 **모**	짜임 巾+冒

脫帽 탈모　帽子 모자　禮帽 예모　鐵帽 철모

1879	沐	水 7획	머리감을 **목** 동浴(목욕할 욕)	짜임 氵+木

沐浴 목욕　洗沐 세목　沐髮 목발　沐露 목로

1880	紊	糸 10획	문란할/어지러울 **문** 동亂(어지러울 란)	짜임 文+糸

紊亂 문란　紊棄 문기

1881	舶	舟 11획	큰배 **박** 동船(배 선)	짜임 舟+白

船舶 선박　舶賈 박고　舶物 박물　舶載 박재

1882	搬	手 13획	운반할 **반** 동運(운전 운)	짜임 扌+般

運搬 운반　搬入 반입　搬出 반출　搬船 반선

1883	紡	糸 10획	길쌈 **방** 동績(길쌈 적)/織(짤 직)	짜임 糸+方

紡績 방적　紡織 방직　絹紡 견방　混紡 혼방

1884	賠	貝 15획	물어줄 **배**	짜임 貝+咅

賠償 배상　賠款 배관　賠補 배보　賠還 배환

1885	俳	人 10획	배우 **배**	짜임 亻+非

俳優 배우　俳歌 배가　俳唱 배창　俳體 배체

1886	柏	木 9획	잣나무 **백**	짜임 木+白

冬柏 동백　松柏 송백　側柏 측백　柏峙 백치

1887	閥	門 14획	문벌 **벌**	짜임 門+伐

財閥 재벌　族閥 족벌　派閥 파벌　學閥 학벌

1888	汎	水 6획	넓을/뜰 **범**:	짜임 氵+凡
			汎濫 범람 汎論 범론 汎國民的 범국민적	
1889	僻	人 15획	궁벽할 **벽**	짜임 亻+辟
			僻境 벽경 偏僻 편벽 僻地 벽지 窮僻 궁벽	
1890	倂	人 10획	아우를 **병** 동合(합할 합)	짜임 亻+幷
			倂記 병기 倂合 병합 倂設 병설 倂行 병행	
1891	俸	人 10획	녹 **봉**: 동祿(녹 록)	짜임 亻+奉
			祿俸 녹봉 俸給 봉급 減俸 감봉 薄俸 박봉	
1892	縫	糸 17획	꿰맬 **봉**	짜임 糸+逢
			縫合 봉합 縫製 봉제 假縫 가봉 縫刺 봉자	
1893	膚	肉 15획	살갗 **부**	짜임 虍+胃
			皮膚 피부 膚敏 부민 膚淺 부천 膚汗 부한	
1894	敷 勇	攴 15획	펼 **부**(:)	짜임 =敷→尃+攵
			敷演 부연 敷設 부설 敷地 부지 敷衍 부연	
1895	弗	弓 5획	아닐 **불**	짜임 弓+丨
			弗素 불소 弗貨 불화 一億弗 일억불	
1896	匪	匚 10획	비적/도적 **비**:	짜임 匚+非
			匪賊 비적 共匪 공비 匪徒 비도 匪席 비석	
1897	唆	口 10획	부추길 **사**	짜임 口+夋
			示唆 시사 敎唆 교사	
1898	赦	赤 11획	용서할 **사**:	짜임 赤+攵
			赦免 사면 貰赦 세사 特赦 특사 赦罪 사죄	
1899	飼	食 14획	기를/먹일 **사** 동育(기를 육)	짜임 倉+司
			飼料 사료 飼育 사육 飼畜 사축 放飼 방사	

1900	傘	人 12획	우산 **산**	짜임 (ノ 八 八 个 佥 伞 傘)
			陽傘 양산 雨傘 우산 洋傘 양산 傘下 산하	

1901	酸	酉 14획	실 **산**	짜임 酉+夋
			酸素 산소 鹽酸 염산 乳酸菌 유산균	

1902	蔘	艸 15획	삼 **삼**	짜임 艹+參
			乾蔘 건삼 紅蔘 홍삼 水蔘 수삼 白蔘 백삼	

1903 挿	揷	手 12획	꽂을/끼울 **삽**	짜임 扌+臿
			揷架 삽가 揷入 삽입 揷畫 삽화 揷話 삽화	

1904	箱	竹 15획	상자 **상**	짜임 ⺮+相
			箱子 상자 箱籠 상롱 蜂箱 봉상 魂箱 혼상	

1905	瑞	玉 13획	상서로울 **서**: 동祥(상서 상)	짜임 王+耑
			祥瑞 상서 慶瑞 경서 靈瑞 영서 徵瑞 징서	

1906	碩	石 14획	클 **석**	짜임 石+頁
			碩學 석학 碩德 석덕 碩士 석사 碩師 석사	

1907	繕	糸 18획	기울 **선**:	짜임 糸+善
			修繕 수선 繕補 선보 繕營 선영 繕造 선조	

1908 纖	纖	糸 23획	가늘 **섬** 동細(가늘 세)	짜임 糸+韱
			纖細 섬세 纖維 섬유 化纖 화섬 纖巧 섬교	

1909	貰	貝 12획	세놓을 **세**:	짜임 世+貝
			專貰 전세 月貰 월세 貰房 셋방/세방(×)	

1910	紹	糸 11획	이을 **소** 동絶(끊을 절)	짜임 糸+召
			紹介 소개 紹繼 소계 紹承 소승 紹志 소지	

1911	盾	目 9획	방패 **순**	짜임 盾 (厂厂厂厅盾盾盾)
			盾戈 순과 盾鼻 순비 圓盾 원순 戈盾 과순	

급수별 한자 2급

번호	한자	부수	훈음	짜임	예
1912	升	十 / 4획	되/오를 승	곳 (´ ´ ㅜ 升)	升降 승강 升騰 승등 升遷 승천 升啓 승계
1913	屍	尸 / 9획	주검 시:	尸+死	屍體 시체 屍身 시신 屍室 시실 檢屍 검시
1914	殖	歹 / 12획	불릴 식	歹+直	殖産 식산 播殖 파식 繁殖 번식 利殖 이식
1915	紳	糸 / 11획	띠 신:	糸+申	紳士 신사 紳商 신상 高紳 고신 貴紳 귀신
1916 腎	腎	肉 / 12획	콩팥 신:	臤+月	腎臟 신장 腎腸 신장 腎虛 신허 補腎 보신
1917	握	手 / 12획	쥘 악	扌+屋	把握 파악 握手 악수 掌握 장악 握卷 악권
1918	癌	疒 / 17획	암 암:	疒+嵒	肺癌 폐암 肝癌 간암 胃癌 위암 抗癌 항암
1919	礙	石 / 19획	거리낄 애	石+疑	障礙 장애 拘礙 구애 妨礙 방애 沮礙 저애
1920	惹	心 / 13획	이끌 야	若+心	惹起 야기 惹端 야단 惹出 야출
1921 孃	孃	女 / 20획	아가씨 양	女+襄	金孃 김양 老孃 노양 野孃 야양 令孃 영양
1922	硯	石 / 12획	벼루 연:	石+見	硯滴 연적 硯蓋 연개 硯臺 연대 硯池 연지
1923	厭	厂 / 14획	싫어할 염:	厂+猒	厭症 염증 嫌厭 혐염 厭世 염세 厭惡 염오

1924 預 13획	頁	맡길/미리 예:	짜임 予+頁	
		預金 예금 預置 예치 預託 예탁 預度 예탁		
1925 梧 11획	木	오동나무 오 동 桐(오동나무 동)	짜임 木+吾	
		梧葉 오엽 梧右 오우 梧月 오월 梧下 오하		
1926 穩 19획	禾	편안할 온: 동 全(온전 전)	짜임 禾+㥯	
		穩健 온건 穩當 온당 穩全 온전 平穩 평온		
1927 歪 9획	止	기울 왜/외	짜임 不+正	
		歪曲 왜곡 歪力 왜력 歪形 왜형 舌歪 설왜		
1928 妖 7획	女	요사할 요	짜임 女+夭	
		妖怪 요괴 妖鬼 요귀 妖妄 요망 妖邪 요사		
1929 傭 13획	人	품팔 용	짜임 亻+庸	
		傭兵 용병 傭役 용역 傭賃 용임 日傭 일용		
1930 熔 14획	火	녹을 용	짜임 火+容	
		熔巖 용암 熔解 용해 熔鑛 용광 熔融 용융		
1931 鬱 鬱 29획	鬯	답답할 울	짜임 林+缶+冖+鬯+彡	
		抑鬱 억울 鬱蒼 울창 憂鬱 우울 鬱憤 울분		
1932 苑 9획	艸	나라동산 원	짜임 艹+夗	
		祕苑 비원 池苑 지원 筆苑 필원 內苑 내원		
1933 尉 11획	寸	벼슬 위	짜임 尸+示+寸	
		尉官 위관 少尉 소위 大尉 대위 准尉 준위		
1934 融 16획	虫	녹을 융	짜임 鬲+虫	
		融液 융액 融資 융자 融通 융통 融合 융합		
1935 貳 弍 12획	貝	두 이:	짜임 弋+二+貝	
		貳極 이극 貳心 이심 壹貳參 일이삼		

급수별 한자 2급

번호	한자	부수/획수	훈음	짜임	용례
1936	刃	刀 / 3획	칼날 인	刀+、	自刃 자인 刃傷 인상 兵刃 병인 銳刃 예인
1937	壹(壱)	士 / 12획	한 일	壺+吉	壹萬 일만 壹千 일천 壹是 일시 壹意 일의
1938	妊	女 / 7획	아이밸 임:	女+壬	妊婦 임부 避妊 피임 懷妊 회임 妊産 임산
1939	磁	石 / 14획	자석 자	石+兹	磁極 자극 磁性 자성 電磁 전자 磁針 자침
1940	諮	言 / 16획	물을 자: (동)問(물을 문)	言+咨	諮謀 자모 諮問 자문 諮決 자결 諮議 자의
1941	雌	佳 / 13획	암컷 자 (반)雄(수컷 웅)	此+佳	雌雄 자웅 雌性 자성 雌伏 자복 雌犬 자견
1942	蠶(蚕)	虫 / 24획	누에 잠	朁+䖝	蠶食 잠식 蠶室 잠실 養蠶 양잠 蠶農 잠농
1943	沮	水 / 8획	막을 저:	氵+且	沮喪 저상 沮害 저해 沮止 저지 沮澤 저택
1944	呈	口 / 7획	드릴 정	口+壬	贈呈 증정 獻呈 헌정 呈露 정로 謹呈 근정
1945	艇	舟 / 13획	거룻배 정	舟+廷	輕艇 경정 競艇 경정 救命艇 구명정
1946	偵	人 / 11획	염탐할 정 (동)探(찾을 탐)	亻+貞	偵察 정찰 偵探 정탐 密偵 밀정 探偵 탐정
1947	劑(剤)	刀 / 16획	약제 제	齊+刂	洗劑 세제 藥劑 약제 湯劑 탕제 調劑 조제

번호	한자	부수/획수	훈음	동자	짜임	용례
1948	措	手 11획	둘 **조**		扌+昔	措置 조치 措處 조처 措辭 조사 措語 조어
1949	釣	金 11획	낚시 **조:**		金+勺	釣針 조침 釣魚 조어 釣臺 조대 釣戶 조호
1950	彫	彡 11획	새길 **조**	동 刻(새길 각)	周+彡	彫琢 조탁 彫刻 조각 彫飾 조식 浮彫 부조
1951	綜	糸 14획	모을 **종**	동 合(합할 합)	糸+宗	綜合 종합 綜覽 종람 綜務 종무 綜析 종석
1952	駐	馬 15획	머무를 **주:**	동 留(머무를 류)	馬+主	駐屯 주둔 駐在 주재 常駐 상주 駐車 주차
1953	准	冫 10획	비준 **준:**		冫+隹	批准 비준 准將 준장 認准 인준 准可 준가
1954	旨	日 6획	뜻 **지**	동 意(뜻 의)	匕+日	敎旨 교지 論旨 논지 要旨 요지 趣旨 취지
1955	脂	肉 10획	기름 **지**	동 油(기름 유)	月+旨	脂質 지질 油脂 유지 乳脂 유지 脫脂 탈지
1956	津	水 9획	나루 **진(:)**		氵+聿	津液 진액 松津 송진 天津 천진 港津 항진
1957	診	言 12획	진찰할 **진**		言+㐱	診斷 진단 診脈 진맥 診察 진찰 檢診 검진
1958	塵	土 14획	티끌 **진**		鹿+土	塵埃 진애 落塵 낙진 粉塵 분진 沙塵 사진
1959	窒	穴 11획	막힐 **질**	동 塞(막힐 색)	穴+至	窒塞 질색 窒息 질식 窒素 질소 窒死 질사

번호	한자	부수/획수	훈음	동자	짜임	용례
1960	輯	車 16획	모을 집		車+咠	編輯편집 特輯특집 輯錄집록 輯成집성
1961	遮	辵 15획	가릴 차(:)		庶+辶	遮莫차막 遮光차광 遮斷차단 遮陽차양
1962	餐	食 16획	밥/먹을 찬	(동)飯(밥 반)	歺+又+食	晚餐만찬 午餐오찬 朝餐조찬 聖餐성찬
1963	札	木 5획	편지 찰		木+乚(←乙)	書札서찰 落札낙찰 流札유찰 應札응찰
1964	刹	刀 9획	절 찰		㣿+刂	寺刹사찰 刹那찰나 古刹고찰 名刹명찰
1965	斬	斤 11획	벨/매우 참(:)		車+斤	斬新참신 斬殺참살 斬刑참형 處斬처참
1966	滄	水 13획	찰/푸를 창	(동)浪(물결 랑)	氵+倉	滄浪창랑 滄江창강 滄茫창망 滄海창해
1967	彰	彡 14획	드러날 창:		章+彡	表彰표창 彰德창덕 彰明창명 彰著창저
1968	悽	心 11획	슬퍼할 처:	(동)慘(참혹할 참)	忄+妻	悽絶처절 悽慘처참 悽戀처련 悽然처연
1969	隻	佳 10획	외짝 척		佳+又	隻步척보 隻眼척안 隻句척구 隻身척신
1970	撤	手 15획	거둘 철	(동)收(거둘 수)	扌+育+攵	撤收철수 撤廢철폐 撤回철회 撤去철거
1971	諜	言 16획	염탐할 첩		言+枼	間諜간첩 諜者첩자 諜報첩보 防諜방첩

1972	締	糸 15획	맺을 체 (동)結(맺을 결)	짜임 糸+帝
			締結 체결 締約 체약 締構 체구 締盟 체맹	

1973	哨	口 10획	망볼 초	짜임 口+肖
			哨所 초소 步哨 보초 哨戒 초계 哨兵 초병	

1974	焦	火 12획	탈/그을릴 초	짜임 隹+灬
			焦燥 초조 焦點 초점 焦眉 초미 焦勞 초로	

1975	趨	走 17획	달아날 추	짜임 走+芻
			趨勢 추세 歸趨 귀추 趨進 추진 趨向 추향	

1976	軸	車 12획	굴대 축	짜임 車+由
			主軸 주축 地軸 지축 回轉軸 회전축	

1977	蹴	足 19획	찰 축	짜임 𧾷+就
			蹴球 축구 先蹴 선축 始蹴 시축 一蹴 일축	

1978	衷	衣 10획	속마음 충	짜임 中+衣
			苦衷 고충 折衷 절충 衷情 충정 衷心 충심	

1979	炊	火 8획	불땔 취:	짜임 火+欠
			炊事 취사 自炊 자취 炊飯 취반 炊婦 취부	

1980	託	言 10획	부탁할 탁	짜임 言+乇
			託宣 탁선 結託 결탁 依託 의탁 預託 예탁	

1981	琢	玉 12획	다듬을 탁	짜임 王+豕
			琢磨 탁마 琢器 탁기 琢玉 탁옥 抽琢 추탁	

1982	胎	肉 9획	아이밸 태	짜임 月+台
			胎夢 태몽 胎盤 태반 奪胎 탈태 胎兒 태아	

1983	颱	風 14획	태풍 태	짜임 風+台
			颱風 태풍	

1984	霸	雨 21획	으뜸 패:	짜임 雨+革+月
			霸王 패왕 霸權 패권 制霸 제패 爭霸 쟁패	

1985	坪	土 8획	넓이단위 평	짜임 土+平
			坪數 평수 建坪 건평	

1986	怖	心 8획	두려워할 포	동 懼(두려워할 구)	짜임 忄+布
			恐怖 공포 怖苦 포고 怖懼 포구 怖畏 포외		

1987	抛	手 8획	던질 포	동 棄(버릴 기)	짜임 扌+九+力
			抛棄 포기 抛車 포거 抛物線 포물선		

1988	鋪	金 15획	펼/가게 포	짜임 金+甫
			店鋪 점포 鋪道 포도 鋪裝 포장 鋪陳 포진	

1989	虐	虍 9획	모질/사나울 학	짜임 =虐→虍+爪+人
			虐待 학대 虐殺 학살 殘虐 잔학 虐政 학정	

1990	翰	羽 16획	편지 한:	짜임 倝+羽
			書翰 서한 翰池 한지 翰林 한림 翰札 한찰	

1991 艦	艦	舟 20획	큰배 함:	동 船(배 선)	짜임 舟+監
			艦隊 함대 艦船 함선 潛水艦 잠수함		

1992	弦	弓 8획	활시위 현	짜임 弓+玄
			上弦 상현 下弦 하현 弦管 현관 弦琴 현금	

1993 峽	峽	山 10획	골짜기 협	동 谷(골 곡)	짜임 山+夾
			峽谷 협곡 峽雨 협우 海峽 해협 峽路 협로		

1994	型	土 9획	모형 형	짜임 刑+土
			鑄型 주형 模型 모형 原型 원형 類型 유형	

1995	濠	水 17획	호주 호	짜임 氵+豪
			濠洲 호주 濠橋 호교 外濠 외호 空濠 공호	

1996 酷 14획	酉	심할 **혹**		짜임 酉+告
		酷毒 혹독 冷酷 냉혹 酷寒 혹한 慘酷 참혹		
1997 靴 13획	革	신 **화**		짜임 革+化
		軍靴 군화 製靴 제화 短靴 단화 洋靴 양화		
1998 幻 4획	幺	헛보일 **환:**		짜임 𠃍 (乚 乚 幻)
		幻影 환영 幻滅 환멸 幻想 환상 幻廳 환청		
1999 滑 13획	水	미끄러울 **활**/익살스러울 **골**		짜임 氵+骨
		滑降 활강 圓滑 원활 滑走 활주 潤滑 윤활		
2000 廻 9획	廴	돌 **회**		짜임 廴+回
		巡廻 순회 輪廻 윤회 廻顧 회고 廻避 회피		
2001 喉 12획	口	목구멍 **후**		짜임 口+侯
		喉頭 후두 喉門 후문 喉舌 후설 喉音 후음		
2002 勳 16획	力	공 **훈**	동 功(공공)	짜임 熏+力
		勳爵 훈작 勳章 훈장 功勳 공훈 勳階 훈계		
2003 熙 13획	火	빛날 **희**		짜임 𤋳+灬
		熙笑 희소 熙隆 희륭 光熙門 광희문		
2004 噫 16획	口	한숨쉴 **희**		짜임 口+意
		噫嗚 희오 噫乎 희호 歎噫 탄희		
2005 姬 9획	女	계집 **희**		짜임 女+臣
		舞姬 무희 美姬 미희 姬娘 희랑 姬妾 희첩		

2급 성명·지명용 한자 350자

2006 **伽** 人 7획 | 절 **가** | 짜임 亻+加
伽倻 가야　僧伽 승가　伽倻琴 가야금

2007 **柯** 木 9획 | 가지 **가** | 동 條(가지 조) | 짜임 木+可
柯葉 가엽　柯條 가조　交柯 교가　庭柯 정가

2008 **軻** 車 12획 | 수레/사람이름 **가** | 짜임 車+可
孟軻 맹가　丘軻 구가

2009 **賈** 貝 13획 | 성 **가**/장사 **고** | 짜임 襾+貝
賈島 가도　賈傅 가부　賈船 고선　賈人 고인

2010 **迦** 辶 9획 | 부처이름 **가** | 짜임 加+辶
迦葉 가섭　釋迦 석가　迦維 가유　迦藍 가람

2011 **珏** 玉 9획 | 쌍옥 **각** | 짜임 王+玉

2012 **杆** 木 7획 | 몽둥이 **간** | 짜임 木+干
杆太 간태　欄杆 난간　杆城邑 간성읍

2013 **艮** 艮 6획 | 괘이름/머무를 **간** | 동 止(그칠 지) | 짜임 艮(フㄱㅋㅌㅌ艮)
艮峴 간현　艮方 간방　艮坐 간좌　艮止 간지

2014 **鞨** 革 18획 | 오랑캐이름 **갈** | 짜임 革+曷
靺鞨 말갈

2015 **邯** 邑 8획 | 사람이름 **감**/조나라 서울 **한** | 짜임 甘+阝
邯鄲 한단　姜邯贊 강감찬

2016 **岬** 山 8획 | 곶(串) **갑** | 짜임 山+甲
岬寺 갑사　岬角 갑각

2017	鉀	金 13획	갑옷 **갑** 被鉀 피갑 皮鉀 피갑	짜임 金+甲
2018	姜	女 9획	성(姓) **강** 姜希顔 강희안 姜太公 강태공	짜임 羊+女
2019	彊	弓 16획	굳셀 **강** 屈彊 굴강 力彊 역강	짜임 弓+畺
2020	疆	田 19획	지경 **강** (동)界(지경 계) 疆域 강역 疆宇 강우 新疆省 신강성	짜임 土+彊
2021	岡	山 8획	산등성이 **강** 福岡 복강 岡阜 강부 岡陵 강릉 高岡 고강	짜임 罒(←网)+山
2022	崗	山 11획	언덕 **강** 花崗岩 화강암 ※岡(강)의 俗字	짜임 山+岡
2023	价	人 6획	클 **개:** 价人 개인 使价 사개 价川郡 개천군	짜임 亻+介
2024	塏	土 13획	높은 땅 **개:** 李塏 이개 塏塏 개개 勝塏 승개	짜임 土+豈
2025	鍵	金 17획	열쇠/자물쇠 **건:** (동)關(문빗장 관) 關鍵 관건 施鍵 시건 鍵盤 건반 鍵閉 건폐	짜임 金+建
2026	杰	木 8획	뛰어날 **걸** ※傑(걸)의 俗字	짜임 木+灬
2027	桀	木 10획	하왕이름 **걸** 桀紂 걸주 夏桀 하걸 桀步 걸보 桀俊 걸준	짜임 舛+木
2028	甄	瓦 14획	질그릇 **견** (동)陶(질그릇 도) 甄萱 견훤 甄陶 견도 甄拔 견발 甄工 견공	짜임 垔+瓦

번호	한자	부수/획수	훈음	짜임	용례
2029	炅	火 8획	빛날 **경**	日+火	炅烈 경렬 寒炅 한경
2030	儆	人 15획	경계할 **경:** (동) 戒(경계할 계)	亻+敬	儆戒 경계 儆備 경비
2031	璟	玉 16획	옥빛 **경:**	王+景	宋璟 송경
2032	瓊	玉 19획	구슬 **경:** (동) 玉(구슬 옥)	王+夐	瓊姿 경자 瓊團 경단 瓊館 경관 瓊玉 경옥
2033	皐	白 11획	언덕 **고**	皐 (⺍⺈白血皐皐)	皐鼓 고고 皐陶 고요 皐蘭寺 고란사
2034	串	丨 7획	땅이름 **곶**/꿸 **관**	串 (丨口口吕吕串串)	親串 친관 甲串 갑곶 長山串 장산곶
2035	琯	玉 12획	옥피리 **관**	王+官	玉琯 옥관
2036	槐	木 14획	회화나무 **괴**	木+鬼	槐山 괴산 槐田 괴전 槐位 괴위 槐亭 괴정
2037	邱	邑 8획	언덕 **구**	丘+阝	大邱 대구 邱濬 구준 杜邱 두구
2038	玖	玉 7획	옥돌 **구**	王+久	李玖 이구 瓊玖 경구
2039	鞠	革 17획	성/국문할 **국**	革+匊	鞠育 국육 鞠塵 국진 鞠問 국문 蹴鞠 축국
2040	圭	土 6획	서옥/쌍토 **규**	圭 (一十土土丰圭)	圭角 규각 圭表 규표 圭田 규전 刀圭 도규

2041	奎	大 9획	별 **규**	짜임 大+圭
			奎星 규성 任奎 임규 奎章閣 규장각	

2042	揆	手 12획	헤아릴 **규** (동)度(헤아릴 탁)	짜임 扌+癸
			揆度 규탁 揆敍 규서 一揆 일규 揆策 규책	

2043	珪	玉 10획	홀 **규**	짜임 王+圭
			珪石 규석 珪璋 규장 趙英珪 조영규	

2044	槿	木 15획	무궁화 **근:**	짜임 木+堇
			槿域 근역 槿花 근화	

2045	瑾	玉 15획	아름다운옥 **근:**	짜임 王+堇
			細瑾 세근 懷瑾 회근	

2046	兢	儿 14획	떨릴 **긍**	짜임 克+克
			兢戒 긍계 兢懼 긍구 戰兢 전긍 兢畏 긍외	

2047	冀	八 16획	바랄 **기** (동)望(바랄 망)/願(원할 원)	짜임 北+異
			冀願 기원 冀圖 기도 冀望 기망 冀州 기주	

2048	岐	山 7획	갈림길 **기**	짜임 山+支
			岐路 기로 燕岐 연기 分岐 분기 多岐 다기	

2049	淇	水 11획	물이름 **기**	짜임 氵+其
			淇水 기수 淇河 기하	

2050	琦	玉 12획	옥이름 **기**	짜임 王+奇
			琦行 기행 琦辭 기사 宋相琦 송상기	

2051	琪	玉 12획	아름다운옥 **기**	짜임 王+其
			琪樹 기수 琪花 기화	

2052	璣	玉 16획	구슬 **기**	짜임 王+幾
			珠璣 주기 璣衡 기형	

2053	箕	竹 14획	키 기	짜임 ⺮+其	箕子 기자 箕準 기준
2054	耆	老 10획	늙은이 기 [동] 老(늙을 로)	짜임 耂+旨	耆老 기로 耆蒙 기몽 耆年 기년 耆儒 기유
2055	騏	馬 18획	준마 기	짜임 馬+其	騏驥 기기 騏驎 기린
2056	麒	鹿 19획	기린 기 [동] 麟(기린 린)	짜임 鹿+其	麒麟 기린 麒麟兒 기린아
2057	沂	水 7획	물이름 기	짜임 氵+斤	沂水 기수 沂河 기하
2058	驥	馬 27획	천리마 기	짜임 馬+冀	驥尾 기미 驥馬 기마 鄭尙驥 정상기
2059	湍	水 12획	여울 단	짜임 氵+耑	湍怒 단노 湍流 단류 湍水 단수 湍深 단심
2060	塘	土 13획	못 당	짜임 土+唐	盆塘 분당 塘池 당지 金塘寺 금당사
2061	悳	心 12획	큰 덕	짜임 直+心	※德의 古字
2062 (焘)	燾	火 18획	비칠 도	짜임 壽+灬	燾育 도육 燾載 도재
2063	惇	心 11획	도타울 돈	짜임 忄+享	惇敍 돈서 惇惠 돈혜 惇德 돈덕 惇信 돈신
2064	燉	火 16획	불빛 돈	짜임 火+敦	

2065	頓	頁 13획	조아릴 **돈**:	짜임 屯+頁
			頓舍 돈사　頓悟 돈오　異次頓 이차돈	

2066	乭	乙 6획	이름 **돌**	짜임 石+乙
			孫乭 손돌　申乭石 신돌석	

2067	董	艸 13획	바를 **동**:	동 正(바를 정)　짜임 艹+重
			董督 동독　董卓 동탁　骨董 골동　董役 동역	

2068	杜	木 7획	막을 **두**	짜임 木+土
			杜甫 두보　杜詩 두시　杜牧 두목　錢杜 전두	

2069	鄧	邑 15획	나라이름 **등**:	짜임 登+阝
			鄧艾 등애　鄧小平 등소평	

2070	萊	艸 12획	명아주 **래**	짜임 艹+來
			東萊 동래　萊蒸 내증　老萊子 노래자	

2071	亮	亠 9획	밝을 **량**	짜임 亯(←高)+儿
			淸亮 청량　亮察 양찰　諸葛亮 제갈량	

2072	樑	木 15획	들보 **량**	짜임 木+梁
			※梁의 俗字	

2073	呂	口 7획	성씨/법칙 **려**:	짜임 呂 (丶ㄇㅁㅁㅁ呂)
			呂尙 여상　呂律 여율　呂運亨 여운형	

2074	廬 (庐)	广 19획	농막집 **려**	짜임 广+盧
			廬幕 여막　廬山 여산　廬舍 여사　草廬 초려	

2075	驪	馬 29획	검은말 **려**/검은말 **리**	짜임 馬+麗
			驪州 여주　驪姬 여희　驪龍 이룡　驪珠 이주	

2076	礪	石 20획	숫돌 **려**:	짜임 石+厲
			礪山 여산　礪石 여석　礪行 여행　磨礪 마려	

2077	漣 水 14획	잔물결 **련** (동) 波(물결 파)	짜임 氵+連
		漣川 연천 漣落 연락 細漣 세련 漣漣 연련	
2078	濂 水 16획	물이름 **렴**	짜임 氵+廉
		濂溪 염계 宋奎濂 송규렴	
2079	玲 玉 9획	옥소리 **령**	짜임 玉+令
		玲玲 영령	
2080	醴 酉 20획	단술 **례:**	짜임 酉+豊
		醴泉 예천 醴酒 예주 甘醴 감례 酒醴 주례	
2081	魯 魚 15획	노나라 **로**	짜임 魚+日
		魯迅 노신 魯鈍 노둔 魯谷 노곡 魯院 노원	
2082	盧 皿 16획	성 **로**	짜임 庐+皿
		盧布 노포 盧天命 노천명	
2083	蘆 艸 20획	갈대 **로**	짜임 艹+盧
		蘆原 노원 蘆笛 노적 蘆邊 노변	
2084	鷺 鳥 23획	해오라기/백로 **로**	짜임 路+鳥
		鷺鷗 노구 白鷺 백로 鷺梁津 노량진	
2085	遼 辵 16획	멀 **료** (동) 遠(멀 원)	짜임 尞+辶
		遼東 요동 遼隔 요격 遼寧 요령 遼遠 요원	
2086	劉 刀 15획	죽일 **류**	짜임 卯+金+刂
		劉備 유비 劉邦 유방 劉向 유향 劉項 유항	
2087	崙 山 11획	산이름 **륜**	짜임 山+侖
		河崙 하윤/하륜 崑崙山 곤륜산	
2088	楞 木 13획	네모질 **릉**	짜임 木+四+方
		楞角 능각 楞嚴經 능엄경	

2089	麟	鹿 23획	기린 **린**	짜임 鹿+粦
		麟經 인경 麟孫 인손 玉麟夢 옥린몽		

2090	靺	革 14획	말갈족 **말**	짜임 革+末
		靺鞨 말갈		

2091	貊	豸 13획	맥국 **맥**	짜임 豸+百
		貊族 맥족 九貊 구맥 蠻貊 만맥		

2092	覓 覔	見 11획	찾을 **멱** 동 索(찾을 색)	짜임 爫+見
		覓得 멱득 覓來 멱래 木覓山 목멱산		

2093	冕	冂 11획	면류관 **면:**	짜임 曰(←冃)+免
		冕服 면복 冠冕 관면		

2094	沔	水 7획	물이름 **면:**	짜임 氵+丏
		沔川 면천 沔水 면수		

2095	俛	人 9획	구푸릴 **면:** 반 仰(우러를 앙)	짜임 亻+免
		俛勉 면면 俛仰 면앙 俛仰亭 면앙정		

2096	牟	牛 6획	성/보리 **모** 동 麥(보리 맥)	짜임 厶+牛
		牟利 모리 牟然 모연 牟尼 모니 牟食 모식		

2097	茅	艸 9획	띠 **모**	짜임 艹+矛
		茅屋 모옥 茅廬 모려 茅草 모초 茅軒 모헌		

2098	謨	言 18획	꾀 **모**	짜임 言+莫
		謨訓 모훈 鬼謨 귀모 洪義謨 홍의모		

2099	穆	禾 16획	화목할 **목**	짜임 穆
		穆公 목공 穆宗 목종 仁穆大妃 인목대비		

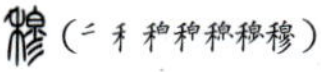

2100	昴	日 9획	별이름 **묘:**	짜임 日+卯
		昴宿 묘수 昴畢 묘필		

2101	汶	水 7획	물이름 문	짜임 氵+文
			汶山 문산 汶水 문수 龍汶 용문	
2102	彌	弓 17획	미륵/오랠 미 (동) 久(오랠 구)	짜임 弓+爾
			彌滿 미만 都彌 도미 彌阿里 미아리	
2103	旻	日 8획	하늘 민 (동) 天(하늘 천)	짜임 日+文
			旻天 민천 蒼旻 창민	
2104	旼	日 8획	화할 민	짜임 日+文
2105	玟	玉 8획	아름다운돌 민	짜임 𤣩+文
2106	珉	玉 9획	옥돌 민	짜임 𤣩+民
			刻珉 각민 徐珉濠 서민호	
2107	閔	門 12획	성 민	짜임 門+文
			閔妃 민비 閔泳煥 민영환 閔哀王 민애왕	
2108	磻	石 17획	반계 반/번	짜임 石+番
			磻溪 반계 碌磻洞 녹번동	
2109	潘	水 15획	성/뜨물 반	짜임 氵+番
			潘沐 반목 潘岳 반악	
2110	鉢	金 13획	바리때 발	짜임 金+本
			托鉢 탁발 衣鉢 의발 內鉢山 내발산	
2111	渤	水 12획	바다이름 발	짜임 氵+勃
			渤海 발해	
2112	旁	方 10획	곁 방:	짜임 㐫(←于)+方
			旁求 방구 旁註 방주 旁系 방계 旁國 방국	

2113	龐	龍 19획	높은집 **방** 龐錯 방착 龐統 방통	짜임 广+龍
2114	裵	衣 14획	성 **배** 裵度 배도 裵克廉 배극렴	짜임 衣+非
2115	筏	竹 12획	뗏목 **벌** 筏橋 벌교 筏夫 벌부	짜임 ⺮+伐
2116	范	艸 9획	성 **범:** 范鎔 범용 范增 범증	짜임 艹+氾
2117	卞	卜 4획	성/조급할 **변:** 卞急 변급 卞季良 변계량	짜임 亠+卜
2118	弁	廾 5획	고깔 **변:** 弁韓 변한 弁冕 변면	짜임 厶+廾
2119	昞	日 9획	밝을 **병:** ※昺과 同字	짜임 日+丙
2120	昺	日 9획	밝을 **병:** ※昞과 同字	짜임 日+丙
2121	柄	木 9획	자루 **병:** 柄用 병용 柄授 병수 斗柄 두병 權柄 권병	짜임 木+丙
2122	炳	火 9획	불꽃 **병:** 炳淵 병연 炳燭 병촉 趙炳玉 조병옥	짜임 火+丙
2123	秉	禾 8획	잡을 **병:** 秉權 병권 秉政 병정 孫秉熙 손병희	짜임 禾+彐
2124	甫	用 7획	클 **보:** 甫甫 보보 皇甫仁 황보인 徐日甫 서왈보	짜임 宀+田

| 2125 | 潽 | 水 15획 | 물이름 **보:** | 짜임 氵+普 |

尹潽善 윤보선

| 2126 | 輔 | 車 14획 | 도울 **보:** 동 助(도울 조) | 짜임 車+甫 |

輔弼 보필 輔佐 보좌 輔翊 보익 輔相 보상

| 2127 | 馥 | 香 18획 | 향기 **복** | 짜임 香+复 |

馥郁 복욱 馥氣 복기

| 2128 | 蓬 | 艸 15획 | 쑥 **봉** | 짜임 艹+逢 |

蓬艾 봉애 蓬頭 봉두 蓬萊山 봉래산

| 2129 | 阜 | 阜 8획 | 언덕 **부:** | 짜임 阜 (ノ丆阝阝自阜) |

曲阜 곡부 阜康 부강 高阜 고부 丘阜 구부

| 2130 | 釜 | 金 10획 | 가마 **부** | 짜임 父+金 |

釜山 부산 釜庚 부유

| 2131 | 傅 | 人 12획 | 스승 **부:** | 짜임 亻+尃 |

太傅 태부 師傅 사부 傅佐 부좌 傅說 부열

| 2132 | 芬 | 艸 8획 | 향기 **분** 동 香(향기 향) | 짜임 艹+分 |

芬香 분향 芬蘭 분란 芬皇寺 분황사

| 2133 | 鵬 | 鳥 19획 | 새 **붕** | 짜임 朋+鳥 |

鵬鳥 붕조 鵬翼 붕익 周世鵬 주세붕

| 2134 | 丕 | 一 5획 | 클 **비** | 짜임 不+一 |

丕祚 비조 丕顯 비현 丕圖 비도 丕業 비업

| 2135 | 毘 | 比 9획 | 도울 **비** | 짜임 田(←囟)+比 |

毘益 비익 毘翼 비익 毘盧峯 비로봉

| 2136 | 毖 | 比 9획 | 삼갈 **비** | 짜임 比+必 |

毖勞 비로 懲毖錄 징비록

번호	한자	부수/획수	훈음	짜임	용례
2137	彬	彡 11획	빛날 **빈**	林+彡	彬彬 빈빈 彬蔚 빈울
2138	泗	水 8획	물이름 **사:**	氵+四	泗川 사천 泗上 사상 泗水 사수 泗河 사하
2139	庠	广 9획	학교 **상** 동 校(학교 교)	广+羊	庠序 상서 庠校 상교
2140	舒	舌 12획	펼 **서:**	舍+予	舒川 서천 舒懷 서회 舒緩 서완 舒情 서정
2141	奭	大 15획	클/쌍백 **석**	大+皕	李範奭 이범석 洪奭周 홍석주
2142	晳	日 12획	밝을 **석**	析+日	明晳 명석
2143	錫	金 16획	주석 **석**	金+易	朱錫 주석 錫鑛 석광 池錫永 지석영
2144	瑄	玉 13획	도리옥 **선**	王+宣	薛瑄 설선
2145	璇	玉 15획	옥 **선**	王+旋	璇室 선실 璇珠 선주
2146	璿	玉 18획	옥 **선**	王+睿	璿宮 선궁 璿璣 선기 宋秉璿 송병선
2147	卨	卜 11획	사람이름 **설**	禼 (卜卨卨卨卨卨)	李相卨 이상설
2148	薛	艸 17획	성/대쑥 **설**	艹+辥	薛聰 설총 薛景成 설경성 薛仁貴 설인귀

번호	한자	부수/획수	뜻/음	짜임	용례
2149	陝	阜 / 10획	땅이름 섬	阝+夾	陝輸 섬수 陝西省 섬서성
2150	蟾	虫 / 19획	두꺼비 섬	虫+詹	蟾蛇 섬사 玉蟾 옥섬 蟾津江 섬진강
2151	暹	日 / 16획	햇살오를/나라이름 섬	日+進	暹羅 섬라
2152 変 燮	燮	火 / 17획	불꽃 섭	=燮→辛+炊+又	燮理 섭리 鄭燮 정섭 李仲燮 이중섭
2153	晟	日 / 11획	밝을 성	日+成	
2154	巢	巛 / 11획	새집 소	巛+果	巢窟 소굴 巢居 소거 黃巢 황소 卵巢 난소
2155	沼	水 / 8획	못 소	氵+召	德沼 덕소 沼澤 소택 九沼 구소 沼上 소상
2156	邵	邑 / 8획	성/땅이름 소	召+阝	邵雍 소옹 邵康節 소강절
2157	宋	宀 / 7획	성/송나라 송:	宀+木	北宋 북송 南宋 남송 宋時烈 송시열
2158	洙	水 / 9획	물가 수	氵+朱	洙水 수수 洙泗 수사 洙泗學 수사학
2159	銖	金 / 14획	저울눈 수	金+朱	銖兩 수량 銖分 수분
2160	隋	阜 / 12획	수나라 수	阝+月	隋苑 수원 隋文帝 수문제

2161	洵	水 9획	참으로 순	짜임 氵+旬
2162	淳	水 11획	순박할 순 淳朴 순박 淳昌 순창 洪淳學 홍순학	짜임 氵+享
2163	珣	玉 10획	옥이름 순	짜임 王+旬
2164	舜	舛 12획	순임금 순 舜禹 순우 李舜臣 이순신 孫舜孝 손순효	짜임 =䫇→⺜(匧)+舛
2165	荀	艸 10획	풀이름 순 荀子 순자 荀況 순황	짜임 艹+旬
2166	瑟	玉 13획	큰거문고 슬 琴瑟 금슬 膠瑟 교슬	짜임 珡(←琴)+必
2167	繩	糸 19획	노끈/줄 승 沖繩 충승 繩戲 승희 捕繩 포승 繩墨 승묵	짜임 糸+黽
2168	柴	木 9획	섶 시: 柴毁 시훼 柴木 시목 柴門 시문 柴草 시초	짜임 此+木
2169	湜	水 12획	물맑을 식 湜湜 식식 清湜 청식	짜임 氵+是
2170	軾	車 13획	수레가로나무 식 蘇軾 소식 伏軾 복식 金富軾 김부식	짜임 車+式
2171	瀋	水 18획	즙/물이름 심: 瀋陽 심양 墨瀋 묵심	짜임 氵+審
2172	閼	門 16획	막을 알 閼英 알영 閼塞 알색 金閼智 김알지	짜임 門+於

번호	한자	부수/획수	훈음	짜임	용례
2173	鴨	鳥 16획	오리 **압**	甲+鳥	鴨爐 압로 鴨村 압촌 鴨綠江 압록강
2174	埃	土 10획	티끌 **애**	土+矣	埃及 애급 埃塵 애진 埃滅 애멸 黃埃 황애
2175	艾	艸 6획	쑥 **애**	艹+乂	艾年 애년 艾葉 애엽 艾老 애노 蘭艾 난애
2176	倻	人 11획	가야 **야**	亻+耶	伽倻山 가야산 倻溪集 야계집
2177	襄	衣 17획	도울 **양:**	衣+罒	襄陽 양양 襄岸 양안 趙襄子 조양자
2178	彦	彡 9획	선비 **언:**	文+厂+彡	彦士 언사 彦聖 언성 李彦迪 이언적
2179	姸	女 9획	고울 **연** 동 麗(고울 려)	女+幵	姸人 연인 姸華 연화 姸麗 연려 姸粧 연장
2180	淵(渊)	水 14획	못 **연** 동 潭(못 담)	氵+開	淵蓋蘇文 연개소문 陶淵明 도연명
2181	衍	行 9획	넓을 **연**	行+氵	衍衍 연연 衍盈 연영 紛衍 분연 衍字 연자
2182	閻	門 16획	마을 **염**	門+臽	閻浮 염부 閻羅大王 염라대왕
2183	燁	火 16획	빛날 **엽**	火+華	燁燁 엽엽 燁然 엽연
2184	暎	日 13획	비칠 **영:**	日+英	※映과 同字

| 2185 | 瑛 | 玉 13획 | 옥빛 **영** | 짜임 王+英 |

赤瑛 적영　藍瑛 남영

| 2186 | 盈 | 皿 9획 | 찰 **영** (반)虛(빌 허) (동)滿(찰 만) | 짜임 乃+又+皿 |

盈德 영덕　盈滿 영만　盈月 영월　盈虛 영허

| 2187 | 瑩 | 玉 15획 | 옥돌 **영**/밝을 **형** | 짜임 熒(←熒)+玉 |

崔瑩 최영　瑩然 영연　瑩鏡 영경　未瑩 미형

| 2188 | 芮 | 艸 8획 | 성 **예:** | 짜임 艹+內 |

芮芮 예예

| 2189 | 睿 | 目 14획 | 슬기 **예:** | 짜임 㕡(←睿)+目 |

睿宗 예종　睿旨 예지　司馬睿 사마예

| 2190 | 濊 | 水 16획 | 종족이름 **예:** | 짜임 氵+歲 |

濊貊 예맥　東濊 동예

| 2191 | 吳 | 口 7획 | 성/나라 **오** | 짜임 吳 (丶丨口口吕吴吴) |

吳兒 오아　吳吟 오음　吳世昌 오세창

| 2192 | 墺 | 土 16획 | 물가 **오:** | 짜임 土+奧 |

墺地利 오지리

| 2193 | 沃 | 水 7획 | 기름질 **옥** | 짜임 氵+夭 |

沃川 옥천　沃畓 옥답　沃土 옥토　沃沮 옥저

| 2194 | 鈺 | 金 13획 | 보배 **옥** | 짜임 金+玉 |

| 2195 | 邕 | 邑 10획 | 막힐/화할 **옹** | 짜임 巛+邑 |

邕睦 옹목　邕邕 옹옹　邕穆 옹목　蔡邕 채옹

| 2196 | 雍 | 隹 13획 | 화할 **옹** (동)和(화할 화) | 짜임 = 雝→邕+隹 |

雍容 옹용　雍和 옹화　雍防 옹방　雍蔽 옹폐

2197	甕 瓦 18획	독 **옹:**	짜임 雍+瓦
		甕津 옹진　甕算 옹산　甕城 옹성　鐵甕 철옹	
2198	莞 艸 11획	왕골 **완**	짜임 ++完
		莞島 완도　莞然 완연　莞田 완전　水莞 수완	
2199	旺 日 8획	왕성할 **왕:** 동 盛(성할 성)	짜임 日+王
		儀旺 의왕　旺盛 왕성　天旺 천왕　興旺 흥왕	
2200	汪 水 7획	넓을 **왕(:)** 동 洋(큰바다 양)	짜임 氵+王
		汪洋 왕양　汪汪 왕왕	
2201	倭 人 10획	왜나라 **왜**	짜임 亻+委
		倭國 왜국　倭亂 왜란　倭兵 왜병　倭政 왜정	
2202	堯 土 12획	요임금 **요**	짜임 垚+兀
		堯舜 요순　堯堯 요요　梅堯臣 매요신	
2203	姚 女 9획	예쁠 **요**	짜임 女+兆
		姚遠 요원　姚崇 요숭	
2204	耀 羽 20획	빛날 **요**	짜임 光+翟
		誇耀 과요　晶耀 정요　胡耀邦 호요방	
2205	溶 水 13획	녹을 **용**	짜임 氵+容
		溶媒 용매　溶液 용액　溶解 용해　溶溶 용용	
2206	瑢 玉 14획	패옥소리 **용**	짜임 王+容
2207	鎔 金 18획	쇠녹일 **용**	짜임 金+容
		鎔巖 용암　鎔接 용접　鎔鑛爐 용광로	
2208	鏞 金 19획	쇠북 **용**	짜임 金+庸
		丁若鏞 정약용	

2209	佑	人 7획	도울 **우:**	짜임 亻+右
			佑啓 우계　佑命 우명　保佑 보우　佑助 우조	

2210	祐	示 10획	복 **우:**	짜임 示+右
			祐助 우조　天祐 천우	

2211	禹	内 9획	성 **우(:)**	짜임 禹 (ノ﹅厃禹禹禹)
			禹王 우왕　禹域 우역　宋鎭禹 송진우	

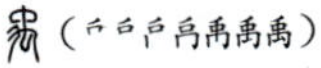

2212	旭	日 6획	아침해 **욱**	짜임 九+日
			旭日 욱일　張旭 장욱　旭光 욱광　旭旦 욱단	

2213	頊	頁 13획	삼갈 **욱**	짜임 玉+頁
			頊頊 욱욱	

2214	昱	日 9획	햇빛밝을 **욱**	짜임 日+立
			昱昱 욱욱　晃昱 황욱	

2215	煜	火 13획	빛날 **욱**	짜임 火+昱
			煜煜 욱욱	

2216	郁	邑 9획	성할 **욱**	짜임 有+阝
			郁郁 욱욱　郁烈 욱렬　郁馥 욱복　郁文 욱문	

2217	芸	艸 8획	향풀 **운**	짜임 艹+云
			芸香 운향　芸窓 운창　芸閣 운각　芸夫 운부	

2218	蔚	艸 15획	고을이름 **울**	짜임 艹+尉
			蔚山 울산　蔚藍 울람　蔚珍 울진　蔚然 울연	

2219	熊	火 14획	곰 **웅**	짜임 能+灬
			熊津 웅진　熊膽 웅담　熊女 웅녀　熊掌 웅장	

2220	媛	女 12획	계집 **원**	짜임 女+爰
			才媛 재원　媛妃 원비　李媛 이원　媛女 원녀	

번호	한자	부수/획수	훈음	짜임	예
2221	瑗	玉 13획	구슬 **원**	王+爰	安玉瑗 안옥원
2222	袁	衣 10획	성 **원**	土(←止)+口+衣	袁紹 원소 袁安 원안
2223	渭	水 12획	물이름 **위**	氵+胃	渭水 위수 渭濁 위탁
2224	韋	韋 9획	가죽 **위**	韋(←舛)+口	韋編 위편 韋帶 위대 韋衣 위의 韋革 위혁
2225	魏	鬼 18획	성/위나라 **위**	委+鬼	魏書 위서 魏闕 위궐 魏相 위상 北魏 북위
2226	庾	广 12획	곳집/노적가리 **유**	广+臾	庾積 유적 金庾信 김유신
2227	兪	人 9획	성/대답할 **유**	人+月(舟)+巜(川)	兪允 유윤 兪音 유음 兪應孚 유응부
2228	楡	木 13획	느릅나무 **유**	木+兪	楡柳 유류 楡岾寺 유점사
2229	踰	足 16획	넘을 **유**	足+兪	踰年 유년 踰越 유월 水踰里 수유리
2230	允	儿 4획	맏 **윤:**	厶+儿	允可 윤가 允許 윤허 允納 윤납 允當 윤당
2231	尹	尸 4획	성/다스릴 **윤:**	尹(ㄱㄱㅋㅋ尹)	官尹 관윤 尹祭 윤제 尹奉吉 윤봉길
2232	胤	肉 9획	자손 **윤**	八+幺+月	胤玉 윤옥 胤子 윤자 車胤 차윤 令胤 영윤

| 2233 | 鈗 | 金 12획 | 창/병기 **윤** | 짜임 金+允 |

| 2234 | 殷 | 殳 10획 | 은나라 **은** | 짜임 月(←身)+殳 |

殷鑑 은감 殷盛 은성 殷富 은부 殷憂 은우

| 2235 | 垠 | 土 9획 | 지경 **은** | 짜임 土+艮 |

李垠 이은 垠際 은제

| 2236 | 誾 | 言 15획 | 향기 **은** | 짜임 門+言 |

南誾 남은 誾誾 은은

| 2237 | 鷹 | 鳥 24획 | 매 **응** | 짜임 雁(←應)+鳥 |

鷹犬 응견 鷹視 응시 鷹岩洞 응암동

| 2238 | 伊 | 人 6획 | 저 **이** | 짜임 亻+尹 |

伊時 이시 伊太利 이태리 黃眞伊 황진이

| 2239 | 珥 | 玉 10획 | 귀거리 **이:** | 짜임 王+耳 |

李珥 이이 珠珥 주이

| 2240 | 怡 | 心 8획 | 기쁠 **이** 〔동〕悅(기쁠 열) | 짜임 忄+台 |

南怡 남이 怡悅 이열 怡色 이색 怡顔 이안

| 2241 | 翊 | 羽 11획 | 도울 **익** | 짜임 立+羽 |

翊贊 익찬 翊成 익성

| 2242 | 鎰 | 金 18획 | 무게이름 **일** | 짜임 金+益 |

萬鎰 만일

| 2243 | 佾 | 人 8획 | 줄춤 **일** 〔동〕舞(춤출 무) | 짜임 亻+八+月 |

佾舞 일무 八佾 팔일

| 2244 | 滋 | 水 13획 | 불을 **자** | 짜임 氵+兹 |

滋養 자양 滋漫 자만 滋煩 자번 滋茂 자무

번호	한자	부수/획수	훈음	짜임
2245	庄	广 / 6획	전장 장 庄家 장가　故庄 고장　※莊의 俗字	广+土
2246	獐	犬 / 14획	노루 장 獐角 장각　獐肝 장간　獐血 장혈　獐足 장족	犭+章
2247	璋	玉 / 15획	홀/반쪽 장 弄璋 농장　圭璋 규장	王+章
2248	蔣	艸 / 15획	성/줄 장(:) 蔣介石 장개석	⺿+將
2249	甸	田 / 7획	경기 전 畿甸 기전　甸服 전복　甸地 전지　甸役 전역	勹+田
2250	鄭	邑 / 15획	나라 정: 鄭重 정중　鄭夢周 정몽주　鄭道傳 정도전	奠+阝
2251	晶	日 / 12획	맑을/수정 정 水晶 수정　晶光 정광　結晶 결정　鮮晶 선정	晶(丨冂冂日日昌昌晶)
2252	珽	玉 / 11획	옥이름 정	王+廷
2253	旌	方 / 11획	기/표할 정　(동) 旗(깃발 기) 旌善 정선　旌旗 정기　旌銘 정명　旌鼓 정고	㫃+生
2254	楨	木 / 13획	광나무 정 楨幹 정간　基楨 기정	木+貞
2255	汀	水 / 5획	물가 정 汀沙 정사　汀線 정선　松汀 송정　汀岸 정안	氵+丁
2256	禎	示 / 14획	상서로울 정　(동) 祥(상서 상) 禎瑞 정서　禎祥 정상　孫基禎 손기정	示+貞

2257	鼎	鼎 13획	솥 **정**	짜임 鼎 (日 FF FF 鼎 鼎 鼎)
			鼎談 정담 鼎足 정족 鼎冠 정관 石鼎 석정	

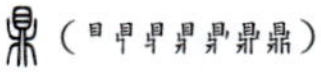

2258	趙	走 14획	성/나라 **조:**	짜임 走+肖
			趙岐 조기 趙高 조고 趙光祖 조광조	

2259	曹	日 10획	성 **조**	짜임 曲+日
			曹植 조식 曺晩植 조만식 ※曺와 同字	

2260	祚	示 10획	복 **조** 동 慶(경사 경)	짜임 示+乍
			溫祚 온조 大祚榮 대조영 黃永祚 황영조	

2261	琮	玉 12획	옥홀/서옥 **종**	짜임 王+宗
			琮花 종화	

2262	疇	田 19획	밭이랑 **주**	짜임 田+壽
			範疇 범주 疇昔 주석	

2263	埈	土 10획	높을 **준:**	짜임 土+夋
			埈嶺 준령 ※峻과 同字	

2264	峻	山 10획	높을/준엄할 **준:** 동 險(험할 험)	짜임 山+夋
			峻嚴 준엄 險峻 험준 峻嶺 준령 峻峯 준봉	

2265	晙	日 11획	밝을 **준:**	짜임 日+夋

2266	浚	水 10획	깊게할 **준:**	짜임 氵+夋
			許浚 허준 浚井 준정 浚照 준조 趙浚 조준	

2267	駿	馬 17획	준마 **준:**	짜임 馬+夋
			駿馬 준마 駿足 준족 駿桀 준걸 駿敏 준민	

2268	濬	水 17획	깊을 **준:**	짜임 氵+睿
			濬水 준수 濬哲 준철 濬源 준원 濬池 준지	

번호	한자	부수/획수	훈음	짜임	예시
2269	址	土 7획	터 지	土+止	故址 고지　城址 성지　舊址 구지　遺址 유지
2270	芝	艸 8획	지초 지	艹+之	靈芝 영지　芝蘭 지란　張芝 장지　芝山 지산
2271	稙	禾 13획	올벼 직	禾+直	稙禾 직화
2272	稷	禾 15획	피 직	禾+畟	稷山 직산　稷神 직신　社稷 사직　后稷 후직
2273	秦	禾 10획	성/나라 진	夫(←舂)+禾	秦聲 진성　秦淮 진회　秦始皇 진시황
2274	晉	日 10획	성/나라 진:	晉 (一丅丆兀亞픅픔晋)	晉州 진주　晉書 진서　東晉 동진
2275	燦	火 17획	빛날 찬:	동 爛(빛날 란) 火+粲	燦爛 찬란　燦然 찬연
2276	鑽	金 27획	뚫을 찬	金+贊	硏鑽 연찬　鑽具 찬구　鑽空 찬공　鑽木 찬목
2277	璨	玉 17획	옥빛 찬:	王+粲	璨璨 찬찬
2278	瓚	玉 23획	옥잔/제기 찬	王+贊	圭瓚 규찬　玉瓚 옥찬
2279	敞	攴 12획	시원할 창:	尙+攵	高敞 고창　敞麗 창려　通敞 통창　敞然 창연
2280	昶	日 9획	해길 창:	永+日	金基昶 김기창

번호	한자	부수/획수	훈음	짜임 / 용례
2281	采	采 / 8획	풍채 **채:**	짜임 爫+木 風采 풍채 采飾 채식 神采 신채
2282	埰	土 / 11획	사패지 **채:**	짜임 土+采 ※賜牌地(사패지): 임금이 하사한 땅
2283	蔡	艸 / 15획	성/나라 **채:**	짜임 艹+祭 蔡倫 채륜 蔡濟恭 채제공
2284	陟	阜 / 10획	오를 **척** (반) 降(내릴 강)	짜임 阝+步 三陟 삼척 進陟 진척 鄭陟 정척 陟降 척강
2285	釧	金 / 11획	팔찌 **천**	짜임 金+川 釧臂 천비 寶釧 보천
2286	喆	口 / 12획	밝을/쌍길 **철**	짜임 吉+吉 ※哲과 同字
2287	澈	水 / 15획	맑을 **철**	짜임 氵+敫(←徹) 鄭澈 정철 淸澈 청철
2288	瞻	目 / 18획	볼/성 **첨**	짜임 目+詹 瞻敬 첨경 瞻戴 첨대 瞻星臺 첨성대
2289	楚	木 / 13획	초나라 **초**	짜임 林+疋 楚漢 초한 楚辭 초사 楚切 초절 楚痛 초통
2290	蜀	虫 / 13획	나라이름 **촉**	짜임 罒+勹+虫 蜀漢 촉한 蜀道 촉도 蜀鷄 촉계 蜀魂 촉혼
2291	崔	山 / 11획	성/높을 **최**	짜임 山+隹 崔沖 최충 崔北 최북 崔致遠 최치원
2292	楸	木 / 13획	가래 **추**	짜임 木+秋 楸子 추자 楸皮 추피

번호	한자	부수/획수	뜻/음	동/반	짝	용례
2293	鄒	邑 13획	추나라 추		芻+阝	鄒魯 추로 味鄒王 미추왕
2294	椿	木 13획	참죽나무 춘		木+春	椿堂 춘당 椿丈 춘장 椿府丈 춘부장
2295	沖	水 7획	화할 충	동 和(화할 화)	氵+中	崔沖 최충 沖淡 충담 沖融 충융 趙沖 조충
2296	聚	耳 14획	모을 취:	반 散(흩을 산)	取+乑	聚落 취락 聚合 취합 聚穀 취곡 聚散 취산
2297	峙	山 9획	언덕 치		山+寺	峙積 치적 大峙洞 대치동
2298	雉	隹 13획	꿩 치		矢+隹	雉經 치경 雉岳山 치악산
2299	灘	水 22획	여울 탄		氵+難	金灘 금탄 新灘津 신탄진 漢灘江 한탄강
2300	耽	耳 10획	즐길 탐	동 樂(즐길 락)	耳+尤	耽羅 탐라 耽讀 탐독 耽味 탐미 耽美 탐미
2301	兌	儿 7획	바꿀/기쁠 태	동 換(바꿀 환)	八+兄	兌卦 태괘 兌換 태환
2302	台	口 5획	별 태		厶+口	台位 태위 台監 태감 天台宗 천태종
2303	坡	土 8획	언덕 파		土+皮	坡州 파주 坡岸 파안 洪蘭坡 홍난파
2304	阪	阜 7획	언덕 판		阝+反	大阪 대판 阪路 판로

번호	한자	부수/획수	훈음	짜임	용례
2305	彭	彡 12획	성 **팽**	豈+彡	彭祖 팽조 彭德懷 팽덕회
2306	扁	戶 9획	작을 **편**	戶+冊	扁鵲 편작 扁額 편액 扁舟 편주 扁題 편제
2307	葡	艹 13획	포도 **포**	艹+匍	
2308	鮑	魚 16획	절인물고기 **포:**	魚+包	鮑石亭 포석정 鮑淑牙 포숙아
2309	杓	木 7획	북두자루 **표**	木+勺	斗杓 두표
2310	馮	馬 12획	성 **풍**/탈 **빙**	冫+馬	馮夷 풍이 馮虛 빙허 馮氣 빙기
2311	弼	弓 12획	도울 **필**	弜+百	弼佐 필좌 弼寧 필녕 徐載弼 서재필
2312	泌	水 8획	스며흐를 **필**/분비할 **비:**	氵+必	分泌 분비 泌尿器科 비뇨기과
2313	陝	阜 10획	땅이름 **합**/좁을 **협**	阝+夾	陝川 합천
2314	亢	亠 4획	높을 **항**	亣(丶一亣亢)	亢進 항진 亢滿 항만 亢星 항성 高亢 고항
2315	沆	水 7획	넓을 **항**	氵+亢	沆茫 항망
2316	杏	木 7획	살구 **행:**	木+口	銀杏 은행 杏林 행림 杏堂 행당 杏花 행화

2317	赫	赤 14획	빛날 **혁**	짜임 赤+赤
		赫赫 혁혁 謝赫 사혁 朴赫居世 박혁거세		

2318	爀	火 18획	불빛 **혁**	짜임 火+赫

2319	峴	山 10획	고개/재 **현:**	짜임 山+見
		阿峴 아현 葛峴 갈현 論峴 논현 仁峴 인현		

2320	炫	火 9획	밝을 **현:**	짜임 火+玄
		炫耀 현요 炫怪 현괴		

2321	鉉	金 13획	솥귀 **현**	짜임 金+玄
		鉉席 현석 鉉台 현태		

2322	瀅	水 18획	물맑을 **형:**	짜임 氵+瑩
		瀅瀅 형형 汀瀅 정형		

2323	炯	火 9획	빛날 **형**	짜임 火+冋(←囧)
		炯眼 형안 炯朗 형랑 炯心 형심 炯炯 형형		

2324	邢	邑 7획	성 **형**	짜임 幵+阝

2325	馨	香 20획	꽃다울 **형**	짜임 殸+香
		馨氣 형기 馨香 형향 柳馨遠 유형원		

2326	昊	日 8획	하늘 **호:**	동 天(하늘 천) 짜임 日+天
		昊天 호천 蒼昊 창호		

2327	晧	日 11획	밝을 **호:**	짜임 日+告
		晧月 호월		

2328	皓	白 12획	흴 **호:**	짜임 白+告
		皓髮 호발 皓首 호수 皓齒 호치 皓雪 호설		

2329	澔	水 15획	넓을 호: ※浩와 同字	짜임 氵+皓
2330	壕	土 17획	해자 호 防空壕 방공호	짜임 土+豪
2331	扈	戶 11획	따를 호 扈衛 호위 扈從 호종	짜임 戶+邑
2332	鎬	金 18획	호경 호: 鎬京 호경 鎬鎬 호호 鄭鎬冕 정호면	짜임 金+高
2333	祜	示 10획	복 호 天祜 천호 徐天祜 서천호	짜임 示+古
2334	泓	水 8획	물깊을 홍 深泓 심홍 泓量 홍량	짜임 氵+弘
2335	嬅	女 15획	탐스러울 화	짜임 女+華
2336	樺	木 16획	자작나무 화 樺太 화태	짜임 木+華
2337	桓	木 10획	굳셀 환 桓雄 환웅 桓桓 환환 桓公 환공 桓因 환인	짜임 木+亘
2338	煥	火 13획	빛날 환: 煥麗 환려 煥曜 환요 煥爛 환란 煥炳 환병	짜임 火+奐
2339	晃	日 10획	밝을 황 晃朗 황랑 晃晃 황황 姜世晃 강세황	짜임 日+光
2340	滉	水 13획	깊을 황 李滉 이황	짜임 氵+晃

2341	檜	木 17획	전나무 회:	짜임 木+會
			檜皮 회피 秦檜 진회 檜巖寺 회암사	

2342	淮	水 11획	물이름 회	짜임 氵+隹
			淮陽 회양 淮水 회수 淮南子 회남자	

2343	后	口 6획	임금/왕후 후:	짜임 厂(←人)+口
			王后 왕후 皇后 황후 太后 태후 母后 모후	

2344	熏	火 14획	불길 훈	짜임 千+黑
			熏蒸 훈증 熏燒 훈소 熏夕 훈석 熏風 훈풍	

2345	壎	土 17획	질나팔 훈	짜임 土+熏

2346	薰	艸 18획	향풀 훈	짜임 艹+熏
			薰氣 훈기 薰陶 훈도 趙芝薰 조지훈	

2347	徽	彳 17획	아름다울 휘	짜임 微(←微)+糸
			徽章 휘장 徽宗 휘종 徽言 휘언	

2348	烋	火 10획	아름다울 휴	짜임 休+灬
			金烋 김휴	

2349	匈	勹 6획	오랑캐 흉	짜임 勹+凶
			匈匈 흉흉 匈奴族 흉노족	

2350	欽	欠 12획	공경할 흠 동 敬(공경할 경)	짜임 金+欠
			欽仰 흠앙 欽慕 흠모 欽宗 흠종 欽念 흠념	

2351	嬉	女 15획	아름다울 희	짜임 女+喜
			嬉遊 희유 嬉樂 희락 嬉怡 희이 嬉戲 희희	

2352	熹	火 16획	빛날 희	짜임 喜+灬
			朱熹 주희 熹娛 희오	

2353	憙 16획	心	**기뻐할 희** 짜임 喜+心
2354	禧 17획	示	**복 희** 짜임 示+喜 禧年 희년 新禧 신희 洪啓禧 홍계희
2355	羲 16획	羊	**사람이름 희** 짜임 義+丂(兮) 伏羲 복희 羲農 희농 王羲之 왕희지

1급 한자능력검정용 급수별 한자

출제기준	읽기배정	쓰기배정	독음	훈음	장단음	반의어	완성형	부수	동의어	동음이의어	풀이	필순	약자	한자쓰기
	3,500	2,005	50	32	10	10	15	10	10	10	10	0	3	40

2356 哥 口 10획 소리/노래 가 짬 可+可
哥哥 가가 鸚哥 앵가 哥薩克 가살극

2357 呵 口 8획 꾸짖을 가: (동) 喝(외칠 갈) 짬 口+可
呵譴 가견 呵叱 가질 呵責 가책 呵凍 가동

2358 苛 艸 9획 가혹할 가: (동) 虐(모질 학) 짬 艹+可
苛癢 가양 苛酷 가혹 苛虐 가학 苛政 가정

2359 嘉 口 14획 아름다울 가 짬 壴+加
嘉禮 가례 嘉慶 가경 嘉賞 가상 嘉釀 가양

2360 嫁 女 13획 시집갈 가 (반) 娶(장가들 취) 짬 女+家
改嫁 개가 嫁粧 가장 出嫁 출가 嫁期 가기

2361 稼 禾 15획 심을 가 짬 禾+家
稼動 가동 苗稼 묘가 稼器 가기 晩稼 만가

2362 袈 衣 11획 가사 가 짬 加+衣
錦袈 금가 袈裟 가사 ※裟는 1급 外字

2363 駕 馬 15획 멍에/탈것 가 짬 加+馬
御駕 어가 凌駕 능가 駕洛 가락 玉駕 옥가

2364 恪 心 9획 삼갈 각 (동) 愼(삼갈 신) 짬 忄+各
恪虔 각건 恪敏 각민 恪別 각별 恪愼 각신

2365 殼 殳 12획 껍질 각 (동) 皮(가죽 피) 짬 =殼→青+殳
貝殼 패각 殼果 각과 甲殼 갑각 地殼 지각

번호	한자	부수/획수	뜻/음	동자	짜임	용례
2366	奸	女 6획	간사할 간	邪(간사할 사)	女+干	奸巧 간교　奸謀 간모　奸詐 간사　奸慝 간특
2367	竿	竹 9획	낚싯대/장대 간		⺮+干	竿頭 간두　旌竿 정간　旗竿 기간　稻竿 도간
2368	墾	土 16획	개간할 간	耕(밭갈 경)	豤+土	開墾 개간　墾田 간전　墾耕 간경　墾植 간식
2369	艱	艮 17획	어려울 간	難(어려울 난)	堇(←菫)+艮	艱棘 간극　艱虞 간우　艱澁 간삽　艱難 간난
2370	諫	言 16획	간할 간:	諭(깨우칠 유)	言+柬	諫疏 간소　諫言 간언　司諫 사간　直諫 직간
2371	揀	手 12획	가릴 간:	擇(가릴 택)	扌+柬	揀擇 간택　揀選 간선　分揀 분간　汰揀 태간
2372	澗	水 15획	산골물 간		氵+間	澗谷 간곡　澗聲 간성　澗壑 간학　碧澗 벽간
2373	癎	疒 17획	간질 간:		疒+間	癎疾 간질　癎病 간병
2374	竭	立 14획	다할 갈	盡(다할 진)	立+曷	竭盡 갈진　竭力 갈력　衰竭 쇠갈　竭誠 갈성
2375	喝	口 12획	꾸짖을 갈		口+曷	喝采 갈채　喝破 갈파　喝取 갈취　恐喝 공갈
2376	褐	衣 14획	갈색/굵은베 갈		衤+曷	褐色 갈색　褐夫 갈부　褐炭 갈탄　褐衣 갈의
2377	勘	力 11획	헤아릴 감:	檢(검사할 검)	甚+力	勘案 감안　勘校 감교　磨勘 마감　勘檢 감검

번호	한자	부수/획수	뜻/음	동자	짜임	용례
2378	堪	土 12획	견딜/하늘 감	耐(견딜 내)	土+甚	堪耐 감내 堪輿 감여 難堪 난감 不堪 불감
2379	柑	木 9획	귤 감	橘(귤나무 귤)	木+甘	柑子 감자 蜜柑 밀감 金柑 금감 黃柑 황감
2380	疳	疒 10획	감질 감		疒+甘	疳疾 감질 疳瘡 감창 疳病 감병 疳積 감적
2381	紺	糸 11획	감색/연보라 감		糸+甘	紺色 감색 紺青 감청 紺碧 감벽 紺園 감원
2382	瞰	目 17획	굽어볼 감		目+敢	俯瞰 부감 鳥瞰 조감 瞰臨 감림 瞰視 감시
2383	匣	匚 7획	갑 갑		匚+甲	文匣 문갑 手匣 수갑 紙匣 지갑 鏡匣 경갑
2384	閘	門 13획	수문 갑		門+甲	閘門 갑문 水閘 수갑 閘頭 갑두 閘夫 갑부
2385	慷	心 14획	슬플 강:	慨(슬퍼할 개)	忄+康	慷慨 강개 慨慷 개강
2386	糠	米 17획	겨 강		米+康	糠粃 강비
2387	腔	肉 12획	속빌 강	腸(창자 장)	月+空	腹腔 복강 口腔 구강 腔腸 강장 體腔 체강
2388	薑	艸 17획	생강 강		艹+畺	生薑 생강 片薑 편강 乾薑 건강 灸薑 구강
2389	箇	竹 14획	낱 개(:)		竹+固	箇箇 개개 箇數 개수 箇中 개중 箇條 개조

#	한자	부수/획수	훈음	동자	짜임	예
2390	凱	几 / 12획	개선할 개:		豈+几	凱旋 개선 凱歌 개가 凱歸 개귀 凱陣 개진
2391	愾	心 / 13획	성낼 개:	憤(분할 분)	忄+氣	憤愾 분개 敵愾 적개 愾憤 개분
2392	漑	水 / 14획	물댈 개:	灌(물댈 관)	氵+旣	漑汲 개급 漑灌 개관 漑糞 개분 漑田 개전
2393	芥	艸 / 8획	겨자 개		艹+介	芥子 개자 草芥 초개 芥塵 개진 芥舟 개주
2394	羹	羊 / 19획	국 갱		羔+美	羹湯 갱탕 羹汁 갱즙 羹墻 갱장 羹獻 갱헌
2395	渠	水 / 12획	개천 거		氵+榘(←榘)	渠帥 거수 渠魁 거괴 暗渠 암거 渠輩 거배
2396	倨	人 / 10획	거만할 거:	慢(거만할 만)	亻+居	倨慢 거만 倨傲 거오 倨侮 거모 驕倨 교거
2397	醵	酉 / 20획	추렴할 거:/갹		酉+豦	醵金 거금/갹금 醵出 거출/갹출
2398	巾	巾 / 3획	수건 건		巾(丨冂巾)	巾櫛 건즐 網巾 망건 葛巾 갈건 頭巾 두건
2399	腱	肉 / 13획	힘줄 건:		月+建	腱膜 건막 腱索 건삭 腱反射 건반사
2400	虔	虍 / 10획	공경할 건	敬(공경할 경)	虍+文	敬虔 경건 虔鞏 건공 虔虔 건건 恭虔 공건
2401	劫	力 / 7획	위협할 겁	迫(핍박할 박)	去+力	劫迫 겁박 劫奪 겁탈 億劫 억겁 劫年 겁년

번호	한자	부수/획수	뜻·음	동/반	짜임	예시
2402	怯	心 8획	겁낼 **겁**	동 怖(두려워할 포)	忄+去	怯懦겁나 卑怯비겁 怯劣겁렬 生怯생겁
2403	偈	人 11획	중의귀글 **게**	동 頌(기릴 송)	亻+曷	偈頌게송 梵偈범게 佛偈불게 寶偈보게
2404	覡	見 14획	남자무당 **격**	반 巫(무당 무)	巫+見	巫覡무격
2405	檄	木 17획	격문 **격**		木+敫	檄文격문 檄召격소 飛檄비격 羽檄우격
2406	膈	肉 14획	가슴 **격**		月+鬲	胸膈흉격 膈膜격막
2407	譴	言 21획	꾸짖을 **견**:	동 責(꾸짖을 책)	言+遣	譴責견책 譴告견고 怒譴노견 加譴가견
2408	鵑	鳥 18획	두견새 **견**		肙+鳥	杜鵑두견 鵑花견화
2409	繭	糸 19획	고치 **견**		艹+糸+虫	繭蠶견잠 繭紬견주 繭絲견사 繭紙견지
2410	憬	心 15획	깨달을 **경**	동 悟(깨달을 오)	忄+景	憬悟경오 憧憬心동경심
2411	鯨	魚 19획	고래 **경**		魚+京	捕鯨포경 鯨油경유 鯨魚경어 鯨浪경랑
2412	梗	木 11획	줄기/막힐 **경**	동 塞(막힐 색)	木+更	梗槪경개 梗塞경색 梗正경정 梗梗경경
2413	磬	石 16획	경쇠 **경**:		殸+石	鍾磬종경 特磬특경 編磬편경 石磬석경

번호	한자	부수/획수	훈음	동자	짜임
2414	莖	艸 11획	줄기 **경**	동 幹(줄기 간)	艹+巠

陰莖 음경　包莖 포경　根莖 근경　細莖 세경

| 2415 | 頸 | 頁 16획 | 목 **경** | | 巠+頁 |

頸椎 경추　刎頸 문경　頸骨 경골　頸血 경혈

| 2416 | 脛 | 肉 11획 | 정강이 **경** | | 月+巠 |

脛巾 경건　脛骨 경골

| 2417 | 勁 | 力 9획 | 굳셀 **경** | 동 健(굳셀 건) | 巠+力 |

勁健 경건　勁直 경직　勁捷 경첩　勁悍 경한

| 2418 | 痙 | 疒 12획 | 경련 **경** | | 疒+巠 |

痙症 경증　痙風 경풍　傷痙 상경　鎭痙 진경

| 2419 | 悸 | 心 11획 | 두근거릴 **계** | 동 慄(두려워할 률) | 忄+季 |

警悸 경계　慙悸 참계　恐悸 공계　惶悸 황계

| 2420 | 呱 | 口 8획 | 울 **고** | | 口+瓜 |

呱呱 고고

| 2421 | 拷 | 手 9획 | 칠 **고** | 동 打(칠 타) | 扌+考 |

拷問 고문　拷打 고타　拷訊 고신　拷掠 고략

| 2422 | 敲 | 攴 14획 | 두드릴 **고** | 동 擊(칠 격) | 高+攴 |

推敲 퇴고　敲擊 고격

| 2423 | 叩 | 口 5획 | 두드릴 **고** | | 口+卩 |

叩頭 고두　叩謝 고사　叩首 고수　叩門 고문

| 2424 | 辜 | 辛 12획 | 허물 **고** | 동 罪(허물 죄) | 古+辛 |

辜負 고부　無辜 무고　辜罪 고죄　不辜 불고

| 2425 | 痼 | 疒 13획 | 고질병 **고** | | 疒+固 |

痼疾 고질　痼癖 고벽　痼弊 고폐　根痼 근고

번호	한자	부수/획수	훈음	파생	짜임
2426	錮	金 16획	막을 고	錮送 고송 禁錮 금고	金+固
2427	股	肉 8획	넓적다리 고	股肱 고굉 股慄 고율 股掌 고장 股間 고간	月+殳
2428	膏	肉 14획	기름 고 (동)油(기름 유)	膏藥 고약 膏血 고혈 膏汗 고한 軟膏 연고	高+月
2429	袴	衣 11획	바지 고	袴衣 고의 弊袴 폐고 單袴 단고 短袴 단고	衤+夸
2430	鵠	鳥 18획	고니/과녁 곡 (동)的(과녁 적)	鴻鵠 홍곡 正鵠 정곡 鵠髮 곡발 白鵠 백곡	告+鳥
2431	梏	木 11획	수갑 곡	梏亡 곡망	木+告
2432	昆	日 8획	맏/많을 곤 (반)弟(아우 제)	昆鳴 곤명 昆蟲 곤충 昆布 곤포 昆孫 곤손	𤴔(口尸日日尸尸昆)
2433	棍	木 12획	몽둥이 곤 (동)棒(몽둥이 봉)	棍棒 곤봉 棍杖 곤장	木+昆
2434	袞	衣 11획	곤룡포 곤:	袞裳 곤상 袞冕 곤면 袞龍袍 곤룡포	=衮→公+衣
2435	汨	水 7획	골몰할 골/물이름 멱	汨董 골동 汨沒 골몰 奔汨 분골 汨篤 골독	氵+日
2436	拱	手 9획	팔짱낄 공	拱手 공수 拱揖 공읍 垂拱 수공 拱押 공압	扌+共
2437	鞏	革 15획	묶을/굳을 공 (동)固(굳을 고)	鞏固 공고 鞏膜 공막	巩+革

2438	顆 頁 17획	낟알 과 동粒(알갱이 립)	짜임 果+頁
		顆粒 과립 飯顆 반과	
2439	廓 广 14획	둘레 곽/클 확 동大(큰 대)	짜임 广+郭
		外廓 외곽 輪廓 윤곽 城廓 성곽 廓然 확연	
2440	槨 木 15획	덧널 곽	짜임 木+郭
		棺槨 관곽 石槨墓 석곽묘	
2441	藿 艸 20획	콩잎/미역 곽	짜임 艹+霍
		藿亂 곽란 藿羹 곽갱	
2442	灌 水 21획	물댈 관 동漑(물댈 개)	짜임 氵+雚
		灌漑 관개 灌水 관수 灌域 관역 浸灌 침관	
2443	棺 木 12획	널 관 동柩(널 구)	짜임 木+官
		棺柩 관구 入棺 입관 石棺 석관 下棺 하관	
2444	顴 頁 27획	광대뼈 관	짜임 雚+頁
		顴骨 관골 顴骨筋 관골근	
2445	刮 刀 8획	긁을/비빌 괄 동磨(갈 마)	짜임 舌+刂
		刮目 괄목 刮摩 괄마 刮削 괄삭 刮刷 괄쇄	
2446	括 手 9획	묶을 괄 동結(맺을 결)	짜임 扌+舌
		槪括 개괄 總括 총괄 包括 포괄 一括 일괄	
2447	匡 匚 6획	바로잡을 광 동矯(바로잡을 교)	짜임 匚+王
		匡輔 광보 匡濟 광제 匡諫 광간 匡救 광구	
2448	壙 土 18획	뫼구덩이 광:	짜임 土+廣
		壙內 광내 壙穴 광혈 壙中 광중 壙僚 광료	
2449	曠 日 19획	빌/넓을 광:	짜임 日+廣
		曠茫 광망 曠野 광야 曠達 광달 曠年 광년	

1급

번호	한자	부수/획수	뜻/음	짜임	용례
2450	胱	肉 10획	오줌통 광	月+光	膀胱炎 방광염
2451	卦	卜 8획	점괘 괘	圭+卜	卦爻 괘효 占卦 점괘 吉卦 길괘 上卦 상괘
2452	罫	网 13획	줄 괘	罒+卦	罫線 괘선 罫紙 괘지
2453	乖	丿 8획	어그러질 괴 (동)悖(거스를 패)	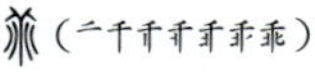 乖(一千千千乖乖乖)	乖悖 괴패 乖離 괴리 乖亂 괴란 乖隔 괴격
2454	拐	手 8획	후릴 괴 (동)騙(속일 편)	扌+另	誘拐 유괴 拐杖 괴장 拐騙 괴편 拐帶 괴대
2455	魁	鬼 14획	우두머리 괴	鬼+斗	魁首 괴수 魁奇 괴기 首魁 수괴 魁頭 괴두
2456	轟	車 21획	울릴/수레소리 굉	車+車+車	轟雷 굉뢰 轟笛 굉적 轟音 굉음 轟笑 굉소
2457	宏	宀 7획	클 굉 (동)大(큰 대)	宀+厷	宏壯 굉장 宏闊 굉활 宏傑 굉걸 宏敞 굉창
2458	肱	肉 8획	팔뚝 굉	月+厷	曲肱 곡굉 枕肱 침굉
2459	喬	口 12획	높을 교	 喬(⺊夭夭产产乔喬)	喬木 교목 喬松 교송 喬幹 교간 遷喬 천교
2460	嬌	女 15획	아리따울 교 (동)艶(고울 염)	女+喬	嬌態 교태 嬌艷 교염 嬌聲 교성 愛嬌 애교
2461	轎	車 19획	가마 교	車+喬	轎夫 교부 轎子 교자 轎丁 교정 轎輿 교여

번호	한자	부수/획수	훈음	동자	짜임	용례
2462	驕	馬 22획	교만할 교	동 傲(거만할 오)	馬+喬	驕慢 교만 驕奢 교사 驕兒 교아 淫驕 음교
2463	攪	手 23획	흔들 교	동 搖(흔들 요)	扌+覺	攪亂 교란 亂攪 난교
2464	咬	口 9획	새소리 교		口+交	咬咬 교교 咬傷 교상
2465	狡	犬 9획	교활할 교	동 猾(교활할 활)	犭+交	狡猾 교활 狡詐 교사 狡童 교동 狡惡 교악
2466	皎	白 11획	달 밝을/흴 교		白+交	皎潔 교결 皎鏡 교경 皎月 교월 皎麗 교려
2467	蛟	虫 12획	교룡 교		虫+交	蛟龍 교룡 蛟蛇 교사
2468	仇	人 4획	원수 구	동 讎(원수 수)	亻+九	仇隙 구극 仇怨 구원 仇恨 구한 仇家 구가
2469	鳩	鳥 13획	비둘기 구		九+鳥	鳩首 구수 鳩聚 구취 鳩尾 구미 鳩合 구합
2470	枸	木 9획	구기자 구	동 杞(구기자 기)	木+句	枸杞 구기 枸木 구목 枸橘 구귤 枸骨 구골
2471	駒	馬 15획	망아지 구		馬+句	駒隙 구극 駒馬 구마 白駒 백구 龍駒 용구
2472	鉤	金 13획	갈고리 구		金+句	鉤曲 구곡 單鉤 단구 呑鉤 탄구 垂鉤 수구
2473	嘔 呕	口 14획	게울 구		口+區	嘔逆 구역 嘔吐 구토

번호	한자	부수/획수	훈음	동자	짜임	용례
2474	嶇	山 14획	험할 구		山+區	嶇路 구로 崎嶇 기구
2475	毆	殳 15획	때릴 구	擊(칠 격)/打(칠 타)	區+殳	毆殺 구살 毆打 구타 毆擊 구격 毆繫 구계
2476	謳	言 18획	노래 구	歌(노래 가)	言+區	謳儺 구나 謳歌 구가 謳吟 구음 謳頌 구송
2477	軀	身 18획	몸 구	體(몸 체)	身+區	巨軀 거구 體軀 체구 軀命 구명 形軀 형구
2478	垢	土 9획	때 구	滓(찌끼 재)	土+后	垢穢 구예 無垢 무구 垢面 구면 汚垢 오구
2479	寇	宀 11획	도둑 구	賊(도둑 적)/盜(도적 도)	宀+元+攴	倭寇 왜구 寇賊 구적 寇盜 구도 窮寇 궁구
2480	柩	木 9획	널/관 구		木+匚	運柩 운구 靈柩車 영구차
2481	灸	火 7획	뜸 구:		久+火	艾灸 애구 鍼灸 침구 灸士 구사 灸刺 구자
2482	溝	水 13획	도랑 구	渠(개천 거)	氵+冓	溝壑 구학 怨溝 원구 溝渠 구거 溝瀆 구독
2483	矩	矢 10획	곱자/법 구	度(법도 도)	矢+巨	規矩 규구 矩度 구도 矩步 구보 矩尺 구척
2484	廐	广 14획	마구간 구		广+殳	馬廐 마구 廐肥 구비 廐舍 구사 廐人 구인
2485	臼	臼 6획	절구 구		臼 (´ ⺊ ⺊⺊ 臼 臼)	臼杵 구저 踏臼 답구 臼齒 구치 臼磨 구마

#	漢字	부수/획수	훈음	동/반자	짝
2486	舅	臼 13획	시아비/외삼촌 구	(반) 姑(시어미 고)	짝 臼+男

舅姑 구고 外舅 외구 伯舅 백구 叔舅 숙구

| 2487 | 衢 | 行 24획 | 네거리 구 | (동) 街(거리 가) | 짝 行+瞿 |

康衢 강구 街衢 가구 衢路 구로 四衢 사구

| 2488 | 窘 | 穴 12획 | 막힐 군: | (동) 塞(막힐 색) | 짝 穴+君 |

窘塞 군색 窘乏 군핍 窘困 군곤 窘境 군경

| 2489 | 穹 | 穴 8획 | 하늘 궁 | | 짝 穴+弓 |

穹蒼 궁창 穹靈 궁령 穹壤 궁양 青穹 청궁

| 2490 | 躬 | 身 10획 | 몸 궁 | | 짝 身+弓 |

躬稼 궁가 躬行 궁행 聖躬 성궁 躬耕 궁경

| 2491 | 倦 | 人 10획 | 게으를 권: | (반) 勤(부지런할 근) | 짝 亻+卷 |

倦厭 권염 倦怠 권태 倦憩 권게 倦罷 권파

| 2492 | 眷 | 目 11획 | 돌볼 권: | (동) 顧(돌아볼 고) | 짝 龹(←荞)+目 |

眷率 권솔 眷顧 권고 親眷 친권 垂眷 수권

| 2493 | 捲 | 手 11획 | 거둘/말 권: | | 짝 扌+卷 |

捲握 권악 席捲 석권 捲手 권수 捲勇 권용

| 2494 | 蹶 | 足 19획 | 일어설/넘어질 궐 | (동) 起(일어날 기) | 짝 𧾷+厥 |

蹶起 궐기 蹶然 궐연 蹶失 궐실 顛蹶 전궐

| 2495 | 几 | 几 2획 | 안석 궤: | | 짝 几(丿几) |

几筵 궤연 几杖 궤장 几案 궤안 書几 서궤

| 2496 | 机 | 木 6획 | 책상 궤: | (동) 案(책상 안) | 짝 木+几 |

机上 궤상 机案 궤안 机下 궤하

| 2497 | 櫃 | 木 18획 | 궤짝 궤: | | 짝 木+匱 |

櫃封 궤봉 書櫃 서궤

번호	한자	부수/획수	뜻/음	동/반	짜임
2498	潰	水 15획	무너질 궤:	동 崩(무너질 붕)	氵+貴

潰滅 궤멸 潰瘍 궤양 潰亂 궤란 潰裂 궤열

| 2499 | 詭 | 言 13획 | 속일 궤: | 동 詐(속일 사) | 言+危 |

詭辯 궤변 詭策 궤책 詭計 궤계 詭言 궤언

| 2500 | 硅 | 石 11획 | 규소 규 | | 石+圭 |

硅酸 규산 硅素 규소

| 2501 | 逵 | 辵 12획 | 길거리 규 | 동 路(길 로) | 坴+辶 |

八逵 팔규 逵路 규로 九逵 구규

| 2502 | 窺 | 穴 16획 | 엿볼 규 | | 穴+規 |

窺間 규간 窺視 규시 潛窺 잠규 管窺 관규

| 2503 | 葵 | 艸 13획 | 아욱/해바라기 규 | | 艹+癸 |

葵傾 규경 葵藿 규곽 葵花 규화 露葵 노규

| 2504 | 橘 | 木 16획 | 귤 귤 | | 木+矞 |

橘顆 귤과 柑橘 감귤 金橘 금귤 橘餠 귤병

| 2505 | 剋 | 刀 9획 | 이길 극 | 동 勝(이길 승) | 克+刂 |

相剋 상극 剋定 극정 下剋上 하극상

| 2506 | 戟 | 戈 12획 | 창 극 | 반 盾(방패 순) | 卓(←榦)+戈 |

刺戟 자극 持戟 지극 電戟 전극 戟盾 극순

| 2507 | 棘 | 木 12획 | 가시 극 | | 朿+朿 |

棘籬 극리 棘刺 극자 蒙棘 몽극 棘針 극침

| 2508 | 隙 | 阜 13획 | 틈 극 | 동 間(사이 간) | 阝+𡭴 |

隙駒 극구 間隙 간극 門隙 문극 邊隙 변극

| 2509 | 覲 | 見 18획 | 뵐 근 | 동 見(뵈올 현)/謁(뵐 알) | 堇+見 |

覲親 근친 覲見 근현 覲禮 근례 朝覲 조근

번호	한자	부수/획	훈음	동자/짝	용례
2510	饉	食 20획	주릴 근	짝임 食+堇	饑饉기근 凶饉흉근 飢饉기근
2511	衾	衣 10획	이불 금	짝임 今+衣	衾枕금침 衾具금구 被衾피금 單衾단금
2512	擒	手 16획	사로잡을 금	동 捉(잡을 착) 짝임 扌+禽	擒縛금박 擒捉금착 擒生금생 擒縱금종
2513	襟 (衿)	衣 18획	옷깃 금:	짝임 衤+禁	襟帶금대 胸襟흉금 衣襟의금 開襟개금
2514	扱	手 7획	거둘 급/꽂을 삽	짝임 扌+及	取扱취급
2515	汲	水 7획	물길을 급	짝임 氵+及	汲汲급급 汲水급수 汲路급로 汲索급삭
2516	矜	矛 9획	자랑할 긍	동 誇(자랑할 과) 짝임 矛+今	矜持긍지 矜恤긍휼 自矜자긍 哀矜애긍
2517	亘	二 6획	뻗칠 긍:/베풀 선	짝임 @(一厂冂冂百亘)	亘古긍고 綿亘면긍 延亘연긍 亘長긍장
2518	嗜	口 13획	즐길 기	동 好(좋을 호) 짝임 口+耆	嗜好기호 嗜愛기애 嗜癖기벽 嗜眠기면
2519	伎	人 6획	재간 기	동 倆(재주 량) 짝임 亻+支	伎巧기교 伎倆기량 伎藝기예 伎術기술
2520	妓	女 7획	기생 기:	짝임 女+支	妓生기생 娼妓창기 妓女기녀 妓房기방
2521	朞	月 12획	돌 기	짝임 其+月	朞年服기년복 朞年祭기년제

2522	杞	木 7획	구기자 **기**		짜임 木+己
			杞憂 기우 杞柳 기류		

2523	崎	山 11획	험할 **기**	동 嶇(험할 구)	짜임 山+奇
			崎嶇 기구 崎險 기험		

2524	綺	糸 14획	비단 **기**	동 絹(비단 견)	짜임 糸+奇
			綺媚 기미 綺麗 기려 綺羅星 기라성		

2525	畸	田 13획	뙈기밭 **기**		짜임 田+奇
			畸人 기인 畸形 기형		

2526	羈	网 24획	굴레/나그네 **기**		짜임 罒+革+馬
			羈旅 기려 羈絆 기반 繫羈 계기 羈維 기유		

2527	肌	肉 6획	살 **기**	반 骨(뼈 골)	짜임 月+几
			肌液 기액 肌骨 기골 肌膏 기고 肌肉 기육		

2528	譏	言 19획	비웃을 **기**	동 嘲(비웃을 조)	짜임 言+幾
			譏弄 기롱 譏察 기찰 譏謗 기방 譏刺 기자		

2529	拮	手 9획	일할 **길**		짜임 扌+吉
			拮据 길거 拮抗 길항		

2530	喫	口 12획	먹을 **끽**		짜임 口+契
			喫煙 끽연 喫茶 끽다 滿喫 만끽 喫怯 끽겁		

2531	儺	人 21획	푸닥거리 **나**(:)		짜임 亻+難
			儺禮 나례 儺者 나자 驅儺 구나		

2532	懦	心 17획	나약할 **나:**	동 弱(약할 약)	짜임 忄+需
			懦劫 나겁 懦弱 나약 柔懦 유나 庸懦 용나		

2533	拏	手 9획	잡을 **나:**	동 捕(잡을 포)	짜임 奴+手
			拏捕 나포 紛拏 분나 漢拏山 한라산		

2534	拿	手 10획	잡을 나: 동捕(잡을 포) 짜임 合+手
			拿鞠 나국 拿獲 나획 拿捕 나포 拿引 나인

2535	煖	火 13획	더울 난 짜임 火+爰
			煖爐 난로 煖房 난방 煖氣 난기 煖室 난실

2536	捏	手 10획	꾸밀 날 짜임 扌+㬰(←星)
			捏造 날조 捏詞 날사

2537	捺	手 11획	누를 날 짜임 扌+奈
			捺印 날인 捺染 날염 捺章 날장 捺靈 날령

2538	衲	衣 9획	기울 납 짜임 衤+內
			衲衣 납의 衲子 납자 老衲 노납 梵衲 범납

2539	囊	口 22획	주머니 낭 짜임 㯻(←束)+襄(←襄)
			囊乏 낭핍 背囊 배낭 寢囊 침낭 行囊 행낭

2540	撚	手 15획	비빌 년 짜임 扌+然
			撚斷 연단 撚絲 연사 撚紙 연지 撚撥 연발

2541	涅	水 10획	개흙 녈 짜임 氵+㬰
			涅槃 열반 涅髮 열발 涅汚 열오 涅墨 열묵

2542	弩	弓 8획	쇠뇌 노 짜임 奴+弓
			弩砲 노포 弓弩 궁노 弩手 노수 伏弩 복노

2543	駑	馬 15획	둔한 말 노 동鈍(둔할 둔) 짜임 奴+馬
			駑驥 노기 駑鈍 노둔 駑馬 노마 罷駑 파노

2544	膿	肉 17획	고름 농 짜임 月+農
			膿漏 농루 膿瘍 농양 膿血 농혈 化膿 화농

2545	撓	手 15획	휠 뇨 동屈(굽힐 굴) 짜임 扌+堯
			撓改 요개 撓敗 요패 撓屈 요굴 撓折 요절

2546	訥	言 11획	말더듬거릴 **눌** [동] 澁(떫을 삽)	짜임 言+內	訥澁 눌삽 訥辯 눌변 訥言 눌언 口訥 구눌
2547	紐	糸 10획	맺을 **뉴**	짜임 糸+丑	紐帶 유대 結紐 결뉴 紐情 유정 龜紐 귀뉴
2548	匿	匸 11획	숨길 **닉**	짜임 匸+若	隱匿 은닉 匿名 익명 藏匿 장닉 避匿 피닉
2549	簞	竹 18획	소쿠리 **단**	짜임 ⺮+單	簞食 단사 一簞 일단
2550	緞	糸 15획	비단 **단** [동] 絹(비단 견)	짜임 糸+段	采緞 채단 緞子 단자
2551	蛋	虫 11획	새알 **단:**	짜임 疋+虫	蛋殼 단각 蛋白 단백 蛋黃 단황 蛋民 단민
2552	撻	手 16획	때릴 **달** [동] 笞(볼기칠 태)	짜임 扌+達	鞭撻 편달 撻楚 달초 撻笞 달태 撻罰 달벌
2553	疸	疒 10획	황달 **달**	짜임 疒+旦	黃疸 황달 疸症 달증 黑疸 흑달 胎疸 태달
2554	痰	疒 13획	가래 **담:**	짜임 疒+炎	去痰 거담 痰涎 담연 血痰 혈담 痰唾 담타
2555	憺	心 16획	참담할 **담**	짜임 忄+詹	憺畏 담외 慘憺 참담
2556	澹	水 16획	맑을 **담**	짜임 氵+詹	澹澹 담담 暗澹 암담 澹泊 담박 慘澹 참담
2557	譚	言 19획	클/말씀 **담**	짜임 言+覃	譚叢 담총 民譚 민담 奇譚 기담 譚詩 담시

2558 曇	日 16획	흐릴 **담** (반)晴(갤 청)	짜임 日+雲	
		曇徵 담징 曇天 담천 晴曇 청담 悉曇 실담		
2559 遝	辵 14획	몰릴 **답**	짜임 眔+辶	
		遝至 답지		
2560 撞	手 15획	칠 **당** (동)突(부딪칠 돌)	짜임 扌+童	
		撞球 당구 撞突 당돌 撞着 당착 撞木 당목		
2561 棠	木 12획	아가위 **당**	짜임 尙+木	
		棠梨 당리 海棠 해당		
2562 螳	虫 17획	사마귀 **당**	짜임 虫+堂	
		螳斧 당부		
2563 擡(抬)	手 17획	들 **대** (동)擧(들 거)	짜임 扌+臺	
		擡擧 대거 擡頭 대두		
2564 袋	衣 11획	자루 **대**	짜임 代+衣	
		包袋 포대 麻袋 마대		
2565 掉	手 11획	흔들 **도**	짜임 扌+卓	
		掉尾 도미 掉舌 도설		
2566 堵	土 12획	담 **도** (동)墻(담 장)	짜임 土+者	
		堵列 도열 堵牆 도장 堵塞 도색 安堵 안도		
2567 屠	尸 12획	죽일 **도** (동)戮(죽일 륙)/殺(죽일 살)	짜임 尸+者	
		屠戮 도륙 屠殺 도살 屠腹 도복 屠割 도할		
2568 睹	目 14획	볼 **도**	짜임 目+者	
		睹聞 도문 目睹 목도 逆睹 역도		
2569 賭	貝 16획	내기 **도**	짜임 貝+者	
		賭博 도박 賭租 도조 賭場 도장 賭錢 도전		

1급

급수별 한자 1급

2570	搗	手 13획	찧을 **도** 搗精 도정　搗衣 도의	짜임 扌+島
2571	淘	水 11획	쌀일 **도**　동 汰(씻을 태) 淘淘 도도　淘汰 도태　淘金 도금　淘洗 도세	짜임 氵+匋
2572	葡	艸 12획	포도 **도** 葡萄 포도　葡萄糖 포도당	짜임 艹+匍
2573	滔	水 13획	물넘칠 **도** 滔滔 도도　滔天 도천　滔蕩 도탕　滔乎 도호	짜임 氵+舀
2574	蹈	足 17획	밟을 **도**　동 踐(밟을 천) 蹈襲 도습　舞蹈 무도　蹈踐 도천　高蹈 고도	짜임 𧾷+舀
2575	濤	水 17획	물결 **도**　동 瀾(물결 란)/波(물결 파) 怒濤 노도　波濤 파도　濤瀾 도란　濤灣 도만	짜임 氵+壽
2576	禱	示 19획	빌 **도**　동 祈(빌 기)/祝(빌 축) 祈禱 기도　默禱 묵도　祝禱 축도　禱祀 도사	짜임 示+壽
2577	鍍	金 17획	도금할 **도:** 鍍金 도금	짜임 金+度
2578	瀆	水 18획	도랑/더럽힐 **독**　동 汚(더러울 오) 瀆職 독직　冒瀆 모독　汚瀆 오독　溝瀆 구독	짜임 氵+賣
2579	禿	禾 7획	대머리 **독** 禿頭 독두　禿毫 독호　禿翁 독옹　禿巾 독건	짜임 禾+几
2580	沌	水 7획	엉길 **돈** 混沌 혼돈　渾沌 혼돈	짜임 氵+屯
2581	憧	心 15획	그리워할 **동:** 憧憬 동경　憧憧 동동	짜임 忄+童

번호	한자	부수	훈·음	동자	짜임
2582	瞳	目 17획	눈동자 동:	동 睛(눈동자 정)	目+童

瞳孔 동공 瞳子 동자 青瞳 청동 重瞳 중동

| 2583 | 疼 | 疒 10획 | 아플 동: | 동 痛(아플 통) | 疒+冬 |

疼痛 동통

| 2584 | 胴 | 肉 10획 | 큰창자/몸통 동 | | 月+同 |

胴體 동체

| 2585 | 兜 | 儿 11획 | 투구 두/도솔천 도 | | 𠚍+兒 |

兜率 도솔 兜轎 두교 兜籠 두롱 兜侵 두침

| 2586 | 痘 | 疒 12획 | 천연두 두 | | 疒+豆 |

水痘 수두 牛痘 우두 天然痘 천연두

| 2587 | 臀 | 肉 17획 | 볼기 둔 | | 殿+月 |

臀部 둔부 臀腫 둔종

| 2588 | 遁 | 辵 13획 | 숨을 둔: | 동 避(피할 피) | 盾+辶 |

遁甲 둔갑 隱遁 은둔 遁避 둔피 遁世 둔세

| 2589 | 橙 | 木 16획 | 귤/걸상 등 | | 木+登 |

橙子 등자

| 2590 | 懶 | 心 19획 | 게으를 라: | 동 怠(게으를 태) | 忄+賴 |

懶怠 나태 懶慢 나만 懶性 나성 懶婦 나부

| 2591 | 癩 | 疒 21획 | 문둥이 라: | | 疒+賴 |

癩病 나병 癩菌 나균 癩患者 나환자

| 2592 | 邏 | 辵 23획 | 순라 라 | | 羅+辶 |

邏卒 나졸 巡邏 순라

| 2593 | 螺 | 虫 17획 | 소라 라 | | 虫+累 |

螺旋 나선 螺絲 나사 旋螺 선라 吹螺 취라

급수별 한자 1급

2594	烙	火 10획	지질 **락** 烙印 낙인 烙刑 낙형	짜임 火+各
2595	酪	酉 13획	쇠젖 **락** 酪農 낙농 酪漿 낙장 酪酸菌 낙산균	짜임 酉+各
2596	駱	馬 16획	낙타 **락** (동) 駝(낙타 타) 駱駝 낙타	짜임 馬+各
2597	鸞	鳥 30획	난새 **란** 鸞鳥 난조 鸞殿 난전 鸞駕 난가 鸞旗 난기	짜임 䜌+鳥
2598	瀾	水 20획	물결 **란** (동) 波(물결 파) 狂瀾 광란 波瀾 파란 驚瀾 경란 碧瀾 벽란	짜임 氵+闌
2599	剌	刀 9획	발랄할 **랄**/수라 **라** 潑剌 발랄 水剌 수라	짜임 束+刂
2600	辣	辛 14획	매울 **랄** 辣腕 날완 辛辣 신랄 酷辣 혹랄 惡辣 악랄	짜임 辛+束
2601 籃	籃	竹 20획	대바구니 **람** 搖籃 요람 伽藍 가람 魚籃 어람 籃輿 남여	짜임 ⺮+監
2602	臘	肉 19획	섣달 **랍** 臘月 납월 舊臘 구랍 臘享 납향 法臘 법랍	짜임 月+巤
2603	蠟	虫 21획	밀 **랍** 蜜蠟 밀랍 蠟燭 납촉 白蠟 백랍 蠟淚 납루	짜임 虫+巤
2604	狼	犬 10획	이리 **랑:** 狼藉 낭자 狼虎 낭호 狼貪 낭탐 餓狼 아랑	짜임 犭+良
2605	倆	人 10획	재주 **량** 技倆 기량	짜임 亻+兩

#	漢字	부수/획수	훈음	동자	짜임	용례
2606	梁	米 13획	기장 량		氵+刅+米	梁米 양미 梁肉 양육 高粱 고량 膏粱 고량
2607	侶	人 9획	짝 려	伴(짝 반)	亻+呂	伴侶 반려 僧侶 승려 法侶 법려 同侶 동려
2608	閭	門 15획	마을 려	閻(마을 염)	門+呂	閭閻 여염 旌閭 정려 閭巷 여항 村閭 촌려
2609	戾	戶 8획	어그러질 려		戶+犬	返戾 반려 悖戾 패려 戾蟲 여충 背戾 배려
2610	濾	水 18획	거를 려:		氵+慮	濾過 여과
2611	黎	黍 15획	검을 려	黑(검을 흑)	黍+勹(←利)	黎民 여민 黎明 여명 群黎 군려 黎杖 여장
2612	瀝	水 19획	스밀 력		氵+歷	瀝懇 역간 瀝瀝 역력 滴瀝 적력 餘瀝 여력
2613	礫	石 20획	조약돌 력		石+樂	沙礫 사력 瓦礫 와력 石礫 석력 礫石 역석
2614	輦	車 15획	가마 련	車(수레 차)	扶+車	扈輦 호련 輦轂 연곡 京輦 경련 大輦 대련
2615	斂	攴 17획	거둘 렴	聚(모을 취)	僉+攵	斂膝 염슬 苛斂 가렴 聚斂 취렴 收斂 수렴
2616	殮	歹 17획	염할 렴:		歹+僉	殮襲 염습 殮葬 염장 殮布 염포 殮匠 염장
2617	簾	竹 19획	발 렴		竹+廉	垂簾 수렴 珠簾 주렴 翠簾 취렴 竹簾 죽렴

번호	한자	부수/획수	훈음	동자	짝임	예
2618	囹	囗 8획	옥 령	圄(옥 어)	囗+令	囹圄 영어
2619	鈴	金 13획	방울 령	鐸(방울 탁)	金+令	搖鈴 요령 電鈴 전령 懸鈴 현령 鈴鐸 영탁
2620 齡	齡	齒 20획	나이 령		齒+令	年齡 연령 適齡 적령 高齡 고령 老齡 노령
2621	逞	辵 11획	쾌할 령		呈+辶	不逞 불령
2622	撈	手 15획	건질 로		扌+勞	撈救 노구 漁撈 어로 曳撈 예로 把撈 파로
2623	虜	虍 12획	사로잡을 로	獲(얻을 획)	虍+男	虜獲 노획 捕虜 포로 守錢虜 수전로
2624	擄	手 16획	노략질할 로	掠(노략질할 략)	扌+虜	擄掠 노략 侵擄 침노
2625	碌	石 13획	푸른돌 록		石+彔	碌碌 녹록 碌靑 녹청
2626	麓	鹿 19획	산기슭 록		林+鹿	山麓 산록 林麓 임록
2627	壟	土 19획	밭두둑 롱:	畔(두둑 반)	龍+土	壟斷 농단 壟畔 농반 丘壟 구롱 先壟 선롱
2628	聾	耳 22획	귀먹을 롱		龍+耳	聾盲 농맹 聾啞 농아 聾昧 농매 耳聾 이롱
2629	瓏	玉 20획	옥소리 롱	玲(옥소리 령)	王+龍	玲瓏 영롱 瓏瓏 농롱

번호	한자	부수/획수	뜻·음	동자	짜임	예
2630	磊	石 / 15획	돌무더기 **뢰**		石+石+石	磊落뇌락 磊塊뇌괴
2631	牢	牛 / 7획	우리 **뢰**	동 獄(옥 옥)	宀+牛	牲牢생뢰 牢獄뇌옥 牢落뇌락 獄牢옥뢰
2632	儡	人 / 17획	꼭두각시 **뢰**		亻+畾	傀儡괴뢰 儡身뇌신
2633	賂	貝 / 13획	뇌물 **뢰**		貝+各	賂物뇌물 受賂수뢰 賂遺뇌유 納賂납뢰
2634	寮	宀 / 15획	동관 **료**		宀+尞	同寮동료 寮舍요사 下寮하료 學寮학료
2635	燎	火 / 16획	횃불 **료**		火+尞	燎亂요란 燎原요원 燎火요화 望燎망료
2636	瞭	目 / 17획	밝을 **료**		目+尞	明瞭명료 瞭然요연 瞭確요확 瞭瞭요료
2637	寥	宀 / 14획	쓸쓸할 **료**	동 寂(고요할 적)	宀+翏	寥寥요요 寥闊요활 荒寥황료 寥亮요량
2638	聊	耳 / 11획	애오라지 **료**	동 賴(의뢰할 뢰)	耳+卯	聊息요식 聊賴요뢰 無聊무료 聊爾요이
2639	陋	阜 / 9획	더러울 **루:**	동 鄙(더러울 비)	阝+丙+匸	固陋고루 陋名누명 陋醜누추 陋賤누천
2640	壘	土 / 18획	보루 **루**	동 堡(작은성 보)	土+畾	壘壁누벽 進壘진루 滿壘만루 出壘출루
2641	溜	水 / 13획	처마물 **류**		氵+留	溜槽유조 蒸溜증류 乾溜건류 溜飮유음

2642	瘤	疒 15획	혹 류	동 贅(혹 췌)	짜임 疒+留

瘤腫 유종   赤瘤 적류

2643	琉	玉 10획	유리 류		짜임 王+㐬

琉璃 유리   ※璃는 1급 外字

2644	戮	戈 15획	죽일 륙		짜임 翏+戈

戮屍 육시   殺戮 살육   屠戮 도륙   刑戮 형륙

2645	綸	糸 14획	벼리 륜		짜임 糸+侖

經綸 경륜   綸旨 윤지   垂綸 수륜   綸音 윤음

2646	淪	水 11획	빠질 륜	동 陷(빠질 함)	짜임 氵+侖

淪落 윤락   淪塞 윤색   沈淪 침륜   隱淪 은륜

2647	慄	心 13획	떨릴 률		짜임 忄+栗

悸慄 계율   戰慄 전율   凜慄 늠률   悚慄 송률

2648	肋	肉 6획	갈빗대 륵		짜임 月+力

肋木 늑목   肋骨 늑골   鷄肋 계륵   肋膜 늑막

2649	勒	力 11획	굴레 륵		짜임 革+力

羈勒 기륵   彌勒 미륵   勒銘 늑명   勒葬 늑장

2650	凜	冫 15획	찰 름		짜임 冫+稟

凜然 늠연   凜凜 늠름   凜烈 늠렬   凜秋 늠추

2651	凌	冫 10획	업신여길 릉	동 蔑(업신여길 멸)	짜임 冫+夌

凌蔑 능멸   凌駕 능가   凌辱 능욕   凌逼 능핍

2652	稜	禾 13획	모날 릉	동 角(뿔 각)	짜임 禾+夌

稜角 능각   稜線 능선   稜威 능위   稜疊 능첩

2653	綾	糸 14획	비단 릉	동 綺(비단 기)	짜임 糸+夌

綾衾 능금   綾羅 능라   綾扇 능선   綾文 능문

2654	菱	艸 12획	마름 릉	짜임 艹+夌	菱形 능형 菱池 능지 菱荷 능하 菱花 능화
2655	俚	人 9획	속될 리 [동] 鄙(더러울 비)	짜임 亻+里	俚謠 이요 俚諺 이언 俚歌 이가 俚言 이언
2656	釐	里 18획	다스릴 리	짜임 𠩺+里	釐分 이분 釐正 이정 釐革 이혁 毫釐 호리
2657	裡	衣 12획	속 리:	짜임 衤+里	表裡 표리 裡里 이리 暗暗裡 암암리
2658	悧	心 10획	영리할 리	짜임 忄+利	怜悧 영리 ※怜(영리할 령)←1급 外字
2659	痢	疒 12획	설사 리	짜임 疒+利	痢疾 이질 下痢 하리 疫痢 역리 赤痢 적리
2660	籬	竹 25획	울타리 리 [동] 藩(울타리 번)	짜임 ⺮+離	籬藩 이번 籬菊 이국 竹籬 죽리 短籬 단리
2661	罹	网 16획	걸릴 리	짜임 罒+惟	罹病 이병 罹災民 이재민
2662	吝	口 7획	아낄 린 [동] 嗇(아낄 색)	짜임 文+口	吝嗇 인색 吝愛 인애 儉吝 검린 貪吝 탐린
2663	鱗	魚 23획	비늘 린	짜임 魚+粦	片鱗 편린 魚鱗 어린 鱗鱗 인린 常鱗 상린
2664	燐	火 16획	도깨비불 린	짜임 火+粦	燐光 인광 燐火 인화 燐酸鹽 인산염
2665	躪	足 27획	짓밟을 린	짜임 𧾷+藺	蹂躪 유린

1급

번호	한자	부수/획수	훈음		짜임
2666	淋	水 11획	임질/물뿌릴 **림**		짜임 氵+林
			淋疾 임질　淋瀝 임력　淋巴腺 임파선		
2667	笠	竹 11획	삿갓 **립**		짜임 ⺮+立
			草笠 초립　笠子 입자　絲笠 사립　笠帽 입모		
2668	粒	米 11획	낟알 **립**		짜임 米+立
			粒子 입자　微粒 미립　粒米 입미　粒食 입식		
2669	寞	宀 14획	고요할 **막**		짜임 宀+莫
			寞寞 막막　索寞 삭막　寂寞 적막　落寞 낙막		
2670	卍	十 6획	만자 **만:**		짜임 卍 (ノ 丁 丂 占 卍)
			卍字 만자		
2671	彎	弓 22획	굽을 **만**	동 曲 (굽을 곡)	絲+弓
			彎曲 만곡　彎月 만월　彎弓 만궁　彎環 만환		
2672	挽	手 10획	당길 **만**	반 推 (밀 추)	짜임 扌+免
			挽留 만류　挽引 만인　挽回 만회　挽歌 만가		
2673	輓	車 14획	끌/애도할 **만**	반 推 (밀 추)	짜임 車+免
			輓歌 만가　輓章 만장　輓詞 만사　輓近 만근		
2674	瞞	目 16획	속일 **만**		짜임 目+㒼
			欺瞞 기만　瞞然 만연　瞞着 만착　瞞瞞 만만		
2675	饅	食 20획	만두 **만**		짜임 飠+曼
			饅頭 만두		
2676	鰻	魚 22획	뱀장어 **만**		짜임 魚+曼
			養鰻 양만　海鰻 해만		
2677	蔓	艸 15획	덩굴 **만**	동 延 (뻗칠 연)	짜임 艹+曼
			蔓衍 만연　蔓草 만초　蔓生 만생　蔓延 만연		

2678 抹	手 8획	지울 **말** 抹殺 말살 抹消 말소 抹去 말거 抹擦 말찰	짜임 扌+末
2679 沫	水 8획	물거품 **말** 浮沫 부말 泡沫 포말 飛沫 비말 水沫 수말	짜임 氵+末
2680 襪	衣 20획	버선 **말** 襪繫 말계 洋襪 양말	짜임 衤+蔑
2681 芒	艸 7획	까끄라기 **망** 芒履 망리 芒角 망각 芒刺 망자 芒種 망종	짜임 艹+亡
2682 惘	心 11획	멍할 **망** 惘惘 망망 惘然 망연	짜임 忄+罔
2683 昧	日 9획	어두울 **매** 동冥(어두울 명) 三昧 삼매 愚昧 우매 蒙昧 몽매 暗昧 암매	짜임 日+未
2684 寐	宀 12획	잘 **매** 반寤(깰 오) 夢寐 몽매 寤寐 오매 假寐 가매 寐息 매식	짜임 宀+爿+未
2685 煤	火 13획	그을음 **매** 동煙(연기 연) 煤煙 매연 煤炭 매탄 煤氣 매기 煤埃 매애	짜임 火+某
2686 罵	网 15획	꾸짖을 **매:** 동譏(나무랄 기) 罵倒 매도 唾罵 타매 罵辱 매욕 侮罵 모매	짜임 罒+馬
2687 邁	辶 17획	갈 **매:** 동進(나아갈 진) 高邁 고매 邁進 매진 英邁 영매 雄邁 웅매	짜임 萬+辶
2688 呆	口 7획	어리석을 **매** 癡呆 치매	짜임 口+木
2689 萌	艸 12획	싹 **맹** 동芽(싹 아) 萌隸 맹례 萌芽 맹아 萌動 맹동 萌乎 맹호	짜임 艹+明

1급

번호	한자	부수/획수	훈음	예	짜임
2690	棉	木 12획	목화 **면**	棉布 면포　棉花 면화	木+帛
2691	緬	糸 15획	멀 **면(:)**	緬奉 면봉　緬羊 면양　緬甸 면전　緬禮 면례	糸+面
2692	眄	目 9획	곁눈질할 **면:**	眄視 면시　顧眄 고면　仰眄 앙면　流眄 유면	目+丏
2693	麵	麥 15획	국수 **면**	麵類 면류　冷麵 냉면　※麪과 同字	麥+丏
2694	酩	酉 13획	술취할 **명:** (동)酊(술취할 정)	酩酊 명정	酉+名
2695	皿	皿 5획	그릇 **명**	器皿 기명	𠩺 (丨冂冖皿皿)
2696	溟	水 13획	바다 **명** (동)海(바다 해)	溟州 명주　溟海 명해　四溟 사명　鴻溟 홍명	氵+冥
2697	暝	日 14획	저물 **명**	暝暝 명명　闇暝 암명　暝帆 명범　暝投 명투	日+冥
2698	螟	虫 16획	멸구 **명**	螟蟲 명충	虫+冥
2699	袂	衣 9획	소매 **몌**	連袂 연몌　揮袂 휘몌　衣袂 의몌　袂口 몌구	衤+夬
2700	摸	手 14획	더듬을 **모** (동)擬(흉내낼 의)	摸索 모색　摸擬 모의　摸寫 모사　摸繪 모회	扌+莫
2701	糢	米 17획	모호할 **모** (동)糊(모호할 호)	糢糊 모호　※模의 俗字	米+莫

2702	牡 7획	牛	수컷 **모**	짜임 牛+土
			牡丹 모란　牡牛 모우　牡痔 모치　牡荊 모형	

2703	耗 10획	耒	소모할 **모**	짜임 耒+毛
			磨耗 마모　消耗 소모　耗盡 모진　損耗 손모	

2704	歿 8획	歹	죽을 **몰**	짜임 歹+殳
			戰歿 전몰　盡歿 진몰	

2705	描 12획	手	그릴 **묘:** 동 寫(베낄 사)	짜임 扌+苗
			描寫 묘사　素描 소묘　描畫 묘화　點描 점묘	

2706	猫 12획	犬	고양이 **묘:**	짜임 犭+苗
			猫兒 묘아　猫柔 묘유	

2707	杳 8획	木	어두울 **묘:** 동 冥(어두울 명)	짜임 木+日
			杳然 묘연　杳冥 묘명　杳杳 묘묘　杳乎 묘호	

2708	渺 12획	水	아득할 **묘:** 동 茫(아득할 망)	짜임 氵+眇
			渺然 묘연　渺漫 묘만　渺茫 묘망　浩渺 호묘	

2709	畝 10획	田	이랑 **무:/묘:**	짜임 亠+田+久
			田畝 전묘	

2710	毋 4획		말/없을 **무**	짜임 毋 (乚ㄥ毋毋)
			毋論 무론　毋害 무해	

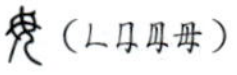

2711	拇 8획	手	엄지손가락 **무:**	짜임 扌+母
			拇印 무인　拇指 무지	

2712	巫 7획	工	무당 **무:**	짜임 巫 (一丁T巧巫巫)
			巫女 무녀　巫俗 무속　巫祝 무축　巫呪 무주	

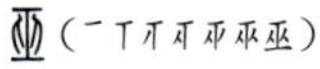

2713	誣 14획	言	속일 **무:** 동 欺(속일 기)	짜임 言+巫
			誣告 무고　誣陷 무함　誣欺 무기　誣報 무보	

번호	한자	부수/획수	훈음	동자	짜임
2714	憮	心 15획	어루만질 무:		忄+無

憮然 무연 懷憮 회무

| 2715 | 撫 | 手 15획 | 어루만질 무(:) | | 扌+無 |

撫摩 무마 愛撫 애무 撫育 무육 撫恤 무휼

| 2716 | 蕪 | 艸 16획 | 거칠 무 | 荒(거칠 황) | 艹+無 |

荒蕪 황무 平蕪 평무 青蕪 청무 綠蕪 녹무

| 2717 | 蚊 | 虫 10획 | 모기 문 | | 虫+文 |

蚊煙 문연 蚊帳 문장 蚊雷 문뢰 蚊群 문군

| 2718 | 媚 | 女 12획 | 아첨할 미 | | 女+眉 |

媚態 미태 媚笑 미소 媚附 미부 阿媚 아미

| 2719 | 薇 | 艸 17획 | 장미 미 | | 艹+微 |

薇蕨 미궐 薇蕪 미무

| 2720 | 靡 | 非 19획 | 쓰러질 미 | | 麻+非 |

靡然 미연 風靡 풍미 草靡 초미 淫靡 음미

| 2721 | 悶 | 心 12획 | 답답할 민 | | 門+心 |

苦悶 고민 煩悶 번민 憂悶 우민 排悶 배민

| 2722 | 謐 | 言 17획 | 고요할 밀 | | 言+䀠 |

靜謐 정밀 謐然 밀연 寧謐 영밀 安謐 안밀

| 2723 | 剝 | 刀 10획 | 벗길 박 | 削(깎을 삭) | 彔+刂 |

剝製 박제 剝奪 박탈 剝落 박락 剝蝕 박식

| 2724 | 撲 | 手 16획 | 칠 박 | 打(칠 타) | 扌+業 |

撲滅 박멸 撲殺 박살 打撲 타박 相撲 상박

| 2725 | 樸 | 木 16획 | 순박할 박 | 素(본디 소) | 木+業 |

樸鈍 박둔 素樸 소박 淳樸 순박 質樸 질박

2726	珀	玉 9획	호박 **박** (짜임 王+白)	明珀 명박 琥珀色 호박색
2727	箔	竹 14획	발 **박** (짜임 ⺮+泊)	金箔 금박 蠶箔 잠박 銀箔 은박 珠箔 주박
2728	粕	米 11획	지게미 **박** (짜임 米+白)	酒粕 주박 糟粕 조박
2729	搏	手 13획	두드릴 **박** 동 擊(칠 격) (짜임 扌+尃)	搏動 박동 脈搏 맥박 搏殺 박살 搏擊 박격
2730	縛	糸 16획	얽을 **박** (짜임 糸+尃)	結縛 결박 束縛 속박 捕縛 포박 劫縛 겁박
2731	膊	肉 14획	팔뚝 **박** (짜임 月+尃)	上膊 상박 下膊 하박 二頭膊筋 이두박근
2732	駁	馬 14획	논박할 **박** (짜임 馬+爻)	雜駁 잡박 論駁 논박 反駁 반박 駁論 박론
2733	攀	手 19획	더위잡을 **반** (짜임 樊+手)	登攀 등반 攀附 반부 攀緣 반연 攀戀 반련
2734	礬	石 20획	백반 **반** (짜임 樊+石)	明礬 명반 白礬 백반 礬紅 반홍 膽礬 담반
2735	斑	文 12획	아롱질 **반** (짜임 玨+文)	斑禿 반독 白斑 백반 斑點 반점 斑駁 반박
2736	蟠	虫 18획	서릴 **반** (짜임 虫+番)	蟠據 반거 蟠龍 반룡 龍蟠 용반 蟠桃 반도
2737	拌	手 8획	버릴 **반** (짜임 扌+半)	攪拌 교반

| 2738 | 畔 | 田 10획 | 밭두둑 반 (동)疇(밭이랑 주) 짜임 田+半 |
| | | | 畔界 반계 湖畔 호반 江畔 강반 海畔 해반 |

| 2739 | 絆 | 糸 11획 | 얽어맬 반 (동)羈(굴레 기) 짜임 糸+半 |
| | | | 脚絆 각반 絆瘡膏 반창고 |

| 2740 | 頒 | 頁 13획 | 나눌 반 (동)布(펼 포) 짜임 分+頁 |
| | | | 頒賜 반사 頒布 반포 頒給 반급 頒祿 반록 |

| 2741 | 槃 | 木 14획 | 쟁반 반 짜임 般+木 |
| | | | 槃木 반목 槃散 반산 |

| 2742 | 勃 | 力 9획 | 노할 발 짜임 孛+力 |
| | | | 勃發 발발 勃興 발흥 勃起 발기 蓬勃 봉발 |

| 2743 | 潑 | 水 15획 | 물뿌릴 발 짜임 氵+發 |
| | | | 活潑 활발 潑剌 발랄 潑皮 발피 潑寒 발한 |

| 2744 | 撥 | 手 15획 | 다스릴 발 짜임 扌+發 |
| | | | 反撥 반발 撥條 발조 撥亂 발란 支撥 지발 |

| 2745 | 醱 | 酉 19획 | 술괼 발 (동)酵(술밑 효) 짜임 酉+發 |
| | | | 醱酵 발효 |

| 2746 | 跋 | 足 12획 | 밟을 발 짜임 𧾷+犮 |
| | | | 跋扈 발호 跋文 발문 跋涉 발섭 序跋 서발 |

| 2747 | 魃 | 鬼 15획 | 가물 발 짜임 鬼+犮 |
| | | | 旱魃 한발 炎魃 염발 |

| 2748 | 尨 | 尢 7획 | 삽살개 방 짜임 尨(一ナ尢尤尨尨) |
| | | | 尨犬 방견 尨狗 방구 尨然 방연 尨雜 방잡 |

| 2749 | 幇 | 巾 12획 | 도울 방 (동)助(도울 조) 짜임 封+巾 |
| | | | 幇助 방조 幇間 방간 ※ 幫과 同字 |

2750 **坊** 7획	土	동네 **방**	동 里(마을 리)	짜임 土+方

坊間 방간　坊本 방본　桂坊 계방　京坊 경방

2751 **彷** 7획	彳	헤맬 **방**(ː)	동 徨(노닐 황)	짜임 彳+方

彷徨 방황　彷彿 방불

2752 **枋** 8획	木	다목 **방**		짜임 木+方

枋底 방저　蘇枋 소방

2753 **昉** 8획	日	밝을 **방**		짜임 日+方

申昉 신방　神昉 신방

2754 **肪** 8획	肉	기름 **방**		짜임 月+方

脂肪 지방　松肪 송방

2755 **榜** 14획	木	방붙일 **방**ː		짜임 木+旁

紙榜 지방　標榜 표방　板榜 판방　榜目 방목

2756 **膀** 14획	肉	오줌통 **방**	동 胱(방광 광)	짜임 月+旁

膀胱 방광

2757 **謗** 17획	言	헐뜯을 **방**	동 譏(비웃을 기)	짜임 言+旁

毁謗 훼방　謗言 방언　造謗 조방　怨謗 원방

2758 **徘** 11획	彳	어정거릴 **배**	동 徊(노닐 회)	짜임 彳+非

徘徊 배회

2759 **湃** 12획	水	물결칠 **배**		짜임 氵+拜

洶湧澎湃 흉용팽배

2760 **胚** 9획	肉	아기밸 **배**	동 孕(아이밸 잉)	짜임 月+丕

胚囊 배낭　胚芽 배아　胚孕 배잉　胚胎 배태

2761 **陪** 11획	阜	모실 **배**ː	동 侍(모실 시)	짜임 阝+音

陪席 배석　陪審 배심　陪賓 배빈　陪乘 배승

번호	한자	부수/획수	뜻·음	동자	짜임	용례
2762	帛	巾 8획	비단 백		白+巾	帛巾 백건　幣帛 폐백　帛書 백서　布帛 포백
2763	魄	鬼 15획	넋 백		白+鬼	氣魄 기백　魂魄 혼백　魄散 백산　死魄 사백
2764	蕃	艸 16획	우거질 번	동 盛(성할 성)	艹+番	蕃盛 번성　蕃殖 번식　蕃酋 번추　蕃界 번계
2765	藩	艸 19획	울타리 번	동 籬(울타리 리)	艹+氵+番	阜藩 부번　藩車 번거　藩籬 번리　藩國 번국
2766	帆	巾 6획	돛 범:		巾+凡	帆船 범선　出帆 출범　征帆 정범　滿帆 만범
2767	梵	木 11획	불경 범:		林+凡	梵磬 범경　梵鍾 범종　梵偈 범게　梵書 범서
2768	氾	水 5획	넘칠 범:	동 濫(넘칠 람)	氵+巳	氾濫 범람　氾溢 범일　氾論 범론　氾博 범박
2769	泛	水 8획	뜰 범:		氵+乏	泛溢 범일　泛浸 범침　泛舟 범주　泛看 범간
2770	劈	刀 15획	쪼갤 벽		辟+刀	劈頭 벽두　劈破 벽파　劈開 벽개　劈碎 벽쇄
2771	擘	手 17획	엄지손가락 벽		辟+手	擘指 벽지　擘裂 벽렬　手擘 수벽
2772	璧	玉 18획	구슬 벽	동 玉(구슬 옥)	辟+玉	完璧 완벽　雙璧 쌍벽　璧門 벽문　璧月 벽월
2773	癖	疒 18획	버릇 벽		疒+辟	潔癖 결벽　盜癖 도벽　酒癖 주벽　奇癖 기벽

번호	한자	부수/획수	훈음	짜임	용례
2774	闢	門 21획	열 벽	門+辟	開闢 개벽 闢土 벽토
2775	瞥	目 17획	눈깜짝할 별	敝+目	瞥見 별견 一瞥 일별 瞥眼間 별안간
2776	鼈	黽 25획	자라 별	敝+黽	鼈盞 별잔 龜鼈 귀별 鼈主簿 별주부
2777	甁	瓦 11획	병 병	并+瓦	花甁 화병 酒甁 주병 金甁梅 금병매
2778	餠	食 17획	떡 병	飠+幷	酒餠 주병 火餠 화병 畫餠 화병 湯餠 탕병
2779	堡	土 12획	작은성 보: [동] 壘(진 루)	保+土	堡壘 보루 堡障 보장 橋頭堡 교두보
2780	洑	水 9획	보 보/스며흐를 복	氵+伏	湍洑 단복 洑流 복류 洑稅 보세 洑主 보주
2781	菩	艸 12획	보리수 보	艹+音	菩薩 보살 菩提 보제 菩提樹 보제수/보리수
2782	僕	人 14획	종 복 [동] 奴(종 노)/隷(종 례)	亻+業	公僕 공복 忠僕 충복 奴僕 노복 婢僕 비복
2783	匐	勹 11획	길 복	勹+畐	匐枝 복지 扶匐 부복
2784	輻	車 16획	바큇살 복/폭	車+畐	輻射 복사
2785	鰒	魚 20획	전복 복	魚+复	鰒魚 복어 全鰒 전복 鰒卵 복란 甘鰒 감복

1급

번호	한자	부수/획수	훈음	동자/짜임	용례
2786	捧	手 11획	받들 봉	짜임 扌+奉	捧納 봉납 拜捧 배봉 收捧 수봉 高捧 고봉
2787	棒	木 12획	막대 봉	동 杖(지팡이 장) 짜임 木+奉	鐵棒 철봉 痛棒 통봉 指揮棒 지휘봉
2788	烽	火 11획	봉화 봉	짜임 火+夆	烽臺 봉대 烽火 봉화 烽煙 봉연 烽警 봉경
2789	鋒	金 15획	칼날 봉	동 刃(칼날 인) 짜임 金+夆	先鋒 선봉 銳鋒 예봉 鋒刃 봉인 藏鋒 장봉
2790	俯	人 10획	구부릴 부	반 仰(우러를 앙) 짜임 亻+府	俯仰 부앙 俯觀 부관 俯伏 부복 俯察 부찰
2791	咐	口 8획	분부할 부	짜임 口+付	咐囑 부촉
2792	腑	肉 12획	육부 부	동 臟(오장 장) 짜임 月+府	肺腑 폐부 六腑 육부 臟腑 장부 腑臟 부장
2793	駙	馬 15획	부마 부:	짜임 馬+付	駙馬 부마
2794	剖	刀 10획	쪼갤 부:	동 割(벨 할) 짜임 咅+刂	剖檢 부검 解剖 해부 剖決 부결 剖折 부절
2795	埠	土 11획	부두 부	짜임 土+阜	埠頭 부두 船埠 선부
2796	孵	子 14획	알깔 부	짜임 卵+孚	孵卵 부란 孵化 부화
2797	斧	斤 8획	도끼 부	동 斤(도끼 근) 짜임 父+斤	斧木 부목 鬼斧 귀부 雷斧 뇌부 斧斤 부근

2798	芙	艸 8획	부용 **부**	동 蓉(연꽃 용)	짜임 艹+夫
			芙蓉 부용		

2799	訃	言 9획	부고 **부:**		짜임 言+卜
			訃告 부고 訃音 부음 訃報 부보 訃聞 부문		

2800	賻	貝 17획	부의 **부:**		짜임 貝+尃
			賻儀 부의 賻助 부조 弔賻 조부 賻祭 부제		

2801	噴	口 15획	뿜을 **분**		짜임 口+賁
			噴霧 분무 噴射 분사 噴水 분수 噴火 분화		

2802	吩	口 7획	분부할 **분:**	동 咐(분부할 부)	짜임 口+分
			吩咐 분부		

2803	忿	心 8획	성낼 **분:**	동 怒(성낼 노)	짜임 分+心
			忿怒 분노 激忿 격분 忿爭 분쟁 忿隙 분극		

2804	扮	手 7획	꾸밀 **분**	동 裝(꾸밀 장)/飾(꾸밀 식)	짜임 扌+分
			扮飾 분식 扮裝 분장		

2805	盆	皿 9획	동이 **분**		짜임 分+皿
			盆栽 분재 花盆 화분 盆景 분경 盆地 분지		

2806	雰	雨 12획	눈날릴 **분**		짜임 雨+分
			雰雰 분분 雰虹 분홍 雰圍氣 분위기		

2807	焚	火 12획	불사를 **분**	동 燒(불사를 소)	짜임 林+火
			焚身 분신 焚香 분향 焚火 분화 焚溺 분닉		

2808	糞	米 17획	똥 **분**	반 尿(오줌 뇨)	짜임 米+異
			糞尿 분뇨 鷄糞 계분 人糞 인분 嘗糞 상분		

2809	彿	彳 8획	비슷할 **불**		짜임 彳+弗
			彷彿 방불		

2810	棚	木 12획	사다리 붕 (동)棧(사다리 잔) 짜임 木+朋 棚棧봉잔 山棚산붕 大陸棚대륙붕
2811	硼	石 13획	붕사 붕 짜임 石+朋 硼酸붕산 硼素붕소
2812	繃	糸 17획	묶을 붕 짜임 糸+崩 繃帶붕대
2813	憊	心 16획	고단할 비: (동)困(곤할 곤) 짜임 備+心 困憊곤비 疲憊피비 憊色비색 倦憊권비
2814	妣	女 7획	죽은어미 비: (비)考(죽은아버지 고) 짜임 女+比 祖妣조비 顯妣현비 考妣고비 先妣선비
2815	匕	匕 2획	비수 비: (반)箸(젓가락 저) 짜임 ((丿匕) 匕首비수 匕箸비저
2816	庇	广 7획	덮을 비: (동)蔭(그늘 음) 짜임 广+比 庇護비호 補庇보비 蔭庇음비 曲庇곡비
2817	琵	玉 12획	비파 비 (동)琶(비파 파) 짜임 珏(←珡)+比 琵琶비파
2818	砒	石 9획	비상 비: 짜임 石+比 砒霜비상 砒素비소 砒酸비산 砒石비석
2819	秕	禾 9획	쭉정이 비: 짜임 禾+比 秕糠비강 秕政비정
2820	沸	水 8획	끓을 비:/용솟음할 불 짜임 氵+弗 沸騰비등 沸水불수 沸騰點비등점
2821	扉	戶 12획	사립문 비 짜임 戶+非 柴扉시비 竹扉죽비 石扉석비 鐵扉철비

번호	한자	부수/획수	훈음	유의자/반의자	짜임	예
2822	緋	糸 14획	비단 비(:)	동 緞(비단 단)	糸+非	緋緞비단 緋甲비갑 緋衲비납 緋綠비록
2823	蜚	虫 14획	바퀴/날 비		非+虫	蜚騰비등 蜚語비어
2824	誹	言 15획	헐뜯을 비	동 謗(헐뜯을 방)	言+非	誹謗비방 誹毀비훼 腹誹복비 怨誹원비
2825	翡	羽 14획	물총새 비:	반 翠(비취빛 취)	非+羽	翡翠비취
2826	臂	肉 17획	팔 비:	반 脚(다리 각)	辟+月	臂環비환 臂力비력 肩臂痛견비통
2827	脾	肉 12획	지라 비:		月+卑	脾胃비위 脾臟비장 脾泄비설
2828	痺	疒 13획	저릴 비		疒+卑	麻痺마비 周痺주비 冷痺냉비 頑痺완비
2829	裨	衣 13획	도울 비(:)	동 補(도울 보)	衤+卑	裨補비보 裨益비익 裨將비장 裨助비조
2830	譬	言 20획	비유할 비:	동 喩(비유할 유)	辟+言	譬喩비유
2831	鄙	邑 14획	더러울 비:	동 陋(더러울 루)	啚+阝	鄙劣비열 野鄙야비 鄙淺비천 鄙願비원
2832	嚬	口 19획	찡그릴 빈		口+頻	效嚬효빈 嚬笑빈소 ※ 矉과 同字
2833	瀕	水 19획	물가/가까울 빈		氵+頻	瀕死빈사 瀕海빈해

2834	嬪	女 17획	궁녀 **빈**	짜임 女+賓

嬪宮 빈궁　嬪妾 빈첩　妃嬪 비빈　嬪從 빈종

2835	殯	歹 18획	빈소 **빈**	짜임 歹+賓

殯所 빈소　殯殿 빈전

2836	濱	水 17획	물가 **빈**	짜임 氵+賓

濱塞 빈새　濱涯 빈애　水濱 수빈　海濱 해빈

2837	憑	心 16획	기댈 **빙**　동 依(의지할 의)	짜임 馮+心

憑藉 빙자　憑虛 빙허　憑據 빙거　證憑 증빙

2838	蓑	艸 14획	도롱이 **사**	짜임 艹+衰

蓑笠 사립　蓑衣 사의

2839	些	二 7획	적을 **사**　동 少(적을 소)	짜임 此+二

些少 사소　些事 사사　些末 사말　些細 사세

2840	嗣	口 13획	이을 **사**　반 絕(끊을 절)	짜임 口+冊+司

嗣者 사자　後嗣 후사　嗣續 사속　國嗣 국사

2841	祠	示 10획	사당 **사**　동 廟(사당 묘)	짜임 示+司

祠堂 사당　祠院 사원　顯忠祠 현충사

2842	奢	大 12획	사치할 **사**　동 侈(사치할 치)	짜임 大+者

奢侈 사치　豪奢 호사　奢麗 사려　驕奢 교사

2843	娑	女 10획	춤출/사바세상 **사**	짜임 沙+女

娑婆世界 사바세계

2844	紗	糸 10획	비단 **사**　동 絹(비단 견)	짜임 糸+少

紗帽 사모　羅紗 나사　窓紗 창사　素紗 소사

2845	徙	彳 11획	옮길 **사**	짜임 彳+走(←步)

移徙 이사　轉徙 전사

번호	한자	부수/획수	훈음	동/반자	짜임	용례
2846	瀉	水 18획	쏟을 **사**	동 痢(설사 리)	氵+寫	吐瀉 토사 瀉痢 사리 瀉出 사출 瀉下 사하
2847	獅	犬 13획	사자 **사**		犭+師	獅子 사자 獅子吼 사자후
2848	麝	鹿 21획	사향노루 **사:**		鹿+射	麝香 사향 麝墨 사묵
2849	刪	刀 7획	깎을 **산**	동 削(깎을 삭)	冊+刂	刪削 산삭 刪改 산개 刪修 산수 刪略 산략
2850	珊	玉 9획	산호 **산**	동 瑚(산호 호)	王+冊	珊瑚 산호
2851	疝	疒 8획	산증 **산**		疒+山	疝症 산증 疝氣 산기
2852	撒	手 15획	뿌릴 **살**		扌+散	撒布 살포 撒水 살수 撒袋 살대 撒壞 살괴
2853	煞	火 13획	죽일 **살**		煞(←急)+攵	急煞 급살 驛馬煞 역마살 ※殺과 同字
2854	薩	艸 18획	보살 **살**		艹+阝+産	布薩 포살 薩水大捷 살수대첩
2855	滲	水 14획	스밀 **삼**	동 透(꿰뚫을 투)	氵+參	滲透 삼투 滲入 삼입 滲出 삼출 滲泄 삼설
2856	澁	水 15획	떫을 **삽**		氵+歮	澁滯 삽체 難澁 난삽 澁苦 삽고 澁語 삽어
2857	孀	女 20획	홀어미 **상**	반 鰥(홀아비 환)	女+霜	孀婦 상부 孀閨 상규 青孀寡婦 청상과부

2858	爽	爻 11획	시원할 **상**: 동 快(쾌할 쾌)	짜임 大+爻

爽快상쾌 爽然상연 爽氣상기 清爽청상

2859	翔	羽 12획	날 **상** 반 踊(뛸 용)	짜임 羊+羽

飛翔비상 回翔회상 雲翔운상 高翔고상

2860	觴	角 18획	잔 **상**	짜임 角+昜

觴酌상작 濫觴남상 觴詠상영 交觴교상

2861	璽	玉 19획	옥새 **새**	짜임 爾+玉

玉璽옥새 璽寶새보 國璽국새 璽書새서

2862	嗇	口 13획	아낄 **색**	짜임 㐫(←來)+靣

節嗇절색 嗇夫색부

2863	牲	牛 9획	희생 **생**	짜임 牛+生

牲殺생살 牲酒생주

2864	甥	生 12획	생질 **생** 동 姪(조카 질)	짜임 生+男

舅甥구생 甥姪생질 外甥외생 甥館생관

2865	嶼	山 17획	섬 **서**	짜임 山+與

島嶼도서 洲嶼주서

2866	抒	手 7획	토로할 **서**	짜임 扌+予

抒情서정 抒情詩서정시

2867	曙	日 18획	새벽 **서**: 반 昏(어두울 혼)	짜임 日+署

曙光서광 曙星서성 曙天서천 曙景서경

2868	薯	艸 18획	감자 **서**	짜임 艹+署

薯童서동 甘薯감서 薯童謠서동요

2869	棲	木 12획	깃들일 **서**:	짜임 木+妻

兩棲양서 棲息서식 棲遲서지 水棲수서

2870	犀	牛 12획	무소 서:	짜임 尸(←尾)+牛
			犀角 서각 犀利 서리 木犀 목서 犀甲 서갑	
2871	胥	肉 9획	서로 서:	짜임 疋+月
			胥吏 서리 胥匡 서광 象胥 상서 胥徒 서도	
2872	壻	土 12획	사위 서:	반 翁(장인 옹) 짜임 土+胥
			翁壻 옹서 壻郞 서랑 同壻 동서 姪壻 질서	
2873	黍	黍 12획	기장 서	짜임 禾+入+水
			黍粟 서속 黍穀 서곡 黍稷 서직 黍酒 서주	
2874	鼠	鼠 13획	쥐 서:	짜임 𱁬 (ᄼᄼᄽᄽ𱁬鼠)
			鼠盜 서도 鼠狼 서랑 鼠生員 서생원	
2875	潟	水 15획	개펄 석	짜임 氵+舃
			潟流 석류 干潟地 간석지	
2876	扇	戶 10획	부채 선	짜임 戶+羽
			羅扇 나선 扇形 선형 扇狀地 선상지	
2877	煽	火 14획	부채질할 선	짜임 火+扇
			煽動 선동 煽情 선정 煽惑 선혹 煽熾 선치	
2878	羨	羊 13획	부러워할 선:/무덤길 연:	짜임 羊+次
			羨望 선망 欽羨 흠선 羨慕 선모 仰羨 앙선	
2879	膳	肉 16획	선물/반찬 선:	짜임 月+善
			膳物 선물 珍膳 진선 饗膳 향선 魚膳 어선	
2880	腺	肉 13획	샘 선	짜임 月+泉
			腺病 선병 汗腺 한선 甲狀腺 갑상선	
2881	銑	金 14획	무쇠 선	짜임 金+先
			銑鐵 선철	

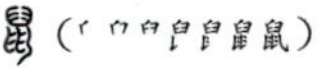

번호	한자	부수/획수	훈음	관련자	짜임	용례
2882	屑	尸 10획	가루 설		尸+肖	屑塵설진 屑鐵설철 碎屑쇄설 玉屑옥설
2883	洩	水 9획	샐 설/퍼질 예	동 漏(샐 루)	氵+曳	漏洩누설 露洩노설
2884	泄	水 8획	샐 설		氵+世	泄瀉설사 排泄배설 漏泄누설 泄氣설기
2885	渫	水 12획	파낼 설		氵+枼	浚渫준설 渫慢설만
2886	殲	歹 21획	다죽일 섬	동 滅(멸할 멸)	歹+韱	殲滅섬멸 殲撲섬박 剋殲극섬 殲夷섬이
2887	閃	門 10획	번쩍일 섬		門+人	閃光섬광 閃影섬영 閃火섬화 閃電섬전
2888	醒	酉 16획	깰 성	반 醉(취할 취) 동 寤(깰 오)	酉+星	覺醒각성 醉醒취성 醒然성연 醒悟성오
2889	塑	土 13획	흙빚을 소:		朔+土	泥塑이소 彫塑조소 塑像소상 繪塑회소
2890	遡	辵 14획	거스를 소		朔+辶	遡及소급 遡流소류
2891	宵	宀 10획	밤 소	반 晨(새벽 신)/晝(낮 주)	宀+肖	宵宴소연 晝宵주소 宵半소반 宵晨소신
2892	逍	辵 11획	노닐 소		肖+辶	逍遙소요 逍風소풍
2893	疎	疋 12획	성길 소	반 密(빽빽할 밀)	疋+束	疎薄소박 疎脫소탈 疎忽소홀 親疎친소

번호	한자	부수/획수	훈음	동자	짜임	용례
2894	搔	手 13획	긁을 **소**	爬(긁을 파)	扌+蚤	搔爬 소파 搔頭 소두 隔搔 격소 搔擾 소요
2895	瘙	疒 15획	피부병 **소**		疒+蚤	風瘙 풍소
2896	梳	木 11획	얼레빗 **소**	櫛(빗 즐)	木+疏	梳櫛 소즐 梳沐 소목 梳洗 소세 梳髮 소발
2897	甦	生 12획	깨어날 **소**		更+生	甦生 소생 甦息 소식 ※蘇와 同字
2898	簫	竹 18획	통소 **소**	管(대롱 관)	⺮+肅	簫鼓 소고 簫笛 소적 簫管 소관 簫郞 소랑
2899	蕭	艸 16획	쓸쓸할 **소**	寥(쓸쓸할 료)	⺾+肅	蕭灑 소쇄 蕭瑟 소슬 蕭森 소삼 蕭散 소산
2900	贖	貝 22획	속죄할 **속**		貝+賣	贖罪 속죄 贖刑 속형 赦贖 사속 贖錢 속전
2901	遜	辵 14획	겸손할 **손:**	恭(공손할 공)	孫+辶	謙遜 겸손 恭遜 공손 遜讓 손양 不遜 불손
2902	悚	心 10획	두려워할 **송**	懼(두려워할 구)	忄+束	悚悸 송계 悚懼 송구 罪悚 죄송 戰悚 전송
2903	灑	水 22획	뿌릴 **쇄:**		氵+麗	灑掃 쇄소 灑泣 쇄읍 掃灑 소쇄 灑落 쇄락
2904	碎	石 13획	부술 **쇄:**	破(깨뜨릴 파)	石+卒	粉碎 분쇄 碎鑛 쇄광 碎身 쇄신 細碎 세쇄
2905	嫂	女 13획	형수 **수**		女+叟	舅嫂 구수 兄嫂 형수 季嫂 계수 嫂叔 수숙

2906	瘦 15획	疒	여윌 **수**	(동)瘠(메마를 척)	짝임 疒+叟
			瘦瘠 수척 瘦削 수삭 瘦軀 수구 瘦身 수신		

2907	戍 6획	戈	수자리 **수**		짝임 人+戈
			戍兵 수병 衛戍 위수 戍人 수인 謫戍 적수		

2908	狩 9획	犬	사냥할 **수**	(동)獵(사냥 렵)	짝임 犭+守
			狩獵 수렵 狩人 수인 巡狩碑 순수비		

2909	穗 17획	禾	이삭 **수**		짝임 禾+惠
			落穗 낙수 拾穗 습수 麥穗 맥수 禾穗 화수		

2910	竪 13획	立	세울 **수**	(동)立(설 립)	짝임 臤+立
			竪宦 수환 竪立 수립 竪童 수동 竪子 수자		

2911	粹 粹 14획	米	순수할 **수**		짝임 米+卒
			粹美 수미 純粹 순수 精粹 정수 粹白 수백		

2912	繡 繡 18획	糸	수놓을 **수:**		짝임 糸+肅
			錦繡 금수 繡衾 수금 刺繡 자수 繡像 수상		

2913	羞 11획	羊	부끄러울 **수**	(동)恥(부끄러울 치)	짝임 羊+丑
			羞恥 수치 羞愧 수괴 慙羞 참수 珍羞 진수		

2914	蒐 14획	艸	모을 **수**	(동)集(모을 집)	짝임 艹+鬼
			蒐集 수집 蒐羅 수라 蒐補 수보 茅蒐 모수		

2915	讎 23획	言	원수 **수**	(동)仇(원수 구)	짝임 雔+言
			復讎 복수 怨讎 원수 讎仇 수구 國讎 국수		

2916	袖 10획	衣	소매 **수**		짝임 衤+由
			領袖 영수 袖手 수수 袖口 수구 衣袖 의수		

2917	酬 13획	酉	갚을 **수**	(동)報(갚을 보)	짝임 酉+州
			酬酢 수작 報酬 보수 獻酬 헌수 應酬 응수		

2918 髓	髓 23획	骨	골수 **수**	짜임 骨+適(←隨)
		髓腦 수뇌　骨髓 골수　精髓 정수　眞髓 진수		
2919 塾	塾 14획	土	글방 **숙**	짜임 孰+土
		塾舍 숙사　私塾 사숙　塾生 숙생　塾堂 숙당		
2920 夙	夙 6획	夕	이를 **숙**	짜임 = 夙 → 夕+丮
		夙成 숙성　夙志 숙지　夙敏 숙민　夙起 숙기		
2921 菽	菽 12획	艸	콩 **숙**	짜임 艹+叔
		菽麥 숙맥　菽粟 숙속　菽水 숙수　菽醬 숙장		
2922 筍	筍 12획	竹	죽순 **순**	짜임 ⺮+旬
		蔬筍 소순　竹筍 죽순　稚筍 치순　石筍 석순		
2923 醇	醇 15획	酉	전국술 **순**	짜임 酉+享
		醇化 순화　醇厚 순후　醇朴 순박　醇醴 순례		
2924 馴	馴 13획	馬	길들일 **순**	짜임 馬+川
		馴致 순치　馴鹿 순록　調馴 조순　馴良 순량		
2925 膝	膝 15획	肉	무릎 **슬**	짜임 月+㴉
		膝下 슬하　容膝 용슬　膝蓋骨 슬개골		
2926 丞	丞 6획	一	도울/정승 **승**	짜임 氶+一
		丞相 승상　政丞 정승		
2927 匙	匙 11획	匕	숟가락 **시:** 반 箸(젓가락 저)	짜임 是+匕
		揷匙 삽시　匙箸 시저　飯匙 반시　茶匙 다시		
2928 媤	媤 12획	女	시집 **시**	짜임 女+思
		媤家 시가　媤叔 시숙　媤宅 시댁		
2929 弑	弑 12획	弋	윗사람죽일 **시** 동 戮(죽일 륙)	짜임 柔+式
		弑殺 시살　弑害 시해		

급수별 한자 1급

번호	한자	부수/획수	훈음	참고	짜임
2930	柿	木 9획	감 시:	柿雪 시설 紅柿 홍시 霜柿 상시 乾柿 건시	木+市
2931	猜	犬 11획	시기할 시	동 忌(꺼릴 기) 猜妬 시투 猜憚 시탄 猜忌 시기 猜畏 시외	犭+靑
2932	諡	言 16획	시호 시:	諡號 시호 賜諡 사시 諡法 시법 追諡 추시	言+盆
2933	豺	豸 10획	승냥이 시	豺狼 시랑 豺虎 시호	豸+才
2934	拭	手 9획	씻을 식	拭淸 식청 佛拭 불식 拭目 식목 拭淨 식정	扌+式
2935	熄	火 14획	불꺼질 식	熄滅 식멸 終熄 종식	火+息
2936	蝕	虫 15획	좀먹을 식	腐蝕 부식 侵蝕 침식 蝕旣 식기 雨蝕 우식	食+虫
2937	呻	口 8획	읊조릴 신	동 吟(읊을 음) 呻吟 신음	口+申
2938	娠	女 10획	아이밸 신	姙娠 임신	女+辰
2939	蜃	虫 13획	큰조개 신:	동 蛤(대합조개 합) 蜃蛤 신합 蜃市 신시 蜃氣樓 신기루	辰+虫
2940	宸	宀 10획	대궐 신	동 闕(대궐 궐) 宸宴 신연 宸襟 신금 宸衷 신충 宸鑑 신감	宀+辰
2941	燼	火 18획	불탄끝 신	灰燼 회신 燼滅 신멸 餘燼 여신 煙燼 연신	火+盡

2942	薪	艸 17획	섶 신	동 柴(섶 시)	짜임 艹+新	薪柴 신시 薪樵 신초 薪炭 신탄 薪木 신목
2943	訊	言 10획	물을 신:	동 問(물을 문)	짜임 言+卂	訊問 신문 訊責 신책 訊檢 신검 拷訊 고신
2944	迅	辵 7획	빠를 신	동 速(빠를 속)	짜임 卂+辶	迅雷 신뢰 迅速 신속 迅急 신급 迅雨 신우
2945	悉	心 11획	다 실	동 皆(다 개)/盡(다할 진)	짜임 釆+心	悉盡 실진 知悉 지실 悉皆 실개 詳悉 상실
2946	俄	人 9획	아까 아		짜임 亻+我	俄館 아관 俄然 아연 俄頃 아경 俄刻 아각
2947	訝	言 11획	의심할 아	동 惑(미혹할 혹)	짜임 言+牙	驚訝 경아 疑訝 의아 訝惑 아혹 怪訝 괴아
2948	啞(唖)	口 11획	벙어리 아		짜임 口+亞	盲啞 맹아 嘔啞 구아 啞子 아자 啞咽 아열
2949	衙	行 13획	마을/관청 아	동 署(관청 서)	짜임 行+吾	衙前 아전 衙隷 아례 官衙 관아 殿衙 전아
2950	顎	頁 18획	턱 악		짜임 咢+頁	顎骨 악골 上顎 상악 下顎 하악
2951	愕	心 12획	놀랄 악		짜임 忄+咢	驚愕 경악 嗟愕 차악 錯愕 착악 駭愕 해악
2952	堊	土 11획	흰흙 악		짜임 亞+土	堊室 악실 丹堊 단악 白堊館 백악관
2953	按	手 9획	누를/살필 안	동 察(살필 찰)	짜임 扌+安	按撫 안무 按摩 안마 按手 안수 按擦 안찰

2954	晏	日 10획	늦을 안:	짜임 日+安
			晏駕 안가 晏眠 안면 晏起 안기 晏然 안연	

2955	鞍	革 15획	안장 안:	짜임 革+安
			鞍馬 안마 鞍裝 안장 鞍橋 안교 鞍傷 안상	

2956	軋	車 8획	삐걱거릴 알	짜임 車+乚
			軋轢 알력 嘔軋 구알	

2957	斡	斗 14획	돌 알	동 旋(돌 선) 짜임 倝+斗
			斡旋 알선 斡流 알류	

2958	庵	广 11획	암자 암	동 廬(농막집 려) 짜임 广+奄
			庵子 암자 禪庵 선암 草庵 초암 庵廬 암려	

2959	闇	門 17획	숨을 암:	동 冥(어두울 명) 짜임 門+音
			闇鈍 암둔 闇蔽 암폐 闇昧 암매 闇冥 암명	

2960	怏	心 8획	원망할 앙	짜임 忄+央
			怏宿 앙숙 怏心 앙심 怏鬱 앙울 怏怏 앙앙	

2961	秧	禾 10획	모 앙	동 苗(모 묘) 짜임 禾+央
			秧板 앙판 移秧 이앙 秧稻 앙도 秧苗 앙묘	

2962	鴦	鳥 16획	원앙 앙	짜임 央+鳥
			鴦錦 앙금 鴦衾 앙금	

2963	昂	日 8획	높을 앙	짜임 日+卬
			昂騰 앙등 激昂 격앙 昂貴 앙귀 低昂 저앙	

2964	曖	日 17획	희미할 애	동 昧(어두울 매) 짜임 日+愛
			曖昧 애매 曖然 애연	

2965	崖	山 11획	언덕 애	짜임 山+厓
			斷崖 단애 絶崖 절애 懸崖 현애 崖脚 애각	

| 2966 | 隘 | 阜 13획 | 좁을 **애** 동 陋(좁을 루)/狹(좁을 협) | 짜임 阝+益 |

隘路 애로 隘險 애험 陋隘 누애 隘狹 애협

| 2967 | 靄 | 雨 24획 | 아지랑이 **애** | 짜임 雨+謁 |

靄靄 애애 彩靄 채애 曉靄 효애 靄然 애연

| 2968 | 扼 | 手 7획 | 누를 **액** | 짜임 扌+厄 |

扼腕 액완 扼殺 액살 扼喉 액후 扼據 액거

| 2969 | 縊 | 糸 16획 | 목맬 **액** | 짜임 糸+盍 |

縊死 액사 縊殺 액살 縊刑 액형 絞縊 교액

| 2970 | 腋 | 肉 12획 | 겨드랑이 **액** | 짜임 月+夜 |

腋氣 액기 腋汗 액한 腋毛 액모 腋臭 액취

| 2971 | 櫻 | 木 21획 | 앵두 **앵** | 짜임 木+嬰 |

櫻桃 앵도 櫻脣 앵순 櫻花 앵화 山櫻 산앵

| 2972 | 鶯 | 鳥 21획 | 꾀꼬리 **앵** | 짜임 熒(←熒)+鳥 |

鶯聲 앵성 鶯歌 앵가 鶯舌 앵설 鶯遷 앵천

| 2973 | 冶 | 冫 7획 | 풀무 **야:** 동 鎔(쇠녹일 용) | 짜임 冫+台 |

鍛冶 단야 陶冶 도야 冶金 야금 冶坊 야방

| 2974 | 揶 | 手 12획 | 야유할 **야:** 동 揄(야유할 유) | 짜임 扌+耶 |

揶揄 야유 ※揶와 同字

| 2975 | 爺 | 父 13획 | 아비 **야** 반 孃(아가씨 양) | 짜임 父+耶 |

老爺 노야 爺孃 야양 好好爺 호호야

| 2976 | 葯 | 艸 13획 | 꽃밥 **약** | 짜임 艹+約 |

葯胞 약포 去葯 거약

| 2977 | 瘍 | 疒 14획 | 헐 **양** | 짜임 疒+昜 |

潰瘍 궤양 腫瘍 종양 瘡瘍 창양 瘍醫 양의

2978	攘	手 20획	물리칠 양: (扌+襄)	攘臂 양비　攘夷 양이　攘伐 양벌　攘斥 양척
2979	釀	酉 24획	술빚을 양: (酉+襄)	釀造 양조　釀酒 양주　釀母 양모　家釀 가양
2980	恙	心 10획	병/근심할 양 (동)憂(근심 우) (羊+心)	恙病 양병　微恙 미양　無恙 무양　疹恙 진양
2981	癢	疒 20획	가려울 양 (疒+養)	搔癢 소양　癢痛 양통
2982	圄	囗 10획	옥 어 (동)囹(감옥 령) (囗+吾)	獄圄 옥어　圄囹 어령
2983	瘀	疒 13획	어혈질 어: (疒+於)	瘀血 어혈　瘀熱 어열　瘀肉 어육　逐瘀 축어
2984	禦	示 16획	막을 어: (御+示)	防禦 방어　守禦 수어　禦侮 어모　禦寒 어한
2985	臆	肉 17획	가슴 억 (月+意)	臆說 억설　臆測 억측　臆決 억결　臆斷 억단
2986	堰	土 12획	둑 언 (동)堤(둑 제) (土+匽)	堰堤 언제　海堰 해언
2987	諺	言 16획	언문/속담 언: (言+彦)	諺解 언해　俗諺 속언　諺文 언문　諺譯 언역
2988	儼	人 22획	엄연할 엄 (亻+嚴)	儼然 엄연　儼存 엄존　儼恪 엄각　儼雅 엄아
2989	奄	大 8획	문득 엄: (동)忽(갑자기 홀) (大+电(←申))	奄然 엄연　奄忽 엄홀　奄棄 엄기　奄遲 엄지

번호	한자	부수/획수	훈음	동/반	짜임	용례
2990	掩	手 11획	가릴 엄:	동 蔽(덮을 폐)	扌+奄	掩襲 엄습 掩蔽 엄폐 掩護 엄호 掩匿 엄닉
2991	繹	糸 19획	풀 역		糸+睪	絡繹 낙역 演繹 연역 繹騷 역소 繹史 역사
2992	捐	手 10획	버릴 연:	동 棄(버릴 기)	扌+肙	出捐 출연 捐館 연관 義捐 의연 捐軀 연구
2993	椽	木 13획	서까래 연		木+彖	椽木 연목 椽端 연단 附椽 부연 屋椽 옥연
2994	鳶	鳥 14획	솔개 연		弋+鳥	鳶鵲 연작 飛鳶 비연 防牌鳶 방패연
2995	筵	竹 13획	대자리 연	동 席(자리 석)	竹+延	筵席 연석 酒筵 주연 經筵 경연 講筵 강연
2996	焰	火 12획	불꽃 염		火+䧟	氣焰 기염 火焰 화염 光焰 광염 勢焰 세염
2997	艶	色 19획	고울 염:	동 美(아름다울 미)	豊+色	妖艷 요염 麗艷 여염 艷聞 염문 濃艷 농염
2998	嬰	女 17획	어린아이 영		賏+女	嬰兒 영아 嬰孩 영해 嬰禍 영화 退嬰 퇴영
2999	裔	衣 13획	후손 예	동 孫(손자 손)/冑(자손 주)	衣+冏+口	裔孫 예손 冑裔 주예 後裔 후예 遐裔 하예
3000	曳	曰 6획	끌 예	동 引(끌 인)	丿+申 (丿 口 冃 曰 电 曳)	曳引 예인 牽曳 견예 曳光彈 예광탄
3001	穢	禾 18획	더러울 예:	반 淨(깨끗할 정)	禾+歲	穢德 예덕 穢慾 예욕 穢濁 예탁 汚穢 오예

번호	한자	부수/획수	훈음	비고	짜임	용례
3002	詣	言 13획	이를 예:		言+旨	詣闕 예궐 造詣 조예 參詣 참예 馳詣 치예
3003	寤	宀 14획	잠깰 오	(반)寐(잠잘 매)	宀+爿+吾	寤寐 오매 覺寤 각오 寤境 오경 寤夢 오몽
3004	伍	人 6획	대오 오:		亻+五	落伍 낙오 隊伍 대오 伍列 오열 編伍 편오
3005	奧	大 13획	깊을 오(:)	(반)淺(얕을 천)	=窯→宀+弄	奧妙 오묘 深奧 심오 奧藏 오장 奧地 오지
3006	懊	心 16획	한할 오	(동)恨(한할 한)	忄+奧	懊惱 오뇌 懊悔 오회
3007	蘊	艹 20획	쌓을 온:	(동)蓄(모을 축)	艹+縕	蘊結 온결 蘊蓄 온축 蘊奧 온오 蘊藉 온자
3008	壅	土 16획	막을 옹	(동)塞(막힐 색)	雍+土	壅拙 옹졸 壅塞 옹색 壅劫 옹겁 壅滯 옹체
3009	渦	水 12획	소용돌이 와		氵+咼	渦流 와류 渦紋 와문 渦旋 와선 盤渦 반와
3010	蝸	虫 15획	달팽이 와		虫+咼	蝸角 와각 蝸牛 와우 蝸牛殼 와우각
3011	訛	言 11획	그릇될 와	(동)謬(그르칠 류)	言+化	訛謬 와류 訛傳 와전 訛言 와언 浮訛 부와
3012	婉	女 11획	순할/아름다울 완:	(동)麗(고울 려)	女+宛	婉曲 완곡 婉娩 완만 婉麗 완려 婉弱 완약
3013	宛	宀 8획	완연할 완:		宀+夗	宛丘 완구 宛然 완연 宛轉 완전 宛妙 완묘

번호	한자	부수/획수	뜻과 음	짜임	용례
3014	腕	肉 12획	팔뚝 완:	짜임 月+宛	敏腕 민완 腕章 완장 腕力 완력 鐵腕 철완
3015	玩	玉 8획	즐길 완: (동)弄(희롱할 롱)	짜임 王+元	玩具 완구 玩弄 완롱 嗜玩 기완 遊玩 유완
3016	頑	頁 13획	완고할 완	짜임 元+頁	頑強 완강 頑固 완고 頑慢 완만 頑守 완수
3017	阮	阜 7획	성(姓) 완:	짜임 阝+元	阮翁 완옹 阮元 완원 阮籍 완적 阮咸 완함
3018	枉	木 8획	굽을 왕: (동)曲(굽을 곡)	짜임 木+王	枉駕 왕가 枉臨 왕림 枉告 왕고 枉法 왕법
3019	矮	矢 13획	난쟁이 왜 (동)短(짧을 단)	짜임 矢+委	矮軀 왜구 矮小 왜소 矮陋 왜루 矮林 왜림
3020	猥	犬 12획	외람할 외:	짜임 犭+畏	猥濫 외람 猥雜 외잡 猥俗 외속 淫猥 음외
3021	巍	山 21획	높고클 외	짜임 山+魏	巍然 외연 巍巍 외외
3022	僥	人 14획	요행 요	짜임 亻+堯	僥倖 요행 ※倖은 1급 外字
3023	饒	食 21획	넉넉할 요	짜임 食+堯	饒富 요부 豊饒 풍요 饒居 요거 饒貸 요대
3024	凹	凵 5획	오목할 요 (반)凸(볼록할 철)	짜임  凵 (丨 ㇄ ㇄ 凹 凹)	凹凸 요철 凹面 요면 凹處 요처 凹地 요지
3025	拗	手 8획	우길 요	짜임 扌+幼	執拗 집요 拗體 요체

3026	窈	穴 10획	고요할 요: 동 寞(쓸쓸할 막)	짜임 穴+幼
			窈窕 요조 窈冥 요명 窈然 요연 窈糾 요규	

3027	夭	大 4획	일찍죽을 요: 반 壽(목숨 수)	짜임 丿+大
			夭折 요절 夭死 요사 夭桃 요도 夭逝 요서	

3028	擾	手 18획	시끄러울 요 동 亂(어지러울 란)	짜임 扌+憂
			騷擾 소요 擾亂 요란 擾擾 요요 紛擾 분요	

3029	窯	穴 15획	가마 요	짜임 穴+羔
			陶窯 도요 窯址 요지 窯業 요업 瓦窯 와요	

3030	邀	辵 17획	맞을 요 동 招(부를 초)	짜임 敫+辶
			邀擊 요격 邀請 요청 邀招 요초 奉邀 봉요	

3031	聳	耳 17획	솟을 용:	짜임 從+耳
			聳出 용출 聳起 용기 聳空 용공 聳立 용립	

3032	茸	艸 10획	우거질 용	짜임 艹+耳
			鹿茸 녹용 蒙茸 몽용 家茸 가용 鼻茸 비용	

3033	蓉	艸 14획	연꽃 용	짜임 艹+容
			芙蓉劍 부용검	

3034	涌	水 10획	샘솟을 용:	짜임 氵+甬
			涌泉 용천 涌出 용출 涌起 용기 涌沫 용말	

3035	踊	足 14획	뛸 용: 반 飛(날 비) 동 躍(뛸 약)	짜임 𧾷+甬
			舞踊 무용 踊貴 용귀 踊躍 용약 踊塔 용탑	

3036	嵎	山 12획	산굽이 우	짜임 山+禺
			嵎嵎 우우 嵎夷 우이	

3037	寓	宀 12획	부칠 우:	짜임 宀+禺
			寓意 우의 寓話 우화 寓居 우거 寓言 우언	

3038	隅	阜 12획	모퉁이 우 (동)奧(속 오) 짜임 阝+禺
			隅角 우각 隅谷 우곡 邊隅 변우 四隅 사우

3039	虞	虍 13획	염려할/나라이름 우 짜임 虍+吳
			虞犯 우범 虞祭 우제 虞人 우인 虞侯 우후

3040	迂	辵 7획	에돌 우 (동)遠(멀 원)/廻(돌 회) 짜임 于+辶
			迂廻 우회 迂路 우로 迂遠 우원 迂疏 우소

3041	殞	歹 14획	죽을 운: (동)死(죽을 사) 짜임 歹+員
			殞命 운명 殞泣 운읍 殞死 운사 殞霜 운상

3042	隕	阜 13획	떨어질 운: 짜임 阝+員
			隕石 운석 隕星 운성 隕潰 운궤 隕涙 운루

3043	耘	耒 10획	김맬 운 짜임 耒+云
			耘培 운배 耘耘 운운 耕耘機 경운기

3044	冤	冖 10획	원통할 원(:) (동)痛(원망할 통) 짜임 冖+兔
			伸冤 신원 冤痛 원통 冤魂 원혼 冤鬼 원귀

3045	猿	犬 13획	원숭이 원 (동)狙(원숭이 저) 짜임 犭+袁
			猿臂 원비 犬猿 견원 類人猿 유인원

3046	鴛	鳥 16획	원앙 원 (반)鴦(원앙 앙) 짜임 夗+鳥
			鴛鴦 원앙 鴛侶 원려 ※鴛(수컷), 鴦(암컷)

3047	萎	艹 12획	시들 위 (동)凋(시들 조) 짜임 艹+委
			萎落 위락 萎縮 위축 萎靡 위미 衰萎 쇠위

3048	宥	宀 9획	너그러울 유 짜임 宀+有
			寬宥 관유 宥和 유화 宥免 유면 宥恕 유서

3049	喩	口 12획	깨우칠 유 짜임 口+俞
			比喩 비유 隱喩 은유 直喩 직유 引喩 인유

1급

3050	愉	心 12획	즐거울 유	동 樂(즐길 락)	짜임 忄+兪

愉樂 유락　愉愉 유유　愉逸 유일　愉色 유색

3051	揄	手 12획	야유할 유		짜임 扌+兪

揄揚 유양　揄袂 유메

3052	鍮	金 17획	놋쇠 유		짜임 金+兪

鍮器 유기　眞鍮 진유

3053	諭	言 16획	타이를 유	동 曉(깨달을 효)	짜임 言+兪

訓諭 훈유　諭旨 유지　諭示 유시　宣諭 선유

3054	癒	疒 18획	병나을 유		짜임 疒+愈

癒着 유착　治癒 치유　快癒 쾌유　全癒 전유

3055	柚	木 9획	유자 유		짜임 木+由

柚子 유자　柚酒 유주

3056	諛	言 16획	아첨할 유	동 媚(아첨할 미)	짜임 言+臾

諛言 유언　阿諛 아유　諛辭 유사　諛媚 유미

3057	蹂	足 16획	밟을 유	동 躪(짓밟을 린)/踐(밟을 천)	짜임 𧾷+柔

蹂踐 유천　蹂若 유약

3058	游	水 12획	헤엄칠 유		짜임 氵+斿

游泳 유영　回游 회유　游泛 유범　游蕩 유탕

3059	戎	戈 6획	병장기/오랑캐 융		짜임 十+戈

戎狄 융적　戎夷 융이　戎虜 융로　蒙戎 몽융

3060	絨	糸 12획	가는베 융		짜임 糸+戎

絨緞 융단　絨衣 융의　石絨 석융　製絨 제융

3061	蔭	艸 15획	그늘 음	동 庇(덮을 비)	짜임 艹+陰

蔭德 음덕　蔭補 음보　蔭官 음관　樹蔭 수음

#	한자	부수/획수	훈음	동자	짜임	용례
3062	揖	手 12획	읍할 읍		扌+咠	揖禮읍례 揖讓읍양 揖遜읍손 拱揖공읍
3063	膺	肉 17획	가슴 응:		雁+月	膺受응수 膺懲응징
3064	擬	手 17획	비길 의		扌+疑	擬聲의성 模擬모의 擬態의태 擬作의작
3065	椅	木 12획	의자 의		木+奇	椅子의자 交椅교의
3066	毅	殳 15획	굳셀 의	勇(날랠 용)	豙+殳	剛毅강의 毅然의연 忠毅충의 嚴毅엄의
3067	誼	言 15획	정 의		言+宜	友誼우의 厚誼후의 情誼정의 禮誼예의
3068	痍	疒 11획	상처 이	傷(다칠 상)	疒+夷	傷痍상이 創痍창이
3069	姨	女 9획	이모 이		女+夷	姨從이종 姨姪이질 姨母이모 姨子이자
3070	弛	弓 6획	늦출 이	緩(느릴 완)	弓+也	弛緩이완 解弛해이 弛惰이타 傾弛경이
3071	爾	爻 14획	너 이	汝(너 여)	爾(一冖爾爾爾爾)	爾時이시 爾汝이여 爾來이래 爾夕이석
3072	餌	食 15획	미끼 이		食+耳	好餌호이 鉤餌구이 食餌식이 藥餌약이
3073	翌	羽 11획	다음날 익		羽+立	翌年익년 翌月익월 翌日익일 翌朝익조

3074	咽	口 9획	목구멍 **인**/목멜 **열**/삼킬 **연** ^{짜임} 口+因
			咽喉 인후 嗚咽 오열 咽頭 인두 感咽 감열

3075	湮	水 12획	묻힐 **인** 동 沒(빠질 몰) ^{짜임} 氵+ 堙
			湮滅 인멸 湮沒 인몰 湮淪 인륜 湮晦 인회

3076	蚓	虫 10획	지렁이 **인** ^{짜임} 虫+引
			春蚓 춘인

3077	靭	革 12획	질길 **인** ^{짜임} 革+刃
			靭帶 인대 強靭 강인 靭皮 인피 堅靭 견인

3078	佚	人 7획	편안 **일**/질탕 **질** 동 蕩(방탕할 탕) ^{짜임} 亻+失
			佚失 일실 佚樂 일락 佚居 일거 佚蕩 질탕

3079	溢	水 13획	넘칠 **일** ^{짜임} 氵+益
			海溢 해일 盈溢 영일 充溢 충일 溢血 일혈

3080	剩	刀 12획	남을 **잉:** 동 餘(남을 여) ^{짜임} 乘+刂
			剩餘 잉여 過剩 과잉 剩額 잉액 剩員 잉원

3081	孕	子 5획	아이밸 **잉:** 동 胎(아이밸 태) ^{짜임} 乃+子
			孕胎 잉태 孕母 잉모 孕重 잉중 懷孕 회잉

3082	仔	人 5획	자세할 **자** 동 詳(자세할 상) ^{짜임} 亻+子
			仔詳 자상 仔細 자세 仔蟲 자충 仔肩 자견

3083	炙	火 8획	구울 **자/적** 반 膾(어회 회) ^{짜임} 夕(←肉)+火
			膾炙 회자 散炙 산적 炙鐵 적철 魚炙 어적

3084	煮	火 13획	삶을 **자:** ^{짜임} 者+灬
			煮沸 자비 熏煮 훈자 煮乾 자건 煮鹽 자염

3085	瓷	瓦 11획	사기그릇 **자** ^{짜임} 次+瓦
			瓷器 자기 白瓷 백자 青瓷 청자 花瓷 화자

3086	疵	疒 10획	허물 자 (통)瑕(티 하)/痕(흉터 흔)	짜임 疒+此 瑕疵 하자 疵痕 자흔 疵病 자병 隱疵 은자
3087	蔗	艸 15획	사탕수수 자	짜임 艹+庶 蔗糖 자당 甘蔗 감자 蔗境 자경 蔗漿 자장
3088	藉	艸 18획	깔/핑계할 자:	짜임 艹+耤 藉口 자구 藉藉 자자 慰藉料 위자료
3089	綽	糸 14획	너그러울 작	짜임 糸+卓 綽約 작약 綽態 작태 綽號 작호 綽然 작연
3090	勺	勹 3획	구기 작	짜임 ᄀ(𠃌勹) 勺飮 작음
3091	灼	火 7획	불사를 작	짜임 火+勺 灼熱 작열 熏灼 훈작 灼爛 작란 焦灼 초작
3092	芍	艸 7획	함박꽃 작	짜임 艹+勺 芍藥 작약
3093	炸	火 9획	터질 작	짜임 火+乍 炸裂 작렬 炸發 작발 炸藥 작약 炸彈 작탄
3094	嚼	口 21획	씹을 작	짜임 口+爵 嚼味 작미 嚼蠟 작랍
3095	鵲	鳥 19획	까치 작	짜임 昔+鳥 鵲巢 작소 扁鵲 편작 烏鵲橋 오작교
3096	雀	隹 11획	참새 작	짜임 少+隹 雀躍 작약 孔雀 공작 雀羅 작라 麻雀 마작
3097	棧	木 12획	사다리 잔 (통)橋(다리 교)	짜임 木+㦮 棧橋 잔교 棧道 잔도 棧閣 잔각 棧雲 잔운

3098	盞	皿 13획	잔 **잔**		짜임 戔+皿
			燈盞 등잔　茶盞 차잔　單盞 단잔　酒盞 주잔		

3099	箴	竹 15획	경계 **잠**	(동) 戒(경계할 계)	짜임 𥫗+咸
			箴諫 잠간　箴言 잠언　箴戒 잠계　酒箴 주잠		

3100	簪	竹 18획	비녀 **잠**		짜임 𥫗+朁
			簪笏 잠홀　玉簪 옥잠　珠簪 주잠　金簪 금잠		

3101	仗	人 5획	병장기 **장**		짜임 亻+丈
			兵仗 병장　儀仗 의장　器仗 기장　仗問 장문		

3102	杖	木 7획	지팡이 **장**	(동) 棒(몽둥이 봉)	짜임 木+丈
			杖鼓 장고　杖罰 장벌　杖竹 장죽　訊杖 신장		

3103	匠	匸 6획	장인 **장**	(동) 工(장인 공)	짜임 匚+斤
			匠人 장인　意匠 의장　巨匠 거장　名匠 명장		

3104	漿	水 15획	즙 **장**		짜임 將+水
			漿果 장과　漿液 장액　腦漿 뇌장　血漿 혈장		

3105	醬	酉 18획	장 **장:**		짜임 將+酉
			醬油 장유　醬太 장태　魚醬 어장　肉醬 육장		

3106	薔	艸 17획	장미 **장**	(동) 薇(장미 미)	짜임 艹+嗇
			薔薇 장미		

3107	檣	木 17획	돛대 **장**		짜임 木+嗇
			檣樓 장루　帆檣 범장　檣竿 장간　檣頭 장두		

3108	齋	齊 17획	재계할/집 **재**	(동) 潔(깨끗할 결)	짜임 齊+示
			齋戒 재계　書齋 서재　齋潔 재결　齋祈 재기		

3109	滓	水 13획	찌끼 **재**		짜임 氵+宰
			殘滓 잔재　沈滓 침재　泥滓 이재　塵滓 진재		

번호	한자	부수/획수	훈음	짜임	예시
3110	錚	金 16획	쇳소리 쟁	金+爭	錚盤 쟁반 錚錚 쟁쟁
3111	咀	口 8획	씹을 저: (동)嚼(씹을 작)	口+且	咀嚼 저작 咀呪 저주
3112	狙	犬 8획	원숭이/엿볼 저:	犭+且	猿狙 원저 狙擊 저격 狙害 저해 狙公 저공
3113	詛	言 12획	저주할 저: (동)呪(빌 주)	言+且	詛呪 저주 呪詛 주저
3114	箸	竹 15획	젓가락 저	𥫗+者	箸筒 저통 匕箸 비저
3115	豬	豕 16획	돼지 저	豕+者	豬突 저돌 山豬 산저 野豬 야저 豬肉 저육
3116	躇	足 20획	머뭇거릴 저	𧾷+著	躊躇 주저
3117	邸	邑 8획	집 저: (동)閣(집 각)/舍(집 사)	氐+阝	邸宅 저택 官邸 관저 私邸 사저 潛邸 잠저
3118	觝	角 12획	씨름 저	角+氐	觝觸 저촉 角觝 각저 觝排 저배 觝戲 저희
3119	嫡	女 14획	정실 적 (반)庶(서자 서)	女+啇	嫡庶 적서 嫡室 적실 嫡出 적출 嫡統 적통
3120	謫	言 18획	귀양갈 적	言+啇	謫居 적거 謫所 적소 謫降 적강 遠謫 원적
3121	狄	犬 7획	오랑캐 적	犭+火	夷狄 이적 胡狄 호적 北狄 북적 狄人 적인

3122	迹	辵 10획	자취 적	짜임 亦+辶
			軌迹 궤적　形迹 형적　鳥迹 조적　戰迹 전적	
3123	剪	刀 11획	가위 전(:)	짜임 前+刀
			剪斷 전단　剪枝 전지　剪刀 전도　剪伐 전벌	
3124	煎	火 13획	달일 전:	짜임 前+灬
			煎茶 전다　煎餅 전병　煎藥 전약　煎油 전유	
3125	箭	竹 15획	화살 전(:)	짜임 ⺮+前
			箭窓 전창　箭筒 전통　火箭 화전　毒箭 독전	
3126	塡	土 13획	메울 전　동 塞(막힐 색)/充(채울 충)	짜임 土+眞
			充塡 충전　補塡 보전　塡塞 전색　裝塡 장전	
3127	奠	大 12획	정할/제사 전:　동 定(정할 정)	짜임 酋+大
			奠獻 전헌　祭奠 제전　奠都 전도　奠雁 전안	
3128	廛	广 15획	가게 전:　동 鋪(가게 포)	짜임 广+里+八+土
			廛房 전방　廛鋪 전포　市廛 시전　廛案 전안	
3129	纏	糸 21획	얽을 전	짜임 糸+廛
			纏足 전족　纏結 전결　纏帶 전대　纏縛 전박	
3130	悛	心 10획	고칠 전　동 改(고칠 개)	짜임 忄+夋
			悛容 전용　改悛 개전　悛心 전심　悛換 전환	
3131	栓	木 10획	마개 전	짜임 木+全
			消火栓 소화전　給水栓 급수전	
3132	銓	金 14획	저울질할 전　동 衡(저울대 형)	짜임 金+全
			銓衡 전형　銓考 전고　銓汰 전태　銓敍 전서	
3133	氈	毛 17획	모전 전:	짜임 亶+毛
			氈笠 전립　毛氈 모전　氈帽 전모　氈匠 전장	

번호	한자	부수/획수	훈음	동자/참고	짜임	용례
3134	顚	頁 22획	떨 전:		眞+頁	顚動전동 顚聲전성 手顚수전 顚筆전필
3135	澱	水 16획	앙금 전:		氵+殿	澱粉전분 沈澱침전
3136	癲	疒 24획	미칠 전	동 癎(간질 간)/狂(미칠 광)	疒+顚	癲癎전간 癲狂전광 癲疾전질 酒癲주전
3137	顚	頁 19획	엎드러질/이마 전	동 倒(거꾸러질 도)	眞+頁	顚沛전패 顚覆전복 顚倒전도 顚末전말
3138	箋	竹 14획	기록할 전	동 註(글뜻 풀 주)	竹+戔	箋文전문 箋註전주 處方箋처방전
3139	餞	食 17획	보낼 전:	반 迎(맞을 영) 동 送(보낼 송)	食+戔	餞別전별 餞送전송 餞杯전배 飮餞음전
3140	篆	竹 15획	전자 전:		竹+彖	篆刻전각 篆書전서 篆隸전례 篆字전자
3141	輾	車 17획	돌아누울 전:		車+展	輾轉전전
3142	截	戈 14획	끊을 절	동 斷(끊을 단)	隹+戈	截尾절미 截片절편 截斷절단 截然절연
3143	粘	米 11획	붙을 점	동 着(붙을 착)	米+占	粘膜점막 粘液점액 粘土점토 粘着점착
3144	霑	雨 16획	젖을 점	동 潤(윤택할 윤)	雨+沾	霑潤점윤 均霑균점 霑醉점취 霑汗점한
3145	幀	巾 12획	그림족자 정		巾+貞	影幀영정 裝幀장정

3146	挺	手 10획	빼어날 정	동 秀(빼어날 수)	짜임 扌+廷

挺身 정신 挺爭 정쟁 挺秀 정수 挺節 정절

3147	町	田 7획	밭두둑 정		짜임 田+丁

町步 정보

3148	酊	酉 9획	술취할 정		짜임 酉+丁

酒酊 주정

3149	釘	金 10획	못 정		짜임 金+丁

釘頭 정두 押釘 압정 隱釘 은정 竹釘 죽정

3150	睛	目 13획	눈동자 정		짜임 目+靑

眼睛 안정 點睛 점정 黑睛 흑정 瞳睛 동정

3151	靖	靑 13획	편안할 정	동 安(편안 안)	짜임 立+靑

靖國 정국 靖亂 정란 靖難 정난 靖邊 정변

3152	碇	石 13획	닻 정		짜임 石+定

碇泊 정박 碇宿 정숙

3153	錠	金 16획	덩이 정		짜임 金+定

錠劑 정제 糖衣錠 당의정

3154	穽	穴 9획	함정 정		짜임 穴+井

陷穽 함정 深穽 심정 墜穽 추정 虛穽 허정

3155	悌	心 10획	공손할 제		짜임 忄+弟

悌友 제우 孝悌 효제 不悌 부제 悌弟 제제

3156	梯	木 11획	사다리 제		짜임 木+弟

梯田 제전 階梯 계제 雲梯 운제 梯索 제삭

3157	啼	口 12획	울 제	동 哭(울 곡)/泣(울 읍)	짜임 口+帝

啼泣 제읍 啼血 제혈 啼哭 제곡 悲啼 비제

| 3158 | 蹄 | 足 16획 | 굽 제 | 짜임 足+帝 |
| | | | 馬蹄 마제　鐵蹄 철제　麟蹄郡 인제군 | |

| 3159 | 凋 | 氵 10획 | 시들 조　동 枯(마를 고) | 짜임 氵+周 |
| | | | 枯凋 고조　凋落 조락　凋兵 조병　凋殘 조잔 | |

| 3160 | 稠 | 禾 13획 | 빽빽할 조　동 密(빽빽할 밀) | 짜임 禾+周 |
| | | | 稠密 조밀　稠雜 조잡　粘稠 점조　稠林 조림 | |

| 3161 | 嘲 | 口 15획 | 비웃을 조　동 弄(희롱할 롱) | 짜임 口+朝 |
| | | | 嘲弄 조롱　嘲笑 조소　嘲罵 조매　嘲謔 조학 | |

| 3162 | 曹 | 曰 11획 | 무리 조　동 輩(무리 배) | 짜임 曲+曰 |
| | | | 法曹 법조　刑曹 형조　曹溪宗 조계종 | |

| 3163 | 槽 | 木 15획 | 구유 조 | 짜임 木+曹 |
| | | | 浴槽 욕조　石槽 석조　酒槽 주조　齒槽 치조 | |

| 3164 | 漕 | 水 14획 | 배저을 조 | 짜임 氵+曹 |
| | | | 漕船 조선　漕艇 조정　競漕 경조　漕運 조운 | |

| 3165 | 糟 | 米 17획 | 지게미 조　동 粕(지게미 박) | 짜임 米+曹 |
| | | | 糟糠 조강　糟粕 조박　糟客 조객　酒糟 주조 | |

| 3166 | 遭 | 辶 15획 | 만날 조　동 逢(만날 봉)/遇(만날 우) | 짜임 曹+辶 |
| | | | 遭難 조난　遭遇 조우　遭逢 조봉　遭禍 조화 | |

| 3167 | 棗 | 木 12획 | 대추 조 | 짜임 束+束 |
| | | | 棗栗 조율　乾棗 건조　蜜棗 밀조　大棗 대조 | |

| 3168 | 爪 | 爪 4획 | 손톱 조 | 짜임 爪 (´´丆爪) |
| | | | 匿爪 익조　爪痕 조흔　爪角 조각　爪牙 조아 | |

| 3169 | 眺 | 目 11획 | 볼 조　동 覽(볼 람)/望(바라볼 망) | 짜임 目+兆 |
| | | | 眺覽 조람　眺望 조망　眺臨 조림　眺聽 조청 | |

3170	粗	米 11획	거칠 **조** (반)精(자세할 정)	짜임 米+且
			粗惡 조악　粗雜 조잡　粗米 조미　粗布 조포	
3171	阻	阜 8획	막힐 **조** (동)塞(막힐 색)	짜임 阝+且
			阻塞 조색　阻隘 조애　阻隔 조격　阻絶 조절	
3172	詔	言 12획	조서 **조:** (동)勅(조서 칙)	짜임 言+召
			詔令 조령　詔書 조서　詔勅 조칙　詔冊 조책	
3173	繰	糸 19획	고치켤 **조/소**	짜임 糸+喿
			繰綿 조면　繰繭 소견　繰絲 조사　繰出 조출	
3174	躁	足 20획	조급할 **조** (동)急(급할 급)	짜임 足+喿
			躁急 조급　躁妄 조망　躁擾 조요　躁忿 조분	
3175	藻	艸 20획	마름 **조**	짜임 ⺾+澡
			浮藻 부조　海藻 해조　藻鑑 조감　藻翰 조한	
3176	肇	聿 14획	비롯할 **조:** (동)始(비로소 시)	짜임 戶+攵+聿
			肇慶 조경　肇業 조업　肇國 조국　肇歲 조세	
3177	簇	竹 17획	가는대 **족**	짜임 ⺮+族
			簇生 족생　簇子 족자　簇擁 족옹　簇酒 족주	
3178	猝	犬 11획	갑자기 **졸**	짜임 犭+卒
			猝富 졸부　猝地 졸지　猝然 졸연　猝死 졸사	
3179	慫	心 15획	권할 **종**	짜임 從+心
			慫兢 종긍　慫搖 종요	
3180	腫	肉 13획	종기 **종:** (동)瘍(종기 양)	짜임 月+重
			腫氣 종기　浮腫 부종　水腫 수종　瘡腫 창종	
3181	踵	足 16획	발꿈치 **종**	짜임 足+重
			接踵 접종　踵至 종지　踵門 종문　擧踵 거종	

3182	踪	足 15획	자취 **종**	(동) 跡(발자취 적)	짜임 𧾷+宗
			踪迹 종적 失踪 실종 昧踪 매종		

3183	挫	手 10획	꺾을 **좌:**	(동) 折(꺾을 절)	짜임 扌+坐
			挫氣 좌기 挫折 좌절 挫北 좌배 挫辱 좌욕		

3184	做	人 11획	지을 **주:**	(동) 作(지을 작)	짜임 亻+故
			看做 간주 做錯 주착 做恭 주공 做事 주사		

3185	呪	口 8획	빌 **주:**	(동) 詛(저주할 저)	짜임 口+兄
			呪罵 주매 呪術 주술 呪辭 주사 呪文 주문		

3186	嗾	口 14획	부추길 **주:**		짜임 口+族
			唆嗾 사주 指嗾 지주 嗾囑 주촉		

3187	廚	广 15획	부엌 **주**	(동) 庖(부엌 포)	짜임 广+尌
			廚房 주방 廚人 주인 廚下 주하 御廚 어주		

3188	胄	肉 9획	자손 **주**	(동) 胤(자손 윤)	짜임 由+月
			胄胤 주윤 胄子 주자 國胄 국주 遠胄 원주		

3189	紬	糸 11획	명주 **주**	(동) 緞(비단 단)	짜임 糸+由
			紬緞 주단 明紬 명주 紬績 주적 紬繹 주역		

3190	註	言 12획	글뜻 풀/주 **주**	(동) 解(풀 해)	짜임 言+主
			註釋 주석 註解 주해 脚註 각주 譯註 역주		

3191	誅	言 13획	벨 **주**	(동) 殺(죽일 살)	짜임 言+朱
			誅求 주구 誅殺 주살 誅滅 주멸 誅罰 주벌		

3192	躊	足 21획	머뭇거릴 **주**	(동) 躇(머뭇거릴 저)	짜임 𧾷+壽
			躊躇 주저 躊日 주일		

3193	輳	車 16획	몰려들 **주**		짜임 車+奏
			輻輳 폭주		

번호	한자	부수/획수	훈음	동자	짜임	예
3194	紂	糸 9획	주임금 **주**		糸+寸	桀紂 걸주 紂王 주왕
3195	樽	木 16획	술통 **준**		木+尊	樽酒 준주 樽石 준석 芳樽 방준 瓦樽 와준
3196	蠢	虫 21획	꾸물거릴 **준:**		春+䖝	蠢動 준동 蠢爾 준이 蠢然 준연 蠢愚 준우
3197	竣	立 12획	마칠 **준:**		立+夋	竣工 준공 竣役 준역
3198	櫛	木 19획	빗 **즐**		木+節	櫛比 즐비 櫛沐 즐목 櫛文土器 즐문토기
3199	汁	水 5획	즙 **즙**	液(액체 액)	氵+十	汁液 즙액 膽汁 담즙 肉汁 육즙 乳汁 유즙
3200	葺	艸 13획	기울 **즙**	繕(기울 선)	艹+咠	葺茅 즙모 葺繕 즙선 修葺 수즙 草葺 초즙
3201	咫	口 9획	여덟치 **지**		尺+只	咫尺 지척
3202	摯	手 15획	잡을 **지**	拘(잡을 구)	執+手	摯拘 지구 眞摯 진지 摯獸 지수 懇摯 간지
3203	祉	示 9획	복 **지**	福(복 복)	示+止	福祉 복지 祥祉 상지
3204	肢	肉 8획	팔다리 **지**		月+支	肢體 지체 四肢 사지 肢骨 지골 肢解 지해
3205	枳	木 9획	탱자 **지/기**		木+只	枳殼 지각 枳實 지실 枳塞 기색 枳礙 기애

3.206	嗔	口 13획	성낼 **진** (동)怒(성낼 노) 짜임 口+眞
			嗔責 진책 嗔怒 진노 貪嗔痴 탐진치

3.207	疹	疒 10획	마마 **진** 짜임 疒+㐱
			發疹 발진 濕疹 습진 痲疹 마진 汗疹 한진

3.208	叱	口 5획	꾸짖을 **질** (동)呵(꾸짖을 가) 짜임 口+匕
			叱責 질책 叱呵 질가 叱正 질정 叱辱 질욕

3.209	桎	木 10획	차꼬 **질** (반)梏(수갑 곡) 짜임 木+至
			桎梏 질곡 桎檻 질함

3.210	膣	肉 15획	음도 **질** 짜임 月+窒
			膣炎 질염 膣頸 질경 膣口 질구 膣脫 질탈

3.211	帙	巾 8획	책갑 **질** 짜임 巾+失
			書帙 서질 全帙 전질 卷帙 권질 部帙 부질

3.212	跌	足 12획	거꾸러질 **질** (동)倒(거꾸러질 도) 짜임 ⻊+失
			跌宕 질탕 跌倒 질도

3.213	迭	辵 9획	갈마들 **질** 짜임 失+辶
			更迭 경질 交迭 교질

3.214	嫉	女 13획	미워할 **질** (동)妬(투기할 투) 짜임 女+疾
			嫉視 질시 嫉妬 질투 憎嫉 증질 嫉逐 질축

3.215	斟	斗 13획	짐작할 **짐** 짜임 甚+斗
			斟酌 짐작

3.216	朕	月 10획	나 **짐:** 짜임 月+关
			兆朕 조짐 地朕 지짐

3.217	什	人 4획	세간 **집**/열사람 **십** (동)器(그릇 기) 짜임 亻+十
			什器 집기 什具 집구 什物 집물 什長 십장

3218	澄	水 15획	맑을 **징**	동 淸(맑을 청)	짜임 氵+登
			澄水 징수 淸澄 청징 明澄 명징 澄潭 징담		
3219	叉	又 3획	갈래 **차**		짜임 彐(ㄱ又乂)
			交叉 교차 叉路 차로 叉手 차수 三叉 삼차		
3220	嗟	口 13획	탄식할 **차**	동 歎(탄식할 탄)	짜임 口+差
			嗟惜 차석 嗟歎 차탄 嗟傷 차상 嗟稱 차칭		
3221	蹉	足 17획	미끄러질 **차**	동 跌(넘어질 질)	짜임 𧾷+差
			蹉跌 차질		
3222	窄	穴 10획	좁을 **착**	동 狹(좁을 협)	짜임 穴+乍
			窄袖 착수 狹窄 협착 窄小 착소 窄迫 착박		
3223	搾	手 13획	짤 **착**		짜임 扌+窄
			搾取 착취 壓搾 압착 搾乳 착유 搾油 착유		
3224	鑿	金 28획	뚫을 **착**		짜임 鑿+金
			掘鑿 굴착 穿鑿 천착 鑿開 착개 鑿空 착공		
3225	撰	手 15획	지을 **찬:**	동 述(지을 술)	짜임 扌+巽
			撰錄 찬록 撰集 찬집 撰述 찬술 制撰 제찬		
3226	饌	食 21획	반찬 **찬:**		짜임 食+巽
			饌盒 찬합 飯饌 반찬 饌具 찬구 盛饌 성찬		
3227	篡	竹 16획	빼앗을 **찬:**	동 奪(빼앗을 탈)	짜임 算(←算)+厶
			篡逆 찬역 篡奪 찬탈 篡立 찬립 篡位 찬위		
3228	纂	糸 20획	모을 **찬:**	동 輯(모을 집)	짜임 算(←算)+糸
			纂修 찬수 編纂 편찬 纂錄 찬록 撰纂 찬찬		
3229	擦	手 17획	문지를 **찰**		짜임 扌+察
			摩擦 마찰 塗擦 도찰 擦過傷 찰과상		

3230	僭	人 14획	참람할 **참:** 동 濫(넘칠 람)	짜임 亻+替
			僭稱 참칭 凌僭 능참 僭濫 참람 僭竊 참절	
3231	塹	土 14획	구덩이 **참** 동 坑(구덩이 갱)	짜임 斬+土
			塹壘 참루 塹壕 참호 複塹 복참 天塹 천참	
3232	懺	心 20획	뉘우칠 **참** 동 悔(뉘우칠 회)	짜임 忄+韱
			懺悔 참회 懺禮 참례 懺洗 참세 懺除 참제	
3233	讖	言 24획	예언 **참**	짜임 言+韱
			讖言 참언 讖記 참기 圖讖 도참 讖緯 참위	
3234	站	立 10획	역마을 **참:**	짜임 立+占
			兵站 병참 驛站 역참 站路 참로 站役 참역	
3235	讒	言 24획	참소할 **참** 동 謗(헐뜯을 방)	짜임 言+毚
			讒訴 참소 讒毁 참훼 毁讒 훼참 讒夫 참부	
3236	倡	人 10획	광대 **창:** 동 優(광대 우)	짜임 亻+昌
			倡導 창도 倡夫 창부 倡道 창도 倡優 창우	
3237	娼	女 11획	창녀 **창**	짜임 女+昌
			娼女 창녀 娼婦 창부 娼妓 창기 名娼 명창	
3238	猖	犬 11획	미쳐날뛸 **창**	짜임 犭+昌
			猖獗 창궐 猖披 창피 猖狂 창광 猖悖 창패	
3239	菖	艸 12획	창포 **창** 동 蒲(부들 포)	짜임 艹+昌
			菖蒲 창포 白菖 백창	
3240	廠	广 15획	공장 **창**	짜임 广+敞
			工廠 공창 兵器廠 병기창	
3241	愴	心 13획	슬플 **창** 동 惻(슬퍼할 측)	짜임 忄+倉
			愴然 창연 悲愴 비창 愴曩 창낭 愴恨 창한	

급수별 한자 1급

번호	한자	부수/획수	훈음	동자	짜임	예시
3242	槍	木 14획	창 **창**	矛(창 모)	木+倉	槍劍 창검 投槍 투창 鐵槍 철창 石槍 석창
3243	瘡	疒 15획	부스럼 **창**	腫(종기 종)	疒+倉	瘡腫 창종 痘瘡 두창 瘡病 창병 瘡痍 창이
3244	艙	舟 16획	부두 **창**		舟+倉	船艙 선창 艙口 창구
3245	漲	水 14획	넘칠 **창**	溢(넘칠 일)	氵+張	漲滿 창만 漲溢 창일 漲濤 창도 漲水 창수
3246	脹	肉 12획	부을 **창**		月+長	脹滿 창만 脹症 창증 鼓脹 고창 腫脹 종창
3247	寨	宀 14획	목책 **채**		寒+木	木寨 목채
3248	柵	木 9획	울타리 **책**		木+冊	木柵 목책 鐵柵 철책 柵壘 책루 竹柵 죽책
3249	凄	氵 10획	쓸쓸할 **처**	涼(서늘할 량)	氵+妻	凄涼 처량 凄然 처연 凄切 처절 凄雨 처우
3250	擲	手 18획	던질 **척**		扌+鄭	快擲 쾌척 擲柶 척사 投擲 투척 抛擲 포척
3251	滌	水 14획	씻을 **척**	洗(씻을 세)	氵+條	洗滌 세척 滌除 척제 滌暑 척서 滌淨 척정
3252	脊	肉 10획	등마루 **척**		夾+月	脊髓 척수 脊椎 척추 脊骨 척골 脊梁 척량
3253	瘠	疒 15획	여윌 **척**	瘦(파리할 수)	疒+脊	瘠薄 척박 瘠土 척토 毁瘠 훼척 肥瘠 비척

3254	喘 口 12획	숨찰 천:	짜임 口+耑
		喘氣 천기 喘息 천식 喘急 천급 咳喘 해천	

3255	擅 手 16획	멋대로할 천:	동 恣(방자할 자)	짜임 扌+亶
		擅斷 천단 擅橫 천횡 擅權 천권 獨擅 독천		

3256	穿 穴 9획	뚫을 천:	동 鑿(뚫을 착)	짜임 穴+牙
		穿孔 천공 貫穿 관천 穿結 천결 穿刺 천자		

3257	闡 門 20획	밝힐 천:	동 明(밝을 명)	짜임 門+單
		闡揚 천양 闡明 천명 闡究 천구 闡提 천제		

3258	凸 凵 5획	볼록할 철	짜임 凸 (丨丨凸凸凸)
		凸板 철판 凸面 철면 凸彫 철조 凸形 철형	

3259	綴 糸 14획	엮을 철	짜임 糸+叕
		綴字 철자 補綴 보철 分綴 분철 編綴 편철	

3260	轍 車 19획	바퀴자국 철	짜임 車+徹
		軌轍 궤철 前轍 전철 轍迹 철적 覆轍 복철	

3261	僉 人 13획	다/여러 첨	짜임 人+吅+从
		僉位 첨위 僉尊 첨존 僉知 첨지 僉意 첨의	

3262	籤 竹 23획	제비 첨	짜임 ⺮+韱
		抽籤 추첨 當籤 당첨 籤子 첨자 籤紙 첨지	

3263	諂 言 15획	아첨할 첨:	동 諛(아첨할 유)	짜임 言+臽
		諂諛 첨유 阿諂 아첨 諂巧 첨교 諂事 첨사		

3264	帖 巾 8획	문서 첩	짜임 巾+占
		書帖 서첩 手帖 수첩 揭帖 게첩 墨帖 묵첩	

3265	貼 貝 12획	붙일 첩	동 付(부칠 부)	짜임 貝+占
		貼付 첩부 貼藥 첩약 貼示 첩시 貼用 첩용		

3266	捷	手 11획	빠를 **첩**	통 速(빠를 속)	짜임 扌+疌
			捷徑 첩경 大捷 대첩 敏捷 민첩 捷路 첩로		

3267	牒	片 13획	편지 **첩**		짜임 片+枼
			牒紙 첩지 通牒 통첩 請牒 청첩 移牒 이첩		

3268	疊	田 22획	거듭 **첩**	통 重(겹칠 중)	짜임 畾+宜
			重疊 중첩 疊疊 첩첩 疊峯 첩봉 疊字 첩자		

3269	涕	水 10획	눈물 **체**	통 淚(눈물 루)	짜임 氵+弟
			涕淚 체루 涕泣 체읍 涕泗 체사 感涕 감체		

3270	諦	言 16획	살필 **체**		짜임 言+帝
			諦念 체념 要諦 요체 諦觀 체관 諦聽 체청		

3271	憔	心 15획	파리할 **초**	통 悴(파리할 췌)	짜임 忄+焦
			憔悴 초췌 憔衰 초쇠 憔熱 초열 憔容 초용		

3272	樵	木 16획	땔나무 **초**		짜임 木+焦
			樵童 초동 樵夫 초부 樵逕 초경 樵隱 초은		

3273	礁	石 17획	암초 **초**		짜임 石+焦
			暗礁 암초 坐礁 좌초 珊瑚礁 산호초		

3274	蕉	艸 16획	파초 **초**		짜임 ++焦
			蕉葉 초엽 蕉布 초포 甘蕉 감초 綠蕉 녹초		

3275	梢	木 11획	나무끝 **초**		짜임 木+肖
			梢頭 초두 末梢 말초 梢溝 초구 枝梢 지초		

3276	硝	石 12획	화약 **초**		짜임 石+肖
			硝石 초석 硝煙 초연 硝藥 초약 硝酸 초산		

3277	稍	禾 12획	점점 **초**		짜임 禾+肖
			稍食 초식 稍解 초해 稍事 초사 稍遠 초원		

3278	炒	火 8획	볶을 **초**	짜임 火+少
			炒麵 초면 炒醬 초장	
3279	貂	豸 12획	담비 **초**	짜임 豸+召
			貂皮 초피 續貂 속초 黑貂 흑초 貂尾 초미	
3280	醋	酉 15획	초 **초**/잔돌릴 **작** 동 酸(실 산)	짜임 酉+昔
			醋酸 초산 醋醬 초장 醋母 초모 酬醋 수작	
3281	囑	口 24획	부탁할 **촉** 동 託(부탁할 탁)	짜임 口+屬
			囑望 촉망 委囑 위촉 囑託 촉탁 囑言 촉언	
3282	忖	心 6획	헤아릴 **촌:** 동 度(헤아릴 탁)	짜임 忄+寸
			忖度 촌탁	
3283	叢	又 18획	모일 **총** 동 萃(모일 췌)	짜임 丵+取
			叢論 총론 叢書 총서 叢林 총림 叢挫 총좌	
3284	塚	土 13획	무덤 **총** 동 墓(무덤 묘)	짜임 土+冢
			石塚 석총 貝塚 패총 塚墓 총묘 疑塚 의총	
3285	寵	宀 19획	사랑할 **총:** 동 愛(사랑 애)	짜임 宀+龍
			寵愛 총애 隆寵 융총 恩寵 은총 寵兒 총아	
3286	撮	手 15획	모을/사진찍을 **촬**	짜임 扌+最
			撮影 촬영 撮土 촬토 撮要 촬요 一撮 일촬	
3287	墜	土 15획	떨어질 **추** 동 落(떨어질 락)	짜임 隊+土
			墜落 추락 擊墜 격추 失墜 실추 傾墜 경추	
3288	樞	木 15획	지도리 **추**	짜임 木+區
			中樞 중추 樞密 추밀 樞機卿 추기경	
3289	芻	艸 10획	꼴 **추**	짜임 芻 (`, ㄱ, ㄱ, ㄷ, ㅋ, ㅋ, 芻)
			芻狗 추구 反芻 반추 芻言 추언 芻議 추의	

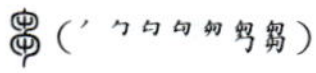

급수별 한자 1급

3290	酋	酉 9획	우두머리 **추** (동)帥(장수 수) 짜임 八+酉
			酋長 추장　酋領 추령　酋帥 추수　酋渠 추거

3291	鰍	魚 20획	미꾸라지 **추** 짜임 魚+秋
			泥鰍 이추　鰍魚湯 추어탕

3292	椎	木 12획	쇠뭉치/등골 **추** 짜임 木+隹
			椎骨 추골　椎擊 추격　椎體 추체　椎魯 추로

3293	錐	金 16획	송곳 **추** 짜임 金+隹
			方錐 방추　試錐 시추　立錐 입추　蘆錐 노추

3294	錘	金 16획	저울추 **추** 짜임 金+垂
			秤錘 칭추　鉛錘 연추　時計錘 시계추

3295	鎚	金 18획	쇠망치 **추** 짜임 金+追
			鎚殺 추살　鐵鎚 철추

3296	黜	黑 17획	내칠 **출** (동)斥(물리칠 척) 짜임 黑+出
			黜斥 출척　黜陟 출척　廢黜 폐출　放黜 방출

3297	悴	心 11획	파리할 **췌** 짜임 忄+卒
			悴顔 췌안　盡悴 진췌　悴容 췌용　傷悴 상췌

3298	萃	艸 12획	모을 **췌:** (동)聚(모을 취) 짜임 ++卒
			萃聚 췌취　拔萃 발췌　叢萃 총췌　出萃 출췌

3299	膵	肉 16획	췌장 **췌:** 짜임 月+萃
			膵臟 췌장　膵液 췌액　膵管 췌관　膵癌 췌암

3300	贅	貝 18획	혹 **췌:** 짜임 敖+貝
			贅肉 췌육　贅論 췌론　贅辯 췌변　贅言 췌언

3301	娶	女 11획	장가들 **취:** (반)嫁(시집갈 가) 짜임 取+女
			嫁娶 가취　婚娶 혼취　娶妻 취처　前娶 전취

3302 翠	羽 14획	푸를/물총새 취: 冨 碧(푸를 벽)	짜임 羽+卒	
		翠玉 취옥 翠簾 취렴 翠樓 취루 晚翠 만취		
3303 脆	肉 10획	연할 취: 冨 弱(약할 약)	짜임 月+危	
		脆薄 취박 脆怯 취겁 脆弱 취약 柔脆 유취		
3304 惻	心 12획	슬플 측 冨 愴(슬퍼할 창)	짜임 忄+則	
		惻然 측연 惻隱 측은 惻心 측심 惻憫 측민		
3305 侈	人 8획	사치할 치 冨 奢(사치할 사)	짜임 亻+多	
		侈放 치방 侈端 치단 侈靡 치미 驕侈 교치		
3306 幟	巾 15획	기 치	짜임 巾+戠	
		旗幟 기치 赤幟 적치 標幟 표치 疑幟 의치		
3307 熾	火 16획	성할 치	짜임 火+戠	
		熾盛 치성 熾烈 치열		
3308 痔	疒 11획	치질 치	짜임 疒+寺	
		痔漏 치루 痔疾 치질 痔核 치핵 血痔 혈치		
3309 癡	疒 19획	어리석을 치 冨 呆(어리석을 매)	짜임 疒+疑	
		天癡 천치 癡情 치정 癡漢 치한 癡骨 치골		
3310 嗤	口 13획	비웃을 치	짜임 口+蚩	
		嗤侮 치모 嗤笑 치소 嗤罵 치매 嗤點 치점		
3311 緻	糸 15획	빽빽할 치 冨 密(빽빽할 밀)	짜임 糸+致	
		緻巧 치교 緻密 치밀 堅緻 견치 精緻 정치		
3312 馳	馬 13획	달릴 치 冨 驅(몰 구)	짜임 馬+也	
		馳詣 치예 驅馳 구치 馳突 치돌 馳走 치주		
3313 勅	力 9획	칙서 칙	짜임 束+力	
		勅命 칙명 勅令 칙령 勅書 칙서 勅使 칙사		

1급

3314	砧	石 10획	다듬잇돌 **침**:		짜임 石+占
			砧聲 침성 砧杵 침저 砧石 침석 搗砧 도침		

3315	鍼	金 17획	침 **침**		짜임 金+咸
			鍼灸 침구 鍼術 침술 鍼筒 침통 鍼工 침공		

3316	蟄	虫 17획	숨을 **칩**	동 藏(감출 장)	짜임 執+虫
			啓蟄 계칩 蟄居 칩거 驚蟄 경칩 蟄伏 칩복		

3317	秤	禾 10획	저울 **칭**	동 衡(저울대 형)	짜임 禾+平
			天秤 천칭 秤錘 칭추 秤板 칭판 秤量 칭량		

3318	唾	口 11획	침 **타**:		짜임 口+垂
			唾棄 타기 唾液 타액 唾具 타구 涕唾 체타		

3319	惰	心 12획	게으를 **타**	반 勤(부지런할 근)	짜임 忄+育(←隋)
			惰性 타성 惰弱 타약 懶惰 나타 惰氣 타기		

3320	楕	木 13획	길고둥글 **타**:		짜임 木+育(←隋)
			楕圓 타원 楕球 타구 ※ 橢의 俗字		

3321	舵	舟 11획	키 **타**		짜임 舟+它
			舵手 타수 舵機 타기 操舵手 조타수		

3322	陀	阜 8획	비탈질/부처 **타**		짜임 阝+它
			佛陀 불타 伽陀 가타 阿彌陀 아미타		

3323	駝	馬 15획	낙타 **타**		짜임 馬+它
			駝鳥 타조 駝峯 타봉 駝背 타배 駝魚 타어		

3324	擢	手 17획	뽑을 **탁**	동 拔(뽑을 발)	짜임 扌+翟
			甄擢 견탁 拔擢 발탁 簡擢 간탁 選擢 선탁		

3325	鐸	金 21획	방울 **탁**	동 鈴(방울 령)	짜임 金+睪
			鐸鈴 탁령 木鐸 목탁 風鐸 풍탁 金鐸 금탁		

3326	呑	口 7획	삼킬 **탄** (반)吐(토할 토)	짜임 夭+口
			呑吐 탄토 呑下 탄하 竝呑 병탄 鯨呑 경탄	

3327	坦	土 8획	평탄할 **탄:** (동)平(평평할 평)	짜임 土+旦
			順坦 순탄 平坦 평탄 坦途 탄도 坦腹 탄복	

3328	憚	心 15획	꺼릴 **탄** (동)避(피할 피)	짜임 忄+單
			敬憚 경탄 忌憚 기탄 憚服 탄복 憚避 탄피	

3329	綻	糸 14획	터질 **탄:**	짜임 糸+定
			破綻 파탄 綻露 탄로 綻開 탄개 綻裂 탄열	

3330	眈	目 9획	노려볼 **탐**	짜임 目+冘
			眈眈 탐탐	

3331	搭	手 13획	탈 **탑** (동)乘(탈 승)/載(실을 재)	짜임 扌+�762
			搭乘 탑승 搭載 탑재 搭船 탑선 鐵搭 철탑	

3332	宕	宀 8획	호방할 **탕:**	짜임 宀+石
			宕巾 탕건 豪宕 호탕 跌宕 질탕 宕子 탕자	

3333	蕩	艸 16획	방탕할 **탕:**	짜임 艹+湯
			蕩減 탕감 蕩盡 탕진 放蕩 방탕 掃蕩 소탕	

3334	汰	水 7획	일 **태**	짜임 氵+太
			沙汰 사태 汰金 태금 汰去 태거 汰盤 태반	

3335	笞	竹 11획	볼기칠 **태** (동)撻(매질할 달)	짜임 ⺮+台
			笞杖 태장 笞刑 태형 笞罰 태벌 掠笞 약태	

3336	苔	艸 9획	이끼 **태**	짜임 艹+台
			靑苔 청태 海苔 해태 綠苔 녹태 苔餠 태병	

3337	跆	足 12획	밟을 **태**	짜임 ⻊+台
			跆籍 태적 跆拳道 태권도	

번호	한자	부수/획수	훈음	동자	짜임	용례
3338	撑	手 15획	버틸 탱	同 支(지탱할 지)	扌+掌	撑天 탱천 支撑 지탱 撑中 탱중 撑船 탱선
3339	攄	手 18획	펼 터:		扌+慮	攄得 터득 攄懷 터회 攄抱 터포 攄破 터파
3340	慟	心 14획	서러워할 통:	同 哭(울 곡)	忄+動	慟哭 통곡 慟泣 통읍 哀慟 애통 感慟 감통
3341	桶	木 11획	통 통		木+甬	漆桶 칠통 水桶 수통 休紙桶 휴지통
3342	筒	竹 12획	대통 통		⺮+同	筆筒 필통 算筒 산통 郵遞筒 우체통
3343	堆	土 11획	쌓을 퇴	同 積(쌓을 적)	土+隹	堆肥 퇴비 堆積 퇴적 堆疊 퇴첩 堆朱 퇴주
3344	槌	木 14획	칠/망치 퇴/추	同 擊(칠 격)	木+追	槌碎 추쇄 鐵槌 철퇴 木槌 목퇴 槌擊 퇴격
3345	褪	衣 15획	바랠 퇴:		衤+退	褪色 퇴색 褪紅 퇴홍
3346	腿	肉 14획	넓적다리 퇴:		月+退	腿骨 퇴골 大腿 대퇴 腿節 퇴절 下腿 하퇴
3347	頹	頁 16획	무너질 퇴		禿+頁	頹落 퇴락 頹弛 퇴이 頹廢 퇴폐 衰頹 쇠퇴
3348	套	大 10획	씌울 투:		大+長	封套 봉투 常套 상투 語套 어투 外套 외투
3349	妬	女 8획	샘낼 투:	同 忌(꺼릴 기)	女+石	妬忌 투기 妬心 투심 妬妻 투처 妬悍 투한

3350	慝	心 15획	사특할 **특** 동 邪(간사할 사) 짜임 匿+心
			姦慝 간특 邪慝 사특 淫慝 음특 慝惡 특악

3351	婆	女 11획	할미 **파**/범어 **바** 짜임 波+女
			老婆 노파 産婆 산파 婆羅門 바라문

3352	巴	己 4획	꼬리/땅이름 **파** 짜임 巳(ㄱㄱㅍ巴)
			巴蜀 파촉 巴戟 파극 巴豆 파두 巴人 파인

3353	爬	爪 8획	긁을 **파** 동 搔(긁을 소) 짜임 爪+巴
			爬蟲 파충 爬行 파행 搔爬 소파 搜爬 수파

3354	琶	玉 12획	비파 **파** 짜임 珡+巴
			琵琶別抱 비파별포

3355	芭	艸 8획	파초 **파** 동 蕉(파초 초) 짜임 艹+巴
			芭蕉 파초

3356	跛	足 12획	절름발이 **파**/비스듬히설 **피:** 짜임 ⻊+皮
			跛行 파행 偏跛 편파 跛立 피립 跛倚 피의

3357	辦	辛 16획	힘쓸 **판** 짜임 辡+力
			辦償 판상 總辦 총판 辦公費 판공비

3358	佩	人 8획	찰 **패:** 짜임 亻+凡+巾
			佩瓊 패경 佩物 패물 佩劍 패검 佩服 패복

3359	唄	口 10획	염불소리 **패:** 짜임 口+貝
			梵唄 범패 歌唄 가패 唄音 패음 唄讚 패찬

3360	悖	心 10획	거스를 **패:** 동 逆(거스를 역) 짜임 忄+孛
			悖倫 패륜 悖德 패덕 悖說 패설 悖謬 패류

3361	沛	水 7획	비쏟아질 **패:** 짜임 氵+市
			沛然 패연 沛澤 패택 顚沛 전패 沛者 패자

3362	牌	片 12획	패 **패**		짜임 片+卑
		門牌 문패 位牌 위패 賞牌 상패 防牌 방패			

3363	稗	禾 13획	피 **패:**		짜임 禾+卑
		稗官 패관 稗說 패설 稗史 패사 稗飯 패반			

3364	澎	水 15획	물소리 **팽**	(동) 湃(물결칠 배)	짜임 氵+彭
		澎湃 팽배			

3365	膨	肉 16획	불을 **팽**	(동) 脹(배부를 창)	짜임 月+彭
		膨脹 팽창 膨滿 팽만 膨大 팽대 膨潤 팽윤			

3366	愎	心 12획	강팍할 **퍅**		짜임 忄+复
		剛愎 강퍅 乖愎 괴퍅→괴팍			

3367	鞭	革 18획	채찍 **편**	(동) 撻(매질할 달)	짜임 革+便
		鞭芻 편추 鞭蹴 편축 鞭笞 편태 敎鞭 교편			

3368	騙	馬 19획	속일 **편**	(동) 欺(속일 기)	짜임 馬+扁
		騙取 편취 欺騙 기편 騙馬 편마 騙財 편재			

3369	貶	貝 12획	낮출 **폄:**	(동) 降(내릴 강)	짜임 貝+乏
		貶下 폄하 貶毁 폄훼 貶降 폄강 貶辭 폄사			

3370	萍	艸 12획	부평초 **평**		짜임 氵+苹
		萍實 평실 流萍 유평 浮萍草 부평초			

3371	斃	攴 18획	죽을 **폐:**	(동) 死(죽을 사)	짜임 敝+死
		斃死 폐사 疲斃 피폐 斃畜 폐축 病斃 병폐			

3372	陛	阜 10획	대궐섬돌 **폐:**		짜임 阝+坒
		陛下 폐하 納陛 납폐 天陛 천폐 殿陛 전폐			

3373	匍	勹 9획	길 **포**	(동) 匐(길 복)	짜임 勹+甫
		匍匐 포복 匍行 포행 匍球 포구			

3374	哺	口 10획	먹일 포:	짝임 口+甫
			哺乳 포유　哺育 포육　反哺 반포　吐哺 토포	

3375	圃	口 10획	채마밭 포	짝임 口+甫
			圃田 포전　藥圃 약포　圃師 포사　園圃 원포	

3376	脯	肉 11획	포 포	짝임 月+甫
			脯肉 포육　魚脯 어포　片脯 편포　市脯 시포	

3377	逋	辵 11획	도망갈 포　동 逃(도망할 도)	짝임 甫+辶
			逋亡 포망　逋脫 포탈　逋客 포객　逋租 포조	

3378	蒲	艸 14획	부들 포	짝임 艹+浦
			蒲博 포박　蒲月 포월　蒲節 포절　蒲黃 포황	

3379	咆	口 8획	고함지를 포　동 哮(으르렁거릴 효)	짝임 口+包
			咆哮 포효　咆號 포호	

3380	庖	广 8획	부엌 포　동 廚(부엌 주)	짝임 广+包
			庖人 포인　庖丁 포정　庖宰 포재　庖廚 포주	

3381	泡	水 8획	거품 포　동 沫(거품 말)	짝임 氵+包
			泡沫 포말　水泡 수포　氣泡 기포　電泡 전포	

3382	疱	疒 10획	물집 포	짝임 疒+包
			疱瘡 포창　水疱 수포　汗疱 한포	

3383	袍	衣 10획	도포 포	짝임 衤+包
			道袍 도포　綿袍 면포　同袍 동포　袍帶 포대	

3384	褒	衣 15획	기릴 포　반 貶(낮출 폄)	짝임 衣+保
			褒貶 포폄　褒賞 포상　褒章 포장　褒懲 포징	

3385	曝	日 19획	쪼일 폭/포	짝임 日+暴
			曝露 폭로　曝陽 폭양　曝書 폭서　曝白 포백	

3386	瀑	水 18획	폭포 **폭**/소나기 **포**	짜임 氵+暴

瀑布 폭포　瀑泉 폭천　飛瀑 비폭　懸瀑 현폭

3387	剽	刀 13획	겁박할 **표**	짜임 票+刂

剽竊 표절　剽奪 표탈　剽掠 표략　剽輕 표경

3388	慓	心 14획	급할 **표**	동 疾(빠를 질)	짜임 忄+票

慓毒 표독　慓悍 표한

3389	飄	風 20획	나부낄 **표**	짜임 票+風

飄泊 표박　飄然 표연　飄零 표령　飄散 표산

3390	豹	豸 10획	표범 **표**	짜임 豸+勺

豹皮 표피　豹紋 표문　豹尾 표미　豹變 표변

3391	稟	禾 13획	여쭐 **품:**	짜임 㐭+禾

氣稟 기품　稟議 품의　稟處 품처　資稟 자품

3392	諷	言 16획	풍자할 **풍**	짜임 言+風

諷諭 풍유　諷刺 풍자　諷諫 풍간　吟諷 음풍

3393	披	手 8획	헤칠 **피**	짜임 扌+皮

披瀝 피력　披見 피견　披露宴 피로연

3394	疋	疋 5획	필 **필**	짜임 疋(フフ下疋疋)

疋馬 필마　疋木 필목　疋緞 필단　疋帛 필백

3395	乏	丿 5획	모자랄 **핍**	동 困(곤할 곤)	짜임 丿+之

缺乏 결핍　窮乏 궁핍　耐乏 내핍　疲乏 피핍

3396	逼	辵 13획	핍박할 **핍**	동 迫(핍박할 박)	짜임 畐+辶

逼迫 핍박　逼塞 핍색　逼眞 핍진　逼奪 핍탈

3397	瑕	玉 13획	허물 **하**	동 疵(흠 자)	짜임 王+叚

瑕痕 하흔　瑕跡 하적　微瑕 미하　瑕貶 하폄

번호	한자	부수/획수	훈음	동자	짜임	용례
3398	蝦	虫 15획	두꺼비/새우 하		虫+叚	乾蝦건하 大蝦대하 白蝦백하 米蝦미하
3399	遐	辶 13획	멀 하	遠(멀 원)	叚+辶	遐域하역 昇遐승하 遐年하년 遐福하복
3400	霞	雨 17획	노을 하		雨+叚	霞彩하채 紫霞자하 霞光하광 晚霞만하
3401	瘧	疒 15획	학질 학		疒+虐	瘧疾학질 腹瘧복학 瘧氣학기
3402	謔	言 17획	희롱할 학		言+虐	謔笑학소 謔浪학랑 謔劇학극 戲謔희학
3403	壑	土 17획	구렁 학	谷(골 곡)	叡+土	坑壑갱학 丘壑구학 壑谷학곡 洞壑동학
3404	澣	水 16획	빨래할/열흘 한	滌(씻을 척)	氵+榦	澣帛한백 浩澣호한 上澣상한 澣濯한탁
3405	悍	心 10획	사나울 한:	毒(독할 독)	忄+旱	銳悍예한 豪悍호한 悍毒한독 悍婦한부
3406	罕	网 7획	드물 한:		罒+干	罕車한거 稀罕희한 罕漫한만 罕見한견
3407	轄	車 17획	다스릴 할		車+害	管轄관할 直轄직할 分轄분할 統轄통할
3408	函	凵 8획	함 함:		畐(一丁了了丞函函)	函數함수 密函밀함 郵便函우편함
3409	涵	水 11획	젖을 함		氵+函	涵養함양 涵蓄함축 涵泳함영 包涵포함

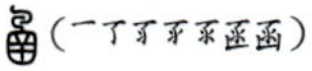

3410	喊	口 12획	소리칠 함:		짜임 口+咸
			喊聲 함성 高喊 고함 喊默 함묵 鼓喊 고함		

3411	緘	糸 15획	봉할 함	동 封(봉할 봉)	짜임 糸+咸
			緘口 함구 封緘 봉함 緘默 함묵 緘札 함찰		

3412 鹹	鹹	鹵 20획	짤 함	반 淡(맑을 담)	짜임 鹵+咸
			鹹潟 함석 鹹苦 함고 鹹水 함수 鹹度 함도		

3413	檻	木 18획	난간/우리 함:	동 欄(난간 란)	짜임 木+監
			檻車 함거 檻穽 함정 檻羊 함양 檻輿 함여		

3414	銜	金 14획	재갈 함	동 勒(굴레 륵)	짜임 金+行
			銜勒 함륵 姓銜 성함 銜枚 함매 銜泣 함읍		

3415	盒	皿 11획	합 합		짜임 合+皿
			香盒 향합 飯盒 반합 饌盒 찬합 粉盒 분합		

3416	蛤	虫 12획	조개 합		짜임 虫+合
			大蛤 대합 紅蛤 홍합 蛤子 합자 魁蛤 괴합		

3417	缸	缶 9획	항아리 항		짜임 缶+工
			缸胎 항태 酒缸 주항 玉缸 옥항 花缸 화항		

3418	肛	肉 7획	항문 항		짜임 月+工
			肛門 항문 脫肛 탈항		

3419	偕	人 11획	함께 해		짜임 亻+皆
			偕樂 해락 偕老 해로 偕行 해행 偕來 해래		

3420	楷	木 13획	본보기 해	동 模(모범 모)	짜임 木+皆
			楷字 해자 楷書 해서 楷篆 해전 楷正 해정		

3421	諧	言 16획	화할 해	동 和(화할 화)	짜임 言+皆
			諧謔 해학 諧聲 해성 諧語 해어 和諧 화해		

번호	한자	부수/획수	훈음	동/반	짜임	용례
3422	咳	口 9획	기침 해	동 喘(헐떡일 천)	口+亥	咳喘해천　鎭咳진해　咳痰해담　咳逆해역
3423	駭	馬 16획	놀랄 해	동 愕(놀랄 악)	馬+亥	駭怪해괴　駭擧해거　駭悖해패　駭愕해악
3424	骸	骨 16획	뼈 해	동 骨(뼈 골)	骨+亥	骸骨해골　遺骸유해　殘骸잔해　死骸사해
3425	懈	心 16획	게으를 해:	동 怠(게으를 태)	忄+解	懈怠해태　懈慢해만　懈惰해타　勞懈노해
3426	邂	辵 17획	우연히 만날 해	동 逅(만날 후)	解+辶	邂逅해후
3427	劾	力 8획	꾸짖을 핵		亥+力	彈劾탄핵　劾論핵론　劾狀핵장　劾情핵정
3428	嚮	口 19획	길잡을 향		鄕+向	嚮導향도　嚮往향왕　嚮者향자　嚮赴향부
3429	饗	食 22획	잔치할 향		鄕+食	饗宴향연　饗應향응　饗報향보　宴饗연향
3430	噓	口 14획	불 허	반 吸(마실 흡)	口+虛	吹噓취허　噓吸허흡
3431	墟	土 15획	터 허		土+虛	殷墟은허　廢墟폐허　墟墓허묘　丘墟구허
3432	歇	欠 13획	쉴 헐	동 息(쉴 식)	曷+欠	歇價헐가　間歇간헐　歇看헐간　歇泊헐박
3433	眩	目 10획	어지러울 현		目+玄	眩暈현훈　眩惑현혹　眩氣현기　眩耀현요

3434	衒	行 11획	자랑할 현(:)	짜임 行+玄
		衒氣 현기　衒學 현학　衒耀 현요　衒言 현언		

3435	絢	糸 12획	무늬 현:	짜임 糸+旬
		絢爛 현란　絢飾 현식　絢美 현미　絢服 현복		

3436	俠	人 9획	의기로울 협	짜임 亻+夾
		俠客 협객　勇俠 용협　義俠 의협　俠士 협사		

3437	挾	手 10획	낄 협	짜임 扌+夾
		挾攻 협공　挾詐 협사　挾殺 협살　挾雜 협잡		

3438	狹	犬 10획	좁을 협　(동)窄(좁을 착)	짜임 犭+夾
		狹小 협소　狹義 협의　偏狹 편협　狹隘 협애		

3439	頰	頁 16획	뺨 협	짜임 夾+頁
		頰輔 협보　緩頰 완협　口頰 구협　紅頰 홍협		

3440	荊	艹 10획	가시 형　(동)棘(가시 극)	짜임 艹+刑
		荊棘 형극　荊冠 형관　荊路 형로　荊扉 형비		

3441	彗	⼹ 11획	살별/비 혜:	짜임 彗(⼀⼆⼿彗彗彗彗)
		彗星 혜성　彗芒 혜망　彗掃 혜소　妖彗 요혜		

3442	醯	酉 19획	식혜 혜	짜임 酉+充+皿
		食醯 식혜　醯鷄 혜계		

3443	弧	弓 8획	활 호　(반)矢(화살 시) (동)弓(활 궁)	짜임 弓+瓜
		弧矢 호시　括弧 괄호　弧宴 호연　桑弧 상호		

3444	狐	犬 8획	여우 호	짜임 犭+瓜
		狐狼 호랑　狐鼠 호서　狐狸 호리　狐臭 호취		

3445	琥	玉 12획	호박 호:　(동)珀(호박 박)	짜임 王+虎
		琥珀 호박　琥珀屑 호박설		

번호	한자	부수/획수	훈음	짜임	용례
3446	瑚	玉 13획	산호 호	王+胡	瑚璉 호련
3447	糊	米 15획	풀칠할 호	米+胡	模糊 모호 捺糊 날호 糊口 호구 含糊 함호
3448	渾	水 12획	흐릴 혼: 图沌(엉길 돈)/濁(흐릴 탁)	氵+軍	渾身 혼신 渾然 혼연 渾沌 혼돈 渾濁 혼탁
3449	笏	竹 10획	홀 홀	⺮+勿	笏記 홀기 紳笏 신홀 投笏 투홀
3450	惚	心 11획	황홀할 홀 图恍(황홀할 황)	忄+忽	恍惚 황홀
3451	虹	虫 9획	무지개 홍	虫+工	虹橋 홍교 虹彩 홍채 虹泉 홍천 長虹 장홍
3452	訌	言 10획	어지러울 홍	言+工	訌爭 홍쟁 內訌 내홍
3453	哄	口 9획	떠들썩할 홍	口+共	哄動 홍동 哄笑 홍소 哄然 홍연 哄唱 홍창
3454	喚	口 12획	부를 환 图叫(부르짖을 규)	口+奐	喚起 환기 召喚 소환 喚叫 환규 喚聲 환성
3455	宦	宀 9획	벼슬/내시 환:	宀+臣	宦官 환관 宦途 환도 宦厄 환액 宦侍 환시
3456	鰥	魚 21획	홀아비 환	魚+眔	嬬鰥 상환 鰥夫 환부 鰥居 환거 鰥民 환민
3457	驩	馬 28획	기뻐할 환 即悲(슬플 비)	馬+雚	交驩 교환 悲驩 비환 驩然 환연 驩洽 환흡

번호	한자	부수/획수	훈음	관련	짜임	용례
3458	猾	犬 13획	교활할 활		犭+骨	猾吏 활리 猾賊 활적 猾智 활지 奸猾 간활
3459	闊	門 17획	넓을 활	반 狹(좁을 협)	門+活	闊步 활보 廣闊 광활 闊地 활지 闊落 활락
3460	凰	几 11획	봉황 황		几+皇	鳳凰 봉황
3461	煌	火 13획	빛날 황	동 輝(빛날 휘)	火+皇	敦煌 돈황 輝煌 휘황 炫煌 현황 煌星 황성
3462	遑	辵 13획	급할 황	동 急(급할 급)	皇+辶	遑急 황급 遑遑 황황 棲遑 서황 未遑 미황
3463	徨	彳 12획	헤맬 황		彳+皇	徨徨 황황 迷徨 미황
3464	惶	心 12획	두려울 황	동 恐(두려울 공)	忄+皇	惶恐 황공 惶忙 황망 惶悚 황송 惶怯 황겁
3465	恍	心 9획	황홀할 황	동 惚(황홀할 홀)	忄+光	恍遊 황유 昏恍 혼황
3466	慌	心 13획	어리둥절할 황		忄+荒	唐慌 당황 慌忙 황망 慌悴 황췌 慌罔 황망
3467	恢	心 9획	넓을 회	동 廣(넓을 광)	忄+灰	恢宏 회굉 恢然 회연 恢復 회복 恢弘 회홍
3468	晦	日 11획	그믐 회	반 朔(초하루 삭)	日+每	晦冥 회명 晦朔 회삭 晦藏 회장 陰晦 음회
3469	誨	言 14획	가르칠 회:		言+每	誨言 회언 誨諭 회유 敎誨 교회 規誨 규회

3470 繪 (绘)	糸 19획	그림 **회:** 동畫(그림 화) 짜임 糸+會
		繪畫 회화 墨繪 묵회 繪圖 회도 繪塑 회소

3471 膾 (脍)	肉 17획	회 **회:** 반炙(구울 자) 짜임 月+會
		肉膾 육회 魚膾 어회 生鮮膾 생선회

3472 徊	彳 9획	머뭇거릴 **회** 짜임 彳+回
		低徊 저회 遲徊 지회 徘徊症 배회증

3473 蛔	虫 12획	회충 **회** 짜임 虫+回
		蛔蟲 회충 蛔疳 회감 蛔厥 회궐 蛟蛔 교회

3474 賄 (贿)	貝 13획	뇌물/재물 **회:** 동賂(뇌물 뢰) 짜임 貝+有
		賄賂 회뢰 贈賄 증회 收賄 수회 財賄 재회

3475 哮	口 10획	성낼 **효** 동咆(고함지를 포) 짜임 口+孝
		哮吼 효후 哮咆 효포 嘲哮 조효

3476 酵	酉 14획	삭일 **효:** 짜임 酉+孝
		酵母 효모 酵素 효소

3477 嚆	口 17획	울릴 **효** 짜임 口+蒿
		嚆矢 효시

3478 爻	爻 4획	사귈/가로그을 **효** 짜임 ✕(丿ㄨㄅ乂)
		爻辭 효사 卦爻 괘효 六爻 육효 初爻 초효

3479 吼	口 7획	울부짖을 **후** 동號(울 호) 짜임 口+孔
		鳴吼 명후 叫吼 규후 吼怒 후노 吼號 후호

3480 嗅	口 13획	맡을 **후** 짜임 口+臭
		嗅覺 후각 嗅官 후관 嗅神經 후신경

3481 朽	木 6획	썩을 **후** 동腐(썩을 부) 짜임 木+丂
		不朽 불후 朽骨 후골 朽壞 후괴 朽滅 후멸

번호	한자	부수/획수	훈음	동자	짜임	용례
3482	逅	辶 10획	만날 **후**		짜임 后+辶	邂逅相遇 해후상우
3483	暈	日 13획	무리 **훈**		짜임 日+軍	暈輪 훈륜 暈色 훈색 眩暈 현훈 醉暈 취훈
3484	喧	口 12획	지껄일 **훤**		짜임 口+宣	喧騷 훤소 喧譁 훤화 浮喧 부훤 紛喧 분훤
3485	卉	十 5획	풀 **훼**		짜임 十(←屮)+艹	芳卉 방훼 花卉 화훼 卉服 훼복 嘉卉 가훼
3486	喙	口 12획	부리 **훼**		짜임 口+彖	容喙 용훼 豕喙 시훼 烏喙 오훼 開喙 개훼
3487	彙	彐 13획	무리 **휘**	동 類(무리 류)	짜임 彑+果	彙報 휘보 彙纂 휘찬 語彙 어휘 字彙 자휘
3488	諱	言 16획	숨길/꺼릴 **휘**	동 忌(꺼릴 기)	짜임 言+韋	忌諱 기휘 觸諱 촉휘 諱祕 휘비 御諱 어휘
3489	麾	麻 15획	기 **휘**		짜임 麻+毛	麾下 휘하 麾旗 휘기 指麾 지휘 節麾 절휘
3490	恤	心 9획	불쌍할 **휼**		짜임 忄+血	恤辜 휼고 救恤 구휼 恤民 휼민 矜恤 긍휼
3491	兇	儿 6획	흉악할 **흉**	동 惡(악할 악)	짜임 凶+儿	兇賊 흉적 兇漢 흉한 兇暴 흉포 元兇 원흉
3492	洶	水 9획	용솟음칠 **흉**	동 涌(샘솟을 용)	짜임 氵+匈	洶涌 흉용 洶溶 흉용 洶洶 흉흉 洶急 흉급
3493	欣	欠 8획	기쁠 **흔**	동 悅(기쁠 열)	짜임 斤+欠	欣諾 흔낙 欣快 흔쾌 欣躍 흔약 欣賞 흔상

번호	한자	부수	훈음	참고	짜임
3494	痕	疒 11획	흔적 흔	동 迹(자취 적)	짜임 疒+艮

痕迹 흔적 血痕 혈흔 傷痕 상흔 殘痕 잔흔

| 3495 | 欠 | 欠 4획 | 하품 흠: | | 짜임 欠 (ノ ト ケ欠) |

欠缺 흠결 欠乏 흠핍 欠身 흠신 欠伸 흠신

| 3496 | 歆 | 欠 13획 | 흠향할 흠 | 동 羨(부러워할 선) | 짜임 音+欠 |

歆饗 흠향 歆格 흠격 歆感 흠감 歆羨 흠선

| 3497 | 恰 | 心 9획 | 흡사할 흡 | | 짜임 忄+合 |

恰似 흡사 恰恰 흡흡 恰可 흡가 恰好 흡호

| 3498 | 洽 | 水 9획 | 흡족할 흡 | | 짜임 氵+合 |

洽足 흡족 未洽 미흡 洽覽 흡람 洽然 흡연

| 3499 | 犧 | 牛 20획 | 희생 희 | 동 牲(희생 생) | 짜임 牛+羲 |

犧牲 희생 犧樽 희준 犧盛 희성 犧羊 희양

| 3500 | 詰 | 言 13획 | 꾸짖을 힐 | 동 責(꾸짖을 책) | 짜임 言+吉 |

詰責 힐책 詰斥 힐척 詰難 힐난 辨詰 변힐

제2부

한자능력검정용
급수별 사자성어

* 이 책에는 한자능력검정시험 6급부터 1급에 해당하는 사자성어가 총 1,603개 수록되어 있습니다.
* 상위급수는 하위급수를 모두 포함합니다. 예를 들면, 3급은 3급Ⅱ, 4급, 4급Ⅱ, 5급, 6급을 모두 포함한 것을 말합니다.

한자능력검정용 급수별 사자성어

家書萬金
가서만금
집가 | 책서 | 일만만 | 쇠금
가서(家書)는 만금의 값어치가 있음. 집에서 온 편지의 반갑고 소중함을 이르는 말.

各自圖生
각자도생
각각각 | 스스로자 | 꾀할도 | 살생
각자 살길을 도모함.

古今東西
고금동서
예고 | 이제금 | 동녘동 | 서녘서
동양이나 서양에 있어서의 예나 지금이나. 곧 어디서나, 언제나의 뜻.

公明正大
공명정대
공평할공 | 밝을명 | 바를정 | 큰대
마음이 공평하고 조금도 사사로움이 없이 바름.

九死一生
구사일생
아홉구 | 죽을사 | 한일 | 살생
아홉 번 죽을 고비에서 한 목숨 살았다는 뜻으로, 여러 차례 죽을 고비를 넘기고 겨우 살아남.

九十春光
구십춘광
아홉구 | 열십 | 봄춘 | 빛광
봄의 90일 동안을 뜻하는 말로, 노인의 마음이 청년같이 젊음을 이름.

九天直下
구천직하
아홉구 | 하늘천 | 곧을직 | 아래하
하늘에서 땅을 향하여 일직선으로 떨어짐. 일사천리의 형세를 이르는 말.

男女老少
남녀노소
사내남 | 계집녀 | 늙을로 | 적을·젊을소
남자와 여자와 늙은이와 젊은이라는 뜻으로, 모든 사람을 일컫는 말.

代代孫孫
대대손손

대대 | 대대 | 손자손 | 손자손
오래도록 내려오는 여러 대.

大明天地
대명천지

큰대 | 밝을명 | 하늘천 | 땅지
아주 환하게 밝은 세상.

同苦同樂
동고동락

한가지동 | 괴로울고 | 한가지동 | 즐길락
괴로움이나 즐거움을 함께 함.

東問西答
동문서답

동녘동 | 물을문 | 서녘서 | 대답답
동쪽에서 묻는데 서쪽에다 대답함. 묻는 말에 대해 전혀 엉뚱한 대답을 하는 것을 일컬음.

東西南北
동서남북

동녘동 | 서녘서 | 남녘남 | 북녘북
동쪽 · 서쪽 · 남쪽 · 북쪽. 곧 사방.

明明白白
명명백백

밝을명 | 밝을명 | 흰백 | 흰백
의심할 여지가 없이 아주 뚜렷함.

木人石心
목인석심

나무목 | 사람인 | 돌석 | 마음심
나무로 만든 사람에 돌로 만든 마음. 곧, 의지가 굳어 어떤 유혹에도 흔들리지 않음.

門前成市
문전성시

문문 | 앞전 | 이룰성 | 저자시
문 앞이 시장을 이룸. 권세가나 부잣집 문 앞이 방문객으로 마치 시장이 선 것 같다는 말.

物各有主
물각유주

물건물 | 각각각 | 있을유 | 주인주
모든 물건에는 제각기 임자가 있음.

百年大計
백년대계

일백 백 | 해 년 | 큰 대 | 셀·꾀할 계
먼 장래를 내다보고 세우는 큰 계획.

白面書生
백면서생

흰 백 | 얼굴 면 | 글 서 | 날 생
글만 읽어 얼굴이 창백한 사람. 오로지 글만 읽고 세상일에 어두운 젊은이를 일컫는 말.

百發百中
백발백중

일백 백 | 쏠 발 | 일백 백 | 맞을 중
백 번 쏘아 백 번 맞힌다는 뜻으로, 무슨 일이나 실패 없이 다 잘 됨.

百事不成
백사불성

일백 백 | 일 사 | 아니 불 | 이룰 성
하는 일마다 모두 실패함. 아무 일도 안 됨.

百戰百勝
백전백승

일백 백 | 싸움 전 | 일백 백 | 이길 승
백 번 싸워 백 번 이긴다는 뜻으로, 싸울 때마다 반드시 이긴다는 말. 동 백발백중(百發百中)

父子有親
부자유친

아버지 부 | 아들 자 | 있을 유 | 친할 친
오륜의 하나. '아버지와 아들 사이의 도(道)는 친애'에 있음을 이르는 말.

不立文字
불립문자

아니 불 | 설 립 | 글월 문 | 글자 자
도(道)는 글이나 말로 전하는 것이 아니라 마음에서 마음으로 전하는 것이라는 뜻.

不遠千里
불원천리

아니 불 | 멀 원 | 일천 천 | 마을·이수 리
천 리를 멀다고 하지 않는다는 뜻으로, 먼 곳을 오는 수고를 마다하지 않는 정성의 비유.

四苦八苦
사고팔고

넉 사 | 쓸·괴로울 고 | 여덟 팔 | 쓸·괴로울 고
온갖 고통. 또는 매우 심한 고통.

四面春風
사면춘풍

넉사 | 낯면 | 봄춘 | 바람풍
사방으로 봄바람이 붊. 항상 좋은 얼굴로 남을 대해 누구에게나 호감을 사는 것을 일컬음.

四海兄弟
사해형제

넉사 | 바다해 | 맏형 | 아우제
세상 모든 사람이 마음과 뜻을 같이한다면 누구나 형제처럼 지낼 수 있다는 말.

山戰水戰
산전수전

메산 | 싸움전 | 물수 | 싸움전
산과 물에서의 전투를 다 겪음. 이 세상의 온갖 고생과 어려움을 다 겪어 경험이 많다는 말.

山川草木
산천초목

메산 | 내천 | 풀초 | 나무목
산천과 초목. 자연.

三日天下
삼일천하

석삼 | 날일 | 하늘천 | 아래하
어떤 지위에 발탁, 기용되었다가 며칠 못 가서 떨어지는 일을 비유적으로 이르는 말.

生老病死
생로병사

날생 | 늙을로 | 병병 | 죽을사
인생이 반드시 받아야 하는 네 가지 고통. 곧, 태어나고, 늙고, 병들고, 죽는 일.

生死苦樂
생사고락

살생 | 죽을사 | 쓸·괴로울고 | 즐길락
생사와 고락. 살고 죽는 일과 괴롭고 즐거운 일.

先禮後學
선례후학

먼저선 | 예도례 | 뒤후 | 배울학
먼저 예의를, 나중에 학문을 배우라는 말. 모든 일에 예의가 먼저라는 말.

先花後果
선화후과

먼저선 | 꽃화 | 뒤후 | 실과과
꽃이 먼저 피고 나중에 열매를 맺는다는 뜻으로, 딸을 먼저 낳은 뒤 아들을 낳는 것이 좋다는 말.

世上萬事
세상만사

인간·세상세 | 위상 | 일만만 | 일사
세상에서 일어나는 온갖 일.

身土不二
신토불이

몸신 | 흙토 | 아니불 | 두이
몸과 태어난 땅은 하나라는 뜻으로, 같은 땅에서 난 것이라야 체질에 맞는다는 말.

十中八九
십중팔구

열십 | 가운데중 | 여덟팔 | 아홉구
열이면 여덟이나 아홉은 그러함.
[동] 십상팔구(十常八九)

安心立命
안심입명

편안안 | 마음심 | 설립 | 목숨명
천명(天命)을 깨닫고 삶과 죽음을 초월함으로써 마음의 편안함을 얻는 것을 이름.

樂山樂水
요산요수

좋아할요 | 메산 | 좋아할요 | 물수
산을 즐기고 물을 즐긴다는 뜻으로, 자연을 좋아하고 사랑한다는 말.

月下老人
월하노인

달월 | 아래하 | 늙을로 | 사람인
남녀의 인연을 맺어주는 사람. 결혼의 중매자.
[동] 月下氷人(월하빙인)

人命在天
인명재천

사람인 | 목숨명 | 있을재 | 하늘천
사람의 목숨은 하늘의 뜻에 달려 있음.

人事不省
인사불성

사람인 | 일사 | 아니불 | 살필성
사람으로서의 일을 돌아보지 않는다는 뜻으로, 예절을 차릴 줄 모름. 의식을 잃고 실신한 상태.

人山人海
인산인해

사람인 | 메산 | 사람인 | 바다해
산과 바다처럼 수를 헤아리지 못할 만큼 많은 사람이 모임.

一口二言 일구이언
한일 | 입구 | 두이 | 말씀언
한 입으로 두 가지 말을 한다는 뜻으로, 말을 이랬다저랬다 함을 이름.

一目十行 일목십행
한일 | 눈목 | 열십 | 다닐행
한 번에 10행씩 읽어 나간다는 뜻으로, 독서력이 매우 뛰어남을 이르는 말.

一日三秋 일일삼추
한일 | 날일 | 석삼 | 가을추
하루가 3년처럼 길게 느껴진다는 뜻으로, 몹시 애태우며 기다림을 비유하는 말.

一字千金 일자천금
한일 | 글자자 | 일천천 | 쇠금
글자 한 자에 천금의 가치가 있다는 뜻으로, 아주 빼어난 글자나 훌륭한 문장을 비유하는 말.

一長一短 일장일단
한일 | 긴·나을장 | 한일 | 짧을단
장점도 있고 단점도 있음.

一朝一夕 일조일석
한일 | 아침조 | 한일 | 저녁석
하루 아침이나 하루 저녁이라는 뜻으로, 대단히 짧은 시간을 가리킴.

自問自答 자문자답
스스로자 | 물을문 | 스스로자 | 대답답
자기가 묻고 자기가 대답한다는 뜻으로, 마음속으로 대화함을 이르는 말.

子孫萬代 자손만대
아들자 | 손자손 | 일만만 | 대대
대대로 내려오는 자손.
동 대대손손(代代孫孫)

自手成家 자수성가
스스로자 | 손수 | 이룰성 | 집가
물려받은 재산이 없는 사람이 제 힘으로 한 살림을 이룩함.

급수별 사자성어 6급 321

作心三日
작심삼일

지을작 | 마음심 | 석삼 | 날일
마음먹은 것이 사흘 간다는 뜻으로, 결심이 오래 계속되지 못함을 이름.

電光石火
전광석화

번개전 | 빛광 | 돌석 | 불화
번갯불과 부싯돌의 번쩍이는 불이라는 뜻으로, 몹시 짧은 시간의 비유. 매우 빠른 동작의 비유.

正正堂堂
정정당당

바를정 | 바를정 | 당당할당 | 당당할당
태도나 처지가 꿀림이 없이 바르고 떳떳함.

天高地下
천고지하

하늘천 | 높을고 | 땅지 | 아래하
하늘은 높고 땅은 낮다는 뜻으로, 각각 상하의 차별이 있음을 말함.

千年一淸
천년일청

일천천 | 해년 | 한일 | 맑을청
황하 같은 탁류가 맑아지기를 천 년 동안 바람. 가능하지 않은 일을 바라는 것을 일컬음.

天下一色
천하일색

하늘천 | 아래하 | 한일 | 빛색
세상에 드문 아주 뛰어난 미인.
[동] 절세가인(絕世佳人)

靑天白日
청천백일

푸를청 | 하늘천 | 흰백 | 날일
하는 일의 뒤가 깨끗하거나, 또는 억울한 누명을 벗고 죄가 없어지는 경우를 가리킴.

淸風明月
청풍명월

맑을청 | 바람풍 | 밝을명 | 달월
맑은 바람과 밝은 달이라는 뜻으로, 결백하고 온건한 사람의 성격을 평하는 말.

草綠同色
초록동색

풀초 | 푸를록 | 한가지동 | 빛색
풀색과 초록색은 같은 색임. 같은 처지의 사람들은 그 사람끼리 서로 어울림.

春夏秋冬
춘하추동

봄춘 | 여름하 | 가을추 | 겨울동
봄·여름·가을·겨울의 네 계절.

出一頭地
출일두지

날출 | 한일 | 머리두 | 땅지
남보다 한층 뛰어남.

八方美人
팔방미인

여덟팔 | 모·방위방 | 아름다울미 | 사람인
어느 모로 보아도 아름다운 미인. 여러 방면의 일에 능통한 사람을 가리키는 말로 쓰임.

風月主人
풍월주인

바람풍 | 달월 | 주인주 | 사람인
맑은 바람과 밝은 달 등의 자연을 즐기는 사람.

向陽花木
향양화목

향할향 | 볕양 | 꽃화 | 나무목
볕을 받은 꽃나무라는 뜻으로, 입신출세하기 쉬운 조건을 갖춘 사람을 이르는 말.

形形色色
형형색색

모양형 | 모양형 | 빛색 | 빛색
모양과 종류가 다른 가지가지. 가지각색.
🔄 각양각색(各樣各色)

火上注油
화상주유

불화 | 위상 | 물댈주 | 기름유
불에 기름을 붓는다는 뜻으로, 사태를 더욱 악화시킴의 비유.

花朝月夕
화조월석

꽃화 | 아침조 | 달월 | 저녁석
꽃 피는 아침과 달 뜨는 저녁이라는 뜻으로, 경치가 좋은 시절을 말함.

後生角高
후생각고

뒤후 | 날생 | 뿔각 | 높을고
'뒤에 난 뿔이 우뚝하다'는 뜻으로, 제자나 후배가 스승이나 선배보다 훨씬 나을 때 이르는 말.

5급 한자능력검정용 급수별 사자성어

家給人足
가급인족
집가 | 줄급 | 사람인 | 발·족할족
집집마다 먹고 사는 것에 부족함이 없이 넉넉함.

可高可下
가고가하
옳을가 | 높을고 | 옳을가 | 아래하
어진 사람은 지위의 높고 낮음을 가리지 않는다는 말.

可東可西
가동가서
옳을가 | 동녘동 | 옳을가 | 서녘서
동쪽이라도 좋고 서쪽이라도 좋다는 뜻으로, 이러나저러나 상관없다는 말.

擧一反三
거일반삼
들거 | 한일 | 돌아올반 | 석삼
하나를 들면 셋으로 돌아옴. 스승으로부터 하나를 배우면 다른 것까지도 유추해서 안다는 말.

格物致知
격물치지
궁구할격 | 만물물 | 이를치 | 알지
사물의 이치를 연구하여 온전한 지식에 다다른다는 말.

見物生心
견물생심
볼견 | 물건물 | 날생 | 마음심
물건을 보면 욕심이 생긴다는 말.

敬老孝親
경로효친
공경할경 | 늙을로 | 효도효 | 친할·어버이친
노인을 공경하고 부모에게 효도함.
[동] 경로사친(敬老事親)

敬天愛人
경천애인
공경할경 | 하늘천 | 사랑애 | 사람인
하늘을 숭배하고 인간을 사랑함.

計無所出 계무소출
셀·꾀계 | 없을무 | 바소 | 날출
있는 꾀를 다 써 봐도 별 수 없다는 말.

高談放言 고담방언
높을고 | 말씀담 | 놓을·멋대로할방 | 말씀언
아무 거리낌 없이 제멋대로 소리 높여 말함.

功過相半 공과상반
공공 | 허물과 | 서로상 | 반반
공로와 허물이 서로 반반임.

過失致死 과실치사
허물과 | 잃을실 | 이를치 | 죽을사
과실 행위로 말미암아 사람을 죽임.

交友以信 교우이신
사귈교 | 벗우 | 써이 | 믿을신
벗을 사귐에 믿음으로써 함.

敎學相長 교학상장
가르칠교 | 배울학 | 서로상 | 자랄장
가르치고 배우면서 서로 성장한다는 말.

今時初聞 금시초문
이제금 | 때시 | 처음초 | 들을문
이제야 비로소 처음으로 들음.

落木寒月 낙목한월
떨어질락 | 나무목 | 찰한 | 달월
낙엽이 지는 추운 계절.

落花流水 낙화유수
떨어질락 | 꽃화 | 흐를류 | 물수
떨어지는 꽃과 흐르는 물. 남녀간에 서로 그리워하는 정이 있음을 비유하여 이르는 말.

5급

南船北馬
남선북마

남녘남 | 배선 | 북녘북 | 말마
남쪽은 배, 북쪽은 말을 타고 다닌다는 뜻으로, 늘 쉬지 않고 여기저기 바쁘게 돌아다닌다는 말.

大上立德
대상입덕

큰대 | 위상 | 설립 | 덕덕
사람의 가장 훌륭한 행실은 덕을 닦아 세상을 다스려 사람을 구제하는 데 있음을 일컬음.

大材小用
대재소용

큰대 | 재목재 | 작을소 | 쓸용
큰 재목이 작게 쓰임. 사람을 부리는 데 제 능력을 다 발휘할 수 있는 조건이 안 됨을 뜻함.

德本財末
덕본재말

덕덕 | 근본본 | 재물재 | 끝말
사람이 살아가는 데 덕이 뿌리가 되고 재물은 사소한 부분이라는 말.

獨立獨行
독립독행

홀로독 | 설립 | 홀로독 | 다닐행
남에게 의지하지 아니하고 독자적으로 행동함.
동 독립독보(獨立獨步)

讀書三到
독서삼도

읽을독 | 책서 | 석삼 | 이를도
독서하는 데 필요한 세 가지 요건, 즉 눈으로 보고, 입으로 읽고, 마음을 집중함.

頭寒足熱
두한족열

머리두 | 찰한 | 발족 | 더울열
머리는 차게 두고 발은 덥게 하는 일. 건강에 좋다고 함.

馬耳東風
마이동풍

말마 | 귀이 | 동녘동 | 바람풍
말의 귀에 스쳐가는 동풍. 남의 말을 귀담아 듣지 않고 그대로 흘려버림을 일컫는 말.

萬不成說
만불성설

일만만 | 아니불 | 이룰성 | 말씀설
말이 전혀 사리에 맞지 아니함.
동 어불성설(語不成說)

明見萬里
명견만리

밝을명 | 볼견 | 일만만 | 마을·이수리
먼뎃일이나 먼 앞일을 훤히 내다봄.

名正言順
명정언순

이름명 | 바를정 | 말씀언 | 좇을순
일을 할 때 명분이 있고 정당하며 말이 사리에 맞음.

無不通知
무불통지

없을무 | 아니불 | 통할통 | 알지
무슨 일이든 모르는 것이 없음.
[동] 무불통달(無不通達)

無所不知
무소부지

없을무 | 바소 | 아니부 | 알지
모르는 것이 없음.

聞一知十
문일지십

들을문 | 한일 | 알지 | 열십
한 가지를 듣고 열 가지를 미루어 안다는 뜻으로, 매우 총명함을 일컬음.

百年河清
백년하청

일백백 | 해년 | 물하 | 맑을청
백 년에 한 번 황하가 맑아짐. 아무리 세월이 가도 이루어지기 힘든 일이나 기대할 수 없는 일.

白首北面
백수북면

흰백 | 머리수 | 북녘북 | 낯면
재주와 덕이 없는 사람은 나이를 먹어도 스승 앞에서 북향(北向)하고 앉아 가르침을 바람.

父傳子傳
부전자전

아버지부 | 전할전 | 아들자 | 전할전
대대로 아버지가 아들에게 전함.

北窓三友
북창삼우

북녘북 | 창문창 | 석삼 | 벗우
백거이(白居易)의 시(詩)에서 나온 말로, 거문고와 시와 술을 아울러 일컫는 말.

不問可知
불문가지

아니불 | 물을문 | 옳을가 | 알지
묻지 않아도 알 수 있음.
[동] 명약관화(明若觀火)

不問曲直
불문곡직

아니불 | 물을문 | 굽을곡 | 곧을직
굽음과 곧음을 묻지 않는다는 뜻으로, 옳고 그름을 묻지 않는다는 말. [동] 불문곡절(不問曲折)

不要不急
불요불급

아니불 | 요긴할요 | 아니불 | 급할급
필요하지도 않고 급하지도 않음.

不學無識
불학무식

아니불 | 배울학 | 없을무 | 알식
배우지 못하여 아는 것이 없음.

事半功倍
사반공배

일사 | 반반 | 공공 | 갑절배
일은 반만 하고 공은 두 배라는 뜻으로, 노력은 적어도 공은 큼.

事事件件
사사건건

일사 | 일사 | 물건건 | 물건건
모든 일. 온갖 사건. 일마다.

事親以孝
사친이효

일사 | 친할·어버이친 | 써이 | 효도효
신라 화랑의 다섯 가지 계율인 세속오계의 하나. 어버이 섬기기를 효로써 하여야 한다는 말.

生面不知
생면부지

날생 | 낯면 | 아니부 | 알지
서로 한 번도 만난 적이 없어서 전혀 알지 못하는 사람. 또는 그런 관계.

生知安行
생지안행

날생 | 알지 | 편안안 | 다닐·행할행
태어나면서부터 도의에 통하고 편안한 마음으로 도를 행한다는 뜻으로, 성인의 경지를 일컬음.

善男善女
선남선녀
착할선 | 사내남 | 착할선 | 계집녀
성품이 착한 남자와 여자. 착하고 어진 사람들을 이르는 말.

歲歲年年
세세년년
해세 | 해세 | 해년 | 해년
매년.

歲寒三友
세한삼우
해세 | 찰한 | 석삼 | 벗우
추위에 강한 세 나무. 즉, 소나무·대나무·매화나무를 이름.

水到魚行
수도어행
물수 | 이를도 | 고기어 | 다닐행
물이 흐르면 고기가 그 속을 다닌다는 뜻으로, 무슨 일이든 때가 되면 이루어진다는 의미.

惡事千里
악사천리
악할악 | 일사 | 일천천 | 마을·이수리
좋은 일은 숨겨지고 좋지 않은 일은 굳이 들추어내서 떠들어대는 세상 인심을 일컫는 말.

惡衣惡食
악의악식
악할악 | 옷의 | 악할악 | 먹을식
너절하고 조잡한 옷을 입고 맛없는 음식을 먹음. 또는 그 옷이나 음식. 동 조의조식(粗衣粗食)

惡因惡果
악인악과
악할악 | 인할인 | 악할악 | 실과·결과과
나쁜 일을 하면 반드시 나쁜 결과가 따른다는 말.

安分知足
안분지족
편안안 | 나눌분 | 알·직분지 | 발·족할족
편안한 마음으로 제 분수를 지키며 만족하여 다른 데 마음을 두지 아니함.

良藥苦口
양약고구
좋을량 | 약약 | 쓸고 | 입구
좋은 약은 입에 쓰다는 뜻으로, 바른말이나 충언은 귀에 거슬린다는 말.

語不成說 어불성설
말씀어 | 아니불 | 이룰성 | 말씀설
말이 이치에 맞지 않음. 전혀 말이 안 됨.
동 만불성설(萬不成說)

令出多門 영출다문
하여금령 | 날출 | 많을다 | 문문
명령 나오는 문이 많다는 뜻으로, 명령 계통이 어지러워 여러 곳에서 명령이 내림.

五色無主 오색무주
다섯오 | 빛색 | 없을무 | 주인주
오색이 주인이 없다는 뜻으로, 무섭고 두려운 나머지 얼굴빛이 변함을 일컬음.

五風十雨 오풍십우
다섯오 | 바람풍 | 열십 | 비우
날씨가 순조롭고 풍년이 들어 천하가 태평하다는 말.
동 우순풍조(雨順風調)

牛飲馬食 우음마식
소우 | 마실음 | 말마 | 먹을식
소같이 마시고 말같이 먹는다는 뜻으로, 음식을 많이 마시고 먹음을 일컬음.

月下氷人 월하빙인
달월 | 아래하 | 얼음빙 | 사람인
월하노인(月下老人)과 빙상인(氷上人)이 합쳐진 말로, 혼인을 중매하는 사람을 가리킴.

有敎無類 유교무류
있을유 | 가르칠교 | 없을무 | 무리·나눌류
가르침만 있다면 모든 사람이 선한 데로 돌아올 수 있어 신분이나 계층 차별이 없다는 말.

有口無言 유구무언
있을유 | 입구 | 없을무 | 말씀언
입은 있어도 할 말이 없다는 뜻으로, 변명할 말이 없음을 일컫는 말.

類萬不同 유만부동
무리류 | 일만만 | 아니부 | 한가지동
많은 것이 서로 같지 않고 다름. 분수에 맞지 않음. 정도에 넘침.

有名無實
유명무실

있을유 | 이름명 | 없을무 | 열매·참실
이름만 있고 실상은 없음. 평판과 실제가 같지 않음.

有無相通
유무상통

있을유 | 없을무 | 서로상 | 통할통
있는 것과 없는 것을 서로 융통한다는 뜻.

以小事大
이소사대

써이 | 작을소 | 일사 | 큰대
작은 것으로써 큰 것을 섬김. 또는 작은 나라가 큰 나라를 섬김.

以實直告
이실직고

써이 | 열매·참실 | 곧을직 | 고할고
사실 그대로 고함.
(동) 이실고지(以實告之)

以心傳心
이심전심

써이 | 마음심 | 전할전 | 마음심
마음에서 마음으로 전한다는 뜻으로, 말을 하지 않더라도 서로 마음이 통하여 아는 것을 일컬음.

以火救火
이화구화

써이 | 불화 | 구원할구 | 불화
불로 불을 끄려 한다는 뜻으로, 폐해를 더할 뿐 아무 이익도 없음을 이르는 말.

一葉知秋
일엽지추

한일 | 잎엽 | 알지 | 가을추
낙엽 하나로 가을이 왔음을 앎. 한 가지 일을 보고 앞으로 있을 일을 미리 안다는 말.

一字無識
일자무식

한일 | 글자자 | 없을무 | 알식
글자를 한 자도 모를 정도로 무식함. 또는 그런 사람.
(동) 목불식정(目不識丁)

任重道遠
임중도원

맡길임 | 무거울중 | 길도 | 멀원
등에 진 물건은 무겁고 길은 멀다는 뜻으로, 큰일을 맡아 책임이 무거움을 이르는 말.

自古以來
자고이래
스스로·부터자 | 예고 | 써이 | 올래
예부터 지금까지의 동안.

自唱自和
자창자화
스스로자 | 부를창 | 스스로자 | 화할화
스스로 거문고를 타고 스스로 노래함. 남을 위하여 자기가 마련한 것을 자기가 이용함을 이름.

前無後無
전무후무
앞전 | 없을무 | 뒤후 | 없을무
전에도 없었고 앞으로도 없음.
(동) 공전절후(空前絶後)

朝變夕改
조변석개
아침조 | 변할변 | 저녁석 | 고칠개
아침저녁으로 뜯어고친다는 뜻으로, 일을 자주 변경함을 이르는 말. (동) 조변모개(朝變暮改)

千客萬來
천객만래
일천천 | 손객 | 일만만 | 올래
많은 손님이 찾아옴.

千軍萬馬
천군만마
일천천 | 군사군 | 일만만 | 말마
천 명의 군사와 만 마리의 군마라는 뜻으로, 아주 많은 수의 군사와 군마를 이르는 말.

千變萬化
천변만화
일천천 | 변할변 | 일만만 | 될화
천만 가지로 변화한다는 뜻으로, 변화가 무궁한 것을 이르는 말.

天變水陸
천변수륙
하늘천 | 변할변 | 물수 | 뭍륙
하늘이 물과 뭍으로 바뀐다는 뜻으로, 세상이 뒤바뀔 큰 변화를 이르는 말.

千村萬落
천촌만락
일천천 | 마을촌 | 일만만 | 떨어질락
수많은 촌락.

秋風過耳
추풍과이

가을추 | 바람풍 | 지날과 | 귀이

가을바람이 귀를 스쳐간다는 뜻으로, 남의 말을 귀담아 듣지 않음의 비유.

秋風落葉
추풍낙엽

가을추 | 바람풍 | 떨어질락 | 잎엽

가을 바람에 흩어져 떨어지는 낙엽. 세력이나 형세가 갑자기 기울거나 시듦을 일컬음.

春寒老健
춘한노건

봄춘 | 찰한 | 늙을로 | 굳셀건

봄추위와 늙은이 건강이라는 뜻으로, 사물이 오래 가지 못함의 비유.

八面不知
팔면부지

여덟팔 | 낯면 | 아닐부 | 알지

여러 모로 보나 전혀 알지 못하는 낯선 사람.

敗家亡身
패가망신

패할패 | 집가 | 망할망 | 몸신

가산을 탕진하고 몸을 망침.

下筆成章
하필성장

아래하 | 붓필 | 이룰성 | 글월장

붓만 대면 문장이 된다는 뜻으로, 글짓는 재주가 매우 빠름을 일컬음.

形名參同
형명참동

형상형 | 이름명 | 참여할참 | 한가지동

부하가 한 말[名]과 실제의 행동[形]을 대조 평가하여 상벌을 주어야 한다는 뜻.

黃口小兒
황구소아

누를황 | 입구 | 작을소 | 아이아

어린아이나 경험이 미숙한 사람을 이름. 참새 새끼의 주둥이가 노랗다는 데서 비롯된 말.

黑白分明
흑백분명

검을흑 | 흰백 | 나눌·분명할분 | 밝을명

사물의 시비나 선악이 명료함.

 **한자능력검정용 급수별 사자성어**

家家戶戶
가가호호
집가 | 집가 | 집호 | 집호
집집마다. 한 집 한 집.

家無擔石
가무담석
집가 | 없을무 | 멜담 | 돌석
석(石)은 한 항아리, 담(擔)은 두 항아리라는 뜻. 집에 모아 놓은 재산이 조금도 없음을 가리킴.

角者無齒
각자무치
뿔각 | 사람자 | 없을무 | 이치
뿔이 있는 자는 이가 없다는 뜻으로, 모든 것을 다 갖출 수는 없다는 말.

各自爲政
각자위정
각각각 | 스스로자 | 할위 | 정사정
여러 사람이 각자 마음대로 하여 전체적인 조화를 생각하지 않는다는 말.

江湖煙波
강호연파
강강 | 호수호 | 연기연 | 물결파
강이나 호수 위에 안개처럼 보얗게 이는 기운, 또는 그 수면의 잔물결. 자연의 풍경.

改玉改行
개옥개행
고칠개 | 구슬옥 | 고칠개 | 다닐행
차고 다닐 옥의 종류를 바꾸면 걸음걸이도 바꾸어야 함. 법을 변경하면 일도 고쳐야 함.

見金如石
견금여석
볼견 | 쇠금 | 같을여 | 돌석
금(금전) 보기를 돌같이 함. 재물에 탐냄이 없이 검소하라는 말.

見利思義
견리사의
볼견 | 이로울리 | 생각사 | 옳을의
이로움을 보면 의리에 합당한가를 생각하라는 뜻.

結草報恩
결초보은

맺을결 | 풀초 | 갚을보 | 은혜은
풀을 엮어서 은혜를 갚는다는 말로, 죽어서도 은혜를 잊지 않고 갚는다는 뜻.

經國濟世
경국제세

다스릴경 | 나라국 | 건질제 | 세상세
나라를 잘 다스려 세상을 구제함.

經世濟民
경세제민

다스릴경 | 세상세 | 건질제 | 백성민
세상을 다스리고 백성을 구제함. '경제(經濟)'는 이의 준말.

經世致用
경세치용

글경 | 세상세 | 이를치 | 쓸용
학문은 세상을 다스리는 데 실질적인 이익을 줄 수 있는 것이어야 한다는 유교의 한 주장.

輕敵必敗
경적필패

가벼울경 | 대적할적 | 반드시필 | 패할패
적을 얕보면 반드시 패한다는 말.
동 교병필패(驕兵必敗)

故事來歷
고사내력

예·연고고 | 일사 | 올래 | 지날력
어떤 사물이나 사건에 대하여 전해 내려오는 유래나 경위.

空理空論
공리공론

빌공 | 다스릴·이치리 | 빌공 | 논할론
실천이 없는 쓸데없는 이론.

公序良俗
공서양속

공평할·공공 | 차례서 | 어질량 | 풍속속
공공의 질서와 선량한 풍속을 아울러 이르는 말.

空前絶後
공전절후

빌공 | 앞전 | 끊을절 | 뒤후
비교할 만한 것이 이전에도 이후에도 없음.
동 전무후무(前無後無)

급수별 사자성어 4급Ⅱ　335

廣大無邊
광대무변

넓을광 | 큰대 | 없을무 | 가변
넓고 커서 끝이 없음.

求不得苦
구부득고

구할구 | 아니부 | 얻을득 | 쓸·괴로울고
팔고(八苦)의 하나로, 구하여도 얻지 못하는 괴로움을 이름.

救世濟民
구세제민

구원할구 | 세상세 | 건질제 | 백성민
어지러운 세상을 구원하고 고통받는 백성을 구제함.

九牛一毛
구우일모

아홉구 | 소우 | 한일 | 털모
소 아홉 마리에 털 하나. 많은 것 가운데서 극히 적은 부분을 말함. [동] 창해일속(滄海一粟)

權不十年
권불십년

권세권 | 아니불 | 열십 | 해년
권세가 십 년을 가지 못함. 권세는 오래 가지 못함을 이름. [동] 화무십일홍(花無十日紅)

極惡無道
극악무도

극진할극 | 악할악 | 없을무 | 길도
더할 나위 없이 악하고 도리에 완전히 어긋나 있음.

起死回生
기사회생

일어날기 | 죽을사 | 돌아올회 | 날생
죽을 뻔하다가 되살아남.
[동] 기사근생(饑死僅生), 구사일생(九死一生)

落落難合
낙락난합

떨어질락 | 떨어질락 | 어려울난 | 합할합
여기저기 흩어져서 서로 모이기가 어려움.

難行苦行
난행고행

어려울난 | 다닐행 | 괴로울고 | 다닐행
아주 심하게 고생함. 몹시 괴로운 수행.

難兄難弟
난형난제

어려울난 | 형형 | 어려울난 | 아우제
형이 되기도 어렵고 동생이 되기도 어려움. 사물이 서로 비슷하여 그 우열을 가리기 힘듦.

冷暖自知
냉난자지

찰랭 | 따뜻할난 | 스스로자 | 알지
물을 마시면 스스로 그 차고 따뜻한 것을 앎. 남의 말을 듣지 않고도 자기 스스로 안다는 말.

怒發大發
노발대발

성낼노 | 필발 | 큰대 | 필발
몹시 노하여 펄펄 뛰며 성을 냄.

論功行賞
논공행상

논할론 | 공공 | 다닐·행할행 | 상줄상
공로의 크고 작음을 평가해 각각 알맞은 상을 내림.

能見難思
능견난사

능할능 | 볼견 | 어려울난 | 생각사
잘 살펴보고도 보통의 이치로는 추측할 수 없는 일.

多多益善
다다익선

많을다 | 많을다 | 더할익 | 좋을선
많으면 많을수록 더 좋다는 뜻.

多聞博識
다문박식

많을다 | 들을문 | 넓을박 | 알식
많이 듣고 넓게 공부한다는 뜻으로, 견문이 넓고 학식이 많음을 일컬음.

多事多難
다사다난

많을다 | 일사 | 많을다 | 어려울난
하는 일도 많고 어려움도 많음.

多士濟濟
다사제제

많을다 | 선비사 | 건널제 | 건널제
뛰어난 인재가 많이 있음.

斷章取義
단장취의

끊을단 | 글월장 | 가질취 | 옳을·뜻의
남이 쓴 문장이나 시의 한 부분을 그 원문의 전체적인 뜻을 고려하지 아니하고 인용하는 일.

大義名分
대의명분

큰대 | 옳을의 | 이름명 | 나눌·직분분
인류의 큰 의를 밝히고 맡은 바 분수를 지켜 정도에 어긋나지 않도록 하는 것을 말함.

德無常師
덕무상사

덕덕 | 없을무 | 항상상 | 스승사
덕을 닦는 데는 정해진 스승이 따로 없음. 마주치는 환경이나 사람 모두가 수행에 도움이 됨.

獨不將軍
독불장군

홀로독 | 아니불 | 장수장 | 군사군
따돌림을 받고 외톨이가 된 사람이나 무슨 일이든 혼자서 처리하는 사람의 비유.

讀書亡羊
독서망양

읽을독 | 책서 | 망할망 | 양양
책을 읽느라 양을 잃어버렸다는 뜻으로, 마음이 딴 데 있어 도리를 잃어버림의 비유.

讀書三餘
독서삼여

읽을독 | 책서 | 석삼 | 남을여
책을 읽기에 적당한 세 여가. 곧 겨울, 밤, 비가 올 때를 이름.

同氣相求
동기상구

한가지동 | 기운기 | 서로상 | 구할구
마음이 맞는 사람끼리는 서로 찾아 친하게 모임.
[동] 동병상련(同病相憐)

同聲相應
동성상응

한가지동 | 소리성 | 서로상 | 응할응
같은 소리는 서로 응하여 어울린다는 뜻으로, 같은 의견을 가진 사람끼리 친해진다는 말.

得意滿面
득의만면

얻을득 | 뜻의 | 찰만 | 낯면
뜻을 이루어 기쁜 표정이 얼굴에 가득함.

燈下不明
등하불명
등불등 | 아래하 | 아니불 | 밝을명
등잔 밑이 어둡다는 뜻으로, 가까이 있는 것을 보지 못함의 비유.

燈火可親
등화가친
등불등 | 불화 | 옳을가 | 친할친
가을이 되어 서늘하면 밤에 불을 가까이 하여 글 읽기에 좋다는 말.

萬古絶色
만고절색
일만만 | 예고 | 끊을절 | 빛색
세상에 비길 데 없이 뛰어난 미인.
동 경국지색(傾國之色)

萬事如意
만사여의
일만만 | 일사 | 같을여 | 뜻의
모든 일이 뜻과 같음.

萬牛難回
만우난회
일만만 | 소우 | 어려울난 | 돌아올회
만 마리의 소가 끌어도 돌리기 어렵다는 뜻으로, 고집이 매우 센 사람의 비유.

面色如土
면색여토
낯면 | 빛색 | 같을여 | 흙토
낯빛이 흙빛과 같다는 뜻으로, 놀람과 근심으로 얼굴빛이 달라짐의 비유.

名不虛傳
명불허전
이름명 | 아니불 | 빌허 | 전할전
명성이 헛되이 전해진 것이 아니라는 뜻으로, 이름이 나는 데는 그만한 까닭이 있음을 이름.

目食耳視
목식이시
눈목 | 먹을식 | 귀이 | 볼시
눈으로 먹고 귀로 본다는 뜻으로, 겉모양만 취하여 생활이 헛된 사치에 흐름을 한탄하는 말.

無念無想
무념무상
없을무 | 생각념 | 없을무 | 생각상
아무런 생각이 없음. 또는 그 상태. 무아의 경지에 이르러 일체의 상념을 떠남.

無所不爲
무소불위

없을무 | 바소 | 아니불 | 할위
하지 못하는 일이 없음. 보통 강한 권력을 말할 때 쓰임.

無爲自然
무위자연

없을무 | 할위 | 스스로자 | 그러할연
사람의 힘을 더하지 않은 그대로의 자연. 또는 그런 이상적인 경지.

文房四友
문방사우

글월문 | 방방 | 넉사 | 벗우
서재에서 필요한 종이 · 붓 · 먹 · 벼루의 네 가지.
[동] 문방사보(文房四寶)

物心一如
물심일여

물건물 | 마음심 | 한일 | 같을여
마음과 물체가 하나로 일치한 상태.

密雲不雨
밀운불우

빽빽할밀 | 구름운 | 아니불 | 비우
짙은 구름이 끼어 있으나 비가 오지 않음. 어떤 일의 징조만 있고 그 일은 이루어지지 않음의 비유.

博學多識
박학다식

넓을박 | 배울학 | 많을다 | 알식
학식이 대단히 넓고 아는 것이 많음.
[동] 박람강기(博覽強記)

白頭如新
백두여신

흰백 | 머리두 | 같을여 | 새신
서로 상대방의 재능을 이해하지 못하면 새로 사귄 벗과 조금도 다를 바가 없다는 말.

百害無益
백해무익

일백백 | 해할해 | 없을무 | 더할익
오직 해로울 뿐 이로움은 전혀 없음.

兵家常事
병가상사

병사병 | 집가 | 항상상 | 일사
전쟁에서 이기고 지는 일은 흔히 있는 일이니 지더라도 낙담하지 말라는 말.

步武堂堂
보무당당

걸음보 | 반걸음무 | 당당할당 | 당당할당
걸음걸이가 씩씩하고 위엄이 있음. '步'는 '한 걸음'을 뜻하고, '武'는 '반 걸음'을 뜻함.

富國強兵
부국강병

부자부 | 나라국 | 강할강 | 병사병
나라를 부유하게 만들고 군대를 강하게 함. 또는 그 나라 군대.

不可思議
불가사의

아니불 | 옳을가 | 생각사 | 의논할의
보통 생각으로는 헤아릴 수 없이 이상야릇함.

飛耳長目
비이장목

날비 | 귀이 | 긴장 | 눈목
먼 곳에서 일어난 일을 듣고 볼 수 있는 귀와 눈이라는 뜻. 사물을 관찰함에 날카로움의 비유.

非一非再
비일비재

아닐비 | 한일 | 아닐비 | 두재
한두 번이 아님.

鼻下政事
비하정사

코비 | 아래하 | 정사정 | 일사
코 밑에 있는 일에 관한 정사라는 뜻으로, 겨우 먹고 살아가는 일을 일컬음.

貧者一燈
빈자일등

가난할빈 | 사람자 | 한일 | 등불등
가난한 사람의 등불 하나라는 뜻으로, 정성의 소중함을 일컫는 말.

事不如意
사불여의

일사 | 아니불 | 같을여 | 뜻의
일이 뜻대로 되지 않음.

死生決斷
사생결단

죽을사 | 날생 | 결단할결 | 끊을단
죽고 사는 것을 돌보지 않고 끝장을 냄.

四通五達 사통오달	넉사 | 통할통 | 다섯오 | 통할달 사방으로 길이 열려 있어 왕래하기 편한 곳을 일컬음.
三令五申 삼령오신	석삼 | 하여금령 | 다섯오 | 알릴신 몇 번이고 같은 내용을 되풀이하여 명령하기도 하고 규정하기도 한다는 말.
上山求魚 상산구어	위상 | 메산 | 구할구 | 고기어 산 위에서 물고기를 찾는다는 뜻으로, 당치 않은 데 가서 되지도 않는 것을 원한다는 말.
上意下達 상의하달	위상 | 뜻의 | 아래하 | 통할·보낼달 윗사람의 뜻이나 명령을 아랫사람에게 전함.
生不如死 생불여사	살생 | 아니불 | 같을여 | 죽을사 살아 있는 것이 죽느니 못함. 몹시 곤란한 지경에 빠져 있음을 뜻함.
先發制人 선발제인	먼저선 | 필발 | 마를·누를제 | 사람인 남의 꾀를 먼저 알아차리고 일이 일어나기 전에 미리 막아 냄.
說往說來 설왕설래	말씀설 | 갈왕 | 말씀설 | 올래 서로 변론하느라고 옥신각신함. [동] 언거언래(言去言來)
勢無十年 세무십년	세력세 | 없을무 | 열십 | 해년 세도가 10년을 가지 못한다는 뜻으로, 권세와 영화는 오래 계속되지 못함을 이름.
笑者難測 소자난측	웃음소 | 사람자 | 어려울난 | 헤아릴측 늘 웃고 있는 사람은 그 속마음을 헤아리기 어렵다는 말.

掃地無餘
소지무여

쓸소 | 땅지 | 없을무 | 남을여
다 쓸어낸 듯 아무것도 없음.

是非曲直
시비곡직

옳을시 | 아닐비 | 굽을곡 | 곧을직
옳고, 그르고, 굽고, 곧음. 즉, 잘잘못을 말함.

視死如生
시사여생

볼시 | 죽을사 | 같을여 | 살생
죽음 보기를 삶처럼 여김. 죽음을 두려워하지 않음.
(동) 시사여귀(視死如歸)

是是非非
시시비비

옳을시 | 옳을시 | 아닐비 | 아닐비
공평무사하게 옳고 그름을 가림.

時和年豊
시화연풍

때시 | 화할화 | 해년 | 풍년풍
나라 안이 태평하고 풍년이 듦.

信賞必罰
신상필벌

믿을신 | 상줄상 | 반드시필 | 벌할벌
공이 있는 사람에게 반드시 상을 주고, 죄가 있는 사람에게는 반드시 벌을 줌.

實事求是
실사구시

열매·참실 | 일사 | 구할구 | 옳을시
있는 그대로의 사실, 즉 실제에 근거하여 그 일의 진상을 찾고 구하는 것을 말함.

心心相印
심심상인

마음심 | 마음심 | 서로상 | 도장인
마음에서 마음으로 전함.
(동) 이심전심(以心傳心)

十目所視
십목소시

열십 | 눈목 | 바소 | 볼시
여러 사람이 보고 있다는 뜻으로, 세상 사람을 속일 수 없음을 일컬음.

惡逆無道   악역무도
악할악 | 거스를역 | 없을무 | 길도
비길 데 없이 악독하고 도리에 맞지 않음.

安貧樂道   안빈낙도
편안안 | 가난할빈 | 즐길락 | 길도
가난에 구애받지 않고 도(道)를 즐김. 빈궁한 중에도 평안하게 즐기는 마음으로 살아감.

眼下無人   안하무인
눈안 | 아래하 | 없을무 | 사람인
눈앞에 사람이 없는 듯이 말하고 행동함. 태도가 몹시 교만하고 남을 업신여김.

愛人如己   애인여기
사랑애 | 사람인 | 같을여 | 몸기
남 사랑하기를 자기 몸처럼 함.

弱肉強食   약육강식
약할약 | 고기육 | 강할강 | 먹을식
약한 자가 강한 자에게 먹힘. 강한 자가 약한 자를 희생시켜서 번영함.

良金美玉   양금미옥
어질·좋을량 | 쇠금 | 아름다울미 | 구슬옥
좋은 금과 아름다운 옥이라는 뜻으로, 빼어난 문장이나 덕성을 이르는 말.

言語道斷   언어도단
말씀언 | 말씀어 | 길도 | 끊을단
말할 길이 끊어졌다는 뜻으로, 어처구니가 없어 말하려 해도 말할 수 없음.

如足如手   여족여수
같을여 | 발족 | 같을여 | 손수
발과 같고 손과 같다는 뜻으로, 형제는 몸에서 떼어 놓을 수 없는 팔다리와 같다는 말.

旅進旅退   여진여퇴
무리려 | 나아갈진 | 무리려 | 물러날퇴
여럿이 함께 나아가고 물러감. 일정한 주견이나 절조 없이 여럿이 어울려 진퇴를 함께 함.

年功序列 연공서열
해년 | 공공 | 차례서 | 벌일렬
근속 연수나 나이가 늘어 감에 따라 지위가 올라가는 일. 또는 그런 체계.

溫故知新 온고지신
익힐온 | 예고 | 알지 | 새신
옛것을 익혀 새것을 안다는 뜻.

外貧內富 외빈내부
바깥외 | 가난할빈 | 안내 | 부자부
겉보기에는 가난한 듯하나 실상은 부자임. 남이 보기엔 초라해도 실은 알찬 사람이라는 말.

要領不得 요령부득
구할요 | 옷깃령 | 아니부 | 얻을득
사물의 중요한 부분을 잡을 수 없다는 뜻으로, 말이나 글의 핵심을 파악하지 못함을 이르는 말.

牛往馬往 우왕마왕
소우 | 갈왕 | 말마 | 갈왕
소 갈 데 말 갈 데 다 갔다는 뜻으로, 갈 수 있을 만한 곳은 다 다녔다는 말.

右往左往 우왕좌왕
오른우 | 갈왕 | 왼좌 | 갈왕
이리저리 왔다 갔다 하며 일이나 나아가는 방향을 종잡지 못함.

牛耳讀經 우이독경
소우 | 귀이 | 읽을독 | 글경
쇠 귀에 경 읽기. 아무리 말해 봐야 소용없는 일, 또는 그처럼 무지한 사람을 가리킴.

有備無患 유비무환
있을유 | 갖출비 | 없을무 | 근심환
미리 준비가 있으면 근심할 것이 없음.
동 망양보뢰(亡羊補牢)

有志事成 유지사성
있을유 | 뜻지 | 일사 | 이룰성
뜻을 두어 노력하면 그 일은 이루어진다는 말.

陰德陽報
음덕양보

그늘음 | 덕덕 | 볕양 | 갚을보
남모르게 덕행을 쌓은 사람은 뒤에 그 보답을 저절로 받게 된다는 말.

應對如流
응대여류

응할응 | 대할대 | 같을여 | 흐를류
물 흐르듯 대답한다는 뜻으로, 언변이 능수능란하다는 말.

以毛相馬
이모상마

써이 | 터럭모 | 가릴상 | 말마
털만 보고 말의 좋고 나쁨을 가린다는 뜻으로, 겉만 보고 사물을 평가함의 비유.

以熱治熱
이열치열

써이 | 더울열 | 다스릴치 | 더울열
열로써 열을 다스린다는 뜻으로, 힘에는 힘으로, 강한 것에는 강한 것으로 상대한다는 말.

二律背反
이율배반

두이 | 법칙률 | 등배 | 돌이킬반
서로 모순 대립하는 두 명제가 동등한 타당성을 가지고 주장되는 일.

以指測海
이지측해

써이 | 가리킬지 | 헤아릴측 | 바다해
손가락으로 바다의 깊이를 잰다는 뜻으로, 양(量)을 모르는 어리석음을 가리키는 말.

利害得失
이해득실

이로울리 | 해할해 | 얻을득 | 잃을실
이로움과 해로움, 얻음과 잃음.

以血洗血
이혈세혈

써이 | 피혈 | 씻을세 | 피혈
피로써 피를 씻는다는 뜻으로, 나쁜 일을 감추기 위해 또 나쁜 일을 함. 악을 악으로 갚음.

益者三友
익자삼우

더할익 | 사람자 | 석삼 | 벗우
사귀어 이롭고 보탬이 되는 세 종류의 벗. 곧 정직한 사람, 신의 있는 사람, 학식 있는 사람.

因果應報
인과응보

인할인 | 결과과 | 응할응 | 갚을보
원인과 결과는 서로 물고 물림. 좋은 일에는 좋은 결과, 나쁜 일에는 나쁜 결과가 따른다는 말.

人非木石
인비목석

사람인 | 아닐비 | 나무목 | 돌석
사람은 목석이 아니라는 뜻으로, 사람은 감정과 사리의 옳고 그름과 시비의 구분이 있음을 이름.

人死留名
인사유명

사람인 | 죽을사 | 머무를류 | 이름명
사람은 죽어도 이름은 남겨진다는 뜻으로, 그 삶이 헛되지 않으면 이름은 길이 남는다는 말.

人生無常
인생무상

사람인 | 날생 | 없을무 | 항상상
인생이 덧없음.
[동] 생자필멸(生者必滅)

人衆勝天
인중승천

사람인 | 무리중 | 이길승 | 하늘천
사람이 많아 그 세력이 강대할 때는 하늘도 능히 이길 수 있다는 말.

一擧兩得
일거양득

한일 | 들거 | 두량 | 얻을득
한 가지 일로 두 가지 이익을 얻는다는 말.
[동] 일거겸득(一擧兼得), 일석이조(一石二鳥)

日暖風和
일난풍화

날일 | 따뜻할난 | 바람풍 | 온화할화
날씨가 따뜻하고 바람이 온화함.

一望無際
일망무제

한일 | 바랄망 | 없을무 | 즈음제
한눈에 바라볼 수 없게 아득히 멀고 넓어서 끝이 없음.

一脈相通
일맥상통

한일 | 줄기맥 | 서로상 | 통할통
처지나 성질, 생각 등이 한줄기로 서로 통함.

一面如舊
일면여구

한일 | 낯면 | 같을여 | 예구
처음 만났으나 곧 친밀하게 됨을 이름.
㉦ 경개여구(傾蓋如舊)

一石二鳥
일석이조

한일 | 돌석 | 두이 | 새조
하나의 돌멩이로 두 마리의 새를 잡는다는 뜻으로, 한 가지 일로 두 가지 이익을 얻음.

一陽來復
일양내복

한일 | 볕양 | 올래 | 회복할복
동지(冬至)를 고비로 음(陰)이 끝나고 양(陽)이 돌아옴. 궂은 일이 끝나고 좋은 일이 생기기 시작함.

一言半句
일언반구

한일 | 말씀언 | 반반 | 글귀구
한 마디의 말과 반 구절의 말. 즉, 몹시 짧은 말.

一衣帶水
일의대수

한일 | 옷의 | 띠대 | 물수
한 줄의 띠와 같은 냇물이나 바닷물. 강이나 해협의 간격이 매우 좁음을 말함.

一知半解
일지반해

한일 | 알지 | 반반 | 풀해
하나쯤 알고 반쯤 깨닫는다는 뜻으로, 아는 것이 적음을 가리킴.

日進月步
일진월보

날일 | 나아갈진 | 달월 | 걸음보
나날이 다달이 계속하여 진보, 발전함.
㉦ 괄목상대(刮目相對)

一進一退
일진일퇴

한일 | 나아갈진 | 한일 | 물러날퇴
한 번 나아갔다 한 번 물러선다는 뜻으로, 정세나 증상 따위가 좋아졌다 나빠졌다 함을 가리킴.

一寸光陰
일촌광음

한일 | 마디촌 | 빛광 | 그늘음
매우 짧은 시간.

自強不息
자강불식

스스로자 | 강할강 | 아니불 | 쉴식
스스로 힘써 몸과 마음을 가다듬어 쉬지 아니함.

自業自得
자업자득

스스로자 | 업업 | 스스로자 | 얻을득
자기가 저지른 일의 과보(果報)를 자기 자신이 받는 일. [동] 인과응보(因果應報)

自初至終
자초지종

스스로·부터자 | 처음초 | 이를지 | 마칠종
처음부터 끝마침에 이르기까지.

材大難用
재대난용

재목재 | 큰대 | 어려울난 | 쓸용
재목이 너무 크면 쓰이기 어렵다는 뜻으로, 재주 있는 사람이 쓰이지 못함을 비유하는 말.

赤貧如洗
적빈여세

붉을적 | 가난할빈 | 같을여 | 씻을세
씻은 듯이 가난하다는 뜻으로, 몹시 가난하여 집에 아무것도 없다는 말.

前代未聞
전대미문

앞전 | 대대 | 아닐미 | 들을문
지금까지 들어 본 적이 없는 진귀한 일.
[동] 미증유(未曾有)

前程萬里
전정만리

앞전 | 길정 | 일만만 | 마을·이수리
앞길이 만 리나 된다는 뜻으로, 젊어서 희망을 걸 만한 장래가 있다는 말.

造化神功
조화신공

지을조 | 될화 | 귀신신 | 공공
조물주의 뛰어난 솜씨. 곧, 계절의 변화를 가리킴.

種豆得豆
종두득두

씨종 | 콩두 | 얻을득 | 콩두
콩 심은 데 콩 난다는 뜻으로, 뿌린 대로 거두게 됨을 이름. [동] 인과응보(因果應報)

終無消息
종무소식

마칠종 | 없을무 | 사라질소 | 쉴식
끝내 아무 소식이 없음.
[동] 함흥차사(咸興差使)

竹林七賢
죽림칠현

대죽 | 수풀림 | 일곱칠 | 어질현
노자와 장자의 무위사상을 숭상하여 죽림에 모여 청담(淸談)으로 세월을 보낸 일곱 명의 선비.

竹馬故友
죽마고우

대죽 | 말마 | 예고 | 벗우
죽마를 타고 놀던 옛 친구라는 뜻으로, 곧 어릴 때 같이 놀던 친한 친구를 가리키는 말.

衆口難防
중구난방

무리중 | 입구 | 어려울난 | 막을방
뭇사람의 입은 다 막기가 어려움. 의견이 모아지지 않고 저마다 떠들어대는 상황을 말함.

衆心成城
중심성성

무리중 | 마음심 | 이룰성 | 성성
여러 사람의 마음이 성을 이룸. 여러 사람의 마음이 하나로 단결하면 성처럼 굳어진다는 말.

重言復言
중언부언

무거울중 | 말씀언 | 다시부 | 말씀언
똑같은 말을 자꾸 되풀이함.

至誠感天
지성감천

이를지 | 정성성 | 느낄감 | 하늘천
지극한 정성에 하늘이 감동함.

知足者富
지족자부

알지 | 발·족할족 | 사람자 | 부자부
분수를 지켜 만족할 줄 아는 사람은 부자라는 말.

直木先伐
직목선벌

곧을직 | 나무목 | 먼저선 | 칠벌
곧은 나무가 먼저 베어진다는 뜻으로, 강하면 그만큼 적을 많이 만들 수 있음의 비유.

着足無處
착족무처
붙을착 | 발족 | 없을무 | 곳처
발을 붙이고 설 자리가 없다는 뜻으로, 기반으로 삼을 만한 곳이 없다는 말.

天人共怒
천인공노
하늘천 | 사람인 | 한가지공 | 성낼노
하늘과 사람이 함께 분노한다는 뜻으로, 도저히 용서 못함을 이르는 말.

初不得三
초부득삼
처음초 | 아니부 | 얻을득 | 석삼
첫번째 실패한 것이 세 번째에는 성공함. 무슨 일이든 꾸준히 노력하면 성공할 수 있다는 말.

寸鐵殺人
촌철살인
마디촌 | 쇠철 | 죽일살 | 사람인
한 치도 못 되는 쇠붙이로 사람을 죽인다는 뜻으로, 날카로운 경구(警句)를 비유하는 말.

出將入相
출장입상
날출 | 장수장 | 들입 | 정승상
나가서는 장수가 되고 들어와서는 재상이 된다는 뜻으로, 문무(文武)를 겸한 인재를 이르는 말.

忠言逆耳
충언역이
충성충 | 말씀언 | 거스를역 | 귀이
바른말은 귀에 거슬린다는 말.
동 양약고구(良藥苦口)

卓上空論
탁상공론
높을·책상탁 | 위상 | 빌공 | 논할론
탁자 위에서만 펼치는 헛된 논설이라는 뜻으로, 실현성이 없는 허황된 이론을 일컬음.

太平聖代
태평성대
클태 | 편안할평 | 성인성 | 대대
어진 임금이 잘 다스리어 태평한 세상이나 시대.
동 도불습유(道不拾遺)

太平煙月
태평연월
클태 | 편안할평 | 연기연 | 달월
근심이나 걱정이 없는 편안한 세월.

破器相接
파기상접

깨뜨릴파 | 그릇기 | 서로상 | 접할접

깨진 그릇을 도로 붙이려 함. 이미 틀어진 일을 바로잡으려고 공연히 헛수고만 함의 비유.

平地風波
평지풍파

평평할평 | 땅지 | 바람풍 | 물결파

평평한 땅에 파도가 일어난다는 뜻으로, 뜻밖에 분쟁이 일어남의 비유.

風前燈火
풍전등화

바람풍 | 앞전 | 등불등 | 불화

바람 앞에 켠 등불처럼 매우 위급한 지경에 놓여 있음을 가리키는 말. [동] 누란지위(累卵之危)

風窓破壁
풍창파벽

바람풍 | 창문창 | 깨뜨릴파 | 벽벽

뚫어진 창과 부서진 벽이라는 뜻으로, 허술하고 가난한 집의 비유.

下學上達
하학상달

아래하 | 배울학 | 위상 | 통할·이를달

아래를 배워 위에 달한다는 뜻으로, 낮고 쉬운 것을 배워 깊고 어려운 것을 깨달음의 비유.

行有餘力
행유여력

행할행 | 있을유 | 남을여 | 힘력

일을 다 하고도 오히려 힘이 남음.

虛氣平心
허기평심

빌허 | 기운기 | 평탄할평 | 마음심

기를 가라앉히고 마음을 평정하게 가짐.

虛虛實實
허허실실

빌허 | 빌허 | 열매·참실 | 열매·참실

적의 허(虛)를 찌르고 실(實)을 꾀하는 등 서로 계책을 다하여 싸우는 모양.

好生惡死
호생오사

좋을호 | 살생 | 싫어할오 | 죽을사

살기를 좋아하고 죽기를 싫어함.

呼牛呼馬
호우호마

부를호 | 소우 | 부를호 | 말마
남이야 뭐라고 비평하든 자기는 조금도 개의치 않음을 이름. [동] 오불관언(吾不關焉)

好爲人師
호위인사

좋을호 | 할위 | 사람인 | 스승사
무엇이든지 아는 체하고 남의 스승이 되기를 좋아하는 사람을 가리키는 말.

好衣好食
호의호식

좋을호 | 옷의 | 좋을호 | 먹을식
좋은 옷과 좋은 음식이라는 뜻으로, 잘 입고 잘 먹는 것을 일컫는 말.

呼兄呼弟
호형호제

부를호 | 형형 | 부를호 | 아우제
형이라고 부르고 아우라고 부른다는 뜻으로, 친형제처럼 가깝게 지냄을 이름.

花容月態
화용월태

꽃화 | 얼굴용 | 달월 | 모습태
꽃 같은 얼굴과 달 같은 자태. 아름다운 여자의 고운 얼굴과 자태를 이름. [동] 경국지색(傾國之色)

花鳥風月
화조풍월

꽃화 | 새조 | 바람풍 | 달월
꽃과 새와 바람과 달이라는 뜻으로, 자연의 아름다운 경치를 이름.

和風暖陽
화풍난양

화할화 | 바람풍 | 따뜻할난 | 볕양
화창한 바람과 따뜻한 햇볕.

患難相救
환난상구

근심환 | 어려울난 | 서로상 | 구원할구
환난을 만났을 때 서로 구해 줌.

患得患失
환득환실

근심환 | 얻을득 | 근심환 | 잃을실
(권세나 지위나 물건 등을) 얻기 전에는 얻으려 안달하고 얻은 후에는 그것을 잃을까 걱정함.

4급 Ⅱ

4급 한자능력검정용 급수별 사자성어

家徒壁立
가도벽립

집가 | 무리도 | 벽벽 | 설립
집안에 세간이라고는 하나도 없고 네 벽만 서 있다는 뜻으로, 집안이 가난함을 비유한 말.

敢不生心
감불생심

감히감 | 아니불 | 날생 | 마음심
힘이 부치어 감히 마음을 먹지 못함.
[동] 언감생심(焉敢生心)

甘言利說
감언이설

달감 | 말씀언 | 이로울리 | 말씀설
달콤한 말과 이로운 조건을 내세워 남의 비위를 맞추거나 꾀는 말.

開卷有益
개권유익

열개 | 책권 | 있을유 | 더할익
책을 펴서 읽으면 반드시 이로움이 있다는 말.

開門納賊
개문납적

열개 | 문문 | 들일납 | 도둑적
문을 열어 도둑을 맞아들인다는 뜻으로, 스스로 화를 끌어들이는 것을 말함.

車水馬龍
거수마룡

수레거 | 물수 | 말마 | 용룡
수레가 흐르는 물 같고 말이 길게 늘어진 용 같음. 거마(車馬)의 왕래가 잦음을 일컬음.

居安思危
거안사위

살거 | 편안안 | 생각사 | 위태할위
편안할 때에도 항상 위험과 곤란이 닥칠 것을 생각함.
[동] 유비무환(有備無患)

堅甲利兵
견갑이병

굳을견 | 갑옷갑 | 이로울·날카로울리 | 병사병
튼튼한 갑옷과 날카로운 무기를 갖춘 군사.

堅白同異
견백동이
굳을견 | 흰백 | 한가지동 | 다를이
시(是)를 비(非)라 하고 비를 시라 하며, 동(同)을 이(異)라 하고 이를 동이라 하는 억지 논리.

見危授命
견위수명
볼견 | 위태할위 | 줄수 | 목숨명
나라의 위태로움을 보고 목숨을 바쳐 충성함.
동 견위치명(見危致命)

鏡中美人
경중미인
거울경 | 가운데중 | 아름다울미 | 사람인
거울 속의 미인이라는 뜻으로, 실속이 없는 일을 일컬음.

驚天動地
경천동지
놀랄경 | 하늘천 | 움직일동 | 땅지
하늘을 놀라게 하고 땅을 뒤흔든다는 뜻으로, 세상을 몹시 놀라게 한다는 말.

鏡花水月
경화수월
거울경 | 꽃화 | 물수 | 달월
거울에 비친 꽃과 물에 비친 달이라는 뜻으로, 볼 수만 있고 가질 수 없는 것을 말함.

鷄犬相聞
계견상문
닭계 | 개견 | 서로상 | 들을문
닭 우는 소리와 개 짖는 소리를 서로 들을 수 있음. 인가나 마을이 잇달아 있음을 이름.

鷄口牛後
계구우후
닭계 | 입구 | 소우 | 뒤후
큰 집단의 말석보다는 작은 집단의 우두머리가 낫다는 말.

計窮力盡
계궁역진
셀·꾀계 | 궁할궁 | 힘력 | 다할진
꾀가 막히고 힘이 다했다는 뜻으로, 더 이상 해볼 방법이 없다는 말. 동 백계무책(百計無策)

鷄卵有骨
계란유골
닭계 | 알란 | 있을유 | 뼈골
달걀에도 뼈가 있다는 뜻으로, 뜻밖의 장애물이 생김을 이르는 말.

孤立無援
고립무원
외로울 고 | 설 립 | 없을 무 | 도울 원
고립되어 도움을 받을 데가 없음.
동 사면초가(四面楚歌)

孤城落日
고성낙일
외로울 고 | 성 성 | 떨어질 락 | 해 일
외로운 성에 지는 해라는 뜻으로, 스러질 때가 얼마 안 남아 근심되고 서러운 지경의 비유.

苦盡甘來
고진감래
쓸 고 | 다할 진 | 달 감 | 올 래
쓴 것이 다하면 단 것이 온다는 뜻으로, 고생 끝에 낙이 온다는 말.

骨肉相殘
골육상잔
뼈 골 | 고기·살 육 | 서로 상 | 남을·해칠 잔
가까운 혈족끼리 서로 싸우거나 같은 민족끼리 해치며 싸우는 일. 동 골육상쟁(骨肉相爭)

共存共榮
공존공영
한가지 공 | 있을 존 | 한가지 공 | 영화 영
함께 존재하고 함께 번영함.

公平無私
공평무사
공평할 공 | 평평할 평 | 없을 무 | 사사로울 사
공평하고 사사로움이 없음.

過大評價
과대평가
지날·지나칠 과 | 큰 대 | 평할 평 | 값 가
실제보다 지나치게 높이 평가함.

九折羊腸
구절양장
아홉 구 | 꺾을 절 | 양 양 | 창자 장
아홉 번 꺾이는 양의 창자처럼 험하고 꼬불꼬불한 산길. 길이 매우 험함을 비유하는 말.

舊態依然
구태의연
예 구 | 모습 태 | 의지할 의 | 그러할 연
조금도 변하거나 발전한 데 없이 예전 모습 그대로임.

君子三樂 군자삼락
임금군 | 아들자 | 석삼 | 즐길락
군자에게는 세 가지 즐거움이 있다는 말.
동 익자삼요(益者三樂)

群衆心理 군중심리
무리군 | 무리중 | 마음심 | 다스릴리
많은 사람이 모였을 때, 자제력을 잃고 다른 사람의 언동에 따라 움직이는 일시적인 심리 상태.

歸馬放牛 귀마방우
돌아갈귀 | 말마 | 놓을방 | 소우
전쟁에 썼던 말과 소를 놓아준다는 뜻으로, 더 이상 전쟁을 하지 아니함을 이르는 말.

金科玉條 금과옥조
쇠금 | 과목·법과 | 구슬옥 | 가지·법규조
금이나 옥같이 귀중한 법칙이나 규정. 잘 정비된 나라의 법칙과 제도, 기틀을 이르는 말로 쓰임.

急轉直下 급전직하
급할급 | 구를·바꿀전 | 곧을직 | 아래하
형세가 급변하여 걷잡을 수 없이 내리달림.

奇奇妙妙 기기묘묘
기이할기 | 기이할기 | 묘할묘 | 묘할묘
매우 기이하고 묘함.

奇想天外 기상천외
기이할기 | 생각상 | 하늘천 | 바깥외
보통 사람이 예상할 수 없을 정도로 기발하고 엉뚱한 생각.

奇貨可居 기화가거
기이할기 | 재물화 | 옳을가 | 살거
진기한 물건은 사 둘 만함. 당장은 큰 가치나 이익이 없지만 훗날 큰 이익을 볼 수 있음의 비유.

落落長松 낙락장송
떨어질락 | 떨어질락 | 긴장 | 소나무송
긴 가지가 쭉쭉 늘어진 키가 큰 소나무.

落葉歸根 낙엽귀근
떨어질 락 | 잎 엽 | 돌아갈 귀 | 뿌리 근
잎이 떨어져 뿌리로 돌아감. 결국은 자기가 본래 나거나 자란 곳으로 돌아감을 이르는 말.

難攻不落 난공불락
어려울 난 | 칠 공 | 아니 불 | 떨어질 락
공격하기 어려워 쉽게 함락되지 않음.
동 금성탕지(金城湯池)

亂臣賊子 난신적자
어지러울 란 | 신하 신 | 도둑 적 | 아들 자
임금을 죽이는 신하와 어버이를 해하는 자식. 나라를 어지럽히는 무리.

老當益壯 노당익장
늙을 로 | 마땅 당 | 더할 익 | 씩씩할 장
사람은 늙을수록 더욱 기운을 내어야 하고 뜻을 굳게 해야 함. 줄여서 노익장(老益壯)이라고도 씀.

單文孤證 단문고증
홑 단 | 글월 문 | 외로울 고 | 증거 증
단 한 편의 문장에 의한 증거라는 뜻으로, 불충분한 증거를 일컬음.

黨同伐異 당동벌이
무리 당 | 한가지 동 | 칠 벌 | 다를 이
도리와는 관계 없이 자기와 같은 패의 사람은 돕고 자기와 다른 패의 사람은 물리침.

大驚失色 대경실색
큰 대 | 놀랄 경 | 잃을 실 | 빛 색
크게 놀라 얼굴빛이 변함.

大公無私 대공무사
큰 대 | 공평할 공 | 없을 무 | 사사로울 사
매우 공평하여 사사로움이 없음.

大同小異 대동소이
큰 대 | 한가지 동 | 작을 소 | 다를 이
큰 차이가 없이 거의 같고 조금 다름. 크게 보면 다를 게 없다는 뜻. 동 오십보백보(五十步百步)

大言壯談
대언장담

큰대 | 말씀언 | 씩씩할장 | 말씀담
제 분수에 맞지 않는 말을 희떱게 지껄임. 또는 그 말.

徒勞無功
도로무공

무리·다만도 | 일할로 | 없을무 | 공공
다만 수고로울 뿐 공들인 보람이 없음.
(동) 노이무공(勞而無功)

徒勞無益
도로무익

무리·다만도 | 일할로 | 없을무 | 더할익
헛되이 애만 쓰고 이로움이 없음.
(동) 노이무공(勞而無功)

獨斷專行
독단전행

홀로독 | 끊을단 | 오로지전 | 다닐·행할행
남과 상의하지도 않고 혼자 판단하거나 결정하여 멋대로 행동함.

同工異曲
동공이곡

한가지동 | 장인공 | 다를이 | 굽을곡
음악이나 시문(詩文) 등에서 기교는 같지만 표현 형식이나 내용은 다름.

洞洞屬屬
동동촉촉

골·진실할동 | 골·진실할동 | 조심할촉 | 조심할촉
매우 공경하고 삼가하여 조심스러운 모양.

同聲異俗
동성이속

한가지동 | 소리성 | 다를이 | 풍속속
사람은 날 때는 다 같은 소리를 가지고 있으나 성장함에 따라 언어·풍속·습관이 달라짐.

斗酒不辭
두주불사

말두 | 술주 | 아니불 | 사양할사
말술도 사양하지 않는다는 뜻으로, 술을 매우 잘 마심을 이르는 말.

萬口成碑
만구성비

일만만 | 입구 | 이룰성 | 비석비
만인의 입이 비(碑)를 세움. 여러 사람이 칭찬하는 것이 송덕비를 세우는 것과 같다는 말.

滿山紅葉
만산홍엽

찰만 | 메산 | 붉을홍 | 잎엽
단풍이 들어, 온 산에 나뭇잎이 붉게 물들어 있는 모양.

萬折必東
만절필동

일만만 | 꺾을절 | 반드시필 | 동녘동
황하는 아무리 굽이가 많아도 반드시 동쪽으로 흘러감. 충신의 절개는 꺾을 수 없다는 말.

買死馬骨
매사마골

살매 | 죽을사 | 말마 | 뼈골
죽은 말의 뼈를 산다는 뜻으로, 귀중한 것을 손에 넣기 위해 먼저 공을 들인다는 말.

明鏡止水
명경지수

밝을명 | 거울경 | 그칠지 | 물수
밝은 거울과 잔잔한 물이라는 뜻으로, 티없이 맑고 고요한 마음을 가리키는 말.

目不識丁
목불식정

눈목 | 아니불 | 알식 | 장정·고무래정
정(丁)자를 보고도 그것이 고무래임을 모름. 아주 무식함을 이름. (동) 일자무식(一字無識)

無骨好人
무골호인

없을무 | 뼈골 | 좋을호 | 사람인
뼈 없이 좋은 사람이라는 뜻으로, 아주 순하여 남의 비위에 두루 맞는 사람.

無爲徒食
무위도식

없을무 | 할위 | 무리·다만도 | 먹을식
아무 하는 일 없이 헛되이 먹기만 함.

美辭麗句
미사여구

아름다울미 | 말씀사 | 고울려 | 글귀구
아름다운 말과 고운 글귀.

博覽強記
박람강기

넓을박 | 볼람 | 강할강 | 기록할·기억할기
동서고금의 책을 널리 읽고 사물을 잘 기억함.
(동) 박학다식(博學多識)

半信半疑
반신반의

반반 | 믿을신 | 반반 | 의심할의
참과 거짓을 판단하기 어려워 어느 정도 믿으면서도 한편으로는 의심하는 일.

髮短心長
발단심장

터럭발 | 짧을단 | 마음심 | 긴장
머리털은 짧아졌지만 마음은 길다는 뜻으로, 몸은 늙었으나 슬기는 많음을 일컬음.

方長不折
방장부절

모·바야흐로방 | 긴장 | 아니부 | 꺾을절
한창 자라는 나무는 꺾지 않음. 앞길이 창창한 사람을 박해하지 말라는 말.

百家爭鳴
백가쟁명

일백백 | 집가 | 다툴쟁 | 울명
백가(온갖 학파)들이 다투어 울림. 전국시대 사상가들의 활발한 논쟁을 가리킨 말.

白龍魚服
백룡어복

흰백 | 용룡 | 고기어 | 옷복
흰 용이 물고기로 변해 어부에게 잡힘. 높은 지위에 있는 사람의 미행(微行)을 비유하는 말.

白衣從軍
백의종군

흰백 | 옷의 | 좇을종 | 군사군
벼슬 없이 군대를 따라 전쟁터로 나감.

百折不屈
백절불굴

일백백 | 꺾을절 | 아니불 | 굽힐굴
백 번 꺾어도 굽히지 않음. 어떤 어려움에도 굴하지 않음. 통 백절불요(百折不撓)

報怨以德
보원이덕

갚을보 | 원망할·원수원 | 써이 | 덕덕
원수를 덕으로 갚으라는 뜻.

氷姿玉質
빙자옥질

얼음빙 | 모양자 | 구슬옥 | 바탕질
얼음같이 투명한 모습과 옥과 같이 뛰어난 바탕. 용모와 재주가 모두 뛰어남을 비유하는 말.

事必歸正
사필귀정
일사 | 반드시필 | 돌아갈귀 | 바를정
무슨 일이나 결국 옳은 이치대로 돌아감.
동) 사불범정(邪不犯正)

山窮水盡
산궁수진
메산 | 궁할궁 | 물수 | 다할진
산이 막히고 물이 다했다는 뜻으로, 막다른 길에 이르러 빠져나갈 수 없게 된 경우를 이르는 말.

山海珍味
산해진미
메산 | 바다해 | 보배진 | 맛미
산과 바다의 온갖 산물을 다 갖추어 썩 잘 차린 귀한 음식. 동) 용미봉탕(龍味鳳湯)

殺身成仁
살신성인
죽일살 | 몸신 | 이룰성 | 어질인
몸을 죽여서라도 인(仁)을 이룸. 옳은 도리를 행하기 위해 자기 목숨도 바치는 것을 말함.

生死肉骨
생사육골
날·살생 | 죽을사 | 고기육 | 뼈골
죽은 사람을 살려 내어 뼈에 살을 붙인다는 뜻으로, 큰 은혜를 베풂을 비유적으로 이르는 말.

席不暇暖
석불가난
자리석 | 아니불 | 겨를가 | 따뜻할난
앉은 자리가 더울 겨를이 없다는 뜻으로, 매우 바쁘게 돌아다님.

先公後私
선공후사
먼저선 | 공평할·공공 | 뒤후 | 사사로울사
공적인 일을 먼저 하고 사적인 일을 뒤에 함.

仙姿玉質
선자옥질
신선선 | 모양자 | 구슬옥 | 바탕질
선녀 같은 모습과 옥 같은 바탕이라는 뜻으로, 용모가 아름답고 재질이 뛰어남을 뜻하는 말.

聲東擊西
성동격서
소리성 | 동녘동 | 칠격 | 서녘서
동쪽을 칠 듯이 말하고 실제로는 서쪽을 친다는 뜻으로, 상대방을 속여 기묘하게 공략함의 비유.

小人閑居
소인한거

작을 소 | 사람 인 | 한가할 한 | 살 거
소인은 한가하게 혼자 있으면 도리어 나쁜 짓을 한다는 뜻.

送舊迎新
송구영신

보낼 송 | 예 구 | 맞을 영 | 새 신
묵은 것을 보내고 새 것을 맞이함.

身言書判
신언서판

몸 신 | 말씀 언 | 글 서 | 판단할 판
사람됨을 판단하는 네 가지 기준. 신수·말씨·문필·판단력을 일컬음.

心機一轉
심기일전

마음 심 | 틀 기 | 한 일 | 구를·바꿀 전
어떤 동기나 계기로 그 전까지의 생각이나 마음의 자세를 완전히 바꿈.

惡戰苦鬪
악전고투

악할 악 | 싸움 전 | 괴로울 고 | 싸움 투
매우 어려운 조건을 무릅쓰고 힘을 다하여 고생스럽게 싸움.

安居危思
안거위사

편안 안 | 살 거 | 위태할 위 | 생각 사
편안할 때에 어려움이 닥칠 것을 미리 대비하여야 함.
(동) 망양보뢰(亡羊補牢)

魚變成龍
어변성룡

고기 어 | 변할 변 | 이룰 성 | 용 룡
물고기가 변하여 용이 됨. 어릴 때는 신통치 못하던 사람이 자라서 훌륭하게 됨을 일컫는 말.

言中有骨
언중유골

말씀 언 | 가운데 중 | 있을 유 | 뼈 골
말 속에 뼈가 있다는 뜻으로, 예사로운 말 속에 뼈 같은 속뜻이 있음.

與民同樂
여민동락

더불 여 | 백성 민 | 한가지 동 | 즐길 락
임금이 백성과 더불어 즐김.
(동) 여민해락(與民偕樂)

緣木求魚
연목구어

인연연 | 나무목 | 구할구 | 고기어
나무에 올라가 물고기를 구한다는 뜻으로, 불가능한 일을 하려 함을 비유하는 말.

龍門點額
용문점액

용룡 | 문문 | 점점 | 이마액
물고기가 황하의 용문에 오르려다 바위에 부딪혀 이마를 다침. 과거에 떨어진 사람의 비유.

遠交近攻
원교근공

멀원 | 사귈교 | 가까울근 | 칠공
먼 나라와는 친하게 사귀고 가까운 나라는 공격한다는 말.

危機一髮
위기일발

위태할위 | 틀·때기 | 한일 | 터럭발
머리털 하나로 천 균(鈞) 무게의 물건을 끌어당김. 조금도 여유가 없이 닥친 매우 위급한 순간.

柳綠花紅
유록화홍

버들류 | 푸를록 | 꽃화 | 붉을홍
버들은 푸르고 꽃은 붉다는 뜻으로, 자연에 조금도 인공을 가하지 않음을 일컫는 말.

柳暗花明
유암화명

버들류 | 어두울암 | 꽃화 | 밝을명
버들은 무성하여 어둡고 꽃은 활짝 피어 밝고 아름다움. 강촌의 아름다운 봄경치를 이르는 말.

有爲轉變
유위전변

있을유 | 할위 | 구를전 | 변할변
세상일이 변하기 쉬워 덧없음을 이르는 말.
[동] 인생유전(人生流轉)

類類相從
유유상종

무리류 | 무리류 | 서로상 | 좇을종
같은 무리끼리 서로 따르고 좇으며 왕래하여 사귐. 비슷한 사람끼리 모이게 됨을 비유하는 말.

隱居放言
은거방언

숨을은 | 살거 | 놓을방 | 말씀언
속세를 피해 혼자 지내면서 품고 있는 생각을 거리낌 없이 말하는 것을 일컬음.

飮馬投錢
음마투전

마실음 | 말마 | 던질투 | 돈전
말에게 물을 먹일 때 먼저 돈을 물 속에 던져 물값을 치름. 결백한 행실을 비유하는 말.

異口同聲
이구동성

다를이 | 입구 | 한가지동 | 소리성
입은 달라도 소리는 같음. 즉, 여러 사람의 말이 한결같음. 동 이구동음(異口同音)

以卵投石
이란투석

써이 | 알란 | 던질투 | 돌석
계란으로 바위를 친다는 뜻으로, 약한 것으로 강한 것을 당해 내려는 어리석음의 비유.

異路同歸
이로동귀

다를이 | 길로 | 한가지동 | 돌아갈귀
길은 다르지만 닿는 곳은 같다는 뜻으로, 방법은 다르나 결과는 한가지라는 말.

以羊易牛
이양역우

써이 | 양양 | 바꿀역 | 소우
양을 가지고 소와 바꾼다는 뜻으로, 작은 것을 가지고 큰 것에 대신함의 비유.

利用厚生
이용후생

이로울리 | 쓸용 | 두터울후 | 살생
편리한 기구 등을 잘 이용하여 살림에 부족함이 없게 함. 동 경세치용(經世致用)

以人爲鏡
이인위경

써이 | 사람인 | 할위 | 거울경
사람을 거울삼는다는 뜻으로, 훌륭한 사람의 행실을 본받는다는 말.

以暴易暴
이포역포

써이 | 사나울포 | 바꿀역 | 사나울포
폭력으로 폭력을 바꾼다는 뜻으로, 정치를 덕으로 하려 하지 않고 힘으로 다스린다는 말.

離合集散
이합집산

떠날리 | 합할합 | 모을집 | 흩을산
헤어졌다가 모였다가 하는 일.
동 취산이합(聚散離合)

仁者無敵
인자무적

어질인 | 사람자 | 없을무 | 대적할적
어진 사람은 널리 사람을 사랑하기 때문에 세상에 적이 없다는 말.

一刻千金
일각천금

한일 | 새길·시각각 | 일천천 | 쇠금
극히 짧은 시각도 천금의 값어치가 나갈 만큼 매우 귀중하다는 말.

一鳴驚人
일명경인

한일 | 울명 | 놀랄경 | 사람인
한 번 울어 사람을 놀라게 함. 남몰래 재주를 품고 있던 사람이 그것을 내보여 세상을 놀라게 함.

一罰百戒
일벌백계

한일 | 벌할벌 | 일백백 | 경계할계
한 사람 또는 한 가지 죄에 대해 벌을 줌으로써 여러 사람의 경각심을 불러일으킴.

一絲不亂
일사불란

한일 | 실사 | 아니불 | 어지러울란
한 올의 실처럼 질서나 체계가 정연하여 조금도 어지러움이 없음.

一食萬錢
일식만전

한일 | 먹을식 | 일만만 | 돈전
한 끼 식사에 만금을 쓴다는 뜻으로, 대단한 호사와 낭비를 일컫는 말.

日就月將
일취월장

날일 | 나아갈취 | 달월 | 나아갈장
나날이 발전하고 다달이 진보함.
동 괄목상대(刮目相對)

子爲父隱
자위부은

아들자 | 할위 | 아버지부 | 숨을은
자식은 다른 사람에 대하여 아버지의 나쁜 일을 숨긴다는 뜻으로, 부자간의 천륜을 이르는 말.

自畫自讚
자화자찬

스스로자 | 그림화 | 스스로자 | 기릴찬
자기가 그린 그림을 스스로 칭찬함. 자기가 한 일을 스스로 자랑하는 것을 비유하는 말.

張三李四
장삼이사

베풀장 | 석삼 | 오얏리 | 넉사

장씨의 삼남(三男)과 이씨의 사남(四男). 평범한 사람을 가리키는 말. [동] 갑남을녀(甲男乙女)

積善餘慶
적선여경

쌓을적 | 착할선 | 남을여 | 경사경

남에게 선을 쌓으면 많은 경사스러운 일이 있게 됨.

積小成大
적소성대

쌓을적 | 작을소 | 이룰성 | 큰대

작은 것도 모이고 쌓이면 크게 됨.
[동] 적수성연(積水成淵), 우공이산(愚公移山)

適時適地
적시적지

맞을적 | 때시 | 맞을적 | 땅지

알맞은 시기와 장소.

適者生存
적자생존

맞을적 | 사람자 | 살생 | 있을존

생존경쟁으로 환경에 적응하는 것은 살아가고, 그렇지 못한 것은 차차 쇠퇴, 멸망해 가는 현상.

適材適所
적재적소

맞을적 | 재목재 | 맞을적 | 바소

적당한 인재를 적당한 자리에 기용함.

積土成山
적토성산

쌓을적 | 흙토 | 이룰성 | 메산

흙이 쌓여 산을 이룸. 작은 것을 힘써 모아서 큰 것을 이룸을 뜻하는 말. [동] 우공이산(愚公移山)

專心專力
전심전력

오로지전 | 마음심 | 오로지전 | 힘력

온 마음과 힘을 오로지 한 곳에만 기울임.

轉日回天
전일회천

구를전 | 해일 | 돌아올회 | 하늘천

해를 굴리고 하늘을 돌게 한다는 뜻으로, 임금의 뜻을 돌리기가 쉽지 않음의 비유.

4급

點鐵成金
점철성금

점점 | 쇠철 | 이룰성 | 쇠금
쇠를 다루어 금을 만든다는 뜻으로, 이전 사람의 시구(詩句)를 이용하여 명작을 지음의 비유.

朝不慮夕
조불려석

아침조 | 아니불 | 생각할려 | 저녁석
당장의 일을 걱정할 뿐, 장차 닥쳐올 앞일을 걱정할 겨를이 없음. [동] 조불모석(朝不暮夕)

足反居上
족반거상

발족 | 돌이킬·뒤집을반 | 살거 | 위상
발이 위에 있다는 뜻으로, 마땅히 아래 될 것이 위가 되어 거꾸로 뒤집힘.

從善如登
종선여등

좇을종 | 착할선 | 같을여 | 오를등
착한 일을 좇아 하는 것은 산을 오르는 것과 같음. 착한 일을 하는 것이 매우 힘들다는 말.

從善如流
종선여류

좇을종 | 착할선 | 같을여 | 흐를류
선(善)을 좇는 태도가 물이 흐르는 것처럼 서슴없음. 서슴지 않고 착한 일을 하는 태도를 이름.

走馬看山
주마간산

달아날주 | 말마 | 볼간 | 메산
말을 달리면서 산을 본다는 뜻으로, 바빠서 자세히 보지 못하고 건성으로 지나침을 이름.

酒有別腸
주유별장

술주 | 있을유 | 다를별 | 창자장
술 마시는 사람은 장이 따로 있다는 뜻으로, 주량은 체구가 크고 작음에 상관이 없다는 말.

衆人環視
중인환시

무리중 | 사람인 | 고리환 | 볼시
많은 사람들이 둘러서서 봄.

盡善盡美
진선진미

다할진 | 착할선 | 다할진 | 아름다울미
지극히 착하고 지극히 아름다움. 완전무결함.
[동] 진선완미(盡善完美)

千慮一得 천려일득
일천천 | 생각할려 | 한일 | 얻을득
천 번 생각하면 한 가지는 얻음. 어리석은 사람도 한 가지쯤은 좋은 생각이 있다는 뜻.

千慮一失 천려일실
일천천 | 생각할려 | 한일 | 잃을실
여러 번 생각하여 신중하고 조심스럽게 한 일에도 때로는 한 가지 실수가 있다는 말.

千思萬慮 천사만려
일천천 | 생각사 | 일만만 | 생각할려
수없이 여러 번 생각함.

千差萬別 천차만별
일천천 | 다를차 | 일만만 | 다를별
온갖 사물들이 모두 차이가 있고 구별이 있음.

千秋遺恨 천추유한
일천천 | 가을추 | 남길유 | 한할한
길이길이 잊지 못할 원한.

千態萬象 천태만상
일천천 | 모습태 | 일만만 | 모양상
온갖 사물들이 모두 차이가 있고 구별이 있음.

千篇一律 천편일률
일천천 | 책편 | 한일 | 법칙률
여러 시문의 글귀가 거의 비슷하여 변화가 없음. 여러 사물이 특성 없이 엇비슷함.

出奇制勝 출기제승
날출 | 기이할기 | 만들제 | 이길승
기묘한 계략을 써서 승리함.

寢不安席 침불안석
잘침 | 아니불 | 편안안 | 자리석
걱정이 많아서 잠을 편히 자지 못함.

寢牛起馬
침우기마
잘침 | 소우 | 일어날기 | 말마
소는 눕기를 좋아하고 말은 서 있기를 좋아한다는 뜻으로, 제각기 취미가 다름을 이름.

投筆成字
투필성자
던질투 | 붓필 | 이룰성 | 글자자
붓을 던져도 글자가 됨. 글씨를 잘 쓰는 사람은 정성을 들이지 않아도 글씨가 잘 된다는 말.

破鏡重圓
파경중원
깨뜨릴파 | 거울경 | 무거울·거듭중 | 둥글원
깨졌던 거울이 합쳐져 다시 둥근 본모습을 찾게 됨. 살아서 이별한 부부가 다시 만남을 일컬음.

必有曲折
필유곡절
반드시필 | 있을유 | 굽을곡 | 꺾을절
반드시 어떤 까닭이 있음.
(동) 필유사단(必有事端)

漢江投石
한강투석
한수한 | 강강 | 던질투 | 돌석
한강에 돌 던진다는 뜻으로, 아무리 애써도 보람이 없는 일을 말함.

恨不早圖
한불조도
한할한 | 아니불 | 일찍조 | 꾀할도
진작 하지 못하고 시기를 놓친 것을 한탄함.

恨不早知
한불조지
한할한 | 아니불 | 일찍조 | 알지
일의 기틀을 좀더 일찍 알지 못한 것을 한탄함.

閑中眞味
한중진미
한가할한 | 가운데중 | 참진 | 맛미
한가로움 속에 느끼는 생활의 참맛.

閑話休題
한화휴제
한가할한 | 말할화 | 쉴휴 | 제목제
쓸데없는 이야기는 그만둔다는 뜻. 곧 한동안 다른 내용을 말하다가 다시 본론으로 돌아감을 이르는 말.

解衣推食
해의추식

풀해 | 옷의 | 밀추 | 먹을식

자기 옷을 벗어 주고 먹을 것을 베푼다는 뜻으로, 다른 사람을 따뜻하게 배려함을 이름.

虛張聲勢
허장성세

빌허 | 베풀장 | 소리성 | 형세세

공허하게 떠드는 소리와 힘이 있는 듯 과장하는 태도.

會者定離
회자정리

모일회 | 사람자 | 정할정 | 떠날리

만난 사람은 반드시 헤어지게 마련이라는 뜻. 모든 것이 무상함.

興亡治亂
흥망치란

일어날흥 | 망할망 | 다스릴치 | 어지러울란

나라가 흥하고 망함과 잘 다스리는 세상과 어지러운 세상.

興盡悲來
흥진비래

일흥 | 다할진 | 슬플비 | 올래

즐거운 일이 다하면 슬픈 일이 온다는 뜻으로, 세상일이 돌고 돌아 순환됨을 이름.

喜不自勝
희불자승

기쁠희 | 아니불 | 스스로자 | 이길승

매우 기뻐서 어찌할 바를 모름.

喜色滿面
희색만면

기쁠희 | 빛색 | 찰만 | 낯면

기쁜 빛이 얼굴에 가득함.

[동] 득의양양(得意揚揚)

喜出望外
희출망외

기쁠희 | 날출 | 바랄망 | 바깥외

뜻밖에 기쁜 일이 생김.

喜喜樂樂
희희낙락

기쁠희 | 기쁠희 | 즐길락 | 즐길락

매우 기뻐하고 즐거워함.

4급

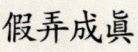

3급Ⅱ 한자능력검정용 급수별 사자성어

假弄成眞 가롱성진
거짓가 | 희롱할·놀롱 | 이룰성 | 참진
장난삼아 한 일이 진짜처럼 됨.
[동] 농가성진(弄假成眞)

佳人薄命 가인박명
아름다울가 | 사람인 | 엷을박 | 목숨명
아름다운 사람은 명이 짧음. 용모가 너무 아름다우면 불행하거나 명이 짧다는 말.

刻苦勉勵 각고면려
새길각 | 쓸·괴로울고 | 힘쓸면 | 힘쓸려
어떤 일에 고생을 무릅쓰고 몸과 마음을 다하여, 무척 애를 쓰면서 부지런히 노력함.

各得其所 각득기소
각각각 | 얻을득 | 그기 | 바소
자기 분수에 맞게 하고 싶은 일을 해도 후에는 그 능력과 적성에 맞게 적절한 배치를 받게 됨.

干城之材 간성지재
방패간 | 성성 | 어조사지 | 재목재
나라를 지키는 믿음직한 인재.
[동] 명세지재(命世之才)

間世之材 간세지재
사이간 | 인간·세대세 | 어조사지 | 재목재
여러 세대를 통하여 드물게 나는 인재.

敢言之地 감언지지
감히감 | 말씀언 | 어조사지 | 땅·지위지
거리낌없이 말할 만한 처지.

感之德之 감지덕지
느낄감 | 어조사지 | 덕덕 | 어조사지
분에 넘치는 듯싶어 매우 고맙게 여기는 모양.

甲男乙女
갑남을녀

갑옷·아무갑 | 사내남 | 새·아무을 | 계집녀
보통의 평범한 사람들을 이르는 말.
동 장삼이사(張三李四), 필부필부(匹夫匹婦)

強近之親
강근지친

강할강 | 가까울근 | 어조사지 | 친할친
아주 가까운 일가친척.
동 강근지족(強近之族)

強顔女子
강안여자

강할강 | 얼굴안 | 계집녀 | 아들자
얼굴이 두꺼운 여자라는 뜻으로, 수치심을 모르는 여자를 일컫는 말.

改過遷善
개과천선

고칠개 | 허물과 | 옮길천 | 착할선
지난 허물을 고치고 착하게 된다는 말.
동 개과자신(改過自新)

蓋世之才
개세지재

덮을개 | 인간·세상세 | 어조사지 | 재주재
세상을 뒤덮을 만큼 뛰어난 재주나 그 재주를 가진 사람.

去去益甚
거거익심

갈거 | 갈거 | 더할익 | 심할심
가면 갈수록 더욱 심함.

車載斗量
거재두량

수레거 | 실을재 | 말두 | 수량량
수레에 싣고 말로 된다는 뜻으로, 물건이 아주 흔한 것을 일컬음.

乾木水生
건목수생

마를건 | 나무목 | 물수 | 날생
마른나무에서 물이 남. 아무것도 없는 사람에게 무리하게 무엇을 내라고 요구함.

隔世之感
격세지감

사이뜰격 | 인간·세대세 | 어조사지 | 느낄감
많은 변화가 있어 다른 세대인 것처럼 느끼게 됨.
동 금석지감(今昔之感)

犬馬之年
견마지년
개견 | 말마 | 어조사지 | 해년
자기의 나이를 겸손하게 이르는 말.

犬馬之勞
견마지로
개견 | 말마 | 어조사지 | 일할로
임금이나 나라에 바치는 정성. 또는 자기의 정성을 낮추어 일컫는 말. [동] 견마지성(犬馬之誠)

犬馬之養
견마지양
개견 | 말마 | 어조사지 | 기를양
개나 말을 기르는 것처럼, 단지 부모를 부양할 뿐 공경하는 마음이 없음을 일컬음.

見善從之
견선종지
볼견 | 착할선 | 좇을종 | 어조사지
착한 일이나 착한 사람을 보면 그것을 따름.

犬牙相制
견아상제
개견 | 어금니아 | 서로상 | 마를제
개의 어금니가 서로 맞지 않음. 영토의 경계가 들쭉날쭉하여 일직선이 되지 않음을 일컬음.

堅忍不拔
견인불발
굳을견 | 참을인 | 아니불 | 뽑을발
굳게 참고 견디어 마음을 빼앗기지 않음.

犬兎之爭
견토지쟁
개견 | 토끼토 | 어조사지 | 다툴쟁
둘 사이의 싸움에 제삼자가 힘들이지 않고 이익을 얻음. [동] 어부지리(漁父之利)

結者解之
결자해지
맺을결 | 사람자 | 풀해 | 어조사지
맺은 사람이 그것을 풀어야 한다는 뜻으로, 일을 시작한 사람이 해결해야 한다는 말로 쓰임.

謙讓之德
겸양지덕
겸손할겸 | 사양할양 | 어조사지 | 덕덕
겸손하고 양보하는 미덕.

兼人之勇
겸인지용

겸할**겸** | 사람**인** | 어조사**지** | 날랠**용**
혼자서 능히 몇 사람을 당해 낼 만한 용기.

輕擧妄動
경거망동

가벼울**경** | 들**거** | 망령될**망** | 움직일**동**
경솔하고 망녕되게 행동함.

傾國之色
경국지색

기울**경** | 나라**국** | 어조사**지** | 빛**색**
나라를 위태롭게 할 만한 미인. 매우 아름다운 여자를 가리키는 말. **동** 절세가인(絕世佳人)

驚弓之鳥
경궁지조

놀랄**경** | 활**궁** | 어조사**지** | 새**조**
화살에 놀란 새라는 뜻으로, 어떤 일에 놀란 사람이 작은 일에도 겁을 내는 모양을 일컬음.

輕諾寡信
경낙과신

가벼울**경** | 허락할**낙** | 적을**과** | 믿을**신**
무슨 일이나 승낙을 잘 하는 사람은 믿음성이 적어 약속을 어기기 쉽다는 말.

耕當問奴
경당문노

밭갈**경** | 마땅**당** | 물을**문** | 종**노**
농사짓는 일은 종에게 물어야 함. 모르는 일은 잘 아는 사람에게 묻는 것이 좋다는 말.

鷄群一鶴
계군일학

닭**계** | 무리**군** | 한**일** | 학**학**
닭의 무리 속에 한 마리 학. 여러 평범한 사람들 가운데 뛰어난 인물이 섞여 있음을 가리키는 말.

桂林一枝
계림일지

계수나무**계** | 수풀**림** | 한**일** | 가지**지**
계수나무 숲의 하나의 가지라는 뜻으로, 대수롭지 않은 출세를 이르는 말.

季布一諾
계포일낙

끝**계** | 펼**포** | 한**일** | 승낙할**낙**
계포의 한 마디 승낙. 일단 약속을 한 이상 반드시 지키는 것을 말함. **동** 일낙천금(一諾千金)

鷄皮鶴髮
계피학발

닭계 | 가죽피 | 학학 | 터럭발
살갗이 닭의 살갗 같고 머리털이 학의 날개 같음. 늙어서 주름살이 잡히고 백발이 된 모습.

孤軍奮鬪
고군분투

외로울고 | 군사군 | 떨칠분 | 싸움투
혼자서 여럿을 상대로 싸우는 것을 일컬음.

古今無雙
고금무쌍

예고 | 이제금 | 없을무 | 쌍쌍
고금을 통틀어도 비교할 만한 짝이 없을 만큼 뛰어남.

鼓腹擊壤
고복격양

두드릴고 | 배복 | 칠격 | 땅양
배를 두드리고 땅을 구르며 즐거워한다는 뜻으로, 태평성대를 이르는 말.

孤峯絶岸
고봉절안

외로울고 | 봉우리봉 | 끊을절 | 언덕안
외롭게 높이 솟은 봉우리와 깎아지른 듯한 언덕.

古色蒼然
고색창연

예고 | 빛색 | 푸를창 | 그러할연
오래되어 예스러운 풍치나 모습이 그윽함.

姑息之計
고식지계

시어미·잠시고 | 쉴식 | 어조사지 | 꾀할계
당장의 편안함만 꾀하는 일시적인 방편을 말함.
(동) 동족방뇨(凍足放尿), 하석상대(下石上臺)

苦肉之計
고육지계

괴로울고 | 고기·몸육 | 어조사지 | 꾀할계
적을 속이기 위하여 자신의 괴로움을 무릅쓰고 꾸미는 계책. (동) 고육지책(苦肉之策)

孤掌難鳴
고장난명

외로울고 | 손바닥장 | 어려울난 | 울명
손바닥 하나로는 소리가 나기 어려움. 혼자 힘으로는 일하기 어렵다는 말.

曲者我意 곡자아의	굽을곡 | 사람자 | 나아 | 뜻의 마음이 곧지 않은 사람은 모든 일을 제멋대로 한다는 말.
曲學阿世 곡학아세	굽을곡 | 학문학 | 아첨할아 | 인간·세상세 학문을 굽혀 세상에 아첨한다는 뜻으로, 진실하지 못한 학자의 양심과 태도를 비판하는 말.
困獸猶鬪 곤수유투	곤할곤 | 짐승수 | 오히려유 | 싸움투 쫓기는 짐승은 도리어 싸우려 덤빔. 궁지에 빠지면 약한 자가 강한 자를 해칠 수 있다는 말.
空中樓閣 공중누각	빌공 | 가운데중 | 다락루 | 집각 공중에 떠 있는 누각. 아무런 근거나 토대가 없는 사물이나 생각을 비유적으로 이름. [동] 사상누각(沙上樓閣)
過恭非禮 과공비례	지날·지나칠과 | 공손할공 | 아닐비 | 예도례 지나친 공손함은 도리어 예에 벗어남.
誇大妄想 과대망상	자랑할과 | 큰대 | 망령될망 | 생각상 자신의 능력이나 권세 등을 지나치게 과장하여 사실처럼 믿는 터무니없는 생각.
過猶不及 과유불급	지날·지나칠과 | 오히려유 | 아니불 | 미칠급 정도에 지나친 것은 오히려 미치지 못한 것과 같다는 말.
冠履倒易 관리도역	갓관 | 신·밟을리 | 거꾸러질도 | 바꿀역 관을 발에 신고 신을 머리에 쓴다는 뜻으로, 상하가 거꾸로 됨을 일컬음.
寬仁大度 관인대도	너그러울관 | 어질인 | 큰대 | 법도도 마음이 너그럽고 어질며 도량이 큼.

3급 Ⅱ

官尊民卑
관존민비

벼슬관 | 높을존 | 백성민 | 낮을비
관리는 존귀하고 백성은 비천하다는 사고방식.

冠婚喪祭
관혼상제

갓·관례관 | 혼인할혼 | 잃을상 | 제사제
관례 · 혼례 · 상례 · 제례를 아울러 이르는 말.

光彩陸離
광채육리

빛광 | 채색채 | 뭍륙 | 떠날리
여러 가지 색이 아름답게 뒤섞여 빛나는 모양.

巧言令色
교언영색

교묘할교 | 말씀언 | 하여금령 | 빛색
교묘한 말과 꾸민 얼굴빛. 다른 사람의 환심을 사기 위해 아첨하는 말과 보기 좋게 꾸미는 표정.

交淺言深
교천언심

사귈교 | 얕을천 | 말씀언 | 깊을심
사귄 지 얼마 안 된 사람에게 어리석게 함부로 지껄임.

九曲肝腸
구곡간장

아홉구 | 굽을곡 | 간간 | 창자장
굽이굽이 서린 창자라는 뜻으로, 깊은 마음속 또는 시름이 쌓인 마음속을 일컬음.

口耳之學
구이지학

입구 | 귀이 | 어조사지 | 배울학
귀로 들은 것을 그대로 남에게 이야기할 뿐 제것으로 만들지 못한 천박한 학문을 이름.

口禍之門
구화지문

입구 | 재앙화 | 어조사지 | 문문
입은 재앙을 불러들이는 문이라는 뜻으로, 말을 삼가도록 경계하는 말.

國士無雙
국사무쌍

나라국 | 선비사 | 없을무 | 쌍쌍
나라 안에 둘도 없이 뛰어난 인물. 매우 뛰어난 인재를 이르는 말. [동] 동량지기(棟梁之器)

群盲評象
군맹평상

무리군 | 눈멀맹 | 평할평 | 코끼리상
여러 맹인이 코끼리를 만지고 각자 평을 함. 좁은 소견과 주관으로 사물을 그릇 판단함을 말함.

群雄割據
군웅할거

무리군 | 수컷·뛰어날웅 | 벨할 | 근거거
여러 영웅이 땅을 갈라 자리를 잡고 세력을 떨치며 서로 맞서는 일.

窮餘之策
궁여지책

궁할궁 | 남을여 | 어조사지 | 꾀책
막다른 골목에서 그 국면을 벗어나려고 생각다 못해 짜낸 꾀. [동] 궁여일책(窮餘一策)

弓的相適
궁적상적

활궁 | 과녁적 | 서로상 | 맞을적
활과 과녁이 서로 맞는다는 뜻으로, 하려는 일과 기회가 꼭 들어맞는다는 말.

窮鳥入懷
궁조입회

궁할궁 | 새조 | 들입 | 품을회
쫓기는 새가 사람의 품안으로 날아듦. 급박한 사정이 있어 도움을 청해 오는 사람은 도와야 함.

權謀術數
권모술수

권세권 | 꾀할모 | 꾀술 | 셈수
목적을 이루기 위해서는 수단과 방법을 가리지 않고 둘러맞추는 모략이나 술책.

克己復禮
극기복례

이길극 | 몸기 | 회복할복 | 예도례
나를 누르고 예로 돌아간다는 뜻으로, 지나친 욕망을 억제하고 예의범절을 좇음.

極樂淨土
극락정토

극진할극 | 즐길락 | 깨끗할정 | 흙토
괴로움이 없는 이상 세계. 더 이상 행복할 수 없는 상태를 말함.

近墨者黑
근묵자흑

가까울근 | 먹묵 | 사람자 | 검을흑
먹을 가까이하면 검어진다는 뜻으로, 나쁜 사람을 가까이하면 물들기 쉽다는 말.

3급 Ⅱ

金剛不壞
금강불괴

쇠금 | 굳셀강 | 아니불 | 무너질괴
금강처럼 단단하여 부서지지 않음.

金蘭之交
금란지교

쇠금 | 난초란 | 어조사지 | 사귈교
쇠처럼 단단하고 난초처럼 향기로운 사귐. 다정한 친구 사이의 정이나 교제를 말함.

金石盟約
금석맹약

쇠금 | 돌석 | 맹세맹 | 맺을약
금과 돌같이 굳게 맹세해 맺은 약속.
(동) 금석지약(金石之約)

金石之交
금석지교

쇠금 | 돌석 | 어조사지 | 사귈교
쇠나 돌처럼 굳고 변함이 없는 친구의 사귐.
(동) 금란지교(金蘭之交), 문경지교(刎頸之交)

金聲玉振
금성옥진

쇠금 | 소리성 | 구슬옥 | 떨칠진
시가(詩歌)나 음악의 아름다운 가락.

金城湯池
금성탕지

쇠금 | 성성 | 끓일탕 | 못지
끓는 못에 둘러싸인 쇠로 만든 성. 방비가 견고하여 쉽게 접근하여 공략하기 어려움의 비유.

金烏玉兔
금오옥토

쇠금 | 까마귀오 | 구슬옥 | 토끼토
해와 달을 가리키는 말. '금오(金烏)'는 해, '옥토(玉兔)'는 달을 뜻함.

錦衣夜行
금의야행

비단금 | 옷의 | 밤야 | 다닐행
비단 옷을 입고 밤길을 다닌다는 뜻으로, 성공한 뒤 고향으로 돌아가지 않는 것을 말함.

錦衣玉食
금의옥식

비단금 | 옷의 | 구슬옥 | 먹을식
비단옷을 입고 맛있는 음식을 먹음. 사치스러운 생활을 일컬음. (동) 호의호식(好衣好食)

錦衣還鄉
금의환향

비단금 | 옷의 | 돌아올환 | 시골·고향향
비단옷을 입고 고향에 돌아간다는 뜻으로, 출세하여 고향을 찾는 것을 일컬음.

金殿玉樓
금전옥루

쇠금 | 전각전 | 구슬옥 | 다락루
크고 화려하게 지은 전각과 누대.

金枝玉葉
금지옥엽

쇠금 | 가지지 | 구슬옥 | 잎엽
금가지와 옥잎사귀. 왕가의 자손이나 귀족의 자손, 또는 귀여운 자손을 소중하게 일컫는 말.

氣高萬丈
기고만장

기운기 | 높을고 | 일만만 | 어른장
기운이 만 장(丈)이나 뻗쳤다는 뜻으로, 씩씩한 기운이 크게 떨침. **동** 기염만장(氣焰萬丈)

奇奇怪怪
기기괴괴

기이할기 | 기이할기 | 괴이할괴 | 괴이할괴
외관이나 분위기가 몹시 기이하고 괴상함.

記問之學
기문지학

기록할기 | 물을문 | 어조사지 | 배울학
단순히 책을 읽거나 외기만 할 뿐 제대로 이해하지 못하는 학문을 이르는 말.

奇巖怪石
기암괴석

기이할기 | 바위암 | 괴이할괴 | 돌석
기묘한 바위와 괴상한 돌.

奇巖絶壁
기암절벽

기이할기 | 바위암 | 끊을절 | 벽벽
기묘한 바위와 깎아지른 듯한 낭떠러지.

騎虎之勢
기호지세

말탈기 | 범호 | 어조사지 | 형세세
호랑이를 타고 달리는 형세. 일단 일을 시작하면 중도에 그만둘 수 없는 형편을 말함.

落月屋梁
낙월옥량

떨어질락 | 달월 | 집옥 | 들보량
지는 달이 지붕을 비춘다는 뜻으로, 벗을 생각하는 마음이 간절함을 이름.

難中之難
난중지난

어려울난 | 가운데중 | 어조사지 | 어려울난
어려운 가운데서도 가장 어려움.

男尊女卑
남존여비

사내남 | 높을존 | 계집녀 | 낮을비
사회적 지위나 권리에 있어 남자를 여자보다 우대하고 존중하는 일.

內憂外患
내우외환

안내 | 근심우 | 바깥외 | 근심환
나라 안팎의 근심과 걱정.
통 근우원려(近憂遠慮)

內柔外剛
내유외강

안내 | 부드러울유 | 바깥외 | 굳셀강
실제로는 마음이 부드러운데도 겉으로 나타내는 태도는 강하게 보임.

來者可追
내자가추

올래 | 사람자 | 옳을가 | 쫓을추
지나간 일은 어쩔 수 없지만, 앞으로 다가올 일은 개선할 수 있다는 말.

內助之功
내조지공

안내 | 도울조 | 어조사지 | 공공
안에서 돕는 공. 아내가 집안일을 잘 다스려 남편을 돕는 일을 말함.

怒甲移乙
노갑이을

성낼노 | 갑옷·아무갑 | 옮길이 | 새·아무을
갑에게서 당한 노여움을 을에게 옮김. 어떤 사람에게서 당한 노여움을 다른 사람에게 화풀이함.

怒氣衝天
노기충천

성낼노 | 기운기 | 찌를충 | 하늘천
성난 기색이 하늘을 찌를 정도로 잔뜩 성이 나 있음을 말함.

老馬之智
노마지지

늙을로 | 말마 | 어조사지 | 지혜지

늙은 말의 지혜. 아무리 하찮은 사람이라도 나름대로의 장점과 특징을 지니고 있음을 이름.

怒髮衝冠
노발충관

성낼노 | 터럭발 | 찌를충 | 갓관

노하여 머리털이 관을 찌를 듯이 곤두선다는 뜻으로, 몹시 성난 모습을 일컬음.

爐邊談話
노변담화

화로로 | 가변 | 말씀담 | 말씀화

화롯가에서 가볍게 주고받은 이야기.

綠陰芳草
녹음방초

푸를록 | 그늘음 | 꽃다울방 | 풀초

우거진 나무 그늘과 꽃다운 풀. 여름철을 가리킴.

綠衣紅裳
녹의홍상

푸를록 | 옷의 | 붉을홍 | 치마상

연두저고리에 다홍치마라는 뜻으로, 젊은 여자의 고운 차림을 이르는 말.

弄假成眞
농가성진

놀롱 | 거짓가 | 이룰성 | 참진

장난삼아 한 것이 진심으로 한 것같이 됨.
동 가농성진(假弄成眞)

弄瓦之慶
농와지경

놀롱 | 기와·실패와 | 어조사지 | 경사경

딸을 낳은 기쁨. 옛날 중국에서 딸을 낳으면 장난감으로 실패[瓦]를 주었다는 데서 온 말.

雷逢電別
뇌봉전별

천둥뢰 | 만날봉 | 번개전 | 나눌별

우레같이 만났다가 번개같이 헤어진다는 뜻으로, 잠깐 만났다가 곧 헤어짐을 일컬음.

累卵之危
누란지위

포갤루 | 알란 | 어조사지 | 위태할위

알을 쌓아놓은 위기라는 뜻으로, 금방 무너질 것같이 몹시 위태로운 형세를 말함.

陵谷之變
능곡지변

언덕릉 | 골곡 | 어조사지 | 변할변
언덕이 변하여 골짜기가 되고 골짜기가 변하여 언덕이 됨. 세상의 변천이 심함의 비유.

斷金之交
단금지교

끊을단 | 쇠금 | 어조사지 | 사귈교
둘이 마음을 합하면 쇠라도 자를 수 있는 사이. 사귀는 정이 매우 깊은 벗을 일컫는 말.

斷機之戒
단기지계

끊을단 | 틀기 | 어조사지 | 경계할계
학업을 중도에 그만두면 짜던 베의 날을 끊는 것과 같아 아무런 공이 없다는 말.

單刀直入
단도직입

홑단 | 칼도 | 곧을직 | 들입
말을 하거나 글을 쓸 때, 군말이나 허두를 빼고 곧장 요점을 말함.

談笑自若
담소자약

말씀담 | 웃음소 | 스스로자 | 같을약
위험이나 곤란을 당해 걱정과 근심이 있을 때라도 변함없이 평상시와 같은 태도를 가짐.

淡水之交
담수지교

맑을담 | 물수 | 어조사지 | 사귈교
맑은 물처럼 담담한 사귐. 고결한 인격자 사이의 점잖은 교제. 통 금란지교(金蘭之交)

大器晚成
대기만성

큰대 | 그릇기 | 늦을만 | 이룰성
큰 그릇은 늦게 만들어진다는 뜻으로, 크게 될 사람은 성공이 늦다는 말.

對牛彈琴
대우탄금

대할대 | 소우 | 튕길탄 | 거문고금
소에게 거문고를 들려 준다는 뜻으로, 어리석은 사람에게 도리를 가르쳐도 소용없음의 비유.

大義滅親
대의멸친

큰대 | 옳을의 | 멸할멸 | 친할·겨레친
큰 뜻을 위해서는 친족도 멸한다는 뜻으로, 국가나 사회를 위해 사사로운 마음을 버린다는 말.

大智如愚
대지여우

큰대 | 지혜지 | 같을여 | 어리석을우
큰 지혜가 있는 사람은 잔재주를 부리지 않으므로, 얼른 보기에는 어리석은 사람 같아 보임.

陶犬瓦鷄
도견와계

질그릇도 | 개견 | 기와와 | 닭계
질그릇으로 만든 개와 기와로 만든 닭. 겉모양만 훌륭할 뿐 아무 쓸모없는 사람의 비유.

道不拾遺
도불습유

길도 | 아니불 | 주울습 | 남을·잃을유
길에 떨어진 것을 줍지 않는다는 뜻으로, 나라가 잘 다스려져 태평하고 여유가 있는 것을 가리킴.

徒手空拳
도수공권

무리·맨손도 | 손수 | 빌공 | 주먹권
맨손에 맨주먹, 즉 '맨손'을 강조하여 이르는 말.

盜亦有道
도역유도

도적도 | 또역 | 있을유 | 길도
도둑들에게도 그 나름의 도리가 있다는 말.

桃園結義
도원결의

복숭아도 | 동산원 | 맺을결 | 옳을의
복숭아밭에서 맺은 의로운 약속이라는 뜻으로, 의형제를 맺음을 이르는 말.

盜憎主人
도증주인

도적도 | 미울증 | 주인주 | 사람인
자기와 반대되는 입장에 있는 사람이 미워지는 것은 인간의 당연한 감정이라는 말.

倒行逆施
도행역시

거꾸러질도 | 다닐·행할행 | 거스를역 | 베풀시
거꾸로 행하고 거슬러 시행한다는 뜻으로, 행하는 바가 도리에 맞지 않음을 이르는 말.

讀書尙友
독서상우

읽을독 | 책서 | 숭상상 | 벗우
책을 읽음으로써 옛 현인과 벗이 될 수 있다는 말.

同價紅裳
동가홍상

한가지동 | 값가 | 붉을홍 | 치마상
같은 값이면 다홍치마라는 뜻으로, 기왕이면 좋은 것을 택한다는 말.

同根連枝
동근연지

한가지동 | 뿌리근 | 이을련 | 가지지
같은 뿌리와 잇닿은 나뭇가지라는 뜻으로, 형제자매를 일컫는 말.

東奔西走
동분서주

동녘동 | 달아날분 | 서녘서 | 달아날주
동쪽으로 뛰고 서쪽으로 달린다는 뜻으로, 사방으로 이리저리 바삐 돌아다님을 일컬음.

凍氷寒雪
동빙한설

얼동 | 얼음빙 | 찰한 | 눈설
얼음이 얼고 눈보라가 치는 추위.

同床異夢
동상이몽

한가지동 | 평상상 | 다를이 | 꿈몽
한 침상에 누워 다른 꿈을 꿈. 같은 처지와 입장에서 저마다 다른 생각을 하는 것의 비유.

得意揚揚
득의양양

얻을득 | 뜻의 | 날릴양 | 날릴양
뜻한 바를 이루어 우쭐거리며 뽐냄.

登高自卑
등고자비

오를등 | 높을고 | 스스로·부터자 | 낮을비
높은 곳에 이르기 위해서는 낮은 곳부터 밟아야 하듯이 일을 하는 데는 반드시 차례를 밟아야 함.

馬脚露出
마각노출

말마 | 다리각 | 드러날로 | 날출
숨기고 있던 일을 자기도 모르게 드러내거나 드러남을 이르는 말.

莫上莫下
막상막하

없을막 | 위상 | 없을막 | 아래하
실력에 있어 낫고 못함이 없이 비슷함.
(동) 백중지세(伯仲之勢), 난형난제(難兄難弟)

莫逆之友
막역지우

없을막 | 거스를역 | 어조사지 | 벗우
참된 마음으로 서로 거역할 수 없이 매우 친한 벗을 말함. 동 수어지교(水魚之交)

莫知東西
막지동서

없을막 | 알지 | 동녘동 | 서녘서
동서를 분간하지 못한다는 뜻으로, 사리를 모르는 어리석은 사람을 일컬음.

幕天席地
막천석지

장막막 | 하늘천 | 자리석 | 땅지
하늘을 장막 삼고 땅을 자리 삼는다는 뜻으로, 마음이 호방함의 비유.

萬頃蒼波
만경창파

일만만 | 이랑경 | 푸를창 | 물결파
한없이 넓고 푸른 바다.

萬古風霜
만고풍상

일만만 | 예고 | 바람풍 | 서리상
아주 오랜 세월 동안에 겪어 온 온갖 고생.
동 만고풍설(萬古風雪)

萬死無惜
만사무석

일만만 | 죽을사 | 없을무 | 아낄석
죄가 너무 무거워 만 번을 죽는다 해도 아까울 것이 없음.

萬乘之國
만승지국

일만만 | 탈승 | 어조사지 | 나라국
승(乘)은 군사용 수레로, 일만 대의 승을 낼 수 있는 나라, 곧 큰 나라의 제후 혹은 천자를 뜻함.

晚時之歎
만시지탄

늦을만 | 때시 | 어조사지 | 탄식할탄
기회를 놓쳐 시기에 늦었음을 한탄하는 말.
동 후시지탄(後時之歎)

晚食當肉
만식당육

늦을만 | 먹을식 | 마땅당 | 고기육
늦게 먹으면 고기맛 같다는 뜻으로, 배고플 때는 무엇을 먹든지 고기를 먹는 것과 같다는 말.

萬全之計
만전지계
일만 만 | 온전 전 | 어조사 지 | 셀·꾀 계
실패의 위험이 없는 아주 안전하고 완전한 계책.
동 만전지책(萬全之策)

晚秋佳景
만추가경
늦을 만 | 가을 추 | 아름다울 가 | 볕 경
늦가을의 아름다운 경치.

亡國之音
망국지음
망할 망 | 나라 국 | 어조사 지 | 소리 음
망해 가는 나라의 음악이라는 뜻으로, 음란하고 사치스러운 음악을 가리킴.

亡國之恨
망국지한
망할 망 | 나라 국 | 어조사 지 | 한할 한
나라가 망하여 없어진 것에 대한 한(恨).
동 맥수지탄(麥秀之歎)

亡羊之歎
망양지탄
바라볼 망 | 큰바다 양 | 어조사 지 | 탄식할 탄
큰 바다를 바라보며 탄식함. 어떤 일에 자기 자신의 힘이 미치지 못할 때에 하는 탄식을 일컬음.

妄言多謝
망언다사
망령될 망 | 말씀 언 | 많을 다 | 사례할 사
편지나 비평문 따위의 글에서 자신의 글을 낮추어 이를 때 쓰는 말.

望雲之情
망운지정
바랄 망 | 구름 운 | 어조사 지 | 뜻 정
구름을 바라보는 심정이라는 뜻으로, 자식이 타향에서 고향의 부모를 그리는 정을 말함.

妄自尊大
망자존대
망령될 망 | 스스로 자 | 높을 존 | 큰 대
자기만 잘났다고 뽐내어 자신을 높이고 남을 업신여김.

賣劍買牛
매검매우
팔 매 | 칼 검 | 살 매 | 소 우
칼을 팔아 소를 산다는 뜻으로, 전쟁을 그만두고 집으로 돌아감의 비유.

賣鹽逢雨
매염봉우

팔매 | 소금염 | 만날봉 | 비우
소금을 팔다가 비를 만난다는 뜻으로, 하는 일에 뜻밖의 장애가 생김의 비유.

麥秀之歎
맥수지탄

보리맥 | 빼어날·팰수 | 어조사지 | 탄식할탄
보리 이삭이 패는 것을 탄식한다는 말로, 나라가 망한 것을 탄식함. 동 맥수서유(麥秀黍油)

孟母斷機
맹모단기

맏맹 | 어미모 | 끊을단 | 베틀기
중도에 공부를 포기하는 것은 짜던 베를 끊는 것과 같다는 말. 동 맹모삼천(孟母三遷)

孟母三遷
맹모삼천

맏맹 | 어미모 | 석삼 | 옮길천
맹자의 어머니가 아들의 교육을 위해 세 번 이사했다는 고사에서 비롯된 말.

盲者正門
맹자정문

눈멀맹 | 사람자 | 바를정 | 문문
장님이 문을 바로 들어간다는 뜻으로, 우연히 요행수로 성공을 거두었음을 말함.

猛虎伏草
맹호복초

사나울맹 | 범호 | 엎드릴복 | 풀초
풀숲에 엎드려 있는 사나운 범. 영웅은 한때 숨어 있어도 언젠가는 반드시 세상에 나타난다는 말.

面張牛皮
면장우피

낯면 | 베풀장 | 소우 | 가죽피
얼굴에 쇠가죽을 바름. 몹시 뻔뻔스러움을 비유적으로 이르는 말.

面從腹背
면종복배

낯면 | 좇을종 | 배복 | 등배
앞에서는 순종하는 체하고 속으로는 딴 마음을 먹음. 동 면종후언(面從後言).

滅私奉公
멸사봉공

멸할멸 | 사사로울사 | 받들봉 | 공평할·공공
사사로움을 버리고 국가나 사회를 위하여 힘써 일함.

名實相符
명실상부

이름명 | 열매·참실 | 서로상 | 들어맞을부
이름과 실제가 서로 들어맞음.

明若觀火
명약관화

밝을명 | 같을약 | 볼관 | 불화
불을 보듯 분명함. 더 말할 나위 없이 명백함.
[동] 명명백백(明明白白)

命在頃刻
명재경각

목숨명 | 있을재 | 잠깐경 | 새길·시각각
거의 죽게 되어 곧 숨이 끊어질 지경에 이름.
[동] 명재조석(命在朝夕)

明哲保身
명철보신

밝을명 | 밝을철 | 지킬보 | 몸신
지혜가 뛰어나고 사리에 밝아 모든 일을 빈틈없이 처리하여 자기 몸을 잘 보전함.

目不忍見
목불인견

눈목 | 아니불 | 참을인 | 볼견
차마 눈 뜨고 볼 수 없는 참상이나 꼴불견.

木石肝腸
목석간장

나무목 | 돌석 | 간간 | 창자장
나무나 돌처럼 감정이 무딘 사람.

武陵桃源
무릉도원

굳셀·호반무 | 언덕릉 | 복숭아도 | 근원원
신선이 살았다는 전설적인 중국의 명승지를 일컫는 말로, 곧 속세를 떠난 별천지를 뜻함.

無望之福
무망지복

없을무 | 바랄망 | 어조사지 | 복복
바라지 않아도 자연히 들어오는 행복.

舞文弄筆
무문농필

춤출무 | 글월문 | 희롱할롱 | 붓필
법률의 조문을 함부로 고치거나 적용을 멋대로 하는 일.

無我陶醉 무아도취
없을무 | 나아 | 질그릇·기뻐할도 | 취할취
자기를 잊을 정도로 흠뻑 도취됨.

無我之境 무아지경
없을무 | 나아 | 어조사지 | 지경경
마음이 한곳으로 온통 쏠려 자기를 잊고 있는 경지.

無用之用 무용지용
없을무 | 쓸용 | 어조사지 | 쓸용
아무 쓸모가 없는 것처럼 보이는 물건이 오히려 큰 구실을 하는 경우를 이름.

無爲之治 무위지치
없을무 | 할위 | 어조사지 | 다스릴치
성인의 덕이 지극히 커서 아무 일을 하지 않아도 천하가 저절로 잘 다스려짐.

默默不答 묵묵부답
잠잠할묵 | 잠잠할묵 | 아니부 | 대답답
잠자코 대답이 없음.

勿輕小事 물경소사
말물 | 가벼울경 | 작을소 | 일사
사소한 일을 가볍게 여기지 말라는 뜻으로, 작은 일에도 정성을 다하라는 말.

勿失好機 물실호기
말물 | 잃을실 | 좋을호 | 틀기
좋은 기회를 놓치지 않음.
(동) 시불가실(時不可失)

物我一體 물아일체
물건물 | 나아 | 한일 | 몸체
자연물과 자아(自我)가 하나가 된 상태. 대상물에 완전히 몰입된 경지. (동) 물심일여(物心一如)

微官末職 미관말직
작을미 | 벼슬관 | 끝말 | 벼슬직
지위가 아주 낮은 벼슬.

尾生之信
미생지신

꼬리미 | 날생 | 어조사지 | 믿을신
미생의 믿음이라는 뜻으로, 약속을 굳게 지킴, 또는 고지식하여 융통성이 없는 것의 비유.

美人薄命
미인박명

아름다울미 | 사람인 | 엷을박 | 목숨명
미인은 불행하거나 병약하여 요절하는 일이 많음.
[동] 가인박명(佳人薄命)

拍掌大笑
박장대소

칠박 | 손바닥장 | 큰대 | 웃음소
손바닥을 치면서 크게 웃음.

薄志弱行
박지약행

엷을박 | 뜻지 | 약할약 | 다닐·행할행
의지가 약하여 어려운 일을 이겨내지 못함.

盤溪曲徑
반계곡경

소반반 | 시내계 | 굽을곡 | 지름길경
정당한 방법을 취하지 않고 옳지 않은 수단을 써서 억지로 일을 한다는 말.

盤根錯節
반근착절

서릴반 | 뿌리근 | 섞일착 | 마디절
서린 뿌리와 섞인 마디라는 뜻으로, 몹시 얼크러져 해결하기 어려운 일을 일컫는 말.

半面之分
반면지분

반반 | 낯면 | 어조사지 | 나눌·분별할분
얼굴을 반만 아는 사이라는 뜻으로, 서로 알아보기는 하지만 친하게 지내지는 않는 사이를 말함.

反覆小人
반복소인

돌이킬반 | 엎을복 | 작을소 | 사람인
말과 행동을 늘 이랬다 저랬다 하여 그 속을 알 수 없는 옹졸한 사람.

拔本塞源
발본색원

뽑을발 | 근본본 | 막힐색 | 근원원
일을 올바로 처리하기 위해 폐단의 근원을 아주 뽑아서 없애 버림.

拔山蓋世
발산개세

뽑을발 | 메산 | 덮을개 | 인간·세상세

산을 무너뜨리고 세상을 뒤엎을 만한 힘과 기운. '역발산기개세(力拔山氣蓋世)'의 준말.

背水之陣
배수지진

등배 | 물수 | 어조사지 | 진칠진

물을 등지고 친 진지라는 뜻으로, 어떤 일에 목숨을 걸고 대처하는 일을 말함.

百計無策
백계무책

일백백 | 셀계 | 없을무 | 꾀책

어려운 일을 당하여 온갖 계교를 다 써도 해결할 방도를 찾지 못함. 동 계무소출(計無所出)

百古不磨
백고불마

일백백 | 예·묵을고 | 아니불 | 갈·닳을마

몇 백 년 후까지도 마멸되지 않고 남음.
동 영구불멸(永久不滅)

百年之客
백년지객

일백백 | 해년 | 어조사지 | 손객

아무리 스스럼이 없어져도 예의를 지켜 한평생 손님으로 대접해야 한다는 말로, 사위를 가리킴.

百里之才
백리지재

일백백 | 마을·이수리 | 어조사지 | 재주재

백 리쯤 되는 땅을 맡아 다스릴 만한 재주. 사람됨이 보통 이상은 되나 아주 크지는 못하다는 말.

百世之師
백세지사

일백백 | 인간·해세 | 어조사지 | 스승사

백세 후까지 모든 사람들에게 본보기가 될 만큼 훌륭한 사람을 일컬음.

百藥之長
백약지장

일백백 | 약약 | 어조사지 | 어른장

'술'을 달리 이르는 말. 온갖 뛰어난 약 가운데서 가장 으뜸이라는 뜻.

伯仲叔季
백중숙계

맏백 | 버금중 | 아재비·셋째동포숙 | 계절·막내계

백은 맏이, 중은 둘째, 숙은 셋째, 계는 막내. 사형제의 차례를 이르는 말.

伯仲之勢
백중지세

맏**백** | 버금**중** | 어조사**지** | 형세**세**

형제인 장남과 차남의 차이처럼 큰 차이가 없는 형세. 우열의 차이가 없이 엇비슷함을 이름.

百行之本
백행지본

일백**백** | 다닐·행할**행** | 어조사**지** | 근본**본**

모든 행실의 근본으로, 동양에서는 효(孝)를 말함.

百花齊放
백화제방

일백**백** | 꽃**화** | 가지런할**제** | 놓을·필**방**

온갖 꽃이 모두 피어남. 모든 학문과 예술이 함께 성함을 비유하는 말.

伐齊爲名
벌제위명

칠**벌** | 가지런할·제나라**제** | 할**위** | 이름**명**

어떤 일을 하는 척하지만 실상은 딴짓을 하는 것을 일컫는 말. 또는 유명무실함을 이르는 말.

覆車之戒
복거지계

엎을**복** | 수레**거** | 어조사**지** | 경계할**계**

먼저 간 수레가 엎어진 것을 보고 경계함. 앞사람의 실패를 뒷사람이 교훈으로 삼는 것을 말함.

不得其位
부득기위

아니**부** | 얻을**득** | 그**기** | 자리**위**

훌륭한 소질과 뛰어난 실력을 가지고도 그에 알맞은 지위를 얻지 못함을 일컬음.

夫唱婦隨
부창부수

지아비**부** | 부를**창** | 며느리**부** | 따를**수**

어떤 경우든 남편의 주장에 아내가 따르는 것이 부부화합의 도리라는 뜻.

附和雷同
부화뇌동

붙을**부** | 화할**화** | 천둥**뢰** | 한가지**동**

다른 사람의 의견이 옳은지 그른지 생각해 보지도 않고 경솔하게 따라가는 것을 말함.

北門之歎
북문지탄

북녘**북** | 문**문** | 어조사**지** | 탄식할**탄**

벼슬자리에 나가기는 했으나 뜻대로 성공하지 못해 살림이 곤궁함을 한탄하는 말.

北山之感
북산지감

북녘북 | 메산 | 어조사지 | 느낄감
북산에서 느끼는 감회. 나라 일에 힘쓰느라 부모 봉양을 제대로 못한 것을 슬퍼하는 마음을 말함.

不眠不休
불면불휴

아니불 | 잘면 | 아니불 | 쉴휴
자지도 않고 쉬지도 않는다는 뜻으로, 조금도 쉬지 않고 힘써 일함을 이르는 말.

不恥下問
불치하문

아니불 | 부끄러울치 | 아래하 | 물을문
아랫사람이나 지위나 학식이 자기만 못한 사람에게 배우는 것을 부끄럽게 여기지 않음.

不擇之筆
불택지필

아니불 | 가릴택 | 어조사지 | 붓필
명필가는 사용하는 붓 따위는 고르지 않고도 능란하게 쓸 수 있다는 말.

非禮勿視
비례물시

아닐비 | 예도례 | 말물 | 볼시
예의가 아니면 보지 말라는 말.

飛龍乘雲
비룡승운

날비 | 용룡 | 탈승 | 구름운
용이 구름을 타고 하늘에 오른다는 뜻으로, 영웅이 때를 만나 세력을 얻음을 비유하는 말.

比比有之
비비유지

견줄비 | 견줄비 | 있을유 | 어조사지
어떤 일이나 현상이 흔히 있음. 드물지 않음.

非僧非俗
비승비속

아닐비 | 중승 | 아닐비 | 풍속·속될속
중도 아니고 속인도 아니라는 뜻으로, 이것도 저것도 아니어서 무엇이라 규정할 수 없음.

比翼連理
비익연리

견줄비 | 날개익 | 이을련 | 다스릴리
비익조와 연리지. 부부가 아주 화목함을 이르는 말.
[동] 금슬지락(琴瑟之樂)

3급 Ⅱ

非池中物
비지중물

아닐비 | 못지 | 가운데중 | 물건물
못 속의 물고기가 아니라 때가 되면 하늘로 오를 용이라는 뜻으로, 장차 대성할 사람을 이름.

貧賤之交
빈천지교

가난할빈 | 천할천 | 어조사지 | 사귈교
가난하고 천할 때 사귄 친구.

氷淸玉潤
빙청옥윤

얼음빙 | 맑을청 | 구슬옥 | 윤택할윤
얼음처럼 맑고 구슬처럼 윤이 난다는 뜻으로, 장인과 사위의 인물이 다 같이 뛰어남을 말함.

私利私慾
사리사욕

사사로울사 | 이로울리 | 사사로울사 | 욕심욕
사사로운 이익과 욕심.

四分五裂
사분오열

넉사 | 나눌분 | 다섯오 | 찢어질렬
여러 갈래로 갈기갈기 찢어진다는 뜻으로, 천하가 크게 어지러워진 모양을 일컬음.

邪不犯正
사불범정

간사할사 | 아니불 | 범할범 | 바를정
사악한 것은 올바른 것을 범하지 못함. 정의가 반드시 이김. 동 사필귀정(事必歸正)

私淑諸人
사숙제인

사사로울사 | 맑을숙 | 모든제 | 사람인
직접 가르침을 받지는 않으나 마음속으로 그 사람을 존경하고 본받아서 도나 학문을 닦음.

山紫水明
산자수명

메산 | 자줏빛자 | 물수 | 밝을명
산은 자줏빛으로 보이고 물은 깨끗하고 맑다는 뜻으로, 산수의 경치가 좋음을 일컫는 말.

森羅萬象
삼라만상

수풀삼 | 벌일라 | 일만만 | 모양상
우주 안에 있는 온갖 사물과 현상.
동 만휘군상(萬彙群象)

三旬九食
삼순구식

석삼 | 열흘순 | 아홉구 | 먹을식
서른 날에 아홉 끼밖에 먹지 못했다는 뜻으로, 집안이 가난하여 먹을 것이 적음을 일컫는 말.

三人成虎
삼인성호

석삼 | 사람인 | 이룰성 | 범호
세 사람이면 호랑이도 만든다는 뜻으로, 거짓말이라도 여러 사람이 하면 곧이듣는다는 말.

三從之道
삼종지도

석삼 | 좇을종 | 어조사지 | 길도
어려서는 아버지를 좇고, 시집가서는 남편을 좇고, 남편이 죽은 뒤에는 아들을 좇는다는 말.

三尺童子
삼척동자

석삼 | 자척 | 아이동 | 아들자
키가 석 자에 불과한 조그마한 아이.

三遷之教
삼천지교

석삼 | 옮길천 | 어조사지 | 가르칠교
맹자의 어머니가 아들의 교육을 위해 세 번씩이나 집을 옮김. 교육환경의 중요성을 이르는 말.

傷弓之鳥
상궁지조

다칠상 | 활궁 | 어조사지 | 새조
한 번 화살에 맞은 새라는 뜻으로, 한 번 혼이 난 일로 인해 항상 경계하고 두려워함.

桑田碧海
상전벽해

뽕나무상 | 밭전 | 푸를벽 | 바다해
뽕나무밭이 변하여 푸른 바다가 됨. 세상일의 변천이 심함의 비유. [동] 능곡지변(陵谷之變)

桑中之喜
상중지희

뽕나무상 | 가운데중 | 어조사지 | 기쁠희
남녀간의 밀회, 또는 남의 아내와의 옳지 못한 즐거움을 말함.

霜風高節
상풍고절

서리상 | 바람풍 | 높을고 | 마디절
곤경에도 굽히지 않는 서릿발 같은 높은 절개.
[동] 오상고절(傲霜孤節)

3급 Ⅱ

色卽是空
색즉시공

빛색 | 곧즉 | 이시 | 빌공
색(눈에 보이는 모든 현상이나 사물)은 모두 공(헛된 것)임.

生者必滅
생자필멸

살생 | 놈자 | 반드시필 | 멸할멸
생명이 있는 것은 반드시 죽게 되어 있다는 말.
동 인생무상(人生無常)

先見之明
선견지명

먼저선 | 볼견 | 어조사지 | 밝을명
앞일을 미리 내다보는 지혜.

先憂後樂
선우후락

먼저선 | 근심우 | 뒤후 | 즐길락
남보다 먼저 근심하고 남보다 뒤에 즐거워함. 군자는 세상의 어려움을 남보다 먼저 걱정해야 함.

先卽制人
선즉제인

먼저선 | 곧즉 | 억제할제 | 사람인
상대방이 준비하기 전에 선수를 치면 남을 제압할 수 있다는 말.

雪上加霜
설상가상

눈설 | 위상 | 더할가 | 서리상
눈 위에 서리가 덮인다는 뜻으로, 불행한 일이 거듭하여 생김을 말함.

成人之美
성인지미

이룰성 | 사람인 | 어조사지 | 아름다울미
다른 사람의 아름다운 점을 도와 더욱 빛나게 함.

盛者必衰
성자필쇠

성할성 | 사람자 | 반드시필 | 쇠할쇠
한 번 성한 자는 반드시 쇠할 때가 있다는 말.

洗踏足白
세답족백

씻을세 | 밟을답 | 발족 | 흰백
상전의 빨래에 종의 발꿈치가 희어짐. 남을 위해 한 일이 자기에게도 이득이 있음을 일컬음.

笑裏藏刀 소리장도
웃음소 | 속리 | 감출장 | 칼도
웃음 속에 칼을 감춘다는 뜻으로, 말은 좋게 하지만 속으로는 해칠 뜻을 품고 있음의 비유.

小心翼翼 소심익익
작을소 | 마음심 | 삼갈익 | 삼갈익
세심하게 마음을 써서 모든 일을 삼가고 조심함. 또는 도량이 좁고 겁이 많음을 일컬음.

小人之勇 소인지용
작을소 | 사람인 | 어조사지 | 날랠용
혈기에서 나오는 소인의 용기.
(동) 필부지용(匹夫之勇)

束手無策 속수무책
묶을속 | 손수 | 없을무 | 꾀책
손을 묶인 것처럼, 어쩔 도리 없이 꼼짝 못함.

束之高閣 속지고각
묶을속 | 어조사지 | 높을고 | 집각
묶어서 높은 시렁 위에 놓아둔다는 뜻으로, 물건을 오랫동안 사용하지 않음.

首丘初心 수구초심
머리수 | 언덕구 | 처음초 | 마음심
여우가 죽을 때 자기가 살던 쪽으로 머리를 둠. 근본을 잊지 않음. 또는 고향을 그리워하는 마음.

首尾一貫 수미일관
머리수 | 꼬리미 | 한일 | 꿸관
일 따위를 처음부터 끝까지 한결같이 함.
(동) 시종일관(始終一貫)

壽福康寧 수복강녕
목숨수 | 복복 | 편안강 | 편안녕
오래 살고 복되며 건강하고 편안함.

手不釋卷 수불석권
손수 | 아니불 | 풀·놓을석 | 책권
손에서 책을 놓지 않는다는 뜻으로, 부지런히 학문에 힘씀을 일컬음.

水魚之交
수어지교

물수 | 고기어 | 어조사지 | 사귈교
물과 물고기의 사귐이라는 뜻으로, 아주 친밀하여 서로 떨어질 수 없는 사이를 일컫는 말.

守株待兎
수주대토

지킬수 | 그루주 | 기다릴대 | 토끼토
어리석을 정도로 한 가지 일에만 얽매여 발전을 모르는 것을 비유하는 말.

壽則多辱
수즉다욕

목숨수 | 곧즉 | 많을다 | 욕될욕
오래 살면 욕됨이 많다는 뜻으로, 오래 살수록 그만큼 욕된 일을 많이 겪게 된다는 말.

熟不還生
숙불환생

익을숙 | 아니불 | 돌아올환 | 날생
한번 익힌 음식은 다시 날것으로 돌아갈 수 없다는 뜻으로, 남에게 음식을 권할 때 쓰는 말.

熟習難當
숙습난당

익을숙 | 익힐습 | 어려울난 | 마땅·당할당
일이 손에 익어 잘하는 사람을 당해 내기는 어려움.

宿虎衝鼻
숙호충비

잘숙 | 범호 | 찌를충 | 코비
자는 범의 코를 찌른다는 뜻으로, 가만히 있는 사람을 공연히 건드려서 화를 자초함의 비유.

述者之能
술자지능

지을술 | 사람자 | 어조사지 | 능할능
문장의 잘되고 못됨은 그 지은이의 능력에 달림. 일의 잘잘못은 그 사람의 수단에 달렸다는 말.

市道之交
시도지교

저자시 | 길도 | 어조사지 | 사귈교
시장이나 거리에서의 사귐. 이익이 있으면 모이고 이익이 없으면 헤어지는 교제를 말함.

是非之心
시비지심

옳을시 | 아닐비 | 어조사지 | 마음심
사람의 본성에서 우러나오는 옳고 그름을 가릴 줄 아는 마음. 사단(四端)의 하나.

時雨之化
시우지화

때시 | 비우 | 어조사지 | 될화
적당한 때 비가 내려 초목이 싹틈에 비유한 말로, 은혜가 천하에 두루 미침을 이름.

始終一貫
시종일관

비로소시 | 마칠종 | 한일 | 꿸관
처음부터 끝까지 똑같은 방침이나 태도로 나아감.
[동] 시종여일(始終如一)

食牛之氣
식우지기

먹을식 | 소우 | 어조사지 | 기운기
소라도 삼킬 만한 기개라는 뜻으로, 나이는 어리나 큰 기개가 있음의 비유.

識字憂患
식자우환

알식 | 글자자 | 근심우 | 근심환
글자를 아는 것이 도리어 근심거리가 된다는 뜻으로, 아는 것이 탈이라는 말.

神出鬼沒
신출귀몰

귀신신 | 날출 | 귀신귀 | 빠질몰
자유자재로 출몰하여 그 변화를 헤아릴 수 없는 일이나 사람을 이르는 말.

深思熟考
심사숙고

깊을심 | 생각사 | 익을숙 | 생각할고
깊이 생각하고 자세하게 살펴봄.
[동] 심사숙려(深思熟慮)

十伐之木
십벌지목

열십 | 칠벌 | 어조사지 | 나무목
여러 번 권하고 꾀면 아무리 마음이 굳은 사람이라도 그 말을 믿고 따르게 된다는 말.

十日之菊
십일지국

열십 | 날일 | 어조사지 | 국화국
국화는 9월 9일이 한창이므로, 10일이면 이미 때가 늦었다는 말.

我歌查唱
아가사창

나아 | 노래가 | 조사할·사돈사 | 부를창
내가 부를 노래를 사돈이 부름. 책망을 들어야 할 사람이 도리어 큰소리를 친다는 말.

3급 Ⅱ

我田引水
아전인수

나아 | 밭전 | 끌인 | 물수
제 논에 물 대기. 자기에게 유리하도록 행동하는 것을 비유하는 말. [동] 견강부회(牽強附會)

眼高手卑
안고수비

눈안 | 높을고 | 손수 | 낮을비
눈은 높으나 재주는 그에 미치지 못한다는 뜻. 이상만 높고 실천이 따르지 못함을 이르는 말.

安如泰山
안여태산

편안안 | 같을여 | 클태 | 메산
편안하기가 태산과 같음. 태산같이 마음이 든든하고 끄떡없음.

眼中之人
안중지인

눈안 | 가운데중 | 어조사지 | 사람인
눈 속에 있는 사람. 정든 사람을 일컬음. 눈앞에 있는 사람이나 눈앞에 없어도 평생 사귄 사람.

仰人鼻息
앙인비식

우러를앙 | 사람인 | 코비 | 쉴식
남이 숨쉬는 것을 바라본다는 뜻으로, 남의 눈치를 살피며 거슬리지 않도록 애씀을 일컬음.

兩寡分悲
양과분비

두량 | 적을·홀어미과 | 나눌분 | 슬플비
두 과부가 서로 슬픔을 나눈다는 뜻으로, 같은 처지에 있는 사람끼리 서로 동정함을 이르는 말.

良禽擇木
양금택목

좋을량 | 새금 | 가릴택 | 나무목
현명한 사람은 자기 재능을 알아줄 훌륭한 사람을 가려서 섬긴다는 말.

兩鳳齊飛
양봉제비

두량 | 봉새봉 | 가지런할제 | 날비
두 마리의 봉황이 나란히 날아간다는 뜻으로, 형제가 함께 지위가 높아지고 고귀해짐을 이름.

揚沙走石
양사주석

날릴양 | 모래사 | 달아날주 | 돌석
모래가 날리고 돌멩이가 굴러 달음질을 칠 만큼 바람이 매우 세참.

揚揚自得
양양자득

날릴양 | 날릴양 | 스스로자 | 얻을득
뜻을 이루어 뽐내고 거들먹거림.

羊質虎皮
양질호피

양양 | 바탕질 | 범호 | 가죽피
속은 양이고 겉은 호랑이라는 뜻으로, 외관은 훌륭하나 실속이 없음을 비유하여 이르는 말.

兩虎相鬪
양호상투

두량 | 범호 | 서로상 | 싸움투
두 마리 호랑이가 서로 싸움. 두 영웅 또는 두 강국이 서로 싸우는 것을 비유하여 이르는 말.

養虎遺患
양호유환

기를양 | 범호 | 남길유 | 근심환
호랑이를 키워 후환을 남긴다는 뜻으로, 은혜를 베푼 사람에게 도리어 손해를 입게 됨을 이름.

魚頭肉尾
어두육미

고기어 | 머리두 | 고기육 | 꼬리미
물고기는 머리, 짐승은 꼬리 쪽이 맛이 좋다는 말.
[동] 어두봉미(魚頭鳳尾)

魚目燕石
어목연석

고기어 | 눈목 | 제비연 | 돌석
물고기의 눈과 연산의 돌은 옥처럼 보이나 옥이 아님. 진짜와 비슷하나 본질은 완전히 다름.

漁父之利
어부지리

고기잡을어 | 아버지부 | 어조사지 | 이로울리
어부의 이득이라는 뜻으로, 둘이 다투는 사이에 제삼자가 이득을 보는 것을 비유하는 말.

魚水之親
어수지친

고기어 | 물수 | 어조사지 | 친할친
임금과 백성이 친밀한 것을 일컫기도 하고, 부부가 서로 사랑하는 것을 말하기도 함.

抑強扶弱
억강부약

누를억 | 강할강 | 도울부 | 약할약
강한 자를 누르고 약한 자를 도와줌.

3급 Ⅱ

億兆蒼生
억조창생

억억 | 억조조 | 푸를창 | 날생
수많은 일반 백성들을 이름.

餘桃之罪
여도지죄

남을여 | 복숭아도 | 어조사지 | 허물죄
같은 행동이라도 사랑받을 때와 미움받을 때 각기 다르게 받아들여질 수 있음을 비유하는 말.

如履薄氷
여리박빙

같을여 | 밟을리 | 엷을박 | 얼음빙
살얼음을 밟는 듯하다는 뜻으로, 아슬아슬하고 불안한 지경을 비유하여 이르는 말.

如拔痛齒
여발통치

같을여 | 뽑을발 | 아플통 | 이치
앓던 이 빠진 것 같다는 뜻으로, 괴롭던 것이 없어져 시원하다는 말.

如坐針席
여좌침석

같을여 | 앉을좌 | 바늘침 | 자리석
바늘방석에 앉은 것 같다는 뜻으로, 마음이 불안함을 말함.

易子敎之
역자교지

바꿀역 | 아들자 | 가르칠교 | 어조사지
내 자식과 남의 자식을 바꾸어 가르침.

易地思之
역지사지

바꿀역 | 땅·처지지 | 생각사 | 어조사지
서로 처지를 바꾸어 생각함. 상대방의 입장에서 한번 생각해 본다는 말.

鉛刀一割
연도일할

납연 | 칼도 | 한일 | 벨할
납으로 만든 칼도 한 번은 자를 힘이 있다는 뜻으로, 자기 재능이나 힘을 겸손하게 이르는 말.

炎凉世態
염량세태

불꽃염 | 서늘할량 | 인간·세대세 | 모습태
세도가 있을 때는 아부하고 세도가 없어지면 푸대접하는 세속의 인심.

五車之書
오거지서

다섯오 | 수레거 | 어조사지 | 책서
수레 다섯에 가득 실을 만큼 많은 책.
동 한우충동(汗牛充棟)

烏飛一色
오비일색

까마귀오 | 날비 | 한일 | 빛색
날고 있는 까마귀가 모두 같은 빛깔이라는 뜻으로, 모두 똑같다는 말.

烏飛兔走
오비토주

까마귀오 | 날비 | 토끼토 | 달아날주
세월이 빨리 흘러감을 이르는 말. '오(烏)'는 해, '토(兔)'는 달을 뜻함.

惡紫奪朱
오자탈주

미워할오 | 자줏빛자 | 빼앗을탈 | 붉을주
자주색이 붉은색을 망쳐놓음을 미워한다는 뜻으로, 가짜가 진짜를 밀어냄의 비유.

烏集之交
오집지교

까마귀오 | 모을집 | 어조사지 | 사귈교
까마귀 무리의 사귐. 거짓이 많고 신의가 없는 교제, 이익을 탐하는 욕심으로 맺어진 사이.

烏合之衆
오합지중

까마귀오 | 합할합 | 어조사지 | 무리중
까마귀 떼 같은 무리라는 뜻으로, 무질서한 군중이나 훈련받지 않은 병졸을 말함.

屋上架屋
옥상가옥

집옥 | 위상 | 시렁가 | 집옥
지붕 위에 또 지붕을 얹음. 헛수고를 하거나 필요없는 일을 이중으로 하는 경우를 이르는 말.

屋烏之愛
옥오지애

집옥 | 까마귀오 | 어조사지 | 사랑애
한번 사람을 좋게 보면 그 사람과 관계된 모든 것을 좋게 봄.

外柔內剛
외유내강

바깥외 | 부드러울유 | 안내 | 굳셀강
겉보기에는 부드럽고 순한 듯하나 속은 꿋꿋하고 곧음. 동 강유겸전(剛柔兼全)

欲死無地
욕사무지

하고자할 욕 | 죽을 사 | 없을 무 | 땅 지
죽으려고 해도 죽을 만한 땅이 없다는 뜻으로, 매우 분하고 원통함을 이르는 말.

欲速不達
욕속부달

하고자할 욕 | 빠를 속 | 아니 부 | 통할·이를 달
일을 속히 하려다가 도리어 이루지 못함. 서두르면 목표에 도달하지 못함을 이름.

欲食其肉
욕식기육

하고자할 욕 | 먹을 식 | 그 기 | 고기·살 육
그 자의 살을 씹어 먹고 싶다는 뜻으로, 원한이 매우 깊음을 이르는 말.

龍頭蛇尾
용두사미

용 룡 | 머리 두 | 뱀 사 | 꼬리 미
용의 머리에 뱀의 꼬리. 처음엔 거창하게 시작했다가 끝엔 흐지부지되는 것을 일컫는 말.

龍味鳳湯
용미봉탕

용 룡 | 맛 미 | 봉새 봉 | 끓을 탕
맛이 좋고 매우 진귀한 음식.

愚公移山
우공이산

어리석을 우 | 귀 공 | 옮길 이 | 메 산
우공이 산을 옮김. 무슨 일이든 꾸준히 노력하면 반드시 이룰 수 있음을 비유해서 쓰는 말.

牛刀割鷄
우도할계

소 우 | 칼 도 | 벨 할 | 닭 계
소 잡는 칼로 닭을 잡는다는 뜻으로, 작은 일을 하는 데 지나치게 큰 기구를 사용함의 비유.

優孟衣冠
우맹의관

뛰어날 우 | 맏 맹 | 옷 의 | 갓 관
그럴 듯하게 꾸며 진짜인 것처럼 행세함.

愚問賢答
우문현답

어리석을 우 | 물을 문 | 어질 현 | 대답 답
어리석은 질문에 현명한 대답.

優柔不斷
우유부단

뛰어날우 | 부드러울유 | 아니부 | 끊을단
어물어물하며, 딱 잘라서 결단을 내리지 못함.

羽化登仙
우화등선

깃우 | 될화 | 오를등 | 신선선
사람이 신선이 되어 하늘로 올라가는 것을 말함.

雲泥之差
운니지차

구름운 | 진흙니 | 어조사지 | 다를차
구름과 진흙의 차이라는 뜻으로, 매우 심한 차이를 이르는 말. [동] 천양지차(天壤之差)

雲中白鶴
운중백학

구름운 | 가운데중 | 흰백 | 학학
구름 속을 나는 백학이라는 뜻으로, 고상한 기품을 가진 사람을 가리키는 말.

雲蒸龍變
운증용변

구름운 | 찔증 | 용룡 | 변할변
물이 증발하여 구름이 되고 뱀이 용으로 변하여 하늘로 오름. 영웅호걸이 때를 만나 일어남.

危若朝露
위약조로

위태할위 | 같을약 | 아침조 | 이슬로
아침 이슬은 해가 뜨면 곧 마르듯이, 위기가 임박해 있음을 말함. 인생의 무상함을 이름.

柔能制剛
유능제강

부드러울유 | 능할능 | 제어할제 | 굳셀강
부드러운 것이 능히 강한 것을 이김.
[동] 치망설존(齒亡舌存)

流連荒亡
유련황망

흐를류 | 이을련 | 거칠황 | 망할망
노는 데 정신이 팔려 집에 돌아가는 것을 잊음. 사냥이나 음주 따위의 유흥에 빠짐.

流芳百世
유방백세

흐를류 | 꽃다울방 | 일백백 | 인간·세대세
꽃다운 이름이 후세에 길이 전함.

3급Ⅱ

流水不腐
유수불부
흐를류 | 물수 | 아니불 | 썩을부
흐르는 물은 썩지 않는다는 뜻으로, 항상 움직이는 것은 못쓰게 되지 않음을 비유하는 말.

悠悠度日
유유도일
멀유 | 멀유 | 법도·건널도 | 날일
하는 일 없이 세월만 보냄.

悠悠自適
유유자적
멀유 | 멀유 | 스스로자 | 맞을적
속세를 떠나 아무것에도 얽매이지 않고 제멋대로 편안히 살아감.

悠悠蒼天
유유창천
멀유 | 멀유 | 푸를창 | 하늘천
한없이 높고 푸른 하늘.

有終之美
유종지미
있을유 | 마칠종 | 어조사지 | 아름다울미
시작한 일을 끝까지 잘하여 끝맺음이 좋음.

隱忍自重
은인자중
숨을은 | 참을인 | 스스로자 | 무거울중
어려움을 마음속으로 참으며 몸가짐을 신중히 함.

衣錦晝行
의금주행
옷의 | 비단금 | 낮주 | 다닐행
비단옷을 입고 낮에 간다는 뜻으로, 입신출세하여 고향에 돌아감의 비유.

意氣揚揚
의기양양
뜻의 | 기운기 | 날릴양 | 날릴양
어떤 일이 바라던 대로 잘 되어 아주 자랑스럽게 행동하는 모양.

疑心暗鬼
의심암귀
의심할의 | 마음심 | 어두울암 | 귀신귀
마음속에 의심이 일면 갖가지 무서운 망상이 일어나 불안해진다는 말. 동 배중사영(杯中蛇影)

以空補空 이공보공
써이 | 빌공 | 기울·도울보 | 빌공
제자리에 있는 것으로 제자리를 메움. 이 세상에는 거저 생기는 이득이 아무것도 없다는 말.

離群索居 이군삭거
떠날리 | 무리군 | 쓸쓸할삭 | 살거
친구들과 떨어져 외롭게 사는 것을 말함.

二毛之年 이모지년
두이 | 터럭모 | 어조사지 | 해년
센 털이 나기 시작하는 나이. 곧, 서른두 살을 이르는 말.

以貌取人 이모취인
써이 | 모양모 | 가질취 | 사람인
얼굴만 보고 사람을 쓴다는 뜻으로, 겉만 보고 판단하면 잘못되기 쉽다는 말.

耳目之慾 이목지욕
귀이 | 눈목 | 어조사지 | 욕심욕
귀로 듣고 눈으로 봄으로써 생기는 물질에 대한 욕망.

易如反掌 이여반장
쉬울이 | 같을여 | 돌이킬반 | 손바닥장
어떤 일이 손바닥 뒤집는 것처럼 쉽다는 말.

人面獸心 인면수심
사람인 | 낯면 | 짐승수 | 마음심
사람의 얼굴을 하고 있으나 마음은 짐승과 같음. 은혜·수치를 모르거나 의리나 인정이 없는 사람.

人生朝露 인생조로
사람인 | 날생 | 아침조 | 이슬로
인생은 아침 이슬과 같다는 뜻으로, 덧없는 인생을 비유하여 이르는 말. 동 인생초로(人生草露)

仁者不憂 인자불우
어질인 | 사람자 | 아니불 | 근심우
어진 사람은 도리에 어긋나는 일이 없으므로 걱정을 하지 않는다는 말.

人之常情
인지상정

사람인 | 어조사지 | 항상상 | 뜻·인정정
사람이 갖고 있는 보통의 인정.

日久月深
일구월심

날일 | 오랠구 | 달월 | 깊을심
날이 오래되고 달이 깊어감. 세월이 오래될수록 자꾸만 더해짐. [동] 일취월장(日就月將)

一騎當千
일기당천

한일 | 말탈기 | 마땅·당할당 | 일천천
한 사람의 기병이 천 명의 적을 당해 낼 수 있음. 무예가 매우 뛰어남의 비유.

一諾千金
일낙천금

한일 | 허락할낙 | 일천천 | 쇠금
한 번 승낙한 일은 천금같이 귀중하다는 뜻으로, 약속을 중히 여김을 이르는 말.

一刀兩斷
일도양단

한일 | 칼도 | 두량 | 끊을단
한 칼에 둘로 나누듯이, 일이나 행동을 선뜻 결정함을 가리킴.

一龍一蛇
일룡일사

한일 | 용룡 | 한일 | 뱀사
태평시대에는 세상에 나와 활약하고 난세에는 숨어 지내며 재능을 숨기고 그 시대에 잘 적응함.

一無差錯
일무차착

한일 | 없을무 | 다를차 | 어긋날착
침착하고 치밀하여 복잡하고 어려운 일을 처리함에 있어 조금도 실수나 잘못이 없음.

一飯千金
일반천금

한일 | 밥반 | 일천천 | 쇠금
한 끼의 밥을 얻어먹고 뒤에 천금을 사례하였다는 데서, 조그만 은혜에 크게 보답함을 이름.

一言之下
일언지하

한일 | 말씀언 | 어조사지 | 아래하
한 마디의 말로 끊는다는 뜻으로, 한 마디로 딱 잘라 말하는 것을 일컬음.

一以貫之 일이관지

한일 | 써이 | 꿸관 | 어조사지
하나로 꿰뚫는다는 뜻으로, 한 가지 이치로 만 가지 일을 꿰뚫는 것을 말함.

一日之長 일일지장

한일 | 날일 | 어조사지 | 어른장
하루 먼저 세상에 태어남. 나이가 조금 위임. 조금 나음. 또는 그런 선배를 이르는 말.

一場春夢 일장춘몽

한일 | 마당장 | 봄춘 | 꿈몽
인생의 영화는 한바탕 봄날의 꿈과 같이 헛됨을 비유하는 말. [동] 남가일몽(南柯一夢)

一觸卽發 일촉즉발

한일 | 닿을촉 | 곧즉 | 필발
한 번 스치기만 해도 곧 폭발한다는 뜻으로, 막 일이 일어날 듯하여 매우 위급한 상황을 이름.

一片丹心 일편단심

한일 | 조각편 | 붉을단 | 마음심
한 조각 붉은 마음이라는 뜻으로, 진정에서 우러나는 변치 않는 충성된 마음을 이름.

一筆揮之 일필휘지

한일 | 붓필 | 휘두를휘 | 어조사지
글씨나 그림을 단숨에 힘차게 쓰거나 그리는 것을 가리킴.

臨機應變 임기응변

임할림 | 틀·때기 | 응할응 | 변할변
그때그때의 형편에 따라 그 일에 알맞게 적당히 처리함. [동] 변환자재(變幻自在)

臨農奪耕 임농탈경

임할림 | 농사농 | 빼앗을탈 | 밭갈경
땅을 다 갈고 농사를 지으려 하니까 땅을 빼앗아 감. 오랫동안 애써 준비한 일을 못하게 됨을 이름.

臨陣易將 임진역장

임할림 | 진칠진 | 바꿀역 | 장수장
싸움터에서 장수를 바꿈. 어떤 일에 닥쳐 익숙한 사람을 버리고 서투른 사람으로 바꾸어 씀.

立身揚名 (입신양명)
설립 | 몸신 | 날릴양 | 이름명
사회적으로 인정을 받고 출세하여 세상에 이름을 드날림. (동) 입신출세(立身出世)

自激之心 (자격지심)
스스로자 | 격할격 | 어조사지 | 마음심
제가 한 일에 대해 스스로 미흡하게 여기는 마음.

子莫執中 (자막집중)
아들자 | 없을막 | 잡을집 | 가운데중
자막이라는 사람이 늘 중용만 지킴. 융통성이 없고 임기응변할 줄 모르는 사람을 이르는 말.

子誠齊人 (자성제인)
아들자 | 정성·참으로성 | 제나라제 | 사람인
견문이 좁아 융통성이 없고 고집이 센 사람을 이르는 말.

自手削髮 (자수삭발)
스스로자 | 손수 | 깎을삭 | 터럭발
제 손으로 머리를 깎음. 하기 어려운 일을 남의 힘을 빌리지 않고 제 힘으로 처리한다는 뜻.

自將擊之 (자장격지)
스스로자 | 장수장 | 칠격 | 어조사지
스스로 군사를 거느리고 나가 싸움. 남을 시키지 않고 손수 함.

自中之亂 (자중지란)
스스로자 | 가운데중 | 어조사지 | 어지러울란
같은 편끼리 하는 싸움.

藏頭露尾 (장두노미)
감출장 | 머리두 | 드러날로 | 꼬리미
머리는 감추었으나 꼬리가 드러난다는 뜻으로, 무슨 일이든 흔적 없이 감추기는 어렵다는 말.

藏頭隱尾 (장두은미)
감출장 | 머리두 | 숨은은 | 꼬리미
머리를 감추고 꼬리를 숨긴다는 뜻으로, 사실을 분명히 밝히지 않음을 일컬음.

長夜之飮
장야지음

긴장 | 밤야 | 어조사지 | 마실음
밤새도록 술을 마심. 또는 밤새도록 마시는 술.

掌中寶玉
장중보옥

손바닥장 | 가운데중 | 보배보 | 구슬옥
손 안에 쥔 보배로운 옥이라는 뜻으로, 사랑하는 자식이나 아끼는 물건을 일컫는 말.

才勝德薄
재승덕박

재주재 | 이길승 | 덕덕 | 엷을박
재주는 뛰어나고 많으나, 덕이 부족한 사람.

才子佳人
재자가인

재주재 | 아들자 | 아름다울가 | 사람인
재주 있는 남자와 아름다운 여자를 아울러 이르는 말.

赤手空拳
적수공권

붉을적 | 손수 | 빌공 | 주먹권
맨손과 맨주먹, 곧 아무것도 가진 것이 없음을 이름.

赤子之心
적자지심

붉을적 | 아들자 | 어조사지 | 마음심
태어난 그대로의 순수하고 거짓 없는 마음.

前車可鑑
전거가감

앞전 | 수레거 | 가능할가 | 거울감
앞사람이 실패하면 뒷사람은 똑같은 실패를 되풀이하지 않게 된다는 말.

專對之材
전대지재

오로지전 | 대할·대답할대 | 어조사지 | 재목재
묻는 즉시 지혜롭게 잘 대답할 수 있는 인재라는 뜻으로, 외국에 사신으로 보낼 만한 인재.

前途洋洋
전도양양

앞전 | 길도 | 큰바다양 | 큰바다양
장래의 발전성이 큰 모양.

田父之功
전부지공

밭전 | 아버지부 | 어조사지 | 공공
쓸데없이 싸우다가 제삼자에게 이익을 안겨 줌의 비유. [동] 견토지쟁(犬兎之爭)

前人未踏
전인미답

앞전 | 사람인 | 아닐미 | 밟을답
이제까지 그 누구도 가 보지 못함. 이제까지 그 누구도 손을 대어 본 일이 없음.

轉禍爲福
전화위복

구를·바꿀전 | 재앙화 | 할위 | 복복
화가 바뀌어 복이 됨. 궂은일을 당했을 때 그것을 잘 처리해 좋은 일이 되게 함을 이름.

絶世佳人
절세가인

끊을절 | 인간·세대세 | 아름다울가 | 사람인
당대에 견줄 만한 사람이 없는 미인.
[동] 화용월태(花容月態)

切齒腐心
절치부심

끊을절 | 이치 | 썩을부 | 마음심
몹시 분하여 이를 갈고 속을 썩임.
[동] 절치액완(切齒扼腕), 와신상담(臥薪嘗膽)

漸入佳境
점입가경

점점점 | 들입 | 아름다울가 | 지경경
갈수록 아름다운 경지로 들어감. 일이 점점 더 재미있는 지경으로 돌아가는 것을 비유하는 말.

諸說紛紛
제설분분

모든제 | 말씀설 | 어지러울분 | 어지러울분
이러쿵저러쿵 말이 많은 것.

齊紫敗素
제자패소

제나라제 | 자줏빛자 | 패할패 | 흴소
제나라의 자색 비단도 실은 헌 흰실을 다시 염색한 것임. 화를 바꾸어 복이 되게 함의 비유.

諸行無常
제행무상

모든제 | 다닐행 | 없을무 | 항상상
우주 만물은 항상 돌고 돌아 잠시도 한 모양으로 머물러 있지 않음. [동] 성자필쇠(盛者必衰)

鳥足之血
조족지혈

새조 | 발족 | 어조사지 | 피혈
새발의 피라는 뜻으로, 아주 보잘것없음을 비유하는 말.

足脫不及
족탈불급

발족 | 벗을탈 | 아니불 | 미칠급
맨발로 뛰어도 미치지 못함. 능력 · 역량 · 재질 따위의 차이가 뚜렷함을 비유하여 이르는 말.

存亡之秋
존망지추

있을존 | 망할망 | 어조사지 | 가을·때추
존속과 멸망, 또는 생존과 사망이 결정되는 아주 절박한 경우나 시기.

縱橫無盡
종횡무진

세로종 | 가로횡 | 없을무 | 다할진
행동이 마음먹은 대로 자유자재임.

坐不垂堂
좌불수당

앉을좌 | 아니불 | 드리울·가수 | 집당
마루 끝에 앉는 것은 위험하기 때문에 앉지 않음. 위험한 일에 가까이하지 않음을 이름.

坐不安席
좌불안석

앉을좌 | 아니불 | 편안안 | 자리석
마음에 불안이나 근심 등이 있어 한자리에 오래 앉아 있지 못함.

坐食山空
좌식산공

앉을좌 | 먹을식 | 메산 | 빌공
아무리 재산이 많아도 벌지 않고 놀고 먹으면 결국 다 없어진다는 뜻.

坐井觀天
좌정관천

앉을좌 | 우물정 | 볼관 | 하늘천
우물 속에 앉아 하늘을 본다는 뜻으로, 견문이 좁음을 이르는 말. [동] 정중지와(井中之蛙)

左之右之
좌지우지

왼좌 | 갈지 | 오른우 | 갈지
제 마음대로 자유롭게 처리함. 어떤 일이나 사람을 마음대로 지휘함.

3급 Ⅱ

左衝右突 좌충우돌
왼좌 | 찌를충 | 오른우 | 갑자기·부딪칠돌
이리저리 찌르고 치고받고 함.

晝耕夜讀 주경야독
낮주 | 밭갈경 | 밤야 | 읽을독
낮에는 밭을 갈고 밤에는 책을 읽는다는 뜻으로, 낮에는 일하고 밤에 공부하는 것을 말함.

柱石之臣 주석지신
기둥주 | 돌석 | 어조사지 | 신하신
나라에 없어서는 안 될 가장 중요한 신하.
(동) 사직지신(社稷之臣)

朱顔玉齒 주안옥치
붉을주 | 얼굴안 | 구슬옥 | 이치
불그스레한 얼굴빛과 옥 같은 이라는 뜻으로, 미인을 이르는 말.

主辱臣死 주욕신사
임금주 | 욕될욕 | 신하신 | 죽을사
윗사람이 당한 어려움을 아랫사람이 도맡아 겪어냄을 이름.

酒池肉林 주지육림
술주 | 못지 | 고기육 | 수풀림
술로 이루어진 못과 고기로 이루어진 숲으로, 매우 호화롭고 사치스러운 주연(酒宴)을 일컬음.

衆寡不敵 중과부적
무리중 | 적을과 | 아니부 | 대적할적
적은 수효로는 많은 수효를 대적하지 못한다는 뜻.

仲秋佳節 중추가절
버금중 | 가을추 | 아름다울가 | 마디·때절
가을의 아름다운 계절.

曾參殺人 증삼살인
일찍증 | 석삼 | 죽일살 | 사람인
증삼이 사람을 죽였다는 뜻으로, 거짓말이라도 여러 사람이 하면 믿게 됨을 비유하는 말.

知己之友
지기지우

알지 | 몸기 | 어조사지 | 벗우
자기를 알아주는 절친한 벗.
동 막역지우(莫逆之友)

支離滅裂
지리멸렬

지탱할·갈릴지 | 떠날리 | 멸할멸 | 찢어질렬
갈가리 흩어지고 찢기어 갈피를 잡을 수 없음.
동 사분오열(四分五裂)

知足不辱
지족불욕

알지 | 발·넉넉할족 | 아니불 | 욕될욕
모든 일에 분수를 알고 만족하게 생각하면 욕되지 않음.

指呼之間
지호지간

가리킬지 | 부를호 | 어조사지 | 사이간
부르면 곧 대답할 만한 가까운 거리를 말함.
동 지척지지(咫尺之地)

陳陳相因
진진상인

베풀진 | 베풀진 | 서로상 | 인할인
묵은 곡식이 창고에 쌓였다는 뜻으로, 천하가 잘 다스려져 물자가 풍부함을 이름.

震天動地
진천동지

우레진 | 하늘천 | 움직일동 | 땅지
소리가 하늘을 뒤흔들고 땅을 움직임. 세력이나 위엄이 천하에 떨침을 비유하는 말.

進退維谷
진퇴유곡

나아갈진 | 물러날퇴 | 벼리·귀통이유 | 골곡
앞으로 나아갈 수도 뒤로 물러설 수도 없이 꼼짝 못할 궁지에 빠짐. 동 진퇴양난(進退兩難)

借刀殺人
차도살인

빌릴차 | 칼도 | 죽일살 | 사람인
남의 칼을 빌려 사람을 죽인다는 뜻으로, 남을 이용하여 사람을 해치거나 악행을 함의 비유.

此日彼日
차일피일

이차 | 날일 | 저피 | 날일
오늘 내일 하며 일을 핑계하고 자꾸 기한을 늦춤.
동 차월피월(此月彼月)

責己之心 책기지심
꾸짖을책 | 몸기 | 어조사지 | 마음심
스스로 제 허물을 꾸짖는 마음.

責善之道 책선지도
꾸짖을책 | 착할선 | 어조사지 | 길도
친구 사이에 옳은 일을 하도록 서로 권하는 도리.

妻城子獄 처성자옥
아내처 | 성성 | 아들자 | 옥옥
처자 있는 사람은 집안 일에 얽매여 자유로이 행동할 수 없음을 이르는 말.

天高馬肥 천고마비
하늘천 | 높을고 | 말마 | 살찔비
하늘은 높고 말이 살찐다는 뜻으로, 가을철을 일컫는 말.

天壤之差 천양지차
하늘천 | 흙덩이양 | 어조사지 | 다를차
하늘과 땅 사이처럼 엄청난 차이를 이름.
통 운니지차(雲泥之差)

千紫萬紅 천자만홍
일천천 | 자줏빛자 | 일만만 | 붉을홍
가지가지 빛깔로 만발한 꽃을 비유하는 말.

千載一遇 천재일우
일천천 | 실을·해재 | 한일 | 만날우
천 년에 한 번 만난다는 뜻으로, 좀처럼 얻기 어려운 기회를 말함. 통 맹귀부목(盲龜浮木)

天井不知 천정부지
하늘천 | 우물정 | 아니부 | 알지
천장을 알지 못함. 물가 따위가 한없이 오르기만 함을 비유적으로 이르는 말.

天之美祿 천지미록
하늘천 | 어조사지 | 아름다울미 | 녹록
하늘이 내린 아름다운 녹(祿)이라는 뜻으로, 술을 달리 이르는 말.

天下泰平
천하태평

하늘천 | 아래하 | 클태 | 평평할·편안할평
정치가 잘되어 온 세상이 평화로움.

徹頭徹尾
철두철미

통할철 | 머리두 | 통할철 | 꼬리미
처음부터 끝까지 철저함.
ⓢ 철상철하(徹上徹下)

青雲之志
청운지지

푸를청 | 구름운 | 어조사지 | 뜻지
높은 지위에 오르고자 하는 욕망.
ⓢ 능운지지(陵雲之志)

初志一貫
초지일관

처음초 | 뜻지 | 한일 | 꿸관
처음 품은 뜻을 끝까지 관철함.

寸進尺退
촌진척퇴

마디촌 | 나아갈진 | 자척 | 물러날퇴
한 치를 나아가고 한 자를 물러남. 얻는 것은 적은데 잃는 것은 많음의 비유.

秋霜烈日
추상열일

가을추 | 서리상 | 매울렬 | 해일
가을의 찬 서리와 여름의 뜨거운 햇볕이라는 뜻으로, 형벌 따위가 극히 엄함의 비유.

追友江南
추우강남

따를추 | 벗우 | 강강 | 남녘남
친구 따라 강남 간다는 뜻으로, 줏대 없는 행동을 뜻함.

追遠報本
추원보본

따를추 | 멀원 | 갚을보 | 근본본
조상의 덕을 생각하여 제사에 정성을 다하고 자기가 태어난 근본을 잊지 않고 은혜를 갚음.

出沒無雙
출몰무쌍

날출 | 빠질몰 | 없을무 | 쌍쌍
나타났다 없어졌다 하는 것이 비길 데 없을 만큼 심함.

醉生夢死
취생몽사

취할취 | 살생 | 꿈몽 | 죽을사
술에 취한 듯 살다가 꿈을 꾸듯이 죽음. 아무 일도 하지 않고 한평생을 흐리멍덩하게 살아감.

置之度外
치지도외

둘치 | 어조사지 | 법도·모양도 | 바깥외
내버려두고 상대하지 않음.
동 도외시(度外視)

七去之惡
칠거지악

일곱칠 | 갈·버릴거 | 어조사지 | 악할악
예전에, 아내를 내쫓을 수 있는 이유가 되었던 일곱 가지 허물을 일컫는 말.

七寶丹粧
칠보단장

일곱칠 | 보배보 | 붉을단 | 단장할장
여러 가지 패물로 몸을 장식함.

快刀亂麻
쾌도난마

쾌할쾌 | 칼도 | 어지러울란 | 삼마
잘 드는 칼로 헝클어진 삼실을 자름. 어지럽게 얽힌 일이나 어려운 사건 따위를 명쾌하게 처리함.

他山之石
타산지석

다를타 | 메산 | 어조사지 | 돌석
다른 사람의 하찮은 언행일지라도 자기의 지덕을 연마하는 데 도움이 된다는 말.

打草驚蛇
타초경사

칠타 | 풀초 | 놀랄경 | 뱀사
풀을 쳐서 뱀을 놀라게 한다는 뜻으로, 공연히 문제를 일으켜 화를 자초함의 비유.

脫兎之勢
탈토지세

벗을탈 | 토끼토 | 어조사지 | 형세세
토끼가 우리에서 뛰어나오듯, 동작이 매우 재빠름을 비유하는 말.

太剛則折
태강즉절

클태 | 굳셀강 | 곧즉 | 꺾을절
너무 강하면 부러지기 쉽다는 말.

泰山北斗
태산북두

클태 | 메산 | 북녘북 | 말두

태산과 북두칠성이라는 뜻으로, 모든 사람들이 존경하는 뛰어난 인물을 비유하는 말.

泰山壓卵
태산압란

클태 | 메산 | 누를압 | 알란

태산처럼 무거운 것으로 달걀을 누른다는 뜻으로, 아주 쉬운 일을 말함.

泰然自若
태연자약

클태 | 그러할연 | 스스로자 | 같을약

마음에 어떤 충동을 받아도 움직임이 없이 천연스러움.

破鏡之歎
파경지탄

깨뜨릴파 | 거울경 | 어조사지 | 탄식할탄

깨진 거울 조각을 들고 하는 탄식. 부부의 이별을 서러워함을 이름.

破邪顯正
파사현정

깨뜨릴파 | 간사할사 | 나타날현 | 바를정

간사한 것을 깨뜨리고 바른 것을 드러냄.

破顔大笑
파안대소

깨뜨릴파 | 얼굴안 | 큰대 | 웃음소

얼굴 표정이 일그러질 만큼 크게 웃음.
(동) 가가대소(呵呵大笑)

破竹之勢
파죽지세

깨뜨릴파 | 대나무죽 | 어조사지 | 기세세

대나무를 쪼개는 기세. 걷잡을 수 없이 나아가는 세력을 가리키는 말. (동) 요원지화(燎原之火)

布衣之交
포의지교

베포 | 옷의 | 어조사지 | 사귈교

베옷을 입고 다닐 때의 사귐. 가난할 때의 교제. 또는 벼슬길에 나오기 전에 사귄 친구.

表裏不同
표리부동

겉표 | 속리 | 아니부 | 한가지동

겉과 속이 다름. 마음이 음흉하고 불량함.
(동) 양두구육(羊頭狗肉)

風雲之會
풍운지회

바람풍 | 구름운 | 어조사지 | 모일회
밝은 임금과 어진 신하가 서로 만남을 말함. 훌륭한 사람들끼리 어울림.

風定浪息
풍정낭식

바람풍 | 정할정 | 물결랑 | 쉴식
바람이 자고 파도가 잔잔해진다는 뜻으로, 들떠서 어수선하던 것이 가라앉음의 비유.

皮骨相接
피골상접

가죽피 | 뼈골 | 서로상 | 접할접
살가죽과 뼈가 맞붙을 정도로 몹시 마름.

彼此一般
피차일반

저피 | 이차 | 한일 | 가지반
두 편이 서로 같음.

何待明年
하대명년

어찌하 | 기다릴대 | 밝을명 | 해년
'어찌 명년을 기다리랴'의 뜻으로, 기다리기가 몹시 지루함을 이름. [동] 백년하청(百年河淸)

下石上臺
하석상대

아래하 | 돌석 | 위상 | 대대
아랫돌 빼서 윗돌 괴고 윗돌 빼서 아랫돌 괴기. 즉, 임시변통으로 이리저리 둘러맞춤을 이름.

鶴首苦待
학수고대

학학 | 머리수 | 쓸·괴로울고 | 기다릴대
학의 목처럼 목을 길게 빼고 간절히 기다림.

學如不及
학여불급

배울학 | 같을여 | 아니불 | 미칠급
학문은 쉬지 않고 노력해도 미치지 못함. 학문은 잠시라도 게을리해서는 안 된다는 말.

汗馬之勞
한마지로

땀한 | 말마 | 어조사지 | 일할로
말을 달려 싸움터에서 힘을 다해 싸운 공로.

割半之痛 할반지통
벨할 | 반반 | 어조사지 | 아플통
몸의 반쪽을 떼어내는 고통이라는 뜻으로, 형제자매가 죽은 슬픔의 비유.

割席分坐 할석분좌
벨할 | 자리석 | 나눌분 | 앉을좌
자리를 갈라서 따로 앉음. 교제를 끊고 같은 자리에 앉지 아니함을 비유적으로 이르는 말.

割肉充腹 할육충복
벨할 | 고기육 | 채울충 | 배복
제 살을 도려내어 제 배를 채운다는 뜻으로, 혈족의 재물을 빼앗는 일을 비유적으로 이르는 말.

恒茶飯事 항다반사
항상항 | 차다 | 밥반 | 일사
밥 먹고 차 마시는 것처럼 늘 있는 일. 항상 있어서 이상하거나 신통할 것이 없는 일을 말함.

項背相望 항배상망
항목·목항 | 등배 | 서로상 | 바랄·바라볼망
목덜미와 등을 서로 바라봄. 왕래가 잦음을 이르는 말. 뒤를 이을 사람이 많음의 비유.

解語之花 해어지화
풀해 | 말씀어 | 어조사지 | 꽃화
말을 헤아리는 꽃이라는 뜻으로, 미인을 일컫는 말.

行路之人 행로지인
다닐행 | 길로 | 어조사지 | 사람인
오다가다 길에서 만난 사람이라는 뜻으로, 아무 관계가 없는 사람을 이름.

虛無孟浪 허무맹랑
빌허 | 없을무 | 맏·맹랑할맹 | 물결·함부로랑
터무니없이 거짓되고 실속이 없음.

賢母良妻 현모양처
어질현 | 어미모 | 어질량 | 아내처
어진 어머니이면서 또한 착한 아내.

懸象無變
현상무변

매달·멀 현 | 코끼리·현상 상 | 없을 무 | 변할 변
천문(天文)에 이상이 없다는 뜻으로, 세상에 이변이 없음을 비유하는 말.

形勝之國
형승지국

형상 형 | 이길 승 | 어조사 지 | 나라 국
지세가 좋아 마땅히 이길 만한 자리에 있는 나라.

形影相同
형영상동

모양 형 | 그림자 영 | 서로 상 | 한가지 동
형상과 그림자는 서로 같다는 뜻으로, 마음의 선악이 행동에 그대로 나타남의 비유.

虎口餘生
호구여생

범 호 | 입 구 | 남을 여 | 살 생
여러 차례 죽을 고비를 겪고 겨우 살아남은 목숨.

虎尾難放
호미난방

범 호 | 꼬리 미 | 어려울 난 | 놓을 방
위험한 일에 손을 댔다가 그대로 계속하기도 어렵고 그만두기도 어려운 경우를 이름.

虎尾春氷
호미춘빙

범 호 | 꼬리 미 | 봄 춘 | 얼음 빙
범의 꼬리와 봄철의 얼음이라는 뜻으로, 몹시 위험한 지경의 비유. 동 여리박빙(如履薄氷)

虎父犬子
호부견자

범 호 | 아버지 부 | 개 견 | 아들 자
호랑이 아비에 개의 새끼라는 뜻으로, 잘난 아버지에 못난 자식을 이르는 말.

胡思亂想
호사난상

오랑캐 호 | 생각 사 | 어지러울 란 | 생각 상
몹시 뒤섞이고 착잡하여 어수선하게 생각함. 또는 그런 생각.

豪言壯談
호언장담

호걸 호 | 말씀 언 | 씩씩할 장 | 말씀 담
호기 있고 자신만만하게 하는 말.

浩然之氣 호연지기
넓을호 | 그럴연 | 어조사지 | 기운기
하늘과 땅 사이에 가득 찬 넓고도 큰 원기를 가리키는 말.

湖海之士 호해지사
호수호 | 바다해 | 어조사지 | 선비사
호탕한 기풍을 갖고 초야에서 살아가는 인물.

胡行亂走 호행난주
오랑캐호 | 다닐행 | 어지러울란 | 달아날주
함부로 날뛰며 이리저리 돌아다니거나 제멋대로 마구 행동함.

忽顯忽沒 홀현홀몰
갑자기홀 | 나타날현 | 갑자기홀 | 빠질몰
문득 나타났다가 홀연 없어짐.

紅爐點雪 홍로점설
붉을홍 | 화로로 | 점점 | 눈설
벌겋게 달아오른 화로 위에 한 점 눈이라는 뜻으로, 도를 깨달아 마음속이 탁 트여 맑음의 비유.

紅顏薄命 홍안박명
붉을홍 | 얼굴안 | 엷을박 | 목숨명
얼굴이 예쁜 미인은 팔자가 사나운 경우가 많음을 이르는 말.

花田衝火 화전충화
꽃화 | 밭전 | 찌를충 | 불화
꽃밭에 불을 지른다는 뜻으로, 젊은이의 앞길을 막거나 방해하는 일의 비유.

禍縱口生 화종구생
재앙화 | 세로종 | 입구 | 날생
화는 말을 삼가지 않는 데서 생기므로, 항상 말을 조심하라는 뜻으로 이르는 말.

歡樂哀情 환락애정
기쁠환 | 즐길락 | 슬플애 | 뜻정
기쁨과 즐거움이 절정에 달했을 때 오히려 인생무상을 느껴 애정이 많아진다는 뜻.

換父易祖
환부역조
바꿀환 | 아버지부 | 바꿀역 | 할아버지조
문벌이 낮은 사람이 문벌을 높이기 위해 자손이 없는 양반의 가문을 이어 자기의 조상을 바꿈.

換腐作新
환부작신
바꿀환 | 썩을부 | 지을작 | 새신
낡은 것을 새로운 것으로 바꾸어 만듦.

荒唐之說
황당지설
거칠황 | 당나라·황당할당 | 어조사지 | 말씀설
참되지 않고 터무니없는 말.
(동) 황당무계(荒唐無稽)

橫草之功
횡초지공
가로횡 | 풀초 | 어조사지 | 공공
싸움터의 풀을 가로로 쓰러뜨린 공이라는 뜻으로, 전공(戰功)을 일컬음.

厚貌深情
후모심정
두터울후 | 모양모 | 깊을심 | 뜻정
용모는 후덕해 보이나 마음이 깊어서 무엇을 생각하고 있는지 알 수 없음.

厚顔無恥
후안무치
두터울후 | 얼굴안 | 없을무 | 부끄러울치
얼굴이 두꺼워 수치스러움을 모름. 뻔뻔스러움.

興亡盛衰
흥망성쇠
일흥 | 망할망 | 성할성 | 쇠할쇠
흥하고, 망하고, 성하고, 쇠함을 말함.
(동) 영고성쇠(榮枯盛衰)

胸有成竹
흉유성죽
가슴흉 | 있을유 | 이룰성 | 대죽
일을 처리함에 있어 미리 계산이 모두 서 있다는 말.

喜怒哀樂
희로애락
기쁠희 | 성낼노 | 슬플애 | 즐길락
기쁨과 노함, 슬픔과 즐거움이라는 뜻으로, 인간의 온갖 감정을 일컬음.

3급 한자능력검정용 급수별 사자성어

街談巷說
가담항설

거리가 | 말씀담 | 거리항 | 말씀설
세상에 떠도는 뜬소문.
[동] 유언비어(流言蜚語), 도청도설(道聽塗說)

刻骨難忘
각골난망

새길각 | 뼈골 | 어려울난 | 잊을망
은혜를 입은 고마움이 뼛속 깊이 새겨져 잊기 어려움.
[동] 결초보은(結草報恩)

刻舟求劍
각주구검

새길각 | 배주 | 구할구 | 칼검
사리판단을 못해 어리석은 행동을 하거나 시세에 어두워 옛것만 고집하는 완고함을 비유하는 말.

感慨無量
감개무량

느낄감 | 슬퍼할개 | 없을무 | 수량량
사물에 대한 느낌이 한이 없음.

擧案齊眉
거안제미

들거 | 책상안 | 가지런할제 | 눈썹미
밥상을 눈썹 높이로 받들어 올린다는 뜻으로, 아내가 남편을 공경하는 예절을 말함.

乞人憐天
걸인연천

빌걸 | 사람인 | 불쌍히여길련 | 하늘천
거지가 하늘을 불쌍히 여김. 불행한 처지에 놓여 있는 사람이 부질없이 행복한 사람을 동정함.

激濁揚淸
격탁양청

격할격 | 흐릴탁 | 날릴양 | 맑을청
탁류를 몰아내고 청파(淸波)를 일으킨다는 뜻으로, 악을 미워하고 선을 좋아함.

牽強附會
견강부회

끌견 | 강할강 | 붙을부 | 모일회
이치에 맞지 않는 말을 억지로 끌어다 붙여 자기가 주장하는 조건에 맞도록 함.

見利忘義 견리망의
볼견 | 이로울리 | 잊을망 | 옳을의
눈앞의 이익을 보면 의리를 잊음.

見善如渴 견선여갈
볼견 | 착할선 | 같을여 | 목마를갈
착한 일 보기를 마치 목마른 것같이 하라는 말.

見兎放狗 견토방구
볼견 | 토끼토 | 놓을방 | 개구
토끼를 본 다음에 사냥개를 풀어도 늦지 않음. 일이 일어나기를 기다렸다가 대처함을 일컬음.

經天緯地 경천위지
지날·날경 | 하늘천 | 씨위 | 땅지
온 천하를 조직적으로 잘 계획하여 다스림.

鷄鳴狗盜 계명구도
닭계 | 울명 | 개구 | 도둑도
보잘것없는 재주를 가진 사람도 때로 쓸모가 있음을 비유한 말.

枯木死灰 고목사회
마를고 | 나무목 | 죽을사 | 재회
마른 나무와 불기 없는 재라는 뜻으로, 생기가 없거나 욕심이 없는 사람을 비유하여 이르는 말.

高枕安眠 고침안면
높을고 | 베개침 | 편안안 | 잘면
마음이 한가하고 여유가 있어 아무 근심 없이 잘 잘 수 있는 편안한 상태를 말함.

過目成誦 과목성송
지날과 | 눈목 | 이룰성 | 외울송
어떤 책이든 한 번 읽으면 곧 왼다는 뜻으로, 기억력이 매우 좋음을 일컬음.

怪怪罔測 괴괴망측
괴이할괴 | 괴이할괴 | 없을망 | 헤아릴측
말할 수 없이 이상야릇함.

矯角殺牛
교각살우

바로잡을 교 | 뿔 각 | 죽일 살 | 소 우
뿔을 바로잡으려다 소를 죽인다는 뜻으로, 작은 흠이나 결점을 고치려다가 일을 그르친다는 말.

口蜜腹劍
구밀복검

입 구 | 꿀 밀 | 배 복 | 칼 검
겉으로는 친한 체하지만 속으로는 은근히 해칠 생각을 품고 있다는 말. 동 소리장도(笑裏藏刀)

口尙乳臭
구상유취

입 구 | 오히려 상 | 젖 유 | 냄새 취
입에서 아직 젖내가 난다는 뜻으로, 언행이 유치함.
동 황구유취(黃口乳臭)

勸善懲惡
권선징악

권할 권 | 착할 선 | 징계할 징 | 악할 악
착한 일을 권하고 악한 일을 징계함.
동 창선징악(彰善懲惡)

龜毛兔角
귀모토각

거북 귀 | 터럭 모 | 토끼 토 | 뿔 각
거북의 털과 토끼의 뿔이라는 뜻으로, 있을 수 없는 일을 이르는 말. 동 토각귀모(兔角龜毛)

僅僅得生
근근득생

겨우 근 | 겨우 근 | 얻을 득 | 살 생
겨우 살아남.

錦上添花
금상첨화

비단 금 | 위 상 | 더할 첨 | 꽃 화
비단 위에 꽃을 더한다는 뜻으로, 좋은 일 위에 좋은 일이 더함을 비유하는 말.

今昔之感
금석지감

이제 금 | 옛 석 | 어조사 지 | 느낄 감
지금과 옛날을 비교해 볼 때 그 차이가 너무 심함을 보고 느끼는 감정. 동 격세지감(隔世之感)

飢不擇食
기불택식

주릴 기 | 아니 불 | 가릴 택 | 먹을 식
굶주린 사람은 먹을 것을 가리지 않음. 가난한 사람은 대수롭지 않은 은혜에도 감격함의 비유.

飢者甘食
기자감식

주릴기 | 사람자 | 달감 | 먹을식
굶주린 사람은 어떤 음식이나 달게 먹음.

樂而不淫
낙이불음

즐길락 | 말이을이 | 아니불 | 음란할음
즐기되 음탕하지 않게 한다는 뜻으로, 즐거움이 도에 넘치지 않음을 이름.

難忘之恩
난망지은

어려울난 | 잊을망 | 어조사지 | 은혜은
잊을 수 없는 은혜.
[동] 난망지택(難忘之澤), 결초보은(結草報恩)

暖衣飽食
난의포식

따뜻할난 | 옷의 | 배부를포 | 먹을식
따뜻한 옷을 입고 음식을 배불리 먹어 의식에 부족함이 없음.

南郭濫吹
남곽남취

남녘남 | 둘레곽 | 함부로람 | 불취
무능한 자가 재능이 있는 척하거나, 실력 없는 자가 높은 지위를 차지하고 앉아 있는 것의 비유.

內淸外濁
내청외탁

안내 | 맑을청 | 바깥외 | 흐릴탁
내심은 맑지만 겉보기로는 흐린 체함. 군자가 난세를 당하여 살아가는 처세술.

路柳墻花
노류장화

길로 | 버들류 | 담장 | 꽃화
누구든지 쉽게 만지고 꺾을 수 있는 길가의 버들과 담 밑의 꽃. 창부(娼婦)를 의미함.

勞而無功
노이무공

일할로 | 말이을이 | 없을무 | 공공
온갖 애를 다 썼으나 아무 보람이 없음.
[동] 도로무공(徒勞無功)

堂狗風月
당구풍월

집당 | 개구 | 바람풍 | 달월
서당개가 풍월을 읊음. 무식한 사람이라도 유식한 사람과 같이 있으면 다소 유식해진다는 말.

當局者迷 당국자미
마땅당 | 판국 | 사람자 | 미혹할미
직접 그 일을 맡고 있는 사람이 오히려 실정에 어둡다는 말.

大旱不渴 대한불갈
큰대 | 가물한 | 아니불 | 목마를갈
아무리 크게 가물어도 물이 마르지 않음.

德必有隣 덕필유린
덕덕 | 반드시필 | 있을유 | 이웃린
덕이 있으면 반드시 이웃이 따른다는 말.

道傍苦李 도방고리
길도 | 곁방 | 쓸고 | 오얏리
길가의 오얏나무에 달린 쓴 오얏이란 뜻으로, 남에게 외면당하는 사람의 비유.

徒費脣舌 도비순설
무리·다만도 | 쓸비 | 입술순 | 혀설
헛되이 입술과 혀만 수고롭게 한다는 뜻으로, 부질없이 말만 하고 아무 보람이 없다는 말.

道聽塗說 도청도설
길도 | 들을청 | 길도 | 말씀설
길에서 듣고 길에서 말함. 거리에서 들은 것을 곧 남에게 옮김. 또는 길거리의 뜬소문.

塗炭之苦 도탄지고
진흙도 | 숯탄 | 어조사지 | 괴로울고
진흙이나 숯불에 빠진 고통이라는 뜻으로, 잘못된 정치로 인한 백성의 고통을 가리키는 말.

獨也靑靑 독야청청
홀로독 | 어조사야 | 푸를청 | 푸를청
홀로 푸르다는 뜻으로, 홀로 절개를 지킨다는 말.

同文同軌 동문동궤
한가지동 | 글월문 | 한가지동 | 바퀴자국궤
천하를 통일하는 것을 뜻함. '동문'은 문자를 통일하는 것이고, '동궤'는 법을 같게 한다는 말.

洞房華燭
동방화촉
마을동 | 방방 | 빛날화 | 촛불촉
동방에 비치는 환한 촛불. 혼례를 치르고 나서 첫날밤에 신랑이 신부 방에서 자는 의식을 이름.

同病相憐
동병상련
한가지동 | 병병 | 서로상 | 불쌍히여길련
처지가 비슷한 사람끼리 서로 딱하게 여겨 동정하고 돕는다는 말. (동) 동기상구(同氣相求)

同而不和
동이불화
한가지동 | 말이을이 | 아니불 | 화할화
소인은 남의 말에 붙좇아 행동할 뿐 진정으로 화합하지 못함을 이르는 말.

同舟相救
동주상구
한가지동 | 배주 | 서로상 | 구원할구
이해관계가 같은 사람은 사이가 나쁘거나 모르는 사람이라도 서로 도움.

得一忘十
득일망십
얻을득 | 한일 | 잊을망 | 열십
한 가지를 알면 열 가지를 잊어버린다는 뜻으로, 기억력이 좋지 못함을 일컬음.

萬事休矣
만사휴의
일만만 | 일사 | 쉴휴 | 어조사의
모든 일이 끝났음. 더 이상 어떻게 해볼 방법이 없는 경우에 쓰는 말. (동) 능사필의(能事畢矣)

萬化方暢
만화방창
일만만 | 될화 | 모·바야흐로방 | 화창할창
따뜻한 봄날에 온갖 물건이 나서 자람.

罔極之恩
망극지은
없을망 | 극진할극 | 어조사지 | 은혜은
끝없이 큰 은혜.
(동) 호천망극(昊天罔極)

忘年之交
망년지교
잊을망 | 해년 | 어조사지 | 사귈교
나이의 차이를 잊고 사귀는 친한 벗. 늘그막에 얻은 어린 친구와의 사귐을 일컫기도 함.

望梅解渴
망매해갈

바랄망 | 매화매 | 풀해 | 목마를갈
매실은 시기 때문에 말만 듣고도 침이 돌아 목마름이 해소된다는 말.

茫無頭緖
망무두서

망망할망 | 없을무 | 머리두 | 실마리·첫머리서
정신이 아득하여 갈피를 알 수 없음.

忙中有閑
망중유한

바쁠망 | 가운데중 | 있을유 | 한가할한
바쁜 중에도 또한 한가한 짬이 있음.

盲龜浮木
맹귀부목

눈멀맹 | 거북귀 | 뜰부 | 나무목
눈면 거북이 우연히 물 위에 뜬 나무를 만남. 어려운 판에 뜻밖의 행운을 만남의 비유.

毛遂自薦
모수자천

터럭모 | 이룰수 | 스스로자 | 천거할천
재주를 품고 있는데도 알아주는 사람이 없자 기다리다 못해 자기를 천거함을 이름.

暮夜無知
모야무지

저물모 | 밤야 | 없을무 | 알지
어두운 밤중에 하는 일이어서 아무도 모름.

無不干涉
무불간섭

없을무 | 아니불 | 방패·간여할간 | 건널·관계할섭
간섭하지 않는 일이 없다는 뜻으로, 함부로 남의 일에 간섭함을 말함.

無爲而化
무위이화

없을무 | 할위 | 말이을이 | 될화
성인의 덕이 크면 클수록 백성들이 스스로 따라와 자연스럽게 마음이 변하는 것을 이름.

無依無托
무의무탁

없을무 | 의지할의 | 없을무 | 맡길탁
몸을 의지하고 맡길 만한 곳이 없다는 뜻으로, 몹시 가난하고 외로운 상태를 이름.

迷道不遠
미도불원

헤맬미 | 길도 | 아니불 | 멀원
그리 멀지 않은 곳에서 길을 헤맨다는 뜻으로, 곧 본래의 길을 찾게 됨을 일컬음.

博而不精
박이부정

넓을박 | 말이을이 | 아니부 | 정할·자세할정
널리 알되 자세하지 못함.

半途而廢
반도이폐

반반 | 길도 | 말이을이 | 폐할폐
하던 일을 중도에서 그만둠.

伴食宰相
반식재상

짝·모실반 | 먹을식 | 재상재 | 서로상
덩달아 음식 대접을 받는 재상. 자리만 차지하고 있는 무능한 재상을 빗대어 이르는 말.

發憤忘食
발분망식

필발 | 분할·결분 | 잊을망 | 밥식
한 가지 일을 성취하기 위해 끼니까지 잊고 바삐 돌아다님.

傍若無人
방약무인

곁방 | 같을약 | 없을무 | 사람인
주위의 다른 사람을 전혀 의식하지 않고 제멋대로 마구 행동함. 동 안하무인(眼下無人)

背恩忘德
배은망덕

등배 | 은혜은 | 잊을망 | 덕덕
은혜를 등지고 덕을 잊어버린다는 뜻으로, 남에게 받은 은덕을 저버리고 배반함을 이르는 말.

杯中蛇影
배중사영

잔배 | 가운데중 | 뱀사 | 그림자영
술잔 속의 뱀 그림자라는 뜻으로, 자기 스스로 쓸데없이 의심하고 걱정하는 것을 비유하는 말.

白骨難忘
백골난망

흰백 | 뼈골 | 어려울난 | 잊을망
백골이 되어도 잊기 어려움. 죽어도 잊지 못할 큰 은혜를 뜻함. 동 결초보은(結草報恩)

伯樂一顧
백락일고

맏백 | 즐거울락 | 한일 | 돌아볼고
재능 있는 사람도 그 재주를 알아주는 사람을 만나야 빛을 발한다는 말.

伯牙絶絃
백아절현

맏백 | 어금니아 | 끊을절 | 줄현
가장 친한 친구가 죽었을 때의 슬픔을 이르거나, 알아주는 사람이 없어짐을 이르는 말.

別有乾坤
별유건곤

다를별 | 있을유 | 하늘건 | 땅곤
좀처럼 볼 수 없는 아주 좋은 세상. 또는 딴 세상.
[동] 무릉도원(武陵桃源)

封庫罷職
봉고파직

봉할봉 | 곳집고 | 마칠파 | 벼슬직
어사나 감사가 못된 짓을 많이 한 고을의 원을 파면하고 관가의 창고를 봉하여 잠그던 일.

附炎棄寒
부염기한

붙을부 | 불꽃염 | 버릴기 | 찰한
권세가나 재력가를 붙좇다가 그들이 쇠하면 떨어져 나간다는 뜻으로, 인정의 경박함을 이름.

不繫之舟
불계지주

아니불 | 맬계 | 어조사지 | 배주
매어놓지 않은 배처럼 자유분방함.

朋友之道
붕우지도

벗붕 | 벗우 | 어조사지 | 길도
벗을 사귀는 도리.

非夢似夢
비몽사몽

아닐비 | 꿈몽 | 닮을사 | 꿈몽
꿈인지 생시인지 알 수 없이 어렴풋함.

四顧無親
사고무친

넉사 | 돌아볼고 | 없을무 | 친할친
사방을 둘러봐도 친한 이가 아무도 없음. 가족이나 친척이 없어 외로운 처지를 일컬음.

3급

捨近取遠
사근취원

버릴사 | 가까울근 | 가질취 | 멀원
가까운 것을 버리고 먼 것을 취한다는 뜻으로, 일의 순서나 차례를 바꾸어서 함을 일컬음.

斯文亂賊
사문난적

이사 | 글월문 | 어지러울란 | 도둑적
교리에 어긋나는 언동으로 유교를 어지럽히는 사람.

捨生取義
사생취의

버릴사 | 살생 | 가질취 | 옳을의
목숨을 버리고 의를 취함.
[동] 살신성인(殺身成仁)

死而後已
사이후이

죽을사 | 말이을이 | 뒤후 | 이미·그칠이
죽은 후에야 일을 그만둠. 그만큼 뜻이 굳음을 일컬음.

殺氣騰騰
살기등등

죽일살 | 기운기 | 오를등 | 오를등
살벌한 기운이 얼굴에 잔뜩 올라 있음.

喪家之狗
상가지구

잃을상 | 집가 | 어조사지 | 개구
상갓집 개라는 뜻으로, 여위고 지칠 대로 지친 수척한 사람을 비유하는 말.

塞翁之馬
새옹지마

변방새 | 늙은이옹 | 어조사지 | 말마
변방 늙은이의 말이라는 뜻으로, 인생의 길흉화복이 무상하여 예측할 수 없다는 비유로 쓰임.

庶政刷新
서정쇄신

무리서 | 정사정 | 쓸쇄 | 새신
여러 정사(政事)에 있어서 묵은 것을 버리고 다시 새롭게 손질함.

騷人墨客
소인묵객

떠들소 | 사람인 | 먹묵 | 손객
시문과 서화를 일삼는 사람. 문인 · 화가를 일컬음.

小貪大失 소탐대실
작을소 | 탐낼탐 | 큰대 | 잃을실
작은 이익을 탐내다가 오히려 큰 이익을 잃고 손해를 보게 됨을 말함. 동 교각살우(矯角殺牛)

修飾邊幅 수식변폭
닦을수 | 꾸밀식 | 가변 | 폭폭
피륙의 가장자리를 꾸민다는 뜻으로, 겉만 화려하게 꾸밈의 비유.

脣亡齒寒 순망치한
입술순 | 망할망 | 이치 | 찰한
입술이 없으면 이가 시림. 서로 돕던 한쪽이 망하면 다른 한쪽도 온전하기 어렵다는 말.

述而不作 술이부작
지을술 | 말이을이 | 아니부 | 지을작
전에 있었던 일로, 새로 창안한 것이 아니라는 뜻.

始勤終怠 시근종태
비로소시 | 부지런할근 | 마칠종 | 게으를태
처음에는 부지런했으나 나중에는 게을리함.
동 용두사미(龍頭蛇尾)

食少事煩 식소사번
먹을식 | 적을소 | 일사 | 번거로울번
먹을 것은 적은데 할 일은 많음을 일컬음.

晨虎之勢 신호지세
새벽신 | 범호 | 어조사지 | 형세·기세세
굶주린 새벽 호랑이와 같은 기세라는 뜻으로, 매우 맹렬한 기세의 비유.

惡傍逢雷 악방봉뢰
악할악 | 곁방 | 만날봉 | 천둥뢰
모진 놈 옆에 있다가 벼락 맞음. 나쁜 짓을 한 사람 옆에 있다가 죄없는 사람까지 화를 당함.

殃及池魚 앙급지어
재앙앙 | 미칠급 | 못지 | 고기어
엉뚱하게 재앙을 당함. 성문에 난 불을 성 밖 못의 물로 끄는 바람에 물고기가 모두 말라 죽음.

哀而不悲
애이불비

슬플애 | 말이을이 | 아니불 | 슬플비
속으로는 슬프지만 겉으로는 나타내지 않음.

哀毁骨立
애훼골립

슬플애 | 헐훼 | 뼈골 | 설립
슬픔으로 인해 뼈가 드러남. 부모의 죽음을 슬퍼한 나머지 몸이 쇠약해진 것을 일컬음.

羊頭狗肉
양두구육

양양 | 머리두 | 개구 | 고기육
양의 머리를 내걸고 개고기를 팖. 겉모양은 훌륭하나 속은 전혀 다른 속임수일 때 하는 말.

梁上塗灰
양상도회

들보량 | 위상 | 칠할도 | 재회
들보 위에 회를 바른다는 뜻으로, 여자가 얼굴에 지나치게 분을 바른 것을 비웃는 말.

楊布之狗
양포지구

버들양 | 베포 | 어조사지 | 개구
양포의 개라는 뜻으로, 겉이 달라지면 속까지 달라진 것으로 판단하는 사람을 일컫는 말.

焉敢生心
언감생심

어조사언 | 감히감 | 날생 | 마음심
'어찌 감히 그런 마음을 먹을 수 있겠는가'라는 뜻.
[동] 감불생심(敢不生心)

汝墻折角
여장절각

너여 | 담장 | 꺾을절 | 뿔각
'네 담 아니면 내 쇠뿔 부러지랴'라는 뜻으로, 자기 잘못을 남에게 떠넘기기 위해 억지를 씀.

燕雁代飛
연안대비

제비연 | 기러기안 | 대신대 | 날비
제비가 올 때 기러기는 떠난다는 뜻으로, 사람이 좀처럼 만나기 어려운 것을 비유하는 말.

榮枯盛衰
영고성쇠

영화영 | 마를고 | 성할성 | 쇠할쇠
사람의 일생이나 나라의 운명이 필 때도 있고 질 때도 있으며 융성할 때도 있고 쇠퇴할 때도 있음.

詠雪之才
영설지재

읊을영 | 눈설 | 어조사지 | 재주재
글재주가 뛰어난 여인을 칭찬하여 이르는 말.
[동] 유서지재(柳絮之才)

營營逐逐
영영축축

경영할영 | 경영할영 | 쫓을축 | 쫓을축
명예와 이익을 얻기 위해 매우 바쁘게 지냄.

五里霧中
오리무중

다섯오 | 마을·이수리 | 안개무 | 가운데중
오 리에 안개가 끼어 있는 속. 사물의 행방이나 일의 갈피를 잡기 어려움을 비유하는 말.

吾鼻三尺
오비삼척

나오 | 코비 | 석삼 | 자척
내 코가 석 자라는 뜻으로, 내 일도 감당 못해 남을 도울 여유가 없음을 이름.

烏飛梨落
오비이락

까마귀오 | 날비 | 배리 | 떨어질락
까마귀 날자 배 떨어진다는 뜻으로, 우연의 일치로 남에게 의심을 받을 때 하는 말.

傲霜孤節
오상고절

거만할오 | 서리상 | 외로울고 | 마디·절개절
서릿발 날리는 추운 때에도 굴하지 않고 외로이 지키는 절개를 뜻함.

王佐之材
왕좌지재

임금왕 | 도울좌 | 어조사지 | 재목재
임금을 도와 큰 일을 할 만한 인물.

搖之不動
요지부동

흔들요 | 어조사지 | 아니부 | 움직일동
흔들어도 꼼짝하지 아니함.

欲巧反拙
욕교반졸

하고자할욕 | 공교할교 | 돌이킬반 | 못날졸
잘 만들려고 기교를 부리다가 오히려 못 만듦. 너무 잘 하려고 하면 도리어 안 됨을 이르는 말.

3급

龍蛇飛騰
용사비등

용룡 | 뱀사 | 날비 | 오를등
용과 뱀이 움직이는 것같이 글씨가 매우 활기 있고 힘찬 것을 형용하는 말.

圓木警枕
원목경침

둥글원 | 나무목 | 경계할경 | 베개침
둥근 나무로 만든 베개. 베개가 굴러 잠이 깨도록 만든 것으로, 밤잠을 자지 않고 애써 공부함.

遠族近隣
원족근린

멀원 | 겨레족 | 까울근 | 이웃린
멀리 사는 친척보다 가까이 사는 이웃이 낫다는 말.

遠禍召福
원화소복

멀원 | 재앙화 | 부를소 | 복복
화를 멀리하고 복을 불러들임.

威而不猛
위이불맹

위엄위 | 말이을이 | 아니불 | 사나울맹
위엄은 있으나 결코 사납지 않음.

衛正斥邪
위정척사

지킬위 | 바를정 | 물리칠척 | 간사할사
바른 것을 지키고 간사한 것을 물리침.

唯我獨尊
유아독존

오직유 | 나아 | 홀로독 | 높을존
이 세상에 나보다 더 높은 사람이 없다고 뽐내는 태도를 이르는 말.

有耶無耶
유야무야

있을유 | 어조사야 | 없을무 | 어조사야
있는지 없는지 모르게 희미함.

唯唯諾諾
유유낙낙

오직유 | 오직유 | 허락할낙 | 허락할낙
명령한 대로 언제나 공손히 승낙함.

遺臭萬年 유취만년
끼칠유 | 냄새취 | 일만만 | 해년
더러운 이름을 먼 장래까지 끼침.

吟風弄月 음풍농월
읊을음 | 바람풍 | 놀롱 | 달월
맑은 바람과 밝은 달을 대하여 시를 지어 읊으며 즐김. 속세를 벗어난 태도를 이름.

已發之矢 이발지시
이미이 | 필발 | 어조사지 | 화살시
이미 쏜 화살이라는 뜻으로, 이왕에 시작한 일을 그만두기 어려움을 이르는 말.

泥田鬪狗 이전투구
진흙니 | 밭전 | 싸움투 | 개구
진흙탕에서 싸우는 개라는 뜻으로, 자기의 이익을 위하여 비굴하게 싸우는 것을 이르는 말.

一蓮托生 일련탁생
한일 | 연꽃련 | 맡길탁 | 살생
어떤 일의 선악이나 결과에 대한 예견에 관계없이 끝까지 행동과 운명을 함께 함.

日暮途遠 일모도원
날일 | 저물모 | 길도 | 멀원
날은 저물고 길은 멀다는 뜻으로, 할 일은 많은데 시간이 없어 뜻하는 바를 이룰 수 없다는 말.

一樹百穫 일수백확
한일 | 나무수 | 일백백 | 거둘확
나무 한 그루를 심어서 백 가지의 이익을 봄. 인재 하나를 길러 나라에 많은 이익이 된다는 말.

一魚濁水 일어탁수
한일 | 고기어 | 흐릴탁 | 물수
물고기 한 마리가 물을 흐리게 함. 한 사람의 악행으로 여러 사람이 그 해를 받게 됨.

一葉片舟 일엽편주
한일 | 잎엽 | 조각편 | 배주
한 척의 조그마한 배.
동 일엽소선(一葉小船)

一敗塗地
일패도지

한일 | 패할패 | 진흙도 | 땅지
싸움에 여지없이 패하여 다시 일어서지 못하게 되는 것을 일컫는 말.

入山忌虎
입산기호

들입 | 메산 | 꺼릴기 | 범호
산속에 들어간 포수가 범 잡기를 꺼림. 막상 일을 당하면 처음과 달리 꽁무니를 뺀다는 말.

入鄉循俗
입향순속

들입 | 시골향 | 좇을순 | 풍속속
다른 지방에 가서는 그곳의 풍속을 따르라는 말.

自愧之心
자괴지심

스스로자 | 부끄러울괴 | 어조사지 | 마음심
스스로 부끄럽게 여기는 마음.

自暴自棄
자포자기

스스로자 | 사나울포 | 스스로자 | 버릴기
스스로를 해치고 스스로를 버림. 절망에 빠져 말이나 행동을 제멋대로 함을 이르는 말.

作舍道傍
작사도방

지을작 | 집사 | 말할도 | 곁방
어떤 일을 할 때 여러 사람의 의견에 다 귀를 기울이면 결국 일을 이루지 못함의 비유.

轉轉乞食
전전걸식

구를전 | 구를전 | 빌걸 | 먹을식
정처없이 여기저기 돌아다니면서 빌어먹음.

朝東暮西
조동모서

아침조 | 동녘동 | 저물모 | 서녘서
아침에는 동쪽, 저녁에는 서쪽이라는 뜻으로, 일정한 주소가 없이 이리저리 떠돌아다님을 이름.

朝令暮改
조령모개

아침조 | 하여금·법령령 | 저물모 | 고칠개
아침에 내린 법령을 저녁에 고침. 법령을 자꾸 바꿔서 종잡을 수 없음을 비유하는 말.

朝不暮夕
조불모석

아침조 | 아니불 | 저물모 | 저녁석
아침에 저녁 일이 어떻게 될지 알지 못함. 일이 매우 급박함을 이름.

朝三暮四
조삼모사

아침조 | 석삼 | 저물모 | 넉사
간사한 잔꾀로 남을 속여 희롱하거나, 또는 눈앞에 나타나는 차이만 알고 그 결과가 같음을 모름.

朝生暮沒
조생모몰

아침조 | 날생 | 저물모 | 빠질·다할몰
아침에 났다가 저녁에 사라진다는 뜻으로, 나왔다가 곧 스러짐의 비유.

朝雲暮雨
조운모우

아침조 | 구름운 | 저물모 | 비우
아침에는 구름이 되고 저녁에는 비가 된다는 뜻으로, 남녀간의 정교(情交)를 이름.

朝遞暮改
조체모개

아침조 | 갈마들체 | 저물모 | 고칠개
벼슬아치들을 너무 자주 교체함을 이르는 말.

舟中敵國
주중적국

배주 | 가운데중 | 대적할적 | 나라국
임금이 덕을 잃으면 백성들도 적이 될 수 있으니 항상 자기 수양에 힘써야 함의 비유.

中原逐鹿
중원축록

가운데중 | 언덕원 | 쫓을축 | 사슴록
영웅들이 서로 다투어 천하를 얻고자 함을 이름. 중원을 천하에, 사슴을 제왕의 지위에 비유함.

指鹿爲馬
지록위마

가리킬지 | 사슴록 | 할위 | 말마
사슴을 가리켜 말이라고 한다는 뜻으로, 윗사람을 농락하여 권세를 마음대로 함을 가리키는 말.

池魚之殃
지어지앙

못지 | 고기어 | 어조사지 | 재앙앙
못의 물고기에게 닥친 재앙이라는 뜻으로, 뜻밖의 재난을 비유하는 말.

止於至處
지어지처

그칠지 | 어조사어 | 이를지 | 곳처
어떤 일이나 행동을 사리에 맞춰 그쳐야 할 데서 그침을 이름.

遲遲不進
지지부진

더딜지 | 더딜지 | 아닐부 | 나아갈진
매우 더뎌 일 따위가 잘 진척되지 않음.

天飜地覆
천번지복

하늘천 | 번역할·뒤집을번 | 땅지 | 엎을복
하늘과 땅이 뒤집힌다는 뜻으로, 큰 변동이 생겨 질서가 어지러움의 비유.

千辛萬苦
천신만고

일천천 | 매울신 | 일만만 | 쓸고
천 가지의 신 것과 만 가지의 쓴 것이라는 뜻으로, 온갖 고통과 괴로움을 이름.

晴耕雨讀
청경우독

갤청 | 밭갈경 | 비우 | 읽을독
갠 날은 논밭을 갈고 비오는 날에는 책을 읽음. 부지런히 일하며 틈틈이 공부함을 이름.

草木皆兵
초목개병

풀초 | 나무목 | 다개 | 병사병
적이 우세한 데 겁을 먹어 초목이 모두 적군으로 보인다는 말.

逐鹿之戰
축록지전

쫓을축 | 사슴록 | 어조사지 | 싸움전
영웅들이 정권이나 지위를 놓고 서로 싸움.
🔄 중원축록(中原逐鹿)

取捨選擇
취사선택

가질취 | 버릴사 | 가릴선 | 가릴택
취할 것은 골라 쓰고, 버릴 것은 버림.

七零八落
칠령팔락

일곱칠 | 떨어질령 | 여덟팔 | 떨어질락
사물이 가지런하게 고르지 못함. 제각기 뿔뿔이 흩어지거나 이리저리 없어짐.

貪官污吏
탐관오리
탐낼탐 | 벼슬관 | 더러울오 | 아전리
탐욕이 많고 마음이 깨끗하지 못한 관리.

貪財好色
탐재호색
탐낼탐 | 재물재 | 좋을호 | 빛·색색
재물을 탐하고 여색을 좋아함.

探花蜂蝶
탐화봉접
찾을탐 | 꽃화 | 벌봉 | 나비접
꽃을 찾아다니는 벌과 나비라는 뜻으로, 여색을 좋아하거나 거기에 빠진 사람을 일컬음.

土崩瓦解
토붕와해
흙토 | 무너질붕 | 기와와 | 풀해
흙이 무너지고 기와가 산산이 부서짐. 어떤 사물이 근본적으로 무너져 손댈 수 없는 지경에 이름.

抱腹絶倒
포복절도
안을포 | 배복 | 끊을절 | 거꾸러질도
너무 우스워서 배를 안고 몸을 가누지 못할 정도로 웃음.

飽食暖衣
포식난의
배부를포 | 먹을식 | 따뜻할난 | 옷의
배불리 먹고 따뜻하게 옷을 입는다는 뜻으로, 근심 없이 편안한 삶을 이름.

抱炭希涼
포탄희량
안을포 | 숯탄 | 바랄희 | 서늘할량
숯불을 안고 시원하기를 바란다는 뜻으로, 행하는 바와 바라는 바가 일치하지 않음의 비유.

捕風捉影
포풍착영
잡을포 | 바람풍 | 잡을착 | 그림자영
바람을 잡고 그림자를 붙든다는 뜻으로, 허망한 언행을 이름.

匹夫之勇
필부지용
짝·홀필 | 지아비부 | 어조사지 | 날랠용
보통 사람의 용기라는 뜻으로, 좁은 소견으로 깊은 생각 없이 날뛰는 하찮은 용기를 가리킴.

匹夫匹婦
필부필부

짝·홀필 | 지아비부 | 짝·홀필 | 며느리부
평범한 남자와 평범한 여자.
[동] 갑남을녀(甲男乙女), 장삼이사(張三李四)

咸興差使
함흥차사

다함 | 일흥 | 다를차 | 부릴사
심부름을 시킨 뒤 아무 소식이 없거나 회답이 더디게 올 때 쓰는 말.

軒軒丈夫
헌헌장부

집헌 | 집헌 | 어른장 | 지아비부
외모가 준수하고 풍채가 당당한 사내.

螢雪之功
형설지공

반딧불형 | 눈설 | 어조사지 | 공공
어려운 환경에서도 열심히 공부하여 성공을 이루는 것을 비유한 말. [동] 주경야독(晝耕夜讀)

形影相弔
형영상조

모양형 | 그림자영 | 서로상 | 조상할조
자기의 몸과 그림자가 서로 불쌍히 여긴다는 뜻으로, 몹시 외로워 의지할 곳이 없음을 이름.

互角之勢
호각지세

서로호 | 뿔각 | 어조사지 | 형세·세력세
서로가 비슷비슷한 세력.

毫末之利
호말지리

터럭호 | 끝말 | 어조사지 | 이로울·날카로울리
썩 작은 이익. 털끝만한 이익.

虎前乞肉
호전걸육

범호 | 앞전 | 빌걸 | 고기육
호랑이에게 고기 달란다는 뜻으로, 어림도 없는 일의 비유.

胡蝶之夢
호접지몽

오랑캐호 | 나비접 | 어조사지 | 꿈몽
나비가 된 꿈이라는 뜻으로, 자연과 한 몸이 된 경지, 혹은 인생의 덧없음을 비유한 말.

昏定晨省
혼정신성

어두울혼 | 정할정 | 새벽신 | 살필성
저녁에는 잠자리를 보아드리고 아침에는 문안을 드림. 곧, 부모를 섬기는 도리를 일컬음.

畵蛇添足
화사첨족

그림화 | 뱀사 | 더할첨 | 발족
뱀을 그리는데 없는 발을 그린다는 뜻으로, 쓸데없는 짓을 하여 도리어 잘못되게 함을 이름.

和而不同
화이부동

화할화 | 말이을이 | 아니부 | 한가지동
남과 사이좋게 지내기는 하나 무턱대고 동조하지는 아니함.

畵虎類狗
화호유구

그림화 | 범호 | 비슷할류 | 개구
호랑이를 그리려다가 개와 비슷해짐. 능력 없는 사람이 큰일을 하려다가 도리어 잘못됨의 비유.

還顧一世
환고일세

돌아올환 | 돌아볼고 | 한일 | 인간·세상세
세상을 한 번 둘러본다는 뜻으로, 세상에 쓸 만한 사람이 없음을 탄식함.

黃口乳臭
황구유취

누를황 | 입구 | 젖유 | 냄새취
어려서 아직 젖비린내가 난다는 뜻으로, 남을 어리고 경험이 적다고 얕잡아 일컫는 말.

回賓作主
회빈작주

돌아올회 | 손빈 | 지을작 | 주인주
남의 의견이나 주장하는 사람을 제쳐놓고 제멋대로 방자하게 구는 일을 일컬음.

橫來之厄
횡래지액

가로횡 | 올래 | 어조사지 | 재앙액
뜻밖에 당하게 되는 재액.

後生可畏
후생가외

뒤후 | 날생 | 옳을가 | 두려워할외
젊은 후배들은 앞으로 어떤 역량을 나타낼지 모르므로 그들에게 자극받아 더욱 분발한다는 말.

한자능력검정용 급수별 사자성어 (2급)

肝膽相照 간담상조
간간 | 쓸개담 | 서로상 | 비칠조
간과 쓸개를 서로 꺼내 보인다는 뜻으로, 서로의 마음을 터놓고 절친하게 지낸다는 말.

間於齊楚 간어제초
사이간 | 어조사어 | 제나라제 | 초나라초
제(齊)나라와 초(楚)나라 사이라는 뜻으로, 약자가 두 강자 사이에 끼여 괴로움을 겪는다는 말.

擧棋不定 거기부정
들거 | 바둑기 | 아니부 | 정할정
사물을 명확한 방침이나 계획을 갖지 않고 대함을 이르는 말.

孤身隻影 고신척영
외로울고 | 몸신 | 외짝척 | 그림자영
외로운 몸에 그림자 하나라는 뜻으로, 붙일 곳 없이 떠도는 외로운 신세를 일컬음.

瓜田李下 과전이하
오이과 | 밭전 | 오얏리 | 아래하
오이밭과 오얏나무 아래라는 뜻으로, 의심받을 행동을 하지 말라는 말.

管鮑之交 관포지교
대롱관 | 절인물고기포 | 어조사지 | 사귈교
관중과 포숙아의 사귐이라는 말로, 자신을 알아주는 친구 사이의 두터운 우정을 뜻함.

膠柱鼓瑟 교주고슬
아교교 | 기둥·기러기발주 | 북·탈고 | 큰거문고슬
기러기발을 아교로 붙여 놓고 거문고를 탄다는 뜻으로, 고지식하여 융통성이 없음을 일컬음.

膠漆之交 교칠지교
아교교 | 옻칠 | 어조사지 | 사귈교
아교와 칠의 사귐. 아주 친밀하여 서로 떨어질 수 없는 교분을 일컬음. 동 금란지교(金蘭之交)

狗猛酒酸
구맹주산

개구 | 사나울맹 | 술주 | 실산
간신이 있으면 어진 신하가 모이지 않아 나라가 쇠약해진다는 말.

口中雌黃
구중자황

입구 | 가운데중 | 암컷자 | 누를황
입 안에 자황이 있다는 뜻으로, 잘못된 말이나 글을 자신이 직접 취소하거나 고친다는 말.

琴瑟相和
금슬상화

거문고금 | 큰거문고슬 | 서로상 | 화할화
거문고와 비파가 서로 조화를 이룸. 부부 사이가 좋은 것을 일컫는 말. ⓒ 금슬지락(琴瑟之樂)

驥服鹽車
기복염거

천리마기 | 옷복 | 소금염 | 수레거
천리마가 소금 수레를 끈다는 뜻으로, 유능한 사람이 천한 일에 종사함을 비유적으로 이르는 말.

落膽喪魂
낙담상혼

떨어질락 | 쓸개담 | 잃을상 | 넋혼
쓸개가 떨어지고 혼을 잃는다는 뜻으로, 몹시 놀라 정신이 없음을 일컬음.

洛陽紙貴
낙양지귀

물이름락 | 볕양 | 종이지 | 귀할귀
낙양의 종이가 귀해짐. 저서가 좋은 평을 받아 아주 잘 팔려 베스트셀러가 되는 것을 말함.

樂而思蜀
낙이사촉

즐길락 | 말이을이 | 생각사 | 나라이름촉
타향의 생활이 즐거워 고향 생각을 하지 못함을 이르는 말.

爛商公論
난상공론

빛날란 | 장사·헤아릴상 | 공평할공 | 논할론
여러 사람이 모여 의논함.
ⓒ 난상토의(爛商討議)

南柯一夢
남가일몽

남녘남 | 가지가 | 한일 | 꿈몽
남쪽 나뭇가지의 꿈. 한때의 헛된 꿈, 또는 인생의 덧없음의 비유. ⓒ 일장춘몽(一場春夢)

男負女戴
남부여대

사내남 | 질부 | 계집녀 | 일대
남자는 지고 여자는 머리에 임. 가난한 사람들이 살 곳을 찾아 이리저리 떠돌아다니는 것을 말함.

老萊之戲
노래지희

늙을로 | 명아주래 | 어조사지 | 놀이희
자식이 나이가 들어도 부모의 자식에 대한 마음은 똑같으니 변함없이 효도를 해야 한다는 말.

勞心焦思
노심초사

일할·괴로워할로 | 마음심 | 탈초 | 생각사
몹시 마음을 졸이고 애태우며 생각함. 어떤 일에 걱정과 고민을 심하게 하는 것을 일컬음.

魯魚之誤
노어지오

노나라로 | 고기어 | 어조사지 | 그르칠오
'노(魯)' 자와 '어(魚)' 자가 비슷하여 틀리기 쉽다는 데서, 글씨를 잘못 쓰기 쉬움을 이르는 말.

弄璋之慶
농장지경

놀롱 | 홀장 | 어조사지 | 경사경
아들을 낳은 기쁨을 말함. 옛날 중국에서 아들을 낳으면 구슬[璋]을 주었다는 데서 온 말.

籠鳥戀雲
농조연운

대바구니롱 | 새조 | 그리워할련 | 구름운
새장 속에 있는 새는 구름을 그리워한다는 뜻으로, 몸을 속박당한 사람은 자유를 갈망함.

能手能爛
능수능란

능할능 | 손수 | 능할능 | 빛날란
모든 일에 익숙하고 매우 솜씨가 있음.

多岐亡羊
다기망양

많을다 | 갈림길기 | 잃을망 | 양양
학문의 길이 여러 갈래라서 진리를 찾기 어려울 때, 또는 방침이 많아 갈 바를 모를 때도 쓰임.

丹脣皓齒
단순호치

붉을단 | 입술순 | 흴호 | 이치
붉은 입술과 하얀 이라는 뜻으로, 미인의 얼굴을 형용하는 말. [동] 화용월태(花容月態)

膽大心小
담대심소
쓸개담 | 큰대 | 마음심 | 작을소
문장을 지을 때, 담력은 크게 가지되 주의는 세심해야 함을 이르는 말.

頓淡無心
돈담무심
조아릴돈 | 맑을담 | 없을무 | 마음심
사물에 대해 도무지 탐탁하게 여기는 마음이 없음.

棟樑之材
동량지재
마룻대동 | 들보량 | 어조사지 | 재목재
기둥이나 들보가 될 만한 훌륭한 인재, 즉 한 집이나 한 나라의 중요한 일을 맡을 만한 사람.

凍足放尿
동족방뇨
얼동 | 발족 | 놓을방 | 오줌뇨
언 발에 오줌누기. 임시변통으로 한 일이 나쁜 결과를 가져옴의 비유. (동) 고식지계(姑息之計)

杜門不出
두문불출
막을두 | 문문 | 아니불 | 날출
문을 닫고 나가지 않는다는 뜻으로, 세상과 인연을 끊고 드나들지 않음을 일컬음.

麻中之蓬
마중지봉
삼마 | 가운데중 | 어조사지 | 쑥봉
삼 가운데 자라는 쑥이라는 뜻으로, 좋은 환경에서 자라면 악인도 선량해진다는 말.

萬壽無疆
만수무강
일만만 | 목숨수 | 없을무 | 지경·끝강
만 년을 살아도 끝이 없다는 뜻으로, 손윗사람이나 존경하는 사람의 건강을 빌 때 쓰는 말.

梅酸蜜甘
매산밀감
매화매 | 실산 | 꿀밀 | 달감
매실은 시고 꿀은 달다는 뜻으로, 세상만물의 이치가 당연함을 이르는 말.

蒙網捉魚
몽망착어
어릴·쓸몽 | 그물망 | 잡을착 | 고기어
그물을 머리에 쓰고 고기를 잡는다는 뜻으로, 우연히 운이 좋았음을 비유한 말.

門前沃畓 문전옥답
문문 | 앞전 | 기름질옥 | 논답
집 앞 가까이에 있는 좋은 논. 곧, 많은 재산을 일컫는 말.

柏舟之操 백주지조
잣나무백 | 배주 | 어조사지 | 절개조
잣나무배의 절개라는 뜻으로, 남편이 일찍 죽은 아내가 절개를 지키는 것을 가리키는 말.

百花爛漫 백화난만
일백백 | 꽃화 | 빛날란 | 흩어질만
온갖 꽃이 활짝 피어남.

兵不厭詐 병불염사
병사병 | 아니불 | 싫어할염 | 속일사
전쟁에서는 모든 방법으로 적군을 속여야 한다는 말.

輔車相依 보거상의
도울보 | 수레거 | 서로상 | 의지할의
수레의 덧방나무와 바퀴가 떨어져 있을 수 없는 것처럼 서로 돕고 의지한다는 뜻.

釜中生魚 부중생어
가마부 | 가운데중 | 날생 | 고기어
오랫동안 밥을 짓지 못해 솥 안에 물고기가 생겨났다는 뜻으로, 매우 가난함의 비유.

釜中之魚 부중지어
가마부 | 가운데중 | 어조사지 | 고기어
솥 안의 물고기라는 뜻으로, 죽음이 눈앞에 닥쳐왔음을 이름.

不撤晝夜 불철주야
아니불 | 거둘철 | 낮주 | 밤야
어떤 일에 몰두하여 조금도 쉴 사이 없이 밤낮을 가리지 않음. 통 주이계야(晝而繼夜)

鵬程萬里 붕정만리
붕새붕 | 길정 | 일만만 | 마을·이수리
붕새가 날아가는 길이 만 리라는 뜻으로, 곧 젊은이의 먼 장래나 큰 포부를 가리키는 말.

四面楚歌
사면초가

넉사 | 낯면 | 초나라초 | 노래가
사방에서 들려오는 초나라 노래. 사방이 적에게 둘러싸여 도움이 없이 고립된 상태를 말함.

三顧草廬
삼고초려

석삼 | 돌아볼고 | 풀초 | 농막집려
세 차례나 초가집을 찾아감. 신분이나 지위가 높은 사람이 인재를 얻기 위해 간곡하게 청함.

三釜之養
삼부지양

석삼 | 가마부 | 어조사지 | 기를양
부모를 봉양하기 위해 박봉도 마다지 않고 벼슬살이를 하는 일.

生口不網
생구불망

살생 | 입구 | 아니불 | 그물망
산 입에 거미줄 치지 않는다는 뜻으로, 아무리 옹색해도 그럭저럭 살아갈 수 있다는 말.

善遊者溺
선유자익

착할·잘할선 | 놀유 | 사람자 | 빠질닉
헤엄 잘 치는 사람이 빠져 죽기 쉬움. 자기의 재능을 지나치게 믿으면 화를 입게 된다는 말.

雪膚花容
설부화용

눈설 | 살갗부 | 꽃화 | 얼굴용
눈같이 흰 살결과 꽃 같은 얼굴이라는 뜻으로, 미인을 일컫는 말.

雪中松柏
설중송백

눈설 | 가운데중 | 소나무송 | 잣나무백
눈 속의 소나무와 잣나무. 높은 절개와 굳은 절조(節操)를 비유하는 말. [동] 세한송백(歲寒松柏)

纖纖玉手
섬섬옥수

가늘섬 | 가늘섬 | 구슬옥 | 손수
가냘프고 고운 여자의 손을 가리키는 말.

歲寒松柏
세한송백

해세 | 찰한 | 소나무송 | 잣나무백
소나무와 잣나무는 한겨울에도 변하지 않음. 군자는 역경에 처해도 절의를 변치 않음의 비유.

2급

松茂柏悅
송무백열
소나무송 | 무성할무 | 잣나무백 | 기쁠열
소나무가 무성하면 잣나무가 기뻐한다는 뜻으로, 친구가 잘되는 것을 기뻐함의 비유.

松柏之操
송백지조
소나무송 | 잣나무백 | 어조사지 | 지조조
소나무와 잣나무가 항상 푸르듯이 결코 변치 않는 지조.

宋襄之仁
송양지인
송나라송 | 도울양 | 어조사지 | 어질인
송나라 양공의 어짊. 자신에게 도움이 안 되는 쓸데없는 동정이나 어리석은 인정을 일컫는 말.

脣齒輔車
순치보거
입술순 | 이치 | 도울·바퀴덧방나무보 | 수레거
입술과 이, 덧방나무와 수레바퀴처럼 서로 없어서는 안 될 밀접한 관계에 있음의 비유.

升堂入室
승당입실
오를승 | 집당 | 들입 | 방실
마루에 올라 방으로 들어온다는 뜻으로, 모든 일은 순서가 있음을 이르는 말.

升斗之利
승두지리
되승 | 말두 | 어조사지 | 이로울리
한 되 한 말의 이익이라는 뜻으로, 보잘것없는 이익을 일컬음.

身體髮膚
신체발부
몸신 | 몸체 | 터럭발 | 살갗부
몸과 머리털과 피부라는 뜻으로, 몸 전체를 이르는 말.

魚魯不辨
어로불변
고기어 | 노나라로 | 아니불 | 분별할변
'魚' 자와 '魯' 자를 구분하지 못함. 매우 무식함을 이름. 동 목불식정(目不識丁)

魚網鴻離
어망홍리
고기어 | 그물망 | 기러기홍 | 떠날·붙을리
구하는 것은 얻지 못하고 반대로 구하려고 하지 않은 것을 얻었다는 말.

魚遊釜中
어유부중

고기어 | 놀유 | 가마부 | 가운데중
고기가 솥 안에서 놂. 목숨이 붙어 있다 할지라도 오래 가지 못할 것을 비유하는 말.

如鼓琴瑟
여고금슬

같을여 | 북고 | 거문고금 | 큰거문고슬
거문고와 비파를 타는 것 같다는 뜻으로, 부부가 서로 화락함을 비유하여 이르는 말.

梧桐一葉
오동일엽

오동나무오 | 오동나무동 | 한일 | 잎엽
오동 한 잎을 보고 가을이 온 것을 앎. 한 가지를 보면 일의 전말을 알 수 있다는 말.

吳越同舟
오월동주

오나라오 | 월나라월 | 한가지동 | 배주
사이가 좋지 못한 사람끼리 같은 처지에 놓임.
(동) 동주상구(同舟相救)

烏之雌雄
오지자웅

까마귀오 | 어조사지 | 암컷자 | 수컷웅
까마귀는 수컷과 암컷이 서로 비슷하여 분간하기 어려움. 사물의 옳고 그름을 가릴 수 없음.

沃野千里
옥야천리

기름질옥 | 들야 | 일천천 | 마을·이수리
끝없이 넓은 기름진 땅.

瓦釜雷鳴
와부뇌명

기와와 | 가마부 | 천둥뢰 | 울명
흙으로 빚은 솥이 우레와 같은 소리를 냄. 무식하고 변변치 못한 사람이 아는 체하고 크게 떠듦.

欲燒筆硯
욕소필연

하고자할욕 | 불사를소 | 붓필 | 벼루연
남이 지은 문장의 뛰어남을 보고 자신의 재주가 그에 미치지 못함을 탄식하는 말.

旭日昇天
욱일승천

아침해욱 | 해일 | 오를승 | 하늘천
아침 해가 하늘에 떠오름. 또는 그런 기세.

鬱鬱不樂
울울불락

답답할울 | 답답할울 | 아니불 | 즐길락
마음이 답답하고 즐겁지 않음.

月盈則食
월영즉식

달월 | 찰영 | 곧즉 | 먹을식
달이 꽉 차서 보름달이 되고 나면 차츰 줄어들어 밤하늘에 안 보이게 됨. 한번 흥하면 한번은 망함.

爲礪磨刀
위려마도

위할위 | 숫돌려 | 갈마 | 칼도
숫돌을 위해 칼을 간다는 뜻으로, 주되는 것과 부차적인 것이 서로 뒤바뀜을 비유하는 말.

韋編三絶
위편삼절

가죽위 | 엮을편 | 석삼 | 끊을절
책을 매는 가죽끈이 세 번이나 끊어짐. 독서에 힘씀을 이르는 말.

殷鑑不遠
은감불원

은나라은 | 거울감 | 아니불 | 멀원
거울삼아 경계해야 할 전례(前例)는 가까이 있음. 다른 사람의 실패를 자신의 거울로 삼으라는 말.

一網打盡
일망타진

한일 | 그물망 | 칠타 | 다할진
한 번의 그물질로 물고기를 모두 잡음. 특히 범인들을 한꺼번에 모조리 잡을 때 쓰는 말.

一飛沖天
일비충천

한일 | 날비 | 높이날충 | 하늘천
한 번 날면 하늘까지 이른다는 뜻으로, 한 번 힘을 내면 큰일을 이룸을 이르는 말.

臨渴掘井
임갈굴정

임할림 | 목마를갈 | 팔굴 | 우물정
목이 말라서야 우물을 팜. 미리 준비하지 않고 일을 당하고 나서야 허둥지둥 서두른다는 말.

入室操戈
입실조과

들입 | 집실 | 잡을조 | 창과
남의 무기를 이용하여 그 사람을 공격함. 그 사람의 학설을 바탕으로 그 사람을 공격함.

自己矛盾 자기모순
스스로자 | 몸기 | 창모 | 방패순
스스로의 생각이나 주장이 앞뒤가 맞지 아니함.
(동) 자가당착(自家撞着)

殘虐無道 잔학무도
남을·잔인할잔 | 사나울학 | 없을무 | 길도
잔인하고 포악함이 인간의 도리를 벗어남.

張冠李戴 장관이대
베풀장 | 갓관 | 오얏리 | 일대
장(張)의 모자를 이(李)가 쓴다는 뜻으로, 명성과 실제가 일치하지 않음의 비유.

積水成淵 적수성연
쌓을적 | 물수 | 이룰성 | 못연
적은 양의 물이 모여 연못을 이룸.
(동) 적소성대(積小成大), 우공이산(愚公移山)

戰戰兢兢 전전긍긍
두려워할전 | 두려워할전 | 조심할긍 | 조심할긍
두려워서 벌벌 떨며 조심함. 위기가 닥치지 않을까 매우 두려워하여 겁내는 모양을 가리킴.

鼎足之勢 정족지세
솥정 | 발족 | 어조사지 | 형세세
솥발처럼 세 세력이 맞서 대립한 형세.
(동) 정립(鼎立)

朝聚暮散 조취모산
아침조 | 모을취 | 저물모 | 흩을산
아침에 모였다가 저녁에 흩어진다는 뜻으로, 모이고 헤어짐이 덧없이 무상함을 이르는 말.

走獐落兔 주장낙토
달아날주 | 노루장 | 떨어질락 | 토끼토
노루를 쫓다가 토끼를 주웠다는 뜻으로, 뜻밖의 이익을 얻음을 이름.

芝蘭之交 지란지교
지초지 | 난초란 | 어조사지 | 사귈교
지초(芝草)와 난초(蘭草)의 교제라는 뜻으로, 벗 사이의 맑고도 고귀한 사귐을 이르는 말.

池魚籠鳥
지어농조

못지 | 고기어 | 대바구니롱 | 새조
못 속의 물고기와 새장 속의 새라는 뜻으로, 자유롭지 못한 신세를 한탄하여 하는 말.

塵積爲山
진적위산

티끌진 | 쌓을적 | 할위 | 메산
티끌이 모여 태산을 이룸.
동 진합태산(塵合泰山)

塵合泰山
진합태산

티끌진 | 합할합 | 클태 | 메산
티끌 모아 태산이라는 뜻으로, 작은 물건도 많이 모이면 나중에는 큰 것이 된다는 말.

借廳借閨
차청차규

빌릴차 | 대청청 | 빌릴차 | 안방규
대청 빌려주면 안방까지 빌리려 한다는 뜻으로, 남의 권리를 차츰 침범함의 비유.

滄桑之變
창상지변

푸를창 | 뽕나무상 | 어조사지 | 변할변
푸른 바다가 뽕밭으로 바뀌는 변화. 자연이나 사회에 심한 변화가 일어남을 이름.

滄海遺珠
창해유주

푸를창 | 바다해 | 남길유 | 구슬주
바닷속에 버려진 구슬. 세상에 알려지지 않은 현자(賢者) 또는 명작(名作)을 비유하는 말.

滄海一粟
창해일속

푸를창 | 바다해 | 한일 | 조속
넓은 바다에 떠 있는 한 알의 좁쌀. 아주 큰 물건 속에 있는 극히 작은 물건을 말함.

天方地軸
천방지축

하늘천 | 모방 | 땅지 | 굴대축
어리석은 사람이 갈 바를 몰라 두리번거리는 모양을 이름.

天佑神助
천우신조

하늘천 | 도울우 | 귀신신 | 도울조
하늘이 돕고 신령이 도움.

天衣無縫 천의무봉
하늘천 | 옷의 | 없을무 | 꿰맬봉
천사의 옷은 꿰맨 흔적이 없다는 뜻으로, 일부러 꾸민 데 없이 자연스럽고 아름다우면서 완전함을 이름.

天眞爛漫 천진난만
하늘천 | 참진 | 빛날란 | 흩어질만
말이나 행동이 조금도 꾸밈이 없이 아주 순진하고 참됨.

靑出於藍 청출어람
푸를청 | 날출 | 어조사어 | 쪽람
쪽에서 나온 푸른 물감이 쪽빛보다 더 푸르다는 뜻으로, 제자가 스승보다 더 나을 경우에 쓰임.

草茅危言 초모위언
풀초 | 띠모 | 위태할위 | 말씀언
벼슬길에 나가지 않고 초야에 묻힌 사람이 국정에 충언을 아끼지 않는 일을 말함.

焦眉之急 초미지급
탈초 | 눈썹미 | 어조사지 | 급할급
눈썹에 불이 붙음과 같이 매우 다급한 지경.

鄒魯之鄕 추로지향
추나라추 | 노나라로 | 어조사지 | 시골·고향향
공자와 맹자의 고향이라는 뜻으로, 예절을 알고 학문이 왕성한 곳을 이름.

春雉自鳴 춘치자명
봄춘 | 꿩치 | 스스로자 | 울명
봄철의 꿩이 스스로 운다는 뜻으로, 제 허물을 스스로 드러내어 화를 자초함을 이르는 말.

兎營三窟 토영삼굴
토끼토 | 경영할영 | 석삼 | 굴굴
토끼는 숨을 수 있는 굴을 세 개 마련함. 자신의 안전을 위해 미리 몇 가지 술책을 마련함의 비유.

吐盡肝膽 토진간담
토할토 | 다할진 | 간간 | 쓸개담
간과 쓸개를 모두 내뱉는다는 뜻으로, 솔직한 심정을 숨김 없이 모두 말함의 비유.

投瓜得瓊
투과득경

던질투 | 오이과 | 얻을득 | 구슬경
남에게 오이를 주고 구슬을 얻는다는 뜻으로, 사소한 선물에 값비싼 답례를 받음을 이르는 말.

破瓜之年
파과지년

깨뜨릴파 | 오이과 | 어조사지 | 해년
여자의 나이 16세를 이르는 말. 또는 남자의 나이 64세를 이르는 말.

破釜沈船
파부침선

깨뜨릴파 | 가마부 | 잠길침 | 배선
필사의 각오로 싸워 이기지 않으면 돌아가지 않겠다는 굳은 결의의 비유.

片言隻字
편언척자

조각편 | 말씀언 | 외짝척 | 글자자
한 마디 말과 몇 자의 글.

廢寢忘餐
폐침망찬

폐할폐 | 잠잘침 | 잊을망 | 먹을찬
침식을 잊고 일에 골몰함.

風餐露宿
풍찬노숙

바람풍 | 먹을찬 | 이슬로 | 잘숙
바람과 이슬을 무릅쓰고 한데서 먹고 잠. 곧, 큰일을 이루려는 사람의 고초를 겪는 모양을 이름.

避獐逢虎
피장봉호

피할피 | 노루장 | 만날봉 | 범호
노루를 피하다 범을 만난다는 뜻으로, 작은 해를 피하려다 큰 화를 만남의 비유.

汗牛充棟
한우충동

땀한 | 소우 | 채울충 | 마룻대동
수레에 실으면 소가 땀을 흘릴 정도이고 쌓으면 들보에 닿을 정도임. 가지고 있는 책이 매우 많음.

險山峻嶺
험산준령

험할험 | 메산 | 높을준 | 고개령
험한 산과 가파른 고개.

形單影隻
형단영척

모양 형 | 홑 단 | 그림자 영 | 외짝 척
형체 하나에 그림자 하나라는 뜻으로, 아무데도 의지할 곳 없이 외로운 처지를 이름.

兄弟怡怡
형제이이

맏 형 | 아우 제 | 기쁠 이 | 기쁠 이
형제는 서로 화목하고 정다운 피붙이라는 뜻.

好事多魔
호사다마

좋을 호 | 일 사 | 많을 다 | 마귀 마
좋은 일에는 마가 끼기 쉽다는 뜻으로, 좋은 일에는 방해되는 일이 많다는 말.

昊天罔極
호천망극

하늘 호 | 하늘 천 | 없을 망 | 극진할 극
부모의 은혜가 크고 끝이 없음을 이르는 말.

皓皓白髮
호호백발

흴 호 | 흴 호 | 흰 백 | 터럭 발
하얗게 센 머리.

和光同塵
화광동진

화할 화 | 빛 광 | 한가지 동 | 티끌 진
빛을 부드럽게 하여 주변의 티끌과 같게 함. 자기의 지덕과 재기를 감추고 세속을 좇음을 이름.

換骨奪胎
환골탈태

바꿀 환 | 뼈 골 | 빼앗을 탈 | 아이밸 태
뼈를 바꿔 끼우고 태를 빼앗음. 남의 문장을 빌렸으나 완전히 새로운 작품으로 만들어냄.

胸中生塵
흉중생진

가슴 흉 | 가운데 중 | 날 생 | 티끌 진
가슴에 먼지가 생긴다는 뜻으로, 사람을 잊지 않고 생각은 오래 하면서 만나지 못함을 일컬음.

熙熙壤壤
희희양양

빛날 희 | 빛날 희 | 흙덩이 양 | 흙덩이 양
여러 사람이 여기저기 번화하게 왕래하는 모양.

1급 한자능력검정용 급수별 사자성어

呵呵大笑 가가대소	웃을가 | 웃을가 | 큰대 | 웃음소 껄껄거리며 크게 소리내어 웃음. [동] 파안대소(破顔大笑), 박장대소(拍掌大笑)
苛斂誅求 가렴주구	가혹할가 | 거둘렴 | 벨·멸할주 | 구할구 세금을 가혹하게 거두어들이고 백성의 재물을 무리하게 빼앗음.
艱難辛苦 간난신고	어려울간 | 어려울난 | 매울신 | 쓸고 갖은 어려움과 고통을 다 겪음.
竿頭之勢 간두지세	장대간 | 머리두 | 어조사지 | 형세세 댓가지 꼭대기에 서 있게 된 형세. 곧, 어려움이 극도에 달하여 아주 위태로운 상황을 말함.
奸臣賊子 간신적자	간사할간 | 신하신 | 도둑·그르칠적 | 아들자 간사한 신하와 부모를 거스르는 자식. [동] 난신적자(亂臣賊子)
渴而穿井 갈이천정	목마를갈 | 말이을이 | 뚫을천 | 우물정 목이 마를 때 비로소 우물을 판다는 뜻으로, 일을 당해서 시작하면 때가 늦는다는 말.
竭澤而漁 갈택이어	다할갈 | 못택 | 말이을이 | 고기잡을어 연못을 말려 고기를 얻음. 눈앞의 이익만을 좇으며 먼 앞날은 생각하지 않음을 가리키는 말.
甘呑苦吐 감탄고토	달감 | 삼킬탄 | 쓸고 | 토할토 달면 삼키고 쓰면 뱉는다는 뜻으로, 인정의 간사함을 이르는 말.

甲論乙駁
갑론을박

갑옷·아무갑 | 논할론 | 새·아무을 | 논박할박
서로 의견을 주고받으며 옥신각신함.

康衢煙月
강구연월

편안강 | 네거리구 | 연기연 | 달월
태평한 시대의 큰 길거리의 평화로운 풍경을 이르는 말.

強弩之末
강노지말

강할강 | 쇠뇌노 | 어조사지 | 끝말
아무리 강한 힘도 마지막에 쇠약해지는 데는 어쩔 수 없다는 뜻.

蓋棺事定
개관사정

덮을개 | 널관 | 일사 | 정할정
사람이 죽은 후에야 비로소 그 사람에 대한 평가가 제대로 된다는 말.

改善匡正
개선광정

고칠개 | 착할선 | 바로잡을광 | 바를정
좋도록 고치고 바로잡음.

去頭截尾
거두절미

갈·버릴거 | 머리두 | 끊을절 | 꼬리미
머리를 없애고 꼬리를 자름. 앞뒤의 잔사설을 빼고 요점만 말함. [동] 단도직입(單刀直入)

乾坤一擲
건곤일척

하늘건 | 땅곤 | 한일 | 던질척
하늘과 땅을 걸고 주사위를 한 번 던짐. 운명과 흥망을 걸고 어떤 일을 단행하는 것을 말함.

隔靴搔癢
격화소양

사이뜰격 | 신화 | 긁을소 | 가려울양
신을 신은 채 가려운 발바닥을 긁음. 일을 하느라 애는 쓰지만 성에 차지 않음의 비유.

見蚊拔劍
견문발검

볼견 | 모기문 | 뽑을발 | 칼검
모기를 보고 칼을 빼어 든다는 말로, 하찮은 일에 너무 크게 덤비는 것을 비유하는 말.

犬猿之間
견원지간

개 견 | 원숭이 원 | 어조사 지 | 사이 간
개와 원숭이 사이. 서로 사이가 좋지 못한 관계를 이르는 말.

鯨戰蝦死
경전하사

고래 경 | 싸움 전 | 새우 하 | 죽을 사
고래 싸움에 새우등 터짐. 강자의 싸움에 아무 상관도 없는 약자가 화를 당함의 비유.

呱呱之聲
고고지성

울 고 | 울 고 | 어조사 지 | 소리 성
아이가 세상에 처음 나오면서 우는 소리.

股肱之臣
고굉지신

넓적다리 고 | 팔뚝 굉 | 어조사 지 | 신하 신
임금이 팔다리같이 믿고 중요하게 여기는 신하를 말함. ⓑ 고장지신(股掌之臣)

叩頭謝罪
고두사죄

조아릴 고 | 머리 두 | 사례할·사죄할 사 | 허물 죄
머리를 조아려 사죄함.

膏粱子弟
고량자제

기름 고 | 기장 량 | 아들 자 | 아우 제
살찐 고기와 좋은 곡식만 먹고 귀엽게 자라 고생을 모르는 부잣집 젊은이.

膏粱珍味
고량진미

기름 고 | 기장 량 | 보배 진 | 맛 미
살찐 고기와 좋은 곡식으로 만든 맛있는 음식.
ⓑ 산해진미(山海珍味)

孤臣寃淚
고신원루

외로울 고 | 신하 신 | 원통할 원 | 눈물 루
임금의 신임이나 사랑을 받지 못하는 외로운 신하의 원통한 눈물.

苦心慘憺
고심참담

쓸·괴로울 고 | 마음 심 | 참혹할 참 | 참담할 담
몹시 마음을 태우며 애를 쓰면서 걱정을 함.

孤注一擲
고주일척

외로울 고 | 물댈 주 | 한 일 | 던질 척
노름꾼이 도박에서 남은 돈을 한 번에 다 걸고 모험함. 온 힘을 다해 어떤 일을 모험함의 비유.

曲突徙薪
곡돌사신

굽을 곡 | 갑자기·굴뚝 돌 | 옮길 사 | 섶 신
굴뚝을 꼬불꼬불하게 만들고 아궁이 근처의 나무를 딴 곳으로 옮김. 화를 미리 방지함의 비유.

孔子穿珠
공자천주

구멍 공 | 아들 자 | 뚫을 천 | 구슬 주
공자가 구슬을 꿴. 진리를 탐구하는 사람은 자기보다 못한 사람에게 배울 점이 있다는 말.

管中窺天
관중규천

대롱 관 | 가운데 중 | 엿볼 규 | 하늘 천
대롱으로 하늘을 봄. 소견과 생각하는 범위가 좁음.
(동) 좌정관천(坐井觀天)

刮目相對
괄목상대

비빌 괄 | 눈 목 | 서로 상 | 대할 대
눈을 비비고 다시 봄. 다른 사람의 학식이나 재주가 몰라볼 정도로 나아졌음을 가리키는 말.

狂言綺語
광언기어

미칠 광 | 말씀 언 | 비단 기 | 말씀 어
이치에 맞지 않는 말이나 교묘하게 꾸민 말.

曠日彌久
광일미구

빌 광 | 날 일 | 걸릴 미 | 오랠 구
날을 비워둔 지가 오래되었다는 말로, 오랫동안 쓸데없이 세월만 보낸다는 뜻.

皎皎月色
교교월색

달밝을 교 | 달밝을 교 | 달 월 | 빛 색
매우 맑고 밝은 달빛.

驕兵必敗
교병필패

교만할 교 | 병사 병 | 반드시 필 | 패할 패
자기 군대의 힘만 믿고 뽐내는 교만한 군사는 반드시 패한다는 뜻. (동) 경적필패(輕敵必敗)

矯枉過正
교왕과정

바로잡을교 | 굽을왕 | 허물과 | 바를정
잘못을 고치려다 지나쳐 오히려 나쁜 결과를 가져옴.
동 교각살우(矯角殺牛)

狡兔三窟
교토삼굴

교활할교 | 토끼토 | 석삼 | 굴굴
교활한 토끼는 세 개의 숨을 굴을 파 놓음. 위기에 대비하여 미리 대책을 세워놓는 것이 현명하다는 말.

狗尾續貂
구미속초

개구 | 꼬리미 | 이을속 | 담비초
담비 꼬리가 모자라 개꼬리를 잇는다는 뜻으로, 훌륭한 것에 하찮은 것이 뒤를 이음의 비유.

救火投薪
구화투신

구원할구 | 불화 | 던질투 | 섶신
불을 끈답시고 섶을 던짐. 해를 없애려고 한 행위가 도리어 그 해를 조장하게 됨의 비유.

群盲撫象
군맹무상

무리군 | 소경맹 | 어루만질무 | 코끼리상
보통 사람은 모든 사물을 자기 주관대로 그릇 판단하거나 그 일부밖에 파악하지 못한다는 말.

君子豹變
군자표변

임금군 | 아들자 | 표범표 | 변할변
표범의 무늬가 선명한 것처럼, 군자는 잘못을 깨달으면 즉시 명확하게 고침.

窮寇莫追
궁구막추

궁할궁 | 도둑구 | 없을막 | 쫓을추
곤란한 지경에 있는 사람을 모질게 다루면 반격을 할 수 있으니 조심하라는 말.

弓折箭盡
궁절전진

활궁 | 꺾을절 | 화살전 | 다할진
활이 꺾이고 화살이 다 떨어졌다는 뜻으로, 무기가 떨어져서 전력을 잃음.

捲土重來
권토중래

말권 | 흙토 | 거듭중 | 올래
흙먼지를 말아 일으키며 다시 옴. 한 번 패한 적이 있는 자가 세력을 키워 다시 쳐들어온다는 말.

貴鵠賤鷄
귀곡천계

귀할귀 | 고니곡 | 천할천 | 닭계
먼 데 것을 귀하게 여기고 가까운 데 것을 천하게 여기는 풍조를 빗대어 하는 말.

龜背刮毛
귀배괄모

거북귀 | 등배 | 비빌·깎을괄 | 터럭모
거북 등의 털을 깎는다는 뜻으로, 되지 않을 일을 애써 하려 함의 비유.

橘中之樂
귤중지락

귤귤 | 가운데중 | 어조사지 | 즐길락
바둑을 두는 즐거움을 이르는 말.

隙駒光陰
극구광음

틈극 | 망아지구 | 빛광 | 그늘음
문틈으로 닫는 말을 보는 것과 같다는 뜻으로, 세월의 흐름이 지극히 빠름을 일컬음.

汲水功德
급수공덕

물길을급 | 물수 | 공공 | 덕덕
목마른 사람에게 물을 길어다 주는 공덕.

氣息奄奄
기식엄엄

기운기 | 쉴식 | 문득엄 | 문득엄
금방 목숨이 끊어질 듯 숨기운이 약하고 위태한 경우를 이름.

寄與補裨
기여보비

부칠기 | 줄여 | 기울보 | 도울비
사회나 어떤 일에 대하여 공헌을 함.

旗幟鮮明
기치선명

깃발기 | 기치 | 고울선 | 밝을명
깃발의 빛이 선명함. 태도나 언행이 뚜렷함을 이르는 말.

落穽下石
낙정하석

떨어질락 | 함정정 | 아래하 | 돌석
재난을 당한 사람을 구해 주기는커녕 오히려 괴롭힘을 빗대어 하는 말.

南橘北枳
남귤북지

남녘남 | 귤귤 | 북녘북 | 탱자지
강남 땅의 귤나무를 북쪽에 옮겨 심으면 탱자나무로 변함. 사람도 환경에 따라 성품이 변함.

狼子野心
낭자야심

이리랑 | 아들자 | 들야 | 마음심
본래 성품이 비뚤어진 사람은 은혜를 베풀어도 결국 배반함.

囊中之錐
낭중지추

주머니낭 | 가운데중 | 어조사지 | 송곳추
주머니 속의 송곳. 재능이 뛰어난 사람은 숨어 있어도 저절로 사람들이 알게 됨을 말함.

囊中取物
낭중취물

주머니낭 | 가운데중 | 가질취 | 물건물
주머니 속의 물건을 꺼내는 것같이 매우 손쉬운 일을 일컬음. (동) 탐낭취물(探囊取物)

駑馬十駕
노마십가

둔한말노 | 말마 | 열십 | 탈것가
재주 없는 사람도 노력하면 재주 있는 사람과 어깨를 나란히 할 수 있음을 비유한 말.

奴顔婢膝
노안비슬

종노 | 얼굴안 | 계집종비 | 무릎슬
얼굴은 사내종처럼 비굴하게 갖고 몸은 계집종처럼 놀림. 남에게 알랑거리는 비굴한 태도.

訥言敏行
눌언민행

말더듬거릴눌 | 말씀언 | 민첩할민 | 다닐행
말은 둔해도 행동은 민첩하다는 말.

簞食豆羹
단사두갱

소쿠리단 | 밥사 | 콩두 | 국갱
대그릇에 담은 밥과 작은 나무 그릇에 담긴 국이라는 뜻으로, 변변치 못한 음식을 이름.

戴盆望天
대분망천

일대 | 동이분 | 바랄망 | 하늘천
머리에 동이를 이면 하늘을 볼 수 없는데 보려고 함. 두 가지 일을 동시에 할 수 없음의 비유.

屠龍之技
도롱지기

죽일도 | 용룡 | 어조사지 | 재주기
용을 때려잡는 재주가 있다는 말로, 쓸데없는 재주를 이름.

屠所之羊
도소지양

죽일도 | 바·곳소 | 어조사지 | 양양
도살장으로 끌려가는 양이라는 뜻으로, 다 죽게 된 불행한 처지에 있는 사람의 비유.

讀書三昧
독서삼매

읽을독 | 책서 | 석삼 | 어두울매
다른 생각은 전혀 아니하고 오로지 책 읽기에만 열중함.

獨淸獨醒
독청독성

홀로독 | 맑을청 | 홀로독 | 깰성
어지럽고 혼탁한 세상에서 다만 홀로 깨끗하고 정신이 맑음을 이름.

冬扇夏爐
동선하로

겨울동 | 부채선 | 여름하 | 화로로
겨울의 부채와 여름의 화로라는 뜻으로. 아무 소용없는 물건을 일컬음. **동** 하로동선(夏爐冬扇)

董狐之筆
동호지필

바를동 | 여우호 | 어조사지 | 붓필
동호의 붓. 권세를 두려워하지 않고 사실을 그대로 적어 역사에 남기는 일을 말함.

登樓去梯
등루거제

오를등 | 다락루 | 갈·버릴거 | 사다리제
다락에 오르게 해 놓고 오르고 나면 사다리를 치움. 남을 꾀어 곤란한 처지에 빠지게 함의 비유.

麻姑搔癢
마고소양

삼마 | 시어미고 | 긁을소 | 가려울양
마고가 긴 손톱으로 가려운 데를 긁어 주듯, 원하는 일이 시원스럽게 잘 되어 감의 비유.

摩拳擦掌
마권찰장

문지를마 | 주먹권 | 문지를찰 | 손바닥장
주먹과 손바닥을 비빔. 기운을 모아 달려나갈 태세를 갖추고 때가 오기를 기다린다는 말.

磨斧作針 마부작침	갈마 | 도끼부 | 만들작 | 바늘침 아무리 이루기 힘든 일이라도 참고 계속하면 언젠가는 성공할 수 있음. [동] 우공이산(愚公移山)
滿身瘡痍 만신창이	찰만 | 몸신 | 부스럼창 | 상처이 온몸에 성한 데가 없이 여러 군데 다친 상처. 전체적으로 성한 데가 하나도 없을 만큼 결함이 많음.
網漏呑舟 망루탄주	그물망 | 샐루 | 삼킬탄 | 배주 배를 삼킬 만한 큰 고기도 새는 그물. 법령이 너그러워 큰 죄를 짓고도 피할 수 있게 됨의 비유.
亡羊補牢 망양보뢰	망할망 | 양양 | 기울보 | 우리뢰 양을 잃고 그 우리를 고친다는 뜻으로, 이미 때가 늦었음을 비유하는 말.
芒刺在背 망자재배	까끄라기·가시망 | 찌를자 | 있을재 | 등배 가시를 등에 지고 있음. 자기가 꺼리고 두려워하는 사람이 있어서 마음이 편하지 않음을 일컬음.
盲玩丹青 맹완단청	눈멀맹 | 즐길완 | 붉을단 | 푸를청 소경의 단청 구경이라는 뜻으로, 사물을 보아도 사리를 잘 분별하지 못함의 비유.
盲人摸象 맹인모상	눈멀맹 | 사람인 | 더듬을모 | 코끼리상 장님이 코끼리를 만지듯이 사물의 일부만을 알고 함부로 결론을 내리는 좁은 견해.
盲者失杖 맹자실장	눈멀맹 | 사람자 | 잃을실 | 지팡이장 맹인이 지팡이를 잃음. 곧 의지하던 것을 잃고 어렵게 됨을 이름.
猛虎爲鼠 맹호위서	사나울맹 | 범호 | 할위 | 쥐서 사나운 범도 위세를 잃으면 쥐와 같다는 뜻으로, 군주도 권위를 잃으면 신하에게 꺾임의 비유.

明珠闇投 명주암투	밝을명 | 구슬주 | 숨을암 | 던질투 지극히 귀한 보물도 예를 갖추어서 주지 않으면 도리어 원한을 사게 됨.
沐浴齋戒 목욕재계	머리감을목 | 목욕할욕 | 재계할재 | 경계할계 목욕을 하여 몸을 깨끗이 하고 마음을 가다듬어 부정을 피하는 일.
夢寐之間 몽매지간	꿈몽 | 잘매 | 어조사지 | 사이간 잠을 자면서 꿈을 꾸는 동안. 즉, 자나깨나.
無病自灸 무병자구	없을무 | 병병 | 스스로자 | 뜸구 질병이 없는데 스스로 뜸질을 한다는 뜻으로, 불필요한 노력을 하여 정력을 낭비하는 것을 말함.
巫山之夢 무산지몽	무당무 | 메산 | 어조사지 | 꿈몽 무산의 꿈이라는 뜻으로, 남녀간의 은밀한 만남, 곧 정사를 일컫는 말. [동] 조운모우(朝雲暮雨)
無知蒙昧 무지몽매	없을무 | 알지 | 어릴몽 | 어두울매 전혀 아는 것이 없고 사리에 어두움.
門前雀羅 문전작라	문문 | 앞전 | 참새작 | 벌일라 권세를 잃거나 가난해지면 문 앞에 새그물을 쳐놓을 수 있을 정도로 방문객이 끊어져 한산해짐.
攀龍附鳳 반룡부봉	당길반 | 용룡 | 붙을부 | 봉새봉 용을 끌어잡고 봉황에 붙는다는 뜻으로, 훌륭한 인물을 의지하여 붙좇음을 비유함.
反目嫉視 반목질시	돌이킬반 | 눈목 | 미워할질 | 볼시 서로 미워하고 질투하는 눈으로 봄.

1급

班門弄斧 반문농부

나눌반 | 문문 | 희롱할롱 | 도끼부

자신의 실력도 헤아리지 아니하고 어떤 일을 하려고 당치 아니하게 덤비는 일을 이르는 말.

斑衣之戲 반의지희

아롱질·얼룩반 | 옷의 | 어조사지 | 놀이희

나이 들어서까지 부모에게 효도함.

反哺之孝 반포지효

돌이킬반 | 먹일포 | 어조사지 | 효도효

까마귀 새끼가 자라서 그 어미에게 먹을 것을 물어다 줌. 자식이 부모의 은혜를 갚음의 비유.

拔萃抄錄 발췌초록

뽑을발 | 모을췌 | 뽑을초 | 기록할록

여럿 속에서 뛰어난 것을 뽑아 간단히 적어둔 것.

杯盤狼藉 배반낭자

잔배 | 쟁반반 | 어지러울랑 | 깔자

잔과 쟁반이 어지럽게 흩어져 있다는 뜻으로, 술을 마시고 흥겹게 노는 모양.

白駒過隙 백구과극

흰백 | 망아지구 | 지날과 | 틈극

문틈으로 흰 말이 달려 지나가는 것을 보는 것과 같음. 세월의 흐름이 매우 빠름을 비유하는 말.

百年偕老 백년해로

일백백 | 해년 | 함께해 | 늙을로

부부가 한평생을 사이좋게 지내고 즐겁게 함께 늙는 것을 말함.

百尺竿頭 백척간두

일백백 | 자척 | 장대간 | 머리두

백 척 길이의 장대 위에 서 있는 상태. 위태롭고 어려운 지경에 이름. [동] 누란지위(累卵之危)

病入骨髓 병입골수

병병 | 들입 | 뼈골 | 골수수

병이 뼛속 깊이 스며들 정도로 뿌리 깊고 중함.

本末顚倒
본말전도

근본본 | 끝말 | 엎드러질전 | 거꾸러질도
일의 근본 줄기는 잊고 사소한 부분에만 사로잡힘.
🔄 주객전도(主客顚倒)

蓬頭垢面
봉두구면

쑥봉 | 머리두 | 때구 | 낯면
차림새가 매우 지저분하거나 성질이 털털하여 겉모습에 개의치 않음을 이름.

負荊請罪
부형청죄

질부 | 가시형 | 청할청 | 허물죄
가시나무를 등에 지고 때려 주기를 바란다는 뜻으로, 사죄하는 것을 일컬음.

粉骨碎身
분골쇄신

가루분 | 뼈골 | 부술쇄 | 몸신
뼈가 가루가 되고 몸이 부서지도록 노력함. 또 그렇게 힘써 일함. 🔄 진충갈력(盡忠竭力)

焚書坑儒
분서갱유

불사를분 | 글서 | 묻을갱 | 선비유
책을 불사르고 선비를 묻는다는 뜻으로, 문화에 대한 진시황의 가혹한 정책을 가리키는 말.

糞土之言
분토지언

똥분 | 흙토 | 어조사지 | 말씀언
도리에 어긋난 가치 없는 말. 이치에 닿지 않는 천한 말.

不撓不屈
불요불굴

아니불 | 휠뇨 | 아니불 | 굽힐굴
한번 품은 뜻이나 결심이 어려운 고비에서도 흔들리거나 꺾이지 않음.

比肩繼踵
비견계종

견줄비 | 어깨견 | 이을계 | 발꿈치종
어깨를 나란히 하고 발뒤꿈치를 잇는다는 뜻으로, 계속 끊이지 않고 이어짐을 말함.

匪躬之節
비궁지절

도적·아닐비 | 몸궁 | 어조사지 | 마디·절개절
봉건사회에서, 자기 몸을 돌보지 않고 임금에게 충성을 다하는 신하의 도리.

悲憤慷慨
비분강개

슬플비 | 분할분 | 슬플강 | 슬퍼할개
슬프고 분해서 마음이 복받침.

徙家忘妻
사가망처

옮길사 | 집가 | 잊을망 | 아내처
이사할 때 아내를 깜빡 잊고 데려가지 않는다는 뜻으로, 건망증이 심한 것을 가리킴.

死僧習杖
사승습장

죽을사 | 중승 | 익힐·버릇습 | 지팡이장
죽은 중 볼기치기라는 뜻으로, 전혀 항거할 힘이 없는 약한 사람에게 위엄을 부리는 것을 일컬음.

社稷爲墟
사직위허

모일·땅귀신사 | 피직 | 할위 | 터허
사직이 폐허가 되었다는 뜻으로, 나라가 망함을 이름. '사직'은 토지의 신과 오곡(五穀)의 신.

嘗糞之徒
상분지도

맛볼상 | 똥분 | 어조사지 | 무리도
남의 대변을 맛볼 정도로 아무 부끄러움 없이 아첨하는 사람이나 그 무리.

上下撐石
상하탱석

위상 | 아래하 | 버틸탱 | 돌석
윗돌 빼서 아랫돌 괴고 아랫돌 빼서 윗돌 굄. 임시변통으로 이리저리 둘러맞춰서 겨우 유지함.

生巫殺人
생무살인

날생 | 무당무 | 죽일살 | 사람인
선무당이 사람 잡는다는 뜻으로, 기술과 경험이 적은 사람이 잘난 체하다가 도리어 화를 부름.

鼠肝蟲臂
서간충비

쥐서 | 간간 | 벌레충 | 팔비
쥐의 간과 벌레의 발이라는 뜻으로, 아무 쓸모없고 미천한 물건을 이름. [동] 충비서간(蟲臂鼠肝)

雪泥鴻爪
설니홍조

눈설 | 진흙니 | 기러기홍 | 손톱조
눈 녹은 진 땅의 기러기 발자국처럼 인생의 자취가 흔적이 없음을 비유하여 이르는 말.

舌芒於劍
설망어검

혀설 | 까끄라기·가시망 | 어조사어 | 칼검

혀가 칼보다 날카롭다는 뜻으로, 평론·논평·언론 따위의 논조와 표현이 날카로움을 말함.

城狐社鼠
성호사서

성성 | 여우호 | 모일·땅귀신사 | 쥐서

성 안에 사는 여우와 사당에 사는 쥐라는 뜻으로, 임금 옆에 있는 간사한 신하를 일컬음.

逍遙吟詠
소요음영

노닐소 | 멀요 | 읊을음 | 읊을영

천천히 거닐면서 시를 읊음.

損上剝下
손상박하

덜손 | 위상 | 벗길박 | 아래하

나라에 해를 끼치고 백성의 재물을 빼앗음.

碎首灰塵
쇄수회진

부술쇄 | 머리수 | 재회 | 티끌진

머리를 부서뜨려 재와 티끌을 만든다는 뜻으로, 정성과 노력을 다 기울임을 말함.

守口如瓶
수구여병

지킬수 | 입구 | 같을여 | 병병

입을 병마개 막듯이 꼭 봉한다는 뜻으로, 비밀을 잘 지켜 결코 남에게 알리지 아니함의 비유.

首鼠兩端
수서양단

머리수 | 쥐서 | 두량 | 끝단

쥐가 머리만 내밀고 좌우를 살핀다는 뜻으로, 어떤 일을 결정하지 못하고 망설이는 상태를 말함.

袖手傍觀
수수방관

소매수 | 손수 | 곁방 | 볼관

팔짱을 끼고 보고만 있음. 어떤 일을 당하여 간섭하거나 거들지 않고 그대로 보고만 있음을 말함.

羞惡之心
수오지심

부끄러울수 | 미워할오 | 어조사지 | 마음심

사람의 본성에서 우러나오는 옳지 못함을 부끄러워하고 착하지 못함을 미워하는 마음.

水滴穿石 수적천석

물수 | 물방울적 | 뚫을천 | 돌석

물방울이 돌을 뚫음. 꾸준히 노력하면 무슨 일이든 할 수 있다는 말. [동] 우공이산(愚公移山)

菽麥不辨 숙맥불변

콩숙 | 보리맥 | 아니불 | 분별할변

콩인지 보리인지 분별하지 못함. 매우 어리석은 사람의 비유. [동] 동서불변(東西不辨)

菽水之歡 숙수지환

콩숙 | 물수 | 어조사지 | 기쁠환

콩을 먹고 물을 마시는 가난한 처지에서도 부모에게 효도하는 기쁨.

熟柿主義 숙시주의

익을숙 | 감시 | 주인주 | 옳을의

일이 저절로 잘되거나 가만히 있어도 자기에게 이권이 돌아올 때를 기다리는 생각과 태도.

夙興夜寐 숙흥야매

이를숙 | 일흥 | 밤야 | 잘매

아침에 일찍 일어나고 밤에 늦게 잔다는 뜻으로, 밤낮으로 부지런히 일함.

純潔無垢 순결무구

순수할순 | 깨끗할결 | 없을무 | 때구

아주 깨끗하여 전혀 더러운 티가 없음.

豺狼當路 시랑당로

승냥이시 | 이리랑 | 마땅·당할당 | 길로

승냥이와 이리가 길을 막음. 사악하고 잔인한 사람이 중요한 지위를 이용해 함부로 권세를 부림.

薪水之勞 신수지로

섶나무신 | 물수 | 어조사지 | 일할로

나무를 하고 물을 긷는 수고. 곧, 천한 일을 이름.

伸冤雪恥 신원설치

펼·말할신 | 원통할원 | 눈·씻을설 | 부끄러울치

원통함을 풀고 부끄러운 일을 씻어 버리는 것을 일컬음.

實踐躬行
실천궁행

열매·참실 | 밟을천 | 몸궁 | 다닐·행할행
실제로 몸소 이행함.

十匙一飯
십시일반

열십 | 숟가락시 | 한일 | 밥반
열 사람이 밥 한 술씩 보태면 한 사람 먹을 분량이 됨. 여러 사람이 한 사람 돕기는 쉽다는 말.

阿鼻叫喚
아비규환

언덕·아첨할아 | 코비 | 부르짖을규 | 부를환
많은 사람이 지옥 같은 고통을 못 이겨 울부짖는 소리. 심한 참상을 형용하는 말.

啞然失色
아연실색

벙어리아 | 그러할연 | 잃을실 | 빛색
뜻밖의 놀란 일을 만나 얼굴빛을 잃어버림.

阿諛苟容
아유구용

언덕·아첨할아 | 아첨할유 | 구차할구 | 받아들일용
남에게 구차하게 아첨하는 일.

按圖索駿
안도색준

살필안 | 그림도 | 찾을색 | 준마준
그림에서 얻은 지식으로 준마를 찾음. 실제로 부딪쳐 얻은 지식이 아니면 쓸모가 없음의 비유.

眼中之釘
안중지정

눈안 | 가운데중 | 어조사지 | 못정
눈 속의 못이라는 뜻으로, 몹시 싫거나 미워서 눈에 거슬리는 사람을 비유하는 말.

暗中摸索
암중모색

어두울암 | 가운데중 | 더듬을모 | 찾을색
어둠 속에서 더듬어 찾는다는 뜻으로, 분명히 알지 못하는 일을 어림짐작으로 추측한다는 말.

仰天而唾
앙천이타

우러를앙 | 하늘천 | 말이을이 | 침타
하늘 보고 침뱉기라는 뜻으로, 남을 해치려다가 도리어 자기가 해를 입게 됨의 비유.

曖昧模糊
애매모호

희미할애 | 어두울매 | 모범·모양모 | 흐릴호
사물의 이치가 희미하고 분명치 않음.

冶容誨淫
야용회음

풀무·요염할야 | 얼굴용 | 가르칠회 | 음란할음
여자가 지나치게 몸단장을 하는 것은 남에게 음탕한 짓을 가르치는 격이라는 말.

量衾伸足
양금신족

수량량 | 이불금 | 펼신 | 발족
이불 길이를 보고 발을 뻗음. 일의 결과를 헤아려 가며 힘이 허락하는 한도 내에서 행하라는 말.

梁上君子
양상군자

들보량 | 위상 | 임금군 | 아들자
대들보 위의 군자라는 뜻으로, 도둑을 가리킴. 천장 위의 쥐를 일컫기도 함.

兩手執餠
양수집병

두량 | 손수 | 잡을집 | 떡병
두 손에 떡을 쥐었다는 뜻으로, 가지기도 버리기도 아까운 경우를 말함.

掩目捕雀
엄목포작

가릴엄 | 눈목 | 잡을포 | 참새작
눈을 가리고 참새를 잡으려 한다는 뜻으로, 매우 얕은 수로 남을 속이려 함을 일컬음.

掩耳盜鈴
엄이도령

가릴엄 | 귀이 | 훔칠도 | 방울령
귀를 막고 방울을 훔침. 저만 듣지 않으면 남도 듣지 않는 줄 아는 어리석은 행동을 비유하는 말.

餘裕綽綽
여유작작

남을여 | 넉넉할유 | 너그러울작 | 너그러울작
말이나 행동이 너그럽고 침착함.

煙霞痼疾
연하고질

연기연 | 노을하 | 고질병고 | 병질
자연을 사랑하는 마음이 병처럼 깊음을 뜻하는 말.

煙霞日輝
연하일휘

연기연 | 노을하 | 해일 | 빛날휘
안개와 노을과 빛나는 햇살. 곧, 아름다운 경치를 이름.

曳尾塗中
예미도중

끌예 | 꼬리미 | 진흙도 | 가운데중
높은 관리가 되어 속박당하는 것보다 비록 가난해도 자유롭게 사는 편이 나음의 비유.

寤寐不忘
오매불망

잠깰오 | 잘매 | 아니불 | 잊을망
자나 깨나 잊지 못함.

吳牛喘月
오우천월

오나라오 | 소우 | 숨찰천 | 달월
오나라의 소가 달을 보고 해가 뜬 줄 알고 헐떡임. 지레짐작으로 공연한 일에 겁을 내어 걱정함.

玉石俱焚
옥석구분

구슬옥 | 돌석 | 함께구 | 불사를분
옥과 돌이 함께 탐. 좋은 것과 나쁜 것이 함께 망하는 것을 일컫는 말. [동] 옥석혼효(玉石混淆)

玉石同櫃
옥석동궤

구슬옥 | 돌석 | 한가지동 | 궤짝궤
좋은 것과 나쁜 것, 혹은 똑똑한 사람과 어리석은 사람이 한데 섞여 있는 경우를 말함.

甕算畫餠
옹산화병

독옹 | 셈할산 | 그림화 | 떡병
독장수 셈과 그림의 떡이라는 뜻으로, 헛수고만 하거나 실속이 없음을 이름.

蝸角之爭
와각지쟁

달팽이와 | 뿔각 | 어조사지 | 다툴쟁
달팽이 뿔 위에서의 다툼. 쓸데없는 다툼, 또는 하찮은 일로 다투는 것을 가리키는 말.

臥薪嘗膽
와신상담

누울와 | 섶나무신 | 맛볼상 | 쓸개담
원수를 갚으려고, 또는 원하는 바를 이루려고 어떤 괴로움과 어려움이라도 참고 견딘다는 말.

1급

玩物喪志
완물상지

즐길완 | 물건물 | 잃을상 | 뜻지
물질이나 도락에 너무 집착하면 소중한 본심을 잃게 됨의 비유.

枉尺直尋
왕척직심

굽을왕 | 자척 | 곧을직 | 찾을·여덟자심
짧은 자를 굽히고 긴 자를 폄. 큰일을 하기 위해서는 대수롭지 않은 절조나 의리를 희생함.

燎原之火
요원지화

횃불료 | 언덕원 | 어조사지 | 불화
들판을 태우는 불이라는 뜻으로, 세력이 엄청나서 막을 수 없는 것을 비유하는 말.

用錐指地
용추지지

쓸용 | 송곳추 | 가리킬지 | 땅지
송곳으로 넓은 땅을 찔러 보았자 한 점(點)뿐이라는 뜻으로, 식견이 좁음을 일컬음.

龍虎相搏
용호상박

용룡 | 범호 | 서로상 | 칠박
용과 범이 서로 싸운다는 뜻으로, 두 강자의 싸움을 비유하는 말.

迂餘曲折
우여곡절

굽을우 | 남을여 | 굽을곡 | 꺾을절
끈이 길게 남아돌아 구불구불 굽었다는 뜻으로, 몹시 뒤얽힌 복잡한 사정.

牛入鼠穴
우입서혈

소우 | 들입 | 쥐서 | 굴혈
소가 쥐구멍에 들어간다는 뜻으로, 결코 있을 수 없는 일을 일컬음.

雨後竹筍
우후죽순

비우 | 뒤후 | 대죽 | 죽순순
비 온 뒤에 죽순이 돋아나듯, 어떤 일이 한때 많이 일어나는 것을 비유하는 말.

雲上氣稟
운상기품

구름운 | 위상 | 기운·기질기 | 바탕품
속됨을 벗어난 고상한 기질과 성품.

鴛鴦之契
원앙지계

원앙원 | 원앙앙 | 어조사지 | 맺을계
원앙처럼 사이가 좋은 부부.
[동] 금슬지락(琴瑟之樂)

怨徹骨髓
원철골수

원망할원 | 통할철 | 뼈골 | 골수수
원한이 깊어 골수에 사무침.
[동] 원입골수(怨入骨髓)

越畔之思
월반지사

넘을월 | 밭두둑반 | 어조사지 | 생각사
경계를 넘지 않는 마음. 자기 직분을 지키며 남의 직권을 침범하지 않도록 삼가는 마음.

越視秦瘠
월시진척

넘을·월나라월 | 볼시 | 진나라진 | 여윌척
월나라 사람이 멀리 떨어진 진나라의 땅이 메마름을 상관하지 않듯이, 남의 일에 전혀 무관심함.

爲叢驅雀
위총구작

할위 | 모일총 | 몰구 | 참새작
자기를 이롭게 하려다가 도리어 남을 이롭게 함을 이르는 말.

流言蜚語
유언비어

흐를류 | 말씀언 | 날비 | 말씀어
근거 없이 널리 퍼진 소문. 소란을 목적으로, 또는 남을 모략하려고 세상에 퍼뜨리는 낭설.

肉袋飯囊
육대반낭

고기육 | 자루대 | 밥반 | 주머니낭
살자루와 밥주머니라는 뜻으로, 아무 재주도 없이 먹기만 잘하는 사람을 이르는 말.

肉山脯林
육산포림

고기육 | 메산 | 포포 | 수풀림
고기를 산처럼 쌓아놓고 포를 숲처럼 늘어놓음. 매우 사치스러운 연회를 빗대어 하는 말.

綸言如汗
윤언여한

벼리륜 | 말씀언 | 같을여 | 땀한
땀이 다시 몸 속으로 들어갈 수 없는 것처럼 군주의 말이 한번 떨어지면 취소하기 어려움의 비유.

淫談悖說
음담패설
음란할음 | 말씀담 | 거스를패 | 말씀설
음탕하고 상스러운 이야기.

衣架飯囊
의가반낭
옷의 | 시렁가 | 밥반 | 주머니낭
옷걸이와 밥주머니라는 뜻으로, 쓸모없는 사람을 비유하여 이르는 말. **동** 육대반낭(肉袋飯囊)

意馬心猿
의마심원
뜻의 | 말마 | 마음심 | 원숭이원
사람의 번뇌와 욕심은 동요하기 쉽고 억누르기 어렵다는 말.

以管窺天
이관규천
써이 | 대롱관 | 엿볼규 | 하늘천
대롱 구멍으로 하늘을 본다는 뜻으로, 좁은 식견으로 큰 문제를 헤아림의 비유.

以蚓投魚
이인투어
써이 | 지렁이인 | 던질투 | 고기어
지렁이로 고기를 잡는다는 뜻으로, 하찮은 것이라도 다 쓸모가 있음을 이르는 말.

一目瞭然
일목요연
한일 | 눈목 | 밝을료 | 그러할연
한 번 보고 대번에 알 수 있을 만큼 분명하고 뚜렷함.

一瀉千里
일사천리
한일 | 쏟을사 | 일천천 | 마을·이수리
물이 단숨에 천 리를 흐른다는 뜻으로, 거침없이 매우 빠르게 진행되는 것을 가리킴.

一張一弛
일장일이
한일 | 베풀·당길장 | 한일 | 늦출이
활시위를 죄었다 늦추었다 하는 것처럼, 사람이나 물건을 적당히 부리고 적당히 쉬게 함.

粒粒辛苦
입립신고
낟알립 | 낟알립 | 매울신 | 쓸고
곡식 한 알 한 알에 농부의 고생이 스며 있다는 뜻으로, 곡식의 소중함을 일깨우는 말.

立錐之地
입추지지
설립 | 송곳추 | 어조사지 | 땅지
송곳 하나 세울 만한 땅이라는 뜻으로, 몹시 좁아 조금도 여유가 없음을 가리킴.

自家撞着
자가당착
스스로자 | 집가 | 칠당 | 붙을착
자기 스스로 부딪침. 한 사람의 언행이 앞뒤 모순되어 들어맞지 않음을 이름.

刺股懸梁
자고현량
찌를자 | 넓적다리고 | 매달현 | 들보량
허벅다리를 찌르고 머리털을 끈에 묶어 들보에 매닮. 태만함을 극복하고 열심히 공부함을 이름.

自繩自縛
자승자박
스스로자 | 노끈승 | 스스로자 | 얽을박
자기의 새끼줄로 자기를 묶는다는 뜻으로, 자기가 잘못하여 불행을 초래함을 이르는 말.

自然淘汰
자연도태
스스로자 | 그러할연 | 일도 | 일태
자연계에서 환경에 맞는 것은 살아남고 그렇지 못한 것은 없어지는 현상.

勺藥之贈
작약지증
구기작 | 약약 | 어조사지 | 줄증
작약꽃을 준다는 뜻으로, 남녀간에 정을 더욱 두텁게 하는 것을 말함.

棧豆之戀
잔두지련
사다리·우리잔 | 콩두 | 어조사지 | 그리워할련
말이 몇 알 안 되는 콩을 탐내어 마구간을 떠나지 못하듯, 보잘것없는 이익에 연연함의 비유.

長袖善舞
장수선무
긴장 | 소매수 | 착할·좋을선 | 춤출무
소매가 길면 춤추기가 좋다는 뜻으로, 어떤 일을 함에 있어 조건이 좋은 사람이 유리하다는 말.

適口之餠
적구지병
맞을적 | 입구 | 어조사지 | 떡병
입에 맞는 떡이라는 뜻으로, 자기 마음에 꼭 드는 사물을 이르는 말.

賊反荷杖
적반하장

도둑적 | 돌이킬반 | 멜·짐하 | 지팡이장
도둑이 도리어 매를 든다는 뜻으로, 잘못한 사람이 도리어 잘한 사람을 나무라는 경우를 말함.

輾轉反側
전전반측

돌아누울전 | 구를전 | 뒤척일반 | 곁측
생각과 고민이 많아 밤새도록 잠을 이루지 못하는 모양을 가리킴.

截髮易酒
절발역주

끊을절 | 터럭발 | 바꿀역 | 술주
머리를 잘라 술을 바꾼다는 뜻으로, 어머니의 자식에 대한 지극한 사랑의 비유.

切磋琢磨
절차탁마

자를절 | 갈차 | 다듬을탁 | 갈마
학문과 인격 따위를 힘써 갈고 닦음을 가리키는 말.

切齒扼腕
절치액완

끊을절 | 이치 | 누를액 | 팔뚝완
이를 갈고 팔을 걷어붙이며 몹시 분해함.

點滴穿石
점적천석

점점 | 물방울적 | 뚫을천 | 돌석
낙숫물이 돌을 뚫는다는 뜻으로, 하찮은 것이라도 모이고 쌓이면 뜻밖에 큰 것이 됨을 이름.

頂門一鍼
정문일침

정수리정 | 문문 | 한일 | 침침
정수리에 침을 놓는다는 뜻으로, 잘못의 급소를 찔러 충고하는 것을 말함.

井渫不食
정설불식

우물정 | 파낼설 | 아니불 | 먹을식
우물을 깨끗하게 치워도 마시지 않음. 재능이 있어도 세상에 쓰여지지 않음의 비유.

濟河焚舟
제하분주

건널제 | 물하 | 불사를분 | 배주
적을 공격하러 가면서 배를 타고 물을 건넌 후 바로 배를 태움. 필사(必死)의 의지를 나타냄.

糟糠之妻
조강지처

지게미조 | 겨강 | 어조사지 | 아내처
지게미와 겨를 먹으며 고통과 가난을 함께한 아내를 말함.

爪牙之士
조아지사

손톱조 | 어금니아 | 어조사지 | 선비사
짐승의 발톱과 어금니 같은 선비라는 뜻으로, 적을 막고 임금을 지키는 무사를 일컬음.

左顧右眄
좌고우면

왼좌 | 돌아볼고 | 오른우 | 곁눈질할면
왼쪽을 둘러보고 오른쪽을 돌아봄. 어떤 일에 얼른 결정을 짓지 못하고 망설임을 비유하는 말.

主客顚倒
주객전도

주인주 | 손객 | 엎드러질전 | 거꾸러질도
주인과 손님의 위치가 바뀜. 사물의 선후(先後), 경중(輕重), 본말(本末)이 서로 뒤바뀜을 이름.

走馬加鞭
주마가편

달아날주 | 말마 | 더할가 | 채찍편
달리는 말에 채찍을 더한다는 뜻으로, 잘하는 사람에게 더 잘하도록 격려하는 것을 일컬음.

走逐一斑
주축일반

달아날주 | 쫓을축 | 한일 | 아롱질반
서로 옳지 않은 일을 한 바에는 꾸짖는 사람이나 당하는 사람이나 마찬가지라는 말.

竹頭木屑
죽두목설

대죽 | 머리두 | 나무목 | 가루설
대나무 조각과 나무 부스러기라는 뜻으로, 쓸모가 적은 물건을 이르는 말.

櫛風沐雨
즐풍목우

빗즐 | 바람풍 | 머리감을목 | 비우
바람으로 머리를 빗고 빗물로 머리를 감음. 큰일을 하기 위해 객지에서 떠돌며 갖은 고생을 다함.

咫尺之地
지척지지

여덟치지 | 자척 | 어조사지 | 땅지
매우 가까운 거리.
[동] 지호지간(指呼之間)

1급

眞金不鍍
진금부도

참진 | 쇠금 | 아니부 | 도금할도
황금은 도금하지 않는다는 뜻으로, 진정한 실력자는 스스로 꾸밀 필요가 없다는 말.

珍羞盛饌
진수성찬

보배진 | 부끄러울·음식수 | 성할성 | 반찬찬
푸짐하게 잘 차린 맛있는 음식.

盡忠竭力
진충갈력

다할진 | 충성충 | 다할갈 | 힘력
충성을 다하고 있는 힘을 다 바침.
[동] 견마지로(犬馬之勞)

嫉逐排斥
질축배척

미워할질 | 쫓을축 | 밀칠배 | 물리칠척
시기하고 미워하여 물리침.

疾風迅雷
질풍신뢰

빠를질 | 바람풍 | 빠를신 | 천둥뢰
질풍이나 번개와 같이 행동이 무척 재빠르다는 뜻.

鑿飮耕食
착음경식

뚫을착 | 마실음 | 밭갈경 | 먹을식
우물을 파서 마시고 밭을 갈아먹는다는 뜻으로, 천하가 태평함의 비유.

斬釘截鐵
참정절철

벨참 | 못정 | 끊을절 | 쇠철
못을 끊고 쇠를 자른다는 뜻으로, 전혀 의심 없이 딱 결단하여 처리함을 비유하는 말.

娼家責禮
창가책례

창녀창 | 집가 | 꾸짖을책 | 예도례
창기의 집에서 예의를 따짐. 가당치 않은 데서 격식을 찾는 경우를 비꼬아 이르는 말.

採薪之憂
채신지우

캘채 | 섶나무신 | 어조사지 | 근심우
병이 나서 나무를 할 수 없다는 뜻으로, 자기 병을 겸손하게 일컫는 말.

鐵中錚錚
철중쟁쟁
쇠철 | 가운데중 | 쇳소리쟁 | 쇳소리쟁
많은 쇠 중에서도 좋은 소리를 내는 것. 보통 사람 중에서 특히 뛰어난 사람의 비유.

徹天之冤
철천지원
통할철 | 하늘천 | 어조사지 | 원통할원
하늘에 사무치도록 크나큰 원한.

疊疊愁心
첩첩수심
거듭첩 | 거듭첩 | 근심수 | 마음심
겹겹이 쌓인 근심.

樵童汲婦
초동급부
땔나무초 | 아이동 | 물길을급 | 며느리부
땔나무 하는 아이와 물 긷는 아낙네라는 뜻으로, 보통 사람을 일컫는 말.

叢輕折軸
총경절축
모일총 | 가벼울경 | 꺾을절 | 굴대축
가벼운 것이라도 많이 모이면 차축을 부러뜨림. 작은 것도 많이 모이면 큰 힘이 됨의 비유.

塚中枯骨
총중고골
무덤총 | 가운데중 | 마를고 | 뼈골
무덤 속의 마른 뼈라는 뜻으로, 몹시 여윈 사람을 놀리는 말. 또는 무능한 사람을 이르는 말.

秋風之扇
추풍지선
가을추 | 바람풍 | 어조사지 | 부채선
가을바람에 부채. 제철이 지나서 쓸모없이 된 물건. 남자의 사랑을 잃은 여자의 비유.

出嫁外人
출가외인
날출 | 시집갈가 | 바깥외 | 사람인
시집간 딸은 친정 사람이 아니고 남이나 마찬가지라는 뜻으로 이르는 말.

出爾反爾
출이반이
날출 | 너이 | 돌이킬반 | 너이
자기에게서 나온 것은 자기에게 돌아감. 자기가 뿌린 씨는 자기가 거두지 않으면 안 된다는 말.

衝目之杖
충목지장

찌를충 | 눈목 | 어조사지 | 지팡이장
눈을 찌를 막대기라는 뜻으로, 남을 해칠 악한 마음을 일컫는 말.

吹毛求疵
취모구자

불취 | 터럭모 | 구할구 | 허물자
털을 불어 헤쳐 가며 흠을 찾는다는 뜻으로, 남의 결점을 억지로 낱낱이 찾아내는 것을 이름.

惻隱之心
측은지심

슬플측 | 숨을·가엾어할은 | 어조사지 | 마음심
사람의 본성에서 우러나오는 불쌍하고 가엾게 여기는 마음. 사단(四端)의 하나.

癡人說夢
치인설몽

어리석을치 | 사람인 | 말씀설 | 꿈몽
어리석은 사람에게 꿈이야기를 한다는 뜻으로, 어리석기 짝이 없는 짓을 일컫는 말.

漆身吞炭
칠신탄탄

옻칠 | 몸신 | 삼킬탄 | 숯탄
몸에 옻칠을 하고 숯을 삼킨다는 뜻으로, 복수할 것을 잊지 않으려고 제 몸을 괴롭힘을 이름.

七顚八起
칠전팔기

일곱칠 | 엎드러질전 | 여덟팔 | 일어날기
일곱 번 넘어져도 여덟 번 일어난다는 뜻으로, 여러 번 실패해도 굽히지 않고 분투함을 일컬음.

七顚八倒
칠전팔도

일곱칠 | 엎드러질전 | 여덟팔 | 거꾸러질도
일곱 번 넘어지고 여덟 번 엎어진다는 뜻으로, 어려운 고비를 많이 겪음.

七縱七擒
칠종칠금

일곱칠 | 놓을종 | 일곱칠 | 사로잡을금
제갈량이 적장 맹획을 일곱 번 잡았다 일곱 번 놓아 줌. 마음대로 잡았다 놓아 주었다 함의 비유.

針小棒大
침소봉대

바늘침 | 작을소 | 막대봉 | 큰대
바늘을 몽둥이만큼 크게 늘린다는 뜻으로, 작은 일을 크게 과장하여 말함의 비유.

坦坦大路
탄탄대로

평평할탄 | 평평할탄 | 큰대 | 길로
평평하고 넓은 길. 장래가 아무 어려움이나 괴로움 없이 수월함.

兔死狐悲
토사호비

토끼토 | 죽을사 | 여우호 | 슬플비
토끼가 죽으니 여우가 슬퍼함. 남의 처지를 보고 자기 신세를 헤아려 서러워한다는 말.

吐哺握髮
토포악발

토할토 | 먹일포 | 쥘악 | 터럭발
먹던 것을 뱉고 머리를 손으로 움켜잡는다는 뜻으로, 인재를 얻기 위해 애씀을 비유하는 말.

投鼠忌器
투서기기

던질투 | 쥐서 | 꺼릴기 | 그릇기
간신을 없애려다 임금에게 누를 끼칠까 두려워함을 비유하는 말.

波瀾萬丈
파란만장

물결파 | 물결란 | 일만만 | 어른·길장
물결이 만 길 높이로 인다는 뜻으로, 일의 진행이나 살아가는 데 기복과 변화가 심함의 비유.

霸氣勃勃
패기발발

으뜸패 | 기운기 | 활발할발 | 활발할발
성격이 매우 진취적이고 패기가 한창 일어나는 모양.

悖逆無道
패역무도

거스를패 | 거스를역 | 없을무 | 길도
도리에 어긋나고 흉악·불순하여 사람다운 점이 없음.

肺腑之言
폐부지언

허파폐 | 육부부 | 어조사지 | 말씀언
마음 깊은 곳에서 우러나오는 진실된 말.

弊袍破笠
폐포파립

해질폐 | 도포포 | 깨뜨릴파 | 삿갓립
해진 옷과 부서진 갓이라는 뜻으로, 너절하고 구차한 차림새를 말함. (동) 폐의파립(弊衣破笠)

蒲柳之質
포류지질
부들 포 | 버들 류 | 어조사 지 | 바탕 질
갯버들의 자질이라는 뜻으로, 물가에 서 있는 버드나무와 같이 허약한 체질을 이름.

抱璧有罪
포벽유죄
안을 포 | 구슬 벽 | 있을 유 | 허물 죄
구슬을 안고 있으면 죄가 됨. 값진 보물을 가지고 있으면 억울하게 화를 당하게 됨을 이름.

抱薪救火
포신구화
안을 포 | 섶 신 | 구원할 구 | 불 화
섶을 안고 불을 끈다는 뜻으로, 재해를 없애려다 오히려 더 크게 하거나 조장함의 비유.

暴虎憑河
포호빙하
사나울 포 | 범 호 | 탈 빙 | 물 하
맨손으로 사나운 범에게 덤비고 맨몸으로 황하를 건넘. 아무 준비 없이 하는 무모한 행동을 이름.

咆虎陷浦
포호함포
고함지를 포 | 범 호 | 빠질 함 | 물가 포
개펄에 빠진 호랑이 으르렁거리듯 떠들기만 하고 이루는 것이 없음의 비유.

被褐懷玉
피갈회옥
입을 피 | 굵은베 갈 | 품을 회 | 구슬 옥
현명하고 덕이 높은 선비가 세상에 알려지기를 원치 않음을 비유하는 말.

夏扇冬曆
하선동력
여름 하 | 부채 선 | 겨울 동 | 책력 력
여름의 부채와 겨울의 새해 책력. 곧, 선사하는 물건이 철에 맞음의 비유.

緘口無言
함구무언
봉할 함 | 입 구 | 없을 무 | 말씀 언
입을 다물고 아무 말도 하지 아니함.

含哺鼓腹
함포고복
머금을 함 | 먹일 포 | 북·두드릴 고 | 배 복
배불리 먹고 배를 두드린다는 뜻으로, 태평한 시대의 모습을 일컫는 말.

偕老同穴
해로동혈

함께해 | 늙을로 | 한가지동 | 굴혈
부부가 함께 늙고, 죽어서는 한 곳에 묻힘. 곧, 생사를 같이하는 부부의 사랑의 맹세를 뜻함.

向隅之歎
향우지탄

향할향 | 모퉁이우 | 어조사지 | 탄식할탄
좋은 때를 만나지 못함을 한탄한다는 말.

虛心坦懷
허심탄회

빌허 | 마음심 | 평탄할탄 | 품을회
아무런 선입견이나 거리낌이 없이 솔직하게 품은 생각을 터놓고 말함.

懸頭刺股
현두자고

매달현 | 머리두 | 찌를자 | 넓적다리고
상투를 천장에 달아매고 송곳으로 허벅다리를 찔러 잠을 깨운다는 뜻으로, 학업에 매우 힘쓰는 것을 말함.

狐假虎威
호가호위

여우호 | 거짓가 | 범호 | 위엄위
남의 힘을 빌려 허세를 부리는 것을 말함.
🔄 가호위호(假虎威狐)

糊口之策
호구지책

풀칠할호 | 입구 | 어조사지 | 꾀책
'호구'란 입에 풀칠한다는 뜻으로, 겨우 먹고 살아가는 방책을 말함.

毫釐千里
호리천리

터럭호 | 다스릴리 | 일천천 | 마을리
처음의 작은 차이가 나중에는 큰 차이가 됨.

毫毛斧柯
호모부가

터럭호 | 터럭모 | 도끼부 | 가지가
어릴 때 베지 않은 나뭇가지는 나중에 도끼를 써야 함. 화근은 크기 전에 뽑아 버려야 한다는 말.

狐死首丘
호사수구

여우호 | 죽을사 | 머리수 | 언덕구
여우는 죽을 때 제가 살던 굴이 있는 언덕으로 머리를 둠. 근본을 잊지 않음을 비유하는 말.

狐死兎泣
호사토읍

여우 호 | 죽을 사 | 토끼 토 | 울 읍
여우가 죽으니 토끼가 욺. 같은 무리의 불행을 슬퍼함의 비유. (동) 지분혜탄(芝焚蕙歎)

好勝之癖
호승지벽

좋을 호 | 이길 승 | 어조사 지 | 버릇 벽
남과 겨루어서 이기기를 좋아하는 성미나 버릇.

虎視眈眈
호시탐탐

범 호 | 볼 시 | 노려볼 탐 | 노려볼 탐
호랑이와 같이 날카로운 눈으로 가만히 기회를 노려보고 있는 모양.

好學忘倦
호학망권

좋을 호 | 배울 학 | 잊을 망 | 게으를 권
배우기를 좋아하여 게으름을 잊어버린다는 뜻으로, 학업에 정진함을 이름.

惑世誣民
혹세무민

미혹할 혹 | 인간·세상 세 | 속일 무 | 백성 민
세상을 어지럽히고 백성을 속임.

渾沌世界
혼돈세계

흐릴 혼 | 혼탁할 돈 | 세상 세 | 지경 계
아직 사물의 구별이 뚜렷하지 아니한, 천지가 개벽할 무렵의 세계. 의식이 몽롱한 지경을 비유적으로 이름.

魂飛魄散
혼비백산

넋 혼 | 날 비 | 넋 백 | 흩을 산
몹시 놀라 정신이 없음.

渾然一體
혼연일체

흐릴 혼 | 그러할 연 | 한 일 | 몸 체
생각, 행동, 의지 따위가 완전히 하나가 됨.

紅不甘醬
홍불감장

붉을 홍 | 아니 불 | 달 감 | 장 장
간장의 빛깔은 붉으나 맛이 달지 않다는 뜻으로, 겉으로는 좋아 보여도 속은 신통치 않음의 비유.

畫龍點睛 화룡점정
그림화 | 용룡 | 점점 | 눈동자정
용을 그려 놓고 마지막으로 눈을 그려 넣는다는 뜻으로, 가장 긴요한 부분을 완성시킨다는 말.

華胥之夢 화서지몽
빛날화 | 서로서 | 어조사지 | 꿈몽
화서의 꿈이라는 뜻으로, 좋은 꿈이나 낮잠을 일컫는 말.

畫中之餠 화중지병
그림화 | 가운데중 | 어조사지 | 떡병
그림 속의 떡이라는 뜻으로, 아무 쓸모없는 것의 비유.

歡呼雀躍 환호작약
기쁠환 | 부를호 | 참새작 | 뛸약
기뻐서 크게 소리치며 날뜀.

活剝生呑 활박생탄
살활 | 벗길박 | 날생 | 삼킬탄
산 채로 가죽을 벗기고 통째로 삼킴. 남의 시가나 문장의 내용, 또는 문구를 그대로 표절함.

惶恐無地 황공무지
두려울황 | 두려울공 | 없을무 | 땅지
매우 죄송하여 몸둘 바를 모름.

懷璧有罪 회벽유죄
품을회 | 구슬벽 | 있을유 | 허물죄
분수에 맞지 않는 귀한 물건을 지니고 있으면 훗날 화를 초래할 수 있음.

膾炙人口 회자인구
회회 | 구울자 | 사람인 | 입구
회나 구운 고기는 맛이 있어 누구 입에나 맞음. 널리 사람들에게 알려져 입에 오르내림을 이름.

橫說竪說 횡설수설
가로횡 | 말씀설 | 세울수 | 말씀설
가로로 말하고 세로로 말한다는 뜻으로, 조리 없는 말을 함부로 지껄임.

孝悌忠信
효제충신

효도효 | 공경할제 | 충성충 | 믿을신
어버이에 대한 효도, 형제끼리의 우애, 임금에 대한 충성과 벗 사이의 믿음을 통틀어 이르는 말.

朽木糞墻
후목분장

썩을후 | 나무목 | 똥분 | 담장
썩은 나무는 조각할 수 없고, 부패한 담은 칠할 수 없음. 정신이 썩은 사람은 가르칠 수 없다는 말.

毀家黜送
훼가출송

헐훼 | 집가 | 내칠출 | 보낼송
동네에서 풍속을 어지럽힌 사람을 동네 밖으로 내쫓고 그 집을 헐어 없앴던 일.

毀譽褒貶
훼예포폄

헐훼 | 기릴예 | 기릴포 | 낮출폄
남을 헐뜯음과 칭찬함.

喙長三尺
훼장삼척

부리훼 | 긴장 | 석삼 | 자척
주둥이가 석 자나 길어도 변명할 수 없다는 뜻으로, 허물이 드러나 감출 수 없다는 말.

毀瘠骨立
훼척골립

헐훼 | 파리할척 | 뼈골 | 설립
너무 슬퍼한 나머지 바싹 말라서 뼈가 앙상하게 드러났다는 뜻.

諱之祕之
휘지비지

꺼릴휘 | 어조사지 | 숨길비 | 어조사지
남을 꺼리어 얼버무려 넘김.

諱疾忌醫
휘질기의

숨길휘 | 병질 | 꺼릴기 | 의원의
병을 숨기고 의사를 꺼려 한다는 뜻으로, 자신의 결점을 감추고 고치려 하지 않는다는 말.

欣喜雀躍
흔희작약

기쁠흔 | 기쁠희 | 참새작 | 뛸약
너무 좋아서 뛰며 기뻐함.

▶ 〈급수별 사자성어〉 가나다순으로 찾아보기

이 책에 수록된 한자능력검정시험 6급부터 1급까지의 총 1,603개의 사자성어를 가나다순으로 정리하였다.

▶ 〈급수별 한자〉 가나다순으로 찾아보기

이 책에 수록된 한자능력검정용 3,500자를 '가나다순'으로 배열하고, 동음자는 상위 급수순으로 정리하였다. 그리고 한 글자가 여러 개의 음을 가질 때에는 각 음마다 실었다.

가

가가대소(呵呵大笑)1급 __462
가가호호(家家戶戶)4급Ⅱ __334
가고가하(可高可下)5급 __324
가급인족(家給人足)5급 __324
가담항설(街談巷說)3급 __427
가도벽립(家徒壁立)4급 __354
가동가서(可東可西)5급 __324
가렴주구(苛斂誅求)1급 __462
가롱성진(假弄成眞)3급Ⅱ __372
가무담석(家無擔石)4급Ⅱ __334
가서만금(家書萬金)6급 __316
가인박명(佳人薄命)3급Ⅱ __372
각고면려(刻苦勉勵)3급Ⅱ __372
각골난망(刻骨難忘)3급 __427
각득기소(各得其所)3급Ⅱ __372
각자도생(各自圖生)6급 __316
각자무치(角者無齒)4급Ⅱ __334
각자위정(各自爲政)4급Ⅱ __334
각주구검(刻舟求劍)3급 __427
간난신고(艱難辛苦)1급 __462
간담상조(肝膽相照)2급 __448
간두지세(竿頭之勢)1급 __462
간성지재(干城之材)3급Ⅱ __372
간세지재(間世之材)3급Ⅱ __372
간신적자(奸臣賊子)1급 __462
간어제초(間於齊楚)2급 __448
갈이천정(渴而穿井)1급 __462

갈택이어(竭澤而漁)1급 __462
감개무량(感慨無量)3급 __427
감불생심(敢不生心)4급 __354
감언이설(甘言利說)4급 __354
감언지지(敢言之地)3급Ⅱ __372
감지덕지(感之德之)3급Ⅱ __372
감탄고토(甘呑苦吐)1급 __462
갑남을녀(甲男乙女)3급Ⅱ __373
갑론을박(甲論乙駁)1급 __463
강구연월(康衢煙月)1급 __463
강근지친(强近之親)3급Ⅱ __373
강노지말(强弩之末)1급 __463
강안여자(强顔女子)3급Ⅱ __373
강호연파(江湖煙波)4급Ⅱ __334
개과천선(改過遷善)3급Ⅱ __373
개관사정(蓋棺事定)1급 __463
개권유익(開卷有益)4급 __354
개문납적(開門納賊)4급 __354
개선광정(改善匡正)1급 __463
개세지재(蓋世之才)3급Ⅱ __373
개옥개행(改玉改行)4급Ⅱ __334
거거익심(去去益甚)3급Ⅱ __373
거기부정(擧棋不定)2급 __448
거두절미(去頭截尾)1급 __463
거수마룡(車水馬龍)4급 __354
거안사위(居安思危)4급 __354
거안제미(擧案齊眉)3급 __427
거일반삼(擧一反三)5급 __324
거재두량(車載斗量)3급Ⅱ __373
건곤일척(乾坤一擲)1급 __463

건목수생(乾木水生)3급II __373
걸인연천(乞人憐天)3급 __427
격물치지(格物致知)5급 __324
격세지감(隔世之感)3급 __373
격탁양청(激濁揚淸)3급 __427
격화소양(隔靴搔癢)1급 __463
견갑이병(堅甲利兵)4급 __354
견강부회(牽強附會)3급 __427
견금여석(見金如石)4급II __334
견리망의(見利忘義)3급 __428
견리사의(見利思義)4급II __334
견마지년(犬馬之年)3급II __374
견마지로(犬馬之勞)3급II __374
견마지양(犬馬之養)3급II __374
견문발검(見蚊拔劍)1급 __463
견물생심(見物生心)5급 __324
견백동이(堅白同異)4급 __355
견선여갈(見善如渴)3급 __428
견선종지(見善從之)3급II __374
견아상제(犬牙相制)3급II __374
견원지간(犬猿之間)1급 __464
견위수명(見危授命)4급 __355
견인불발(堅忍不拔)3급II __374
견토방구(見兔放狗)3급 __428
견토지쟁(犬兔之爭)3급II __374
결자해지(結者解之)3급II __374
결초보은(結草報恩)4급 __335
겸양지덕(謙讓之德)3급II __374
겸인지용(兼人之勇)3급 __375
경거망동(輕擧妄動)3급 __375

경국제세(經國濟世)4급II __335
경국지색(傾國之色)3급II __375
경궁지조(驚弓之鳥)3급II __375
경낙과신(輕諾寡信)3급 __375
경당문노(耕當問奴)3급II __375
경로효친(敬老孝親)5급 __324
경세제민(經世濟民)4급II __335
경세치용(經世致用)4급II __335
경적필패(輕敵必敗)4급II __335
경전하사(鯨戰蝦死)1급 __464
경중미인(鏡中美人)4급 __355
경천동지(驚天動地)4급 __355
경천애인(敬天愛人)5급 __324
경천위지(經天緯地)3급 __428
경화수월(鏡花水月)4급 __355
계견상문(鷄犬相聞)4급 __355
계구우후(鷄口牛後)4급 __355
계군일학(鷄群一鶴)3급II __375
계궁역진(計窮力盡)4급 __355
계란유골(鷄卵有骨)4급 __355
계림일지(桂林一枝)3급II __375
계명구도(鷄鳴狗盜)3급 __428
계무소출(計無所出)5급 __325
계포일낙(季布一諾)3급II __375
계피학발(鷄皮鶴髮)3급II __376
고고지성(呱呱之聲)1급 __464
고굉지신(股肱之臣)1급 __464
고군분투(孤軍奮鬪)3급II __376
고금동서(古今東西)6급 __316
고금무쌍(古今無雙)3급II __376

급수별 사자성어

고담방언(高談放言)5급 _325
고두사죄(叩頭謝罪)1급 _464
고량자제(膏粱子弟)1급 _464
고량진미(膏粱珍味)1급 _464
고립무원(孤立無援)4급 _356
고목사회(枯木死灰)3급 _428
고복격양(鼓腹擊壤)3급II _376
고봉절안(孤峯絕岸)3급II _376
고사내력(故事來歷)4급II _335
고색창연(古色蒼然)3급II _376
고성낙일(孤城落日)4급 _356
고식지계(姑息之計)3급II _376
고신원루(孤臣冤淚)1급 _464
고신척영(孤身隻影)2급 _448
고심참담(苦心慘憺)1급 _464
고육지계(苦肉之計)3급II _376
고장난명(孤掌難鳴)3급II _376
고주일척(孤注一擲)1급 _465
고진감래(苦盡甘來)4급 _356
고침안면(高枕安眠)3급 _428
곡돌사신(曲突徙薪)1급 _465
곡자아의(曲者我意)3급II _377
곡학아세(曲學阿世)3급II _377
곤수유투(困獸猶鬪)3급II _377
골육상잔(骨肉相殘)4급 _356
공과상반(功過相半)5급 _325
공리공론(空理空論)4급II _335
공명정대(公明正大)6급 _316
공서양속(公序良俗)4급II _335
공자천주(孔子穿珠)1급 _465

공전절후(空前絕後)4급II _335
공존공영(共存共榮)4급 _356
공중누각(空中樓閣)3급II _377
공평무사(公平無私)4급 _356
과공비례(過恭非禮)3급II _377
과대망상(誇大妄想)3급II _377
과대평가(過大評價)4급 _356
과목성송(過目成誦)3급 _428
과실치사(過失致死)5급 _325
과유불급(過猶不及)3급II _377
과전이하(瓜田李下)2급 _448
관리도역(冠履倒易)3급II _377
관인대도(寬仁大度)3급II _377
관존민비(官尊民卑)3급II _378
관중규천(管中窺天)1급 _465
관포지교(管鮑之交)2급 _448
관혼상제(冠婚喪祭)3급II _378
괄목상대(刮目相對)1급 _465
광대무변(廣大無邊)4급 _336
광언기어(狂言綺語)1급 _465
광일미구(曠日彌久)1급 _465
광채육리(光彩陸離)3급II _378
괴괴망측(怪怪罔測)3급 _428
교각살우(矯角殺牛)3급 _429
교교월색(皎皎月色)1급 _465
교병필패(驕兵必敗)1급 _465
교언영색(巧言令色)3급II _378
교왕과정(矯枉過正)1급 _466
교우이신(交友以信)5급 _325
교주고슬(膠柱鼓瑟)2급 _448

교천언심(交淺言深)3급Ⅱ __378	궁적상적(弓的相適)3급 __379
교칠지교(膠漆之交)2급 __448	궁절전진(弓折箭盡)1급 __466
교토삼굴(狡兔三窟)1급 __466	궁조입회(窮鳥入懷)3급Ⅱ __379
교학상장(敎學相長)5급 __325	권모술수(權謀術數)3급Ⅱ __379
구곡간장(九曲肝腸)3급Ⅱ __378	권불십년(權不十年)4급Ⅱ __336
구맹주산(狗猛酒酸)2급 __449	권선징악(勸善懲惡)3급 __429
구미속초(狗尾續貂)1급 __466	권토중래(捲土重來)1급 __466
구밀복검(口蜜腹劍)3급 __429	귀곡천계(貴鵠賤鷄)1급 __467
구부득고(求不得苦)4급Ⅱ __336	귀마방우(歸馬放牛)4급 __357
구사일생(九死一生)6급 __316	귀모토각(龜毛兔角)3급 __429
구상유취(口尙乳臭)3급 __429	귀배괄모(龜背刮毛)1급 __467
구세제민(救世濟民)4급Ⅱ __336	귤중지락(橘中之樂)1급 __467
구십춘광(九十春光)6급 __316	극구광음(隙駒光陰)1급 __467
구우일모(九牛一毛)4급Ⅱ __336	극기복례(克己復禮)3급Ⅱ __379
구이지학(口耳之學)3급Ⅱ __378	극락정토(極樂淨土)3급Ⅱ __379
구절양장(九折羊腸)4급 __356	극악무도(極惡無道)4급Ⅱ __336
구중자황(口中雌黃)2급 __449	근근득생(僅僅得生)3급 __429
구천직하(九天直下)6급 __316	근묵자흑(近墨者黑)3급Ⅱ __379
구태의연(舊態依然)4급 __356	금강불괴(金剛不壞)3급Ⅱ __380
구화지문(口禍之門)3급Ⅱ __378	금과옥조(金科玉條)4급 __357
구화투신(救火投薪)1급 __466	금란지교(金蘭之交)3급Ⅱ __380
국사무쌍(國士無雙)3급Ⅱ __378	금상첨화(錦上添花)3급 __429
군맹무상(群盲撫象)1급 __466	금석맹약(金石盟約)3급Ⅱ __380
군맹평상(群盲評象)3급Ⅱ __379	금석지감(今昔之感)3급 __429
군웅할거(群雄割據)3급Ⅱ __379	금석지교(金石之交)3급Ⅱ __380
군자삼락(君子三樂)4급 __357	금성옥진(金聲玉振)3급Ⅱ __380
군자표변(君子豹變)1급 __466	금성탕지(金城湯池)3급Ⅱ __380
군중심리(群衆心理)4급 __357	금슬상화(琴瑟相和)2급 __449
궁구막추(窮寇莫追)1급 __466	금시초문(今時初聞)5급 __325
궁여지책(窮餘之策)3급Ⅱ __379	금오옥토(金烏玉兔)3급Ⅱ __380

급수별 사자성어

금의야행(錦衣夜行)3급ll __380
금의옥식(錦衣玉食)3급ll __380
금의환향(錦衣還鄕)3급ll __381
금전옥루(金殿玉樓)3급ll __381
금지옥엽(金枝玉葉)3급ll __381
급수공덕(汲水功德)1급 __467
급전직하(急轉直下)4급 __357
기고만장(氣高萬丈)3급ll __381
기기괴괴(奇奇怪怪)3급ll __381
기기묘묘(奇奇妙妙)4급 __357
기문지학(記問之學)3급ll __381
기복염거(驥服鹽車)2급 __449
기불택식(飢不擇食)3급 __429
기사회생(起死回生)4급ll __336
기상천외(奇想天外)4급 __357
기식엄엄(氣息奄奄)1급 __467
기암괴석(奇巖怪石)3급ll __381
기암절벽(奇巖絕壁)3급ll __381
기여보비(寄與補裨)1급 __467
기자감식(飢者甘食)3급 __430
기치선명(旗幟鮮明)1급 __467
기호지세(騎虎之勢)3급ll __381
기화가거(奇貨可居)4급 __357

나

낙담상혼(落膽喪魂)2급 __449
낙락난합(落落難合)4급ll __336
낙락장송(落落長松)4급 __357
낙목한월(落木寒月)5급 __325

낙양지귀(洛陽紙貴)2급 __449
낙엽귀근(落葉歸根)4급 __358
낙월옥량(落月屋梁)3급ll __382
낙이불음(樂而不淫)3급 __430
낙이사촉(樂而思蜀)2급 __449
낙정하석(落穽下石)1급 __467
낙화유수(落花流水)5급 __325
난공불락(難攻不落)4급 __358
난망지은(難忘之恩)3급 __430
난상공론(爛商公論)2급 __449
난신적자(亂臣賊子)4급 __358
난의포식(暖衣飽食)3급 __430
난중지난(難中之難)3급ll __382
난행고행(難行苦行)4급ll __336
난형난제(難兄難弟)4급ll __337
남가일몽(南柯一夢)2급 __449
남곽남취(南郭濫吹)3급 __430
남귤북지(南橘北枳)1급 __468
남녀노소(男女老少)6급 __316
남부여대(男負女戴)2급 __450
남선북마(南船北馬)5급 __326
남존여비(男尊女卑)3급ll __382
낭자야심(狼子野心)1급 __468
낭중지추(囊中之錐)1급 __468
낭중취물(囊中取物)1급 __468
내우외환(內憂外患)3급ll __382
내유외강(內柔外剛)3급ll __382
내자가추(來者可追)3급ll __382
내조지공(內助之功)3급ll __382
내청외탁(內淸外濁)3급 __430

냉난자지(冷暖自知)4급II __337
노갑이을(怒甲移乙)3급 __382
노기충천(怒氣衝天)3급 __382
노당익장(老當益壯)4급 __358
노래지희(老萊之戱)2급 __450
노류장화(路柳墻花)3급 __430
노마십가(駑馬十駕)1급 __468
노마지지(老馬之智)3급II __383
노발대발(怒發大發)4급II __337
노발충관(怒髮衝冠)3급II __383
노변담화(爐邊談話)3급II __383
노심초사(勞心焦思)2급 __450
노안비슬(奴顔婢膝)1급 __468
노어지오(魯魚之誤)2급 __450
노이무공(勞而無功)3급 __430
녹음방초(綠陰芳草)3급II __383
녹의홍상(綠衣紅裳)3급II __383
논공행상(論功行賞)4급II __337
농가성진(弄假成眞)3급II __383
농와지경(弄瓦之慶)3급II __383
농장지경(弄璋之慶)2급 __450
농조연운(籠鳥戀雲)2급 __450
뇌봉전별(雷逢電別)3급II __383
누란지위(累卵之危)3급II __383
눌언민행(訥言敏行)1급 __468
능견난사(能見難思)4급II __337
능곡지변(陵谷之變)4급II __384
능수능란(能手能爛)2급 __450

다

다기망양(多岐亡羊)2급 __450
다다익선(多多益善)4급II __337
다문박식(多聞博識)4급II __337
다사다난(多事多難)4급II __337
다사제제(多士濟濟)4급II __337
단금지교(斷金之交)3급II __384
단기지계(斷機之戒)3급II __384
단도직입(單刀直入)3급II __384
단문고증(單文孤證)4급 __358
단사두갱(簞食豆羹)1급 __468
단순호치(丹脣皓齒)2급 __450
단장취의(斷章取義)4급II __338
담대심소(膽大心小)2급 __451
담소자약(談笑自若)3급II __384
담수지교(淡水之交)3급II __384
당구풍월(堂狗風月)3급 __430
당국자미(當局者迷)3급 __431
당동벌이(黨同伐異)4급 __358
대경실색(大驚失色)4급II __358
대공무사(大公無私)4급II __358
대기만성(大器晩成)3급II __384
대대손손(代代孫孫)6급 __317
대동소이(大同小異)4급 __358
대명천지(大明天地)6급 __317
대분망천(戴盆望天)1급 __468
대상입덕(大上立德)5급 __326
대언장담(大言壯談)4급 __359

급수별 사자성어

대우탄금(對牛彈琴)3급Ⅱ __384
대의멸친(大義滅親)3급Ⅱ __384
대의명분(大義名分)4급Ⅱ __338
대재소용(大材小用)5급 __326
대지여우(大智如愚)3급Ⅱ __385
대한불갈(大旱不渴)3급 __431
덕무상사(德無常師)4급Ⅱ __338
덕본재말(德本財末)5급 __326
덕필유린(德必有隣)3급 __431
도견와계(陶犬瓦鷄)3급Ⅱ __385
도로무공(徒勞無功)4급 __359
도로무익(徒勞無益)4급 __359
도룡지기(屠龍之技)1급 __469
도방고리(道傍苦李)3급 __431
도불습유(道不拾遺)3급Ⅱ __385
도비순설(徒費脣舌)3급 __431
도소지양(屠所之羊)1급 __469
도수공권(徒手空拳)3급Ⅱ __385
도역유도(盜亦有道)3급Ⅱ __385
도원결의(桃園結義)3급Ⅱ __385
도증주인(盜憎主人)3급Ⅱ __385
도청도설(道聽塗說)3급 __431
도탄지고(塗炭之苦)3급 __431
도행역시(倒行逆施)3급Ⅱ __385
독단전행(獨斷專行)4급 __359
독립독행(獨立獨行)5급 __326
독불장군(獨不將軍)4급Ⅱ __338
독서망양(讀書亡羊)4급Ⅱ __338
독서삼도(讀書三到)5급 __326
독서삼매(讀書三昧)1급 __469

독서삼여(讀書三餘)4급Ⅱ __338
독서상우(讀書尙友)3급Ⅱ __385
독야청청(獨也靑靑)3급 __431
독청독성(獨淸獨醒)1급 __469
돈담무심(頓淡無心)2급 __451
동가홍상(同價紅裳)3급Ⅱ __386
동고동락(同苦同樂)6급 __317
동공이곡(同工異曲)4급 __359
동근연지(同根連枝)3급Ⅱ __386
동기상구(同氣相求)4급Ⅱ __338
동동촉촉(洞洞屬屬)4급 __359
동량지재(棟樑之材)2급 __451
동문동궤(同文同軌)3급 __431
동문서답(東問西答)6급 __317
동방화촉(洞房華燭)3급 __432
동병상련(同病相憐)3급 __432
동분서주(東奔西走)3급Ⅱ __386
동빙한설(凍氷寒雪)3급Ⅱ __386
동상이몽(同床異夢)3급Ⅱ __386
동서남북(東西南北)6급 __317
동선하로(冬扇夏爐)1급 __469
동성상응(同聲相應)4급Ⅱ __338
동성이속(同聲異俗)4급 __359
동이불화(同而不和)3급 __432
동족방뇨(凍足放尿)2급 __451
동주상구(同舟相救)3급 __432
동호지필(董狐之筆)1급 __469
두문불출(杜門不出)2급 __451
두주불사(斗酒不辭)4급 __359
두한족열(頭寒足熱)5급 __326

득의만면(得意滿面)4급Ⅱ __338
득의양양(得意揚揚)3급Ⅱ __386
득일망십(得一忘十)3급 __432
등고자비(登高自卑)3급Ⅱ __386
등루거제(登樓去梯)1급 __469
등하불명(燈下不明)4급Ⅱ __339
등화가친(燈火可親)4급Ⅱ __339

마

마각노출(馬脚露出)3급Ⅱ __386
마고소양(麻姑搔癢)1급 __469
마권찰장(摩拳擦掌)1급 __469
마부작침(磨斧作針)1급 __470
마이동풍(馬耳東風)5급 __326
마중지봉(麻中之蓬)2급 __451
막상막하(莫上莫下)3급Ⅱ __386
막역지우(莫逆之友)3급Ⅱ __387
막지동서(莫知東西)3급Ⅱ __387
막천석지(幕天席地)3급Ⅱ __387
만경창파(萬頃蒼波)3급Ⅱ __387
만고절색(萬古絶色)4급Ⅱ __339
만고풍상(萬古風霜)3급Ⅱ __387
만구성비(萬口成碑)4급 __359
만불성설(萬不成說)5급 __326
만사무석(萬死無惜)3급Ⅱ __387
만사여의(萬事如意)4급Ⅱ __339
만사휴의(萬事休矣)3급 __432
만산홍엽(滿山紅葉)4급 __360
만수무강(萬壽無疆)2급 __451

만승지국(萬乘之國)3급Ⅱ __387
만시지탄(晩時之歎)3급Ⅱ __387
만식당육(晩食當肉)3급Ⅱ __387
만신창이(滿身瘡痍)1급 __470
만우난회(萬牛難回)4급Ⅱ __339
만전지계(萬全之計)3급Ⅱ __388
만절필동(萬折必東)4급 __360
만추가경(晩秋佳景)3급Ⅱ __388
만화방창(萬化方暢)3급 __432
망국지음(亡國之音)3급Ⅱ __388
망국지한(亡國之恨)3급Ⅱ __388
망극지은(罔極之恩)3급 __432
망년지교(忘年之交)3급 __432
망루탄주(網漏吞舟)1급 __470
망매해갈(望梅解渴)3급 __433
망무두서(茫無頭緒)3급 __433
망양보뢰(亡羊補牢)1급 __470
망양지탄(亡羊之歎)3급Ⅱ __388
망언다사(妄言多謝)3급Ⅱ __388
망운지정(望雲之情)3급Ⅱ __388
망자재배(芒刺在背)1급 __470
망자존대(妄自尊大)3급Ⅱ __388
망중유한(忙中有閑)3급 __433
매검매우(賣劍買牛)3급Ⅱ __388
매사마골(買死馬骨)4급 __360
매산밀감(梅酸蜜甘)2급 __451
매염봉우(賣鹽逢雨)3급Ⅱ __389
맥수지탄(麥秀之歎)3급Ⅱ __389
맹귀부목(盲龜浮木)3급 __433
맹모단기(孟母斷機)3급Ⅱ __389

맹모삼천(孟母三遷)3급II __389
맹완단청(盲玩丹靑)1급 __470
맹인모상(盲人摸象)1급 __470
맹자실장(盲者失杖)1급 __470
맹자정문(盲者正門)3급II __389
맹호복초(猛虎伏草)3급II __389
맹호위서(猛虎爲鼠)1급 __470
면색여토(面色如土)4급II __339
면장우피(面張牛皮)3급II __389
면종복배(面從腹背)3급II __389
멸사봉공(滅私奉公)3급II __389
명견만리(明見萬里)5급 __327
명경지수(明鏡止水)4급 __360
명명백백(明明白白)6급 __317
명불허전(名不虛傳)4급II __339
명실상부(名實相符)3급II __390
명약관화(明若觀火)3급II __390
명재경각(命在頃刻)3급II __390
명정언순(名正言順)5급 __327
명주암투(明珠闇投)1급 __471
명철보신(明哲保身)3급II __390
모수자천(毛遂自薦)3급 __433
모야무지(暮夜無知)3급 __433
목불식정(目不識丁)4급 __360
목불인견(目不忍見)3급II __390
목석간장(木石肝腸)3급II __390
목식이시(目食耳視)4급II __339
목욕재계(沐浴齋戒)1급 __471
목인석심(木人石心)6급 __317
몽망착어(蒙網捉魚)2급 __451

몽매지간(夢寐之間)1급 __471
무골호인(無骨好人)4급 __360
무념무상(無念無想)4급II __339
무릉도원(武陵桃源)3급 __390
무망지복(無望之福)3급 __390
무문농필(舞文弄筆)3급 __390
무병자구(無病自灸)1급 __471
무불간섭(無不干涉)3급 __433
무불통지(無不通知)5급 __327
무산지몽(巫山之夢)1급 __471
무소부지(無所不知)5급 __327
무소불위(無所不爲)4급II __340
무아도취(無我陶醉)3급 __391
무아지경(無我之境)3급 __391
무용지용(無用之用)3급 __391
무위도식(無爲徒食)4급 __360
무위이화(無爲而化)3급 __433
무위자연(無爲自然)4급II __340
무위지치(無爲之治)3급II __391
무의무탁(無依無托)3급 __433
무지몽매(無知蒙昧)1급 __471
묵묵부답(默默不答)3급II __391
문방사우(文房四友)4급II __340
문일지십(聞一知十)5급 __327
문전성시(門前成市)6급 __317
문전옥답(門前沃畓)2급 __452
문전작라(門前雀羅)1급 __471
물각유주(物各有主)6급 __317
물경소사(勿輕小事)3급II __391
물실호기(勿失好機)3급II __391

물심일여(物心一如)4급Ⅱ _340
물아일체(物我一體)3급Ⅱ _391
미관말직(微官末職)3급Ⅱ _391
미도불원(迷道不遠)3급 _434
미사여구(美辭麗句)4급 _360
미생지신(尾生之信)3급Ⅱ _392
미인박명(美人薄命)3급Ⅱ _392
밀운불우(密雲不雨)4급Ⅱ _340

바

박람강기(博覽強記)4급 _360
박이부정(博而不精)3급 _434
박장대소(拍掌大笑)3급Ⅱ _392
박지약행(薄志弱行)3급Ⅱ _392
박학다식(博學多識)4급Ⅱ _340
반계곡경(盤溪曲徑)3급Ⅱ _392
반근착절(盤根錯節)3급Ⅱ _392
반도이폐(半途而廢)3급 _434
반룡부봉(攀龍附鳳)1급 _471
반면지분(半面之分)3급Ⅱ _392
반목질시(反目嫉視)1급 _471
반문농부(班門弄斧)1급 _472
반복소인(反覆小人)3급Ⅱ _392
반식재상(伴食宰相)3급 _434
반신반의(半信半疑)4급 _361
반의지희(斑衣之戲)1급 _472
반포지효(反哺之孝)1급 _472
발단심장(髮短心長)3급 _361
발본색원(拔本塞源)3급Ⅱ _392

발분망식(發憤忘食)3급 _434
발산개세(拔山蓋世)3급Ⅱ _393
발췌초록(拔萃抄錄)1급 _472
방약무인(傍若無人)3급 _434
방장부절(方長不折)4급 _361
배반낭자(杯盤狼藉)1급 _472
배수지진(背水之陣)3급Ⅱ _393
배은망덕(背恩忘德)3급 _434
배중사영(杯中蛇影)3급 _434
백가쟁명(百家爭鳴)4급 _361
백계무책(百計無策)3급Ⅱ _393
백고불마(百古不磨)3급Ⅱ _393
백골난망(白骨難忘)3급 _434
백구과극(白駒過隙)1급 _472
백년대계(百年大計)6급 _318
백년지객(百年之客)3급Ⅱ _393
백년하청(百年河淸)5급 _327
백년해로(百年偕老)1급 _472
백두여신(白頭如新)4급Ⅱ _340
백락일고(伯樂一顧)3급 _435
백룡어복(白龍魚服)3급 _361
백리지재(百里之才)3급Ⅱ _393
백면서생(白面書生)6급 _318
백발백중(百發百中)6급 _318
백사불성(百事不成)6급 _318
백세지사(百世之師)3급Ⅱ _393
백수북면(白首北面)5급 _327
백아절현(伯牙絕絃)3급 _435
백약지장(百藥之長)3급Ⅱ _393
백의종군(白衣從軍)4급 _361

백전백승(百戰百勝)6급 _318	부형청죄(負荊請罪)1급 _473
백절불굴(百折不屈)4급 _361	부화뇌동(附和雷同)3급II _394
백주지조(柏舟之操)2급 _452	북문지탄(北門之歎)3급II _394
백중숙계(伯仲叔季)3급II _393	북산지감(北山之感)3급II _395
백중지세(伯仲之勢)3급II _394	북창삼우(北窓三友)6급 _327
백척간두(百尺竿頭)1급 _472	분골쇄신(粉骨碎身)1급 _473
백해무익(百害無益)4급II _340	분서갱유(焚書坑儒)1급 _473
백행지본(百行之本)3급II _394	분토지언(糞土之言)1급 _473
백화난만(百花爛漫)2급 _452	불가사의(不可思議)4급II _341
백화제방(百花齊放)3급II _394	불계지주(不繫之舟)3급 _435
벌제위명(伐齊爲名)3급II _394	불립문자(不立文字)6급 _318
별유건곤(別有乾坤)3급 _435	불면불휴(不眠不休)4급II _395
병가상사(兵家常事)4급II _340	불문가지(不問可知)5급 _328
병불염사(兵不厭詐)2급 _452	불문곡직(不問曲直)5급 _328
병입골수(病入骨髓)1급 _472	불요불굴(不撓不屈)1급 _473
보거상의(輔車相依)2급 _452	불요불급(不要不急)5급 _328
보무당당(步武堂堂)4급II _341	불원천리(不遠千里)6급 _318
보원이덕(報怨以德)4급 _361	불철주야(不撤晝夜)2급 _452
복거지계(覆車之戒)3급II _394	불치하문(不恥下問)3급II _395
본말전도(本末顚倒)1급 _473	불택지필(不擇之筆)3급II _395
봉고파직(封庫罷職)3급 _435	불학무식(不學無識)5급 _328
봉두구면(蓬頭垢面)1급 _473	붕우지도(朋友之道)3급 _435
부국강병(富國強兵)4급II _341	붕정만리(鵬程萬里)2급 _452
부득기위(不得其位)3급II _394	비견계종(比肩繼踵)1급 _473
부염기한(附炎棄寒)3급 _435	비궁지절(匪躬之節)1급 _473
부자유친(父子有親)6급 _318	비례물시(非禮勿視)3급II _395
부전자전(父傳子傳)5급 _327	비룡승운(飛龍乘雲)3급II _395
부중생어(釜中生魚)2급 _452	비몽사몽(非夢似夢)3급 _435
부중지어(釜中之魚)2급 _452	비분강개(悲憤慷慨)1급 _474
부창부수(夫唱婦隨)3급II _394	비비유지(比比有之)3급II _395

비승비속(非僧非俗)3급Ⅱ __395
비이장목(飛耳長目)4급Ⅱ __341
비익연리(比翼連理)3급 __395
비일비재(非一非再)4급Ⅱ __341
비지중물(非池中物)3급Ⅱ __396
비하정사(鼻下政事)4급Ⅱ __341
빈자일등(貧者一燈)4급Ⅱ __341
빈천지교(貧賤之交)3급Ⅱ __396
빙자옥질(氷姿玉質)4급 __361
빙청옥윤(氷淸玉潤)3급Ⅱ __396

사

사가망처(徙家忘妻)1급 __474
사고무친(四顧無親)3급 __435
사고팔고(四苦八苦)6급 __318
사근취원(捨近取遠)3급 __436
사리사욕(私利私慾)3급Ⅱ __396
사면초가(四面楚歌)2급 __453
사면춘풍(四面春風)6급 __319
사문난적(斯文亂賊)3급 __436
사반공배(事半功倍)3급 __328
사분오열(四分五裂)3급Ⅱ __396
사불범정(邪不犯正)3급Ⅱ __396
사불여의(事不如意)4급Ⅱ __341
사사건건(事事件件)5급 __328
사생결단(死生決斷)4급Ⅱ __341
사생취의(捨生取義)3급 __436
사숙제인(私淑諸人)3급Ⅱ __396
사승습장(死僧習杖)1급 __474

사이후이(死而後已)3급 __436
사직위허(社稷爲墟)1급 __474
사친이효(事親以孝)5급 __328
사통오달(四通五達)4급Ⅱ __342
사필귀정(事必歸正)4급 __362
사해형제(四海兄弟)6급 __319
산궁수진(山窮水盡)4급 __362
산자수명(山紫水明)3급Ⅱ __396
산전수전(山戰水戰)6급 __319
산천초목(山川草木)6급 __319
산해진미(山海珍味)4급 __362
살기등등(殺氣騰騰)3급 __436
살신성인(殺身成仁)4급 __362
삼고초려(三顧草廬)2급 __453
삼라만상(森羅萬象)3급Ⅱ __396
삼령오신(三令五申)4급Ⅱ __342
삼부지양(三釜之養)2급 __453
삼순구식(三旬九食)3급Ⅱ __397
삼인성호(三人成虎)3급Ⅱ __397
삼일천하(三日天下)6급 __319
삼종지도(三從之道)3급Ⅱ __397
삼척동자(三尺童子)3급Ⅱ __397
삼천지교(三遷之敎)3급Ⅱ __397
상가지구(喪家之狗)3급 __436
상궁지조(傷弓之鳥)3급Ⅱ __397
상분지도(嘗糞之徒)1급 __474
상산구어(上山求魚)4급Ⅱ __342
상의하달(上意下達)4급Ⅱ __342
상전벽해(桑田碧海)3급Ⅱ __397
상중지희(桑中之喜)3급Ⅱ __397

상풍고절(霜風高節) 3급II	_397	설왕설래(說往說來) 4급II	_342
상하탱석(上下撑石) 1급	_474	설중송백(雪中松柏) 2급	_453
새옹지마(塞翁之馬) 3급	_436	섬섬옥수(纖纖玉手) 2급	_453
색즉시공(色卽是空) 3급II	_398	성동격서(聲東擊西) 4급	_362
생구불망(生口不網) 2급	_453	성인지미(成人之美) 3급II	_398
생로병사(生老病死) 6급	_319	성자필쇠(盛者必衰) 3급II	_398
생면부지(生面不知) 5급	_328	성호사서(城狐社鼠) 1급	_475
생무살인(生巫殺人) 1급	_474	세답족백(洗踏足白) 3급II	_398
생불여사(生不如死) 4급II	_342	세무십년(勢無十年) 4급II	_342
생사고락(生死苦樂) 6급	_319	세상만사(世上萬事) 6급	_320
생사육골(生死肉骨) 4급	_362	세세년년(歲歲年年) 5급	_329
생자필멸(生者必滅) 3급II	_398	세한삼우(歲寒三友) 3급	_329
생지안행(生知安行) 5급	_328	세한송백(歲寒松柏) 2급	_453
서간충비(鼠肝蟲臂) 1급	_474	소리장도(笑裏藏刀) 3급II	_399
서정쇄신(庶政刷新) 3급	_436	소심익익(小心翼翼) 3급II	_399
석불가난(席不暇暖) 4급	_362	소요음영(逍遙吟詠) 1급	_475
선견지명(先見之明) 3급II	_398	소인묵객(騷人墨客) 3급	_436
선공후사(先公後私) 4급	_362	소인지용(小人之勇) 3급II	_399
선남선녀(善男善女) 5급	_329	소인한거(小人閑居) 4급	_363
선례후학(先禮後學) 6급	_319	소자난측(笑者難測) 4급II	_342
선발제인(先發制人) 4급II	_342	소지무여(掃地無餘) 4급II	_343
선우후락(先憂後樂) 3급II	_398	소탐대실(小貪大失) 3급	_437
선유자익(善遊者溺) 2급	_453	속수무책(束手無策) 3급II	_399
선자옥질(仙姿玉質) 4급	_362	속지고각(束之高閣) 3급II	_399
선즉제인(先卽制人) 3급II	_398	손상박하(損上剝下) 1급	_475
선화후과(先花後果) 6급	_319	송구영신(送舊迎新) 4급	_363
설니홍조(雪泥鴻爪) 1급	_474	송무백열(松茂柏悅) 2급	_454
설망어검(舌芒於劍) 1급	_475	송백지조(松柏之操) 2급	_454
설부화용(雪膚花容) 2급	_453	송양지인(宋襄之仁) 2급	_454
설상가상(雪上加霜) 3급II	_398	쇄수회진(碎首灰塵) 1급	_475

수구여병(守口如甁)1급 __475	시랑당로(豺狼當路)1급 __476
수구초심(首丘初心)3급॥ __399	시비곡직(是非曲直)4급॥ __343
수도어행(水到魚行)5급 __329	시비지심(是非之心)3급॥ __400
수미일관(首尾一貫)3급॥ __399	시사여생(視死如生)4급॥ __343
수복강녕(壽福康寧)3급॥ __399	시시비비(是是非非)4급॥ __343
수불석권(手不釋卷)3급॥ __399	시우지화(時雨之化)3급 __401
수서양단(首鼠兩端)1급 __475	시종일관(始終一貫)3급॥ __401
수수방관(袖手傍觀)1급 __475	시화연풍(時和年豊)4급॥ __343
수식변폭(修飾邊幅)3급 __437	식소사번(食少事煩)3급 __437
수어지교(水魚之交)3급॥ __400	식우지기(食牛之氣)3급॥ __401
수오지심(羞惡之心)1급 __475	식자우환(識字憂患)3급॥ __401
수적천석(水滴穿石)1급 __476	신상필벌(信賞必罰)4급॥ __343
수주대토(守株待兎)3급॥ __400	신수지로(薪水之勞)1급 __476
수즉다욕(壽則多辱)3급॥ __400	신언서판(身言書判)4급 __363
숙맥불변(菽麥不辨)1급 __476	신원설치(伸冤雪恥)1급 __476
숙불환생(熟不還生)3급॥ __400	신체발부(身體髮膚)2급 __454
숙수지환(菽水之歡)1급 __476	신출귀몰(神出鬼沒)3급॥ __401
숙습난당(熟習難當)3급॥ __400	신토불이(身土不二)6급 __320
숙시주의(熟柿主義)1급 __476	신호지세(晨虎之勢)3급 __437
숙호충비(宿虎衝鼻)3급॥ __400	실사구시(實事求是)4급॥ __343
숙흥야매(夙興夜寐)1급 __476	실천궁행(實踐躬行)1급 __477
순결무구(純潔無垢)1급 __476	심기일전(心機一轉)4급 __363
순망치한(脣亡齒寒)3급 __437	심사숙고(深思熟考)3급॥ __401
순치보거(脣齒輔車)2급 __454	심심상인(心心相印)4급॥ __343
술이부작(述而不作)3급 __437	십목소시(十目所視)4급॥ __343
술자지능(述者之能)3급॥ __400	십벌지목(十伐之木)3급॥ __401
승당입실(升堂入室)2급 __454	십시일반(十匙一飯)1급 __477
승두지리(升斗之利)2급 __454	십일지국(十日之菊)3급॥ __401
시근종태(始勤終怠)3급 __437	십중팔구(十中八九)6급 __320
시도지교(市道之交)3급॥ __400	

아

아가사창(我歌查唱)3급|| _401
아비규환(阿鼻叫喚)1급 _477
아연실색(啞然失色)1급 _477
아유구용(阿諛苟容)1급 _477
아전인수(我田引水)3급|| _402
악방봉뢰(惡傍逢雷)3급 _437
악사천리(惡事千里)5급 _329
악역무도(惡逆無道)4급|| _344
악의악식(惡衣惡食)5급 _329
악인악과(惡因惡果)5급 _329
악전고투(惡戰苦鬪)4급|| _363
안거위사(安居危思)4급 _363
안고수비(眼高手卑)3급|| _402
안도색준(按圖索駿)1급 _477
안분지족(安分知足)5급 _329
안빈낙도(安貧樂道)4급|| _344
안심입명(安心立命)6급 _320
안여태산(安如泰山)3급|| _402
안중지인(眼中之人)3급|| _402
안중지정(眼中之釘)1급 _477
안하무인(眼下無人)4급|| _344
암중모색(暗中摸索)1급 _477
앙급지어(殃及池魚)3급 _437
앙인비식(仰人鼻息)3급|| _402
앙천이타(仰天而唾)1급 _477
애매모호(曖昧模糊)1급 _478
애이불비(哀而不悲)3급 _438

애인여기(愛人如己)4급|| _344
애훼골립(哀毀骨立)3급 _438
야용회음(冶容誨淫)1급 _478
약육강식(弱肉强食)4급|| _344
양과분비(兩寡分悲)3급|| _402
양금미옥(良金美玉)4급|| _344
양금신족(量衾伸足)1급 _478
양금택목(良禽擇木)3급|| _402
양두구육(羊頭狗肉)3급 _438
양봉제비(兩鳳齊飛)3급|| _402
양사주석(揚沙走石)3급|| _402
양상군자(梁上君子)1급 _478
양상도회(梁上塗灰)3급 _438
양수집병(兩手執餠)1급 _478
양약고구(良藥苦口)5급 _329
양양자득(揚揚自得)3급|| _403
양질호피(羊質虎皮)3급|| _403
양포지구(楊布之狗)3급 _438
양호상투(兩虎相鬪)3급|| _403
양호유환(養虎遺患)3급|| _403
어두육미(魚頭肉尾)3급|| _403
어로불변(魚魯不辨)2급 _454
어망홍리(魚網鴻離)2급 _454
어목연석(魚目燕石)3급|| _403
어변성룡(魚變成龍)4급 _363
어부지리(漁父之利)3급|| _403
어불성설(語不成說)5급 _330
어수지친(魚水之親)3급|| _403
어유부중(魚遊釜中)2급 _455
억강부약(抑强扶弱)3급|| _403

억조창생(億兆蒼生)3급II _404	오거지서(五車之書)3급II _405
언감생심(焉敢生心)3급 _438	오동일엽(梧桐一葉)2급 _455
언어도단(言語道斷)4급II _344	오리무중(五里霧中)3급 _439
언중유골(言中有骨)4급 _363	오매불망(寤寐不忘)1급 _479
엄목포작(掩目捕雀)1급 _478	오비삼척(吾鼻三尺)3급 _439
엄이도령(掩耳盜鈴)1급 _478	오비이락(烏飛梨落)3급 _439
여고금슬(如鼓琴瑟)2급 _455	오비일색(烏飛一色)3급II _405
여도지죄(餘桃之罪)3급II _404	오비토주(烏飛兔走)3급II _405
여리박빙(如履薄氷)3급II _404	오상고절(傲霜孤節)3급 _439
여민동락(與民同樂)4급 _363	오색무주(五色無主)5급 _330
여발통치(如拔痛齒)3급II _404	오우천월(吳牛喘月)1급 _479
여유작작(餘裕綽綽)1급 _478	오월동주(吳越同舟)2급 _455
여장절각(汝墻折角)3급II _438	오자탈주(惡紫奪朱)3급II _405
여족여수(如足如手)4급II _344	오지자웅(烏之雌雄)2급 _455
여좌침석(如坐針席)3급II _404	오집지교(烏集之交)3급II _405
여진여퇴(旅進旅退)4급II _344	오풍십우(五風十雨)5급 _330
역자교지(易子敎之)3급II _404	오합지중(烏合之衆)3급II _405
역지사지(易地思之)3급II _404	옥상가옥(屋上架屋)3급II _405
연공서열(年功序列)4급II _345	옥석구분(玉石俱焚)1급 _479
연도일할(鉛刀一割)3급II _404	옥석동궤(玉石同櫃)1급 _479
연목구어(緣木求魚)4급 _364	옥야천리(沃野千里)2급 _455
연안대비(燕雁代飛)3급 _438	옥오지애(屋烏之愛)3급II _405
연하고질(煙霞痼疾)1급 _478	온고지신(溫故知新)4급II _345
연하일휘(煙霞日輝)1급 _479	옹산화병(甕算畫餠)1급 _479
염량세태(炎涼世態)3급II _404	와각지쟁(蝸角之爭)1급 _479
영고성쇠(榮枯盛衰)3급 _438	와부뇌명(瓦釜雷鳴)2급 _455
영설지재(詠雪之才)3급 _439	와신상담(臥薪嘗膽)1급 _479
영영축축(營營逐逐)3급 _439	완물상지(玩物喪志)1급 _480
영출다문(令出多門)5급 _330	왕좌지재(王佐之材)3급 _439
예미도중(曳尾塗中)1급 _479	왕척직심(枉尺直尋)1급 _480

급수별 사자성어

외빈내부(外貧內富)4급Ⅱ	_345
외유내강(外柔內剛)3급Ⅱ	_405
요령부득(要領不得)4급Ⅱ	_345
요산요수(樂山樂水)6급	_320
요원지화(燎原之火)1급	_480
요지부동(搖之不動)3급	_439
욕교반졸(欲巧反拙)3급	_439
욕사무지(欲死無地)3급Ⅱ	_406
욕소필연(欲燒筆硯)2급	_455
욕속부달(欲速不達)3급Ⅱ	_406
욕식기육(欲食其肉)3급Ⅱ	_406
용두사미(龍頭蛇尾)3급Ⅱ	_406
용문점액(龍門點額)4급	_364
용미봉탕(龍味鳳湯)3급Ⅱ	_406
용사비등(龍蛇飛騰)3급	_440
용추지지(用錐指地)1급	_480
용호상박(龍虎相搏)1급	_480
우공이산(愚公移山)3급Ⅱ	_406
우도할계(牛刀割鷄)3급Ⅱ	_406
우맹의관(優孟衣冠)3급Ⅱ	_406
우문현답(愚問賢答)3급Ⅱ	_406
우여곡절(迂餘曲折)1급	_480
우왕마왕(牛往馬往)4급Ⅱ	_345
우왕좌왕(右往左往)4급Ⅱ	_345
우유부단(優柔不斷)3급Ⅱ	_407
우음마식(牛飲馬食)5급	_330
우이독경(牛耳讀經)4급Ⅱ	_345
우입서혈(牛入鼠穴)1급	_480
우화등선(羽化登仙)3급Ⅱ	_407
우후죽순(雨後竹筍)1급	_480
욱일승천(旭日昇天)2급	_455
운니지차(雲泥之差)3급Ⅱ	_407
운상기품(雲上氣稟)1급	_480
운중백학(雲中白鶴)3급Ⅱ	_407
운증용변(雲蒸龍變)3급Ⅱ	_407
울울불락(鬱鬱不樂)2급	_456
원교근공(遠交近攻)4급	_364
원목경침(圓木警枕)3급	_440
원앙지계(鴛鴦之契)1급	_481
원족근린(遠族近隣)3급	_440
원철골수(怨徹骨髓)1급	_481
원화소복(遠禍召福)3급	_440
월반지사(越畔之思)1급	_481
월시진척(越視秦瘠)1급	_481
월영즉식(月盈則食)2급	_456
월하노인(月下老人)6급	_320
월하빙인(月下氷人)5급	_330
위기일발(危機一髮)4급	_364
위려마도(爲礪磨刀)2급	_456
위약조로(危若朝露)3급Ⅱ	_407
위이불맹(威而不猛)3급	_440
위정척사(衛正斥邪)3급	_440
위총구작(爲叢驅雀)1급	_481
위편삼절(韋編三絶)2급	_456
유교무류(有敎無類)5급	_330
유구무언(有口無言)5급	_330
유능제강(柔能制剛)3급Ⅱ	_407
유련황망(流連荒亡)3급Ⅱ	_407
유록화홍(柳綠花紅)4급	_364
유만부동(類萬不同)5급	_330

유명무실(有名無實)5급 __331
유무상통(有無相通)5급 __331
유방백세(流芳百世)3급 __407
유비무환(有備無患)4급 __345
유수불부(流水不腐)3급Ⅱ __408
유아독존(唯我獨尊)3급 __440
유암화명(柳暗花明)4급 __364
유야무야(有耶無耶)3급 __440
유언비어(流言蜚語)1급 __481
유위전변(有爲轉變)4급 __364
유유낙낙(唯唯諾諾)3급 __440
유유도일(悠悠度日)3급Ⅱ __408
유유상종(類類相從)4급 __364
유유자적(悠悠自適)3급Ⅱ __408
유유창천(悠悠蒼天)3급Ⅱ __408
유종지미(有終之美)3급Ⅱ __408
유지사성(有志事成)4급 __345
유취만년(遺臭萬年)3급 __441
육대반낭(肉袋飯囊)1급 __481
육산포림(肉山脯林)1급 __481
윤언여한(綸言如汗)1급 __481
은감불원(殷鑑不遠)2급 __456
은거방언(隱居放言)4급 __364
은인자중(隱忍自重)3급Ⅱ __408
음담패설(淫談悖說)1급 __482
음덕양보(陰德陽報)3급Ⅱ __346
음마투전(飮馬投錢)4급 __365
음풍농월(吟風弄月)3급 __441
응대여류(應對如流)4급Ⅱ __346
의가반낭(衣架飯囊)1급 __482

의금주행(衣錦晝行)3급Ⅱ __408
의기양양(意氣揚揚)3급Ⅱ __408
의마심원(意馬心猿)1급 __482
의심암귀(疑心暗鬼)3급Ⅱ __408
이공보공(以空補空)3급Ⅱ __409
이관규천(以管窺天)1급 __482
이구동성(異口同聲)4급 __365
이군삭거(離群索居)3급Ⅱ __409
이란투석(以卵投石)4급 __365
이로동귀(異路同歸)4급 __365
이모상마(以毛相馬)4급Ⅱ __346
이모지년(二毛之年)3급Ⅱ __409
이모취인(以貌取人)3급Ⅱ __409
이목지욕(耳目之慾)3급Ⅱ __409
이발지시(已發之矢)3급 __441
이소사대(以小事大)5급 __331
이실직고(以實直告)5급 __331
이심전심(以心傳心)5급 __331
이양역우(以羊易牛)4급 __365
이여반장(易如反掌)3급Ⅱ __409
이열치열(以熱治熱)4급Ⅱ __346
이용후생(利用厚生)4급 __365
이율배반(二律背反)4급Ⅱ __346
이인위경(以人爲鏡)4급 __365
이인투어(以蚓投魚)1급 __482
이전투구(泥田鬪狗)3급 __441
이지측해(以指測海)4급Ⅱ __346
이포역포(以暴易暴)4급 __365
이합집산(離合集散)4급 __365
이해득실(利害得失)4급Ⅱ __346

급수별 사자성어

이혈세혈(以血洗血)4급॥ __346
이화구화(以火救火)5급 __331
익자삼우(益者三友)4급॥ __346
인과응보(因果應報)4급॥ __347
인면수심(人面獸心)3급॥ __409
인명재천(人命在天)6급 __320
인비목석(人非木石)4급॥ __347
인사불성(人事不省)6급 __320
인사유명(人死留名)4급॥ __347
인산인해(人山人海)6급 __320
인생무상(人生無常)4급॥ __347
인생조로(人生朝露)3급॥ __409
인자무적(仁者無敵)4급 __366
인자불우(仁者不憂)3급॥ __409
인중승천(人衆勝天)4급॥ __347
인지상정(人之常情)3급॥ __410
일각천금(一刻千金)4급 __366
일거양득(一擧兩得)4급॥ __347
일구월심(日久月深)3급॥ __410
일구이언(一口二言)6급 __321
일기당천(一騎當千)3급॥ __410
일낙천금(一諾千金)3급॥ __410
일난풍화(日暖風和)4급॥ __347
일도양단(一刀兩斷)3급॥ __410
일련탁생(一蓮托生)3급 __441
일룡일사(一龍一蛇)3급॥ __410
일망무제(一望無際)4급॥ __347
일망타진(一網打盡)2급 __456
일맥상통(一脈相通)4급॥ __347
일면여구(一面如舊)4급॥ __348

일명경인(一鳴驚人)4급 __366
일모도원(日暮途遠)3급 __441
일목십행(一目十行)6급 __321
일목요연(一目瞭然)1급 __482
일무차착(一無差錯)3급॥ __410
일반천금(一飯千金)3급॥ __410
일벌백계(一罰百戒)4급 __366
일비충천(一飛沖天)2급 __456
일사불란(一絲不亂)4급 __366
일사천리(一瀉千里)1급 __482
일석이조(一石二鳥)4급॥ __348
일수백확(一樹百穫)3급 __441
일식만전(一食萬錢)4급 __366
일양내복(一陽來復)4급॥ __348
일어탁수(一魚濁水)3급 __441
일언반구(一言半句)4급॥ __348
일언지하(一言之下)3급॥ __410
일엽지추(一葉知秋)5급 __331
일엽편주(一葉片舟)3급 __441
일의대수(一衣帶水)4급॥ __348
일이관지(一以貫之)3급॥ __411
일일삼추(一日三秋)6급 __321
일일지장(一日之長)3급॥ __411
일자무식(一字無識)5급 __331
일자천금(一字千金)6급 __321
일장일단(一長一短)6급 __321
일장일이(一張一弛)1급 __482
일장춘몽(一場春夢)3급॥ __411
일조일석(一朝一夕)6급 __321
일지반해(一知半解)4급॥ __348

일진월보(日進月步)4급Ⅱ _348
일진일퇴(一進一退)4급Ⅱ _348
일촉즉발(一觸卽發)3급Ⅱ _411
일촌광음(一寸光陰)4급Ⅱ _348
일취월장(日就月將)4급 _366
일패도지(一敗塗地)3급 _442
일편단심(一片丹心)3급Ⅱ _411
일필휘지(一筆揮之)3급Ⅱ _411
임갈굴정(臨渴掘井)2급 _456
임기응변(臨機應變)3급Ⅱ _411
임농탈경(臨農奪耕)3급 _411
임중도원(任重道遠)5급 _331
임진역장(臨陣易將)3급Ⅱ _411
입립신고(粒粒辛苦)1급 _482
입산기호(入山忌虎)3급 _442
입신양명(立身揚名)3급Ⅱ _412
입실조과(入室操戈)2급 _456
입추지지(立錐之地)1급 _483
입향순속(入鄕循俗)3급 _442

자

자가당착(自家撞着)1급 _483
자강불식(自強不息)4급Ⅱ _349
자격지심(自激之心)3급Ⅱ _412
자고이래(自古以來)5급 _332
자고현량(刺股懸梁)1급 _483
자괴지심(自愧之心)3급 _442
자기모순(自己矛盾)2급 _457
자막집중(子莫執中)3급Ⅱ _412

자문자답(自問自答)6급 _321
자성제인(子誠齊人)3급Ⅱ _412
자손만대(子孫萬代)6급 _321
자수삭발(自手削髮)3급Ⅱ _412
자수성가(自手成家)6급 _321
자승자박(自繩自縛)1급 _483
자업자득(自業自得)4급Ⅱ _349
자연도태(自然淘汰)1급 _483
자위부은(子爲父隱)4급 _366
자장격지(自將擊之)3급Ⅱ _412
자중지란(自中之亂)3급Ⅱ _412
자창자화(自唱自和)5급 _332
자초지종(自初至終)4급Ⅱ _349
자포자기(自暴自棄)3급 _442
자화자찬(自畫自讚)4급 _366
작사도방(作舍道傍)3급 _442
작심삼일(作心三日)6급 _322
작약지증(勺藥之贈)1급 _483
잔두지련(棧豆之戀)1급 _483
잔학무도(殘虐無道)2급 _457
장관이대(張冠李戴)2급 _457
장두노미(藏頭露尾)3급Ⅱ _412
장두은미(藏頭隱尾)3급Ⅱ _412
장삼이사(張三李四)4급 _367
장수선무(長袖善舞)1급 _483
장야지음(長夜之飮)3급Ⅱ _413
장중보옥(掌中寶玉)3급Ⅱ _413
재대난용(材大難用)4급Ⅱ _349
재승덕박(才勝德薄)3급Ⅱ _413
재자가인(才子佳人)3급Ⅱ _413

급수별 사자성어

적구지병(適口之餠)1급 __483
적반하장(賊反荷杖)1급 __484
적빈여세(赤貧如洗)4급Ⅱ __349
적선여경(積善餘慶)4급 __367
적소성대(積小成大)4급 __367
적수공권(赤手空拳)3급Ⅱ __413
적수성연(積水成淵)2급 __457
적시적지(適時適地)4급 __367
적자생존(適者生存)4급 __367
적자지심(赤子之心)3급 __413
적재적소(適材適所)4급 __367
적토성산(積土成山)4급 __367
전거가감(前車可鑑)3급Ⅱ __413
전광석화(電光石火)6급 __322
전대미문(前代未聞)4급Ⅱ __349
전대지재(專對之材)3급Ⅱ __413
전도양양(前途洋洋)3급Ⅱ __413
전무후무(前無後無)5급 __332
전부지공(田父之功)3급Ⅱ __414
전심전력(專心專力)4급 __367
전인미답(前人未踏)3급Ⅱ __414
전일회천(轉日回天)4급 __367
전전걸식(轉轉乞食)3급 __442
전전긍긍(戰戰兢兢)2급 __457
전전반측(輾轉反側)1급 __484
전정만리(前程萬里)4급Ⅱ __349
전화위복(轉禍爲福)3급Ⅱ __414
절발역주(截髮易酒)1급 __484
절세가인(絕世佳人)3급Ⅱ __414
절차탁마(切磋琢磨)1급 __484

절치부심(切齒腐心)3급Ⅱ __414
절치액완(切齒扼腕)1급 __484
점입가경(漸入佳境)3급Ⅱ __414
점적천석(點滴穿石)1급 __484
점철성금(點鐵成金)4급 __368
정문일침(頂門一鍼)1급 __484
정설불식(井渫不食)1급 __484
정정당당(正正堂堂)6급 __322
정족지세(鼎足之勢)2급 __457
제설분분(諸說紛紛)3급Ⅱ __414
제자패소(齊紫敗素)3급Ⅱ __414
제하분주(濟河焚舟)1급 __484
제행무상(諸行無常)3급Ⅱ __414
조강지처(糟糠之妻)1급 __485
조동모서(朝東暮西)3급 __442
조령모개(朝令暮改)3급 __442
조변석개(朝變夕改)5급 __332
조불려석(朝不慮夕)4급 __368
조불모석(朝不謀夕)3급 __443
조삼모사(朝三暮四)3급 __443
조생모몰(朝生暮沒)3급 __443
조아지사(爪牙之士)1급 __485
조운모우(朝雲暮雨)3급 __443
조족지혈(鳥足之血)3급Ⅱ __415
조체모개(朝遞暮改)3급 __443
조취모산(朝聚暮散)2급 __457
조화신공(造化神功)4급Ⅱ __349
족반거상(足反居上)4급 __368
족탈불급(足脫不及)3급Ⅱ __415
존망지추(存亡之秋)3급Ⅱ __415

종두득두(種豆得豆)4급Ⅱ __349
종무소식(終無消息)4급Ⅱ __350
종선여등(從善如登)4급 __368
종선여류(從善如流)4급 __368
종횡무진(縱橫無盡)3급Ⅱ __415
좌고우면(左顧右眄)1급 __485
좌불수당(坐不垂堂)3급Ⅱ __415
좌불안석(坐不安席)3급Ⅱ __415
좌식산공(坐食山空)3급Ⅱ __415
좌정관천(坐井觀天)3급Ⅱ __415
좌지우지(左之右之)3급Ⅱ __415
좌충우돌(左衝右突)3급Ⅱ __416
주객전도(主客顚倒)1급 __485
주경야독(晝耕夜讀)3급Ⅱ __416
주마가편(走馬加鞭)1급 __485
주마간산(走馬看山)4급 __368
주석지신(柱石之臣)3급Ⅱ __416
주안옥치(朱顔玉齒)3급Ⅱ __416
주욕신사(主辱臣死)3급Ⅱ __416
주유별장(酒有別腸)4급 __368
주장낙토(走獐落兎)2급 __457
주중적국(舟中敵國)3급 __443
주지육림(酒池肉林)3급Ⅱ __416
주축일반(走逐一斑)1급 __485
죽두목설(竹頭木屑)1급 __485
죽림칠현(竹林七賢)4급Ⅱ __350
죽마고우(竹馬故友)4급Ⅱ __350
중과부적(衆寡不敵)3급Ⅱ __416
중구난방(衆口難防)4급Ⅱ __350
중심성성(衆心成城)4급Ⅱ __350

중언부언(重言復言)4급Ⅱ __350
중원축록(中原逐鹿)3급 __443
중인환시(衆人環視)4급 __368
중추가절(仲秋佳節)3급Ⅱ __416
즐풍목우(櫛風沐雨)1급 __485
증삼살인(曾參殺人)3급Ⅱ __416
지기지우(知己之友)3급Ⅱ __417
지란지교(芝蘭之交)2급 __457
지록위마(指鹿爲馬)3급 __443
지리멸렬(支離滅裂)3급Ⅱ __417
지성감천(至誠感天)4급Ⅱ __350
지어농조(池魚籠鳥)2급 __458
지어지앙(池魚之殃)3급 __443
지어지처(止於至處)3급 __444
지족불욕(知足不辱)3급Ⅱ __417
지족자부(知足者富)4급Ⅱ __350
지지부진(遲遲不進)3급 __444
지척지지(咫尺之地)1급 __485
지호지간(指呼之間)3급Ⅱ __417
직목선벌(直木先伐)4급Ⅱ __350
진금부도(眞金不鍍)1급 __486
진선진미(盡善盡美)4급 __368
진수성찬(珍羞盛饌)1급 __486
진적위산(塵積爲山)2급 __458
진진상인(陳陳相因)3급Ⅱ __417
진천동지(震天動地)3급Ⅱ __417
진충갈력(盡忠竭力)1급 __486
진퇴유곡(進退維谷)3급Ⅱ __417
진합태산(塵合泰山)2급 __458
질축배척(嫉逐排斥)1급 __486

질풍신뢰(疾風迅雷)1급 __486

차

차도살인(借刀殺人)3급II __417
차일피일(此日彼日)3급II __417
차청차규(借廳借閨)2급 __458
착음경식(鑿飮耕食)1급 __486
착족무처(着足無處)4급II __351
참정절철(斬釘截鐵)1급 __486
창가책례(娼家責禮)1급 __486
창상지변(滄桑之變)2급 __458
창해유주(滄海遺珠)2급 __458
창해일속(滄海一粟)2급 __458
채신지우(採薪之憂)1급 __486
책기지심(責己之心)3급II __418
책선지도(責善之道)3급II __418
처성자옥(妻城子獄)3급II __418
천객만래(千客萬來)5급 __332
천고마비(天高馬肥)3급II __418
천고지하(天高地下)6급 __322
천군만마(千軍萬馬)5급 __332
천년일청(千年一淸)6급 __322
천려일득(千慮一得)4급 __369
천려일실(千慮一失)4급 __369
천방지축(天方地軸)2급 __458
천번지복(天翻地覆)3급 __444
천변만화(千變萬化)5급 __332
천변수륙(天變水陸)5급 __332
천사만려(千思萬慮)4급 __369

천신만고(千辛萬苦)3급 __444
천양지차(天壤之差)3급II __418
천우신조(天佑神助)2급 __458
천의무봉(天衣無縫)2급 __459
천인공노(天人共怒)4급II __351
천자만홍(千紫萬紅)3급II __418
천재일우(千載一遇)3급II __418
천정부지(天井不知)3급II __418
천지미록(天之美祿)3급II __418
천진난만(天眞爛漫)2급 __459
천차만별(千差萬別)4급 __369
천촌만락(千村萬落)6급 __332
천추유한(千秋遺恨)4급 __369
천태만상(千態萬象)4급 __369
천편일률(千篇一律)4급 __369
천하일색(天下一色)6급 __322
천하태평(天下泰平)3급II __419
철두철미(徹頭徹尾)3급II __419
철중쟁쟁(鐵中錚錚)1급 __487
철천지원(徹天之冤)1급 __487
첩첩수심(疊疊愁心)1급 __487
청경우독(晴耕雨讀)3급 __444
청운지지(靑雲之志)3급II __419
청천백일(靑天白日)6급 __322
청출어람(靑出於藍)2급 __459
청풍명월(淸風明月)6급 __322
초동급부(樵童汲婦)1급 __487
초록동색(草綠同色)6급 __322
초모위언(草茅危言)2급 __459
초목개병(草木皆兵)3급 __444

초미지급(焦眉之急)2급 __459
초부득삼(初不得三)4급Ⅱ __351
초지일관(初志一貫)3급Ⅱ __419
촌진척퇴(寸進尺退)3급Ⅱ __419
촌철살인(寸鐵殺人)4급Ⅱ __351
총경절축(叢輕折軸)1급 __487
총중고골(塚中枯骨)1급 __487
추로지향(鄒魯之鄕)2급 __459
추상열일(秋霜烈日)3급Ⅱ __419
추우강남(追友江南)3급Ⅱ __419
추원보본(追遠報本)3급Ⅱ __419
추풍과이(秋風過耳)5급 __333
추풍낙엽(秋風落葉)5급 __333
추풍지선(秋風之扇)1급 __487
축록지전(逐鹿之戰)3급 __444
춘치자명(春雉自鳴)2급 __459
춘하추동(春夏秋冬)6급 __323
춘한노건(春寒老健)5급 __333
출가외인(出嫁外人)1급 __487
출기제승(出奇制勝)4급 __369
출몰무쌍(出沒無雙)3급Ⅱ __419
출이반이(出爾反爾)1급 __487
출일두지(出一頭地)6급 __323
출장입상(出將入相)4급Ⅱ __351
충목지장(衝目之杖)1급 __488
충언역이(忠言逆耳)4급Ⅱ __351
취모구자(吹毛求疵)1급 __488
취사선택(取捨選擇)3급 __444
취생몽사(醉生夢死)3급Ⅱ __420
측은지심(惻隱之心)1급 __488

치인설몽(癡人說夢)1급 __488
치지도외(置之度外)3급Ⅱ __420
칠거지악(七去之惡)3급Ⅱ __420
칠령팔락(七零八落)3급 __444
칠보단장(七寶丹粧)3급Ⅱ __420
칠신탄탄(漆身呑炭)1급 __488
칠전팔기(七顚八起)1급 __488
칠전팔도(七顚八倒)1급 __488
칠종칠금(七縱七擒)1급 __488
침불안석(寢不安席)4급 __369
침소봉대(針小棒大)1급 __488
침우기마(寢牛起馬)4급 __370

카

쾌도난마(快刀亂麻)3급Ⅱ __420

타

타산지석(他山之石)3급Ⅱ __420
타초경사(打草驚蛇)3급Ⅱ __420
탁상공론(卓上空論)4급Ⅱ __351
탄탄대로(坦坦大路)1급 __489
탈토지세(脫兔之勢)3급Ⅱ __420
탐관오리(貪官污吏)3급 __445
탐재호색(貪財好色)3급 __445
탐화봉접(探花蜂蝶)3급 __445
태강즉절(太剛則折)3급Ⅱ __420
태산북두(泰山北斗)3급Ⅱ __421
태산압란(泰山壓卵)3급Ⅱ __421

태연자약(泰然自若)3급II __421
태평성대(太平聖代)4급II __351
태평연월(太平煙月)4급II __351
토붕와해(土崩瓦解)3급 __445
토사호비(兔死狐悲)1급 __489
토영삼굴(兔營三窟)2급 __459
토진간담(吐盡肝膽)2급 __459
토포악발(吐哺握髮)1급 __489
투과득경(投瓜得瓊)2급 __460
투서기기(投鼠忌器)1급 __489
투필성자(投筆成字)4급 __370

파

파경중원(破鏡重圓)4급 __370
파경지탄(破鏡之歎)3급II __421
파과지년(破瓜之年)2급 __460
파기상접(破器相接)4급II __352
파란만장(波瀾萬丈)1급 __489
파부침선(破釜沈船)2급 __460
파사현정(破邪顯正)3급II __421
파안대소(破顔大笑)3급II __421
파죽지세(破竹之勢)3급II __421
팔면부지(八面不知)5급 __333
팔방미인(八方美人)6급 __323
패가망신(敗家亡身)5급 __333
패기발발(霸氣勃勃)1급 __489
패역무도(悖逆無道)1급 __489
편언척자(片言隻字)2급 __460
평지풍파(平地風波)4급II __352

폐부지언(肺腑之言)1급 __489
폐침망찬(廢寢忘餐)2급 __460
폐포파립(弊袍破笠)1급 __489
포류지질(蒲柳之質)1급 __490
포벽유죄(抱璧有罪)1급 __490
포복절도(抱腹絕倒)3급 __445
포식난의(飽食暖衣)3급 __445
포신구화(抱薪救火)1급 __490
포의지교(布衣之交)3급II __421
포탄희량(抱炭希涼)3급 __445
포풍착영(捕風捉影)3급 __445
포호빙하(暴虎憑河)1급 __490
포호함포(咆虎陷浦)1급 __490
표리부동(表裏不同)3급II __421
풍운지회(風雲之會)3급II __422
풍월주인(風月主人)6급 __323
풍전등화(風前燈火)4급II __352
풍정낭식(風定浪息)3급II __422
풍찬노숙(風餐露宿)2급 __460
풍창파벽(風窓破壁)4급II __352
피갈회옥(被褐懷玉)1급 __490
피골상접(皮骨相接)3급II __422
피장봉호(避獐逢虎)2급 __460
피차일반(彼此一般)3급II __422
필부지용(匹夫之勇)3급 __445
필부필부(匹夫匹婦)3급 __446
필유곡절(必有曲折)4급 __370

하

하대명년(何待明年)3급II __422
하석상대(下石上臺)3급II __422
하선동력(夏扇冬曆)1급 __490
하필성장(下筆成章)5급 __333
하학상달(下學上達)4급II __352
학수고대(鶴首苦待)3급II __422
학여불급(學如不及)3급II __422
한강투석(漢江投石)4급 __370
한마지로(汗馬之勞)3급II __422
한불조도(恨不早圖)4급 __370
한불조지(恨不早知)4급 __370
한우충동(汗牛充棟)2급 __460
한중진미(閑中眞味)4급 __370
한화휴제(閑話休題)4급 __370
할반지통(割半之痛)3급II __423
할석분좌(割席分坐)3급II __423
할육충복(割肉充腹)3급II __423
함구무언(緘口無言)1급 __490
함포고복(含哺鼓腹)1급 __490
함흥차사(咸興差使)3급 __446
항다반사(恒茶飯事)3급II __423
항배상망(項背相望)3급II __423
해로동혈(偕老同穴)1급 __491
해어지화(解語之花)3급II __423
해의추식(解衣推食)4급 __371
행로지인(行路之人)3급II __423
행유여력(行有餘力)4급II __352

향양화목(向陽花木)6급 __323
향우지탄(向隅之歎)1급 __491
허기평심(虛氣平心)4급II __352
허무맹랑(虛無孟浪)3급II __423
허심탄회(虛心坦懷)1급 __491
허장성세(虛張聲勢)4급 __371
허허실실(虛虛實實)4급II __352
헌헌장부(軒軒丈夫)3급 __446
험산준령(險山峻嶺)2급 __460
현두자고(懸頭刺股)1급 __491
현모양처(賢母良妻)3급II __423
현상무변(懸象無變)3급II __424
형단영척(形單影隻)2급 __461
형명참동(形名參同)5급 __333
형설지공(螢雪之功)3급 __446
형승지국(形勝之國)3급II __424
형영상동(形影相同)3급II __424
형영상조(形影相弔)3급 __446
형제이이(兄弟怡怡)2급 __461
형형색색(形形色色)6급 __323
호가호위(狐假虎威)1급 __491
호각지세(互角之勢)3급 __446
호구여생(虎口餘生)3급II __424
호구지책(糊口之策)1급 __491
호리천리(毫釐千里)1급 __491
호말지리(毫末之利)3급 __446
호모부가(毫毛斧柯)1급 __491
호미난방(虎尾難放)3급II __424
호미춘빙(虎尾春氷)3급II __424
호부견자(虎父犬子)3급II __424

호사난상(胡思亂想)3급II __424
호사다마(好事多魔)2급 __461
호사수구(狐死首丘)1급 __491
호사토읍(狐死兔泣)1급 __492
호생오사(好生惡死)4급 __352
호승지벽(好勝之癖)1급 __492
호시탐탐(虎視眈眈)1급 __492
호언장담(豪言壯談)3급II __424
호연지기(浩然之氣)3급II __425
호우호마(呼牛呼馬)4급II __353
호위인사(好爲人師)4급II __353
호의호식(好衣好食)4급II __353
호전걸육(虎前乞肉)3급 __446
호접지몽(胡蝶之夢)3급 __446
호천망극(昊天罔極)2급 __461
호학망권(好學忘倦)1급 __492
호해지사(湖海之士)3급II __425
호행난주(胡行亂走)3급II __425
호형호제(呼兄呼弟)4급II __353
호호백발(皓皓白髮)2급 __461
혹세무민(惑世誣民)1급 __492
혼돈세계(渾沌世界)1급 __492
혼비백산(魂飛魄散)1급 __492
혼연일체(渾然一體)1급 __492
혼정신성(昏定晨省)3급 __447
홀현홀몰(忽顯忽沒)3급II __425
홍로점설(紅爐點雪)3급II __425
홍불감장(紅不甘醬)1급 __492
홍안박명(紅顏薄命)3급II __425
화광동진(和光同塵)2급 __461

화룡점정(畫龍點睛)1급 __493
화사첨족(畫蛇添足)3급 __447
화상주유(火上注油)6급 __323
화서지몽(華胥之夢)1급 __493
화용월태(花容月態)4급II __353
화이부동(和而不同)3급 __447
화전충화(花田衝火)3급II __425
화조월석(花朝月夕)6급 __323
화조풍월(花鳥風月)4급II __353
화종구생(禍從口生)3급II __425
화중지병(畫中之餠)1급 __493
화풍난양(和風暖陽)4급II __353
화호유구(畫虎類狗)3급 __447
환고일세(還顧一世)3급 __447
환골탈태(換骨奪胎)2급 __461
환난상구(患難相救)4급II __353
환득환실(患得患失)4급II __353
환락애정(歡樂哀情)3급II __425
환부역조(換父易祖)3급II __426
환부작신(換腐作新)3급II __426
환호작약(歡呼雀躍)1급 __493
활박생탄(活剝生吞)1급 __493
황공무지(惶恐無地)1급 __493
황구소아(黃口小兒)5급 __333
황구유취(黃口乳臭)3급 __447
황당지설(荒唐之說)3급II __426
회벽유죄(懷璧有罪)1급 __493
회빈작주(回賓作主)3급 __447
회자인구(膾炙人口)1급 __493
회자정리(會者定離)4급 __371

횡래지액(橫來之厄)3급 __447
횡설수설(橫說竪說)1급 __493
횡초지공(橫草之功)3급Ⅱ __426
효제충신(孝悌忠信)1급 __494
후모심정(厚貌深情)3급Ⅱ __426
후목분장(朽木糞墻)1급 __494
후생가외(後生可畏)3급 __447
후생각고(後生角高)6급 __323
후안무치(厚顔無恥)3급Ⅱ __426
훼가출송(毁家黜送)1급 __494
훼예포폄(毁譽褒貶)1급 __494
훼장삼척(喙長三尺)1급 __494
훼척골립(毁瘠骨立)1급 __494
휘지비지(諱之秘之)1급 __494
휘질기의(諱疾忌醫)1급 __494
흉중생진(胸中生塵)2급 __461
흑백분명(黑白分明)5급 __333
흔희작약(欣喜雀躍)1급 __494
흥망성쇠(興亡盛衰)3급Ⅱ __426
흥망치란(興亡治亂)4급 __371
흉유성죽(胸有成竹)3급Ⅱ __426
흥진비래(興盡悲來)4급 __371
희로애락(喜怒哀樂)3급Ⅱ __426
희불자승(喜不自勝)4급 __371
희색만면(喜色滿面)4급 __371
희출망외(喜出望外)4급 __371
희희낙락(喜喜樂樂)4급 __371
희희양양(熙熙壤壤)2급 __461

급수별 한자

가

呵1급	218	恪1급	218	干4급	82	感6급	36	
哥1급	218	殼1급	218	看4급	82			
嘉1급	218	珏2급	188	簡4급	82	**갑**		
嫁1급	218	却3급	145	間7급Ⅱ	19	匣1급	220	
稼1급	218	脚3급Ⅱ	103			閘1급	220	
苛1급	218	閣3급Ⅱ	103	**갈**		岬2급	188	
袈1급	218	刻4급	82	喝1급	219	鉀2급	189	
駕1급	218	覺4급	82	竭1급	219	甲4급	82	
伽2급	188	各6급Ⅱ	29	褐1급	219			
柯2급	188	角6급Ⅱ	29	葛2급	172	**강**		
賈2급	188			鞨2급	188	慷1급	220	
軻2급	188	**간**		渴3급	145	糠1급	220	
迦2급	188	墾1급	219			腔1급	220	
佳3급Ⅱ	103	奸1급	219	**감**		薑1급	220	
架3급Ⅱ	103	揀1급	219	勘1급	219	姜2급	189	
暇4급	82	澗1급	219	堪1급	220	岡2급	189	
假4급Ⅱ	61	癎1급	219	柑1급	220	崗2급	189	
街4급Ⅱ	61	竿1급	219	疳1급	220	彊2급	189	
加5급	52	艱1급	219	瞰1급	220	疆2급	189	
可5급	52	諫1급	219	紺1급	220	剛3급Ⅱ	103	
價5급Ⅱ	43	杆2급	188	憾2급	172	綱3급Ⅱ	104	
歌7급	24	艮2급	188	邯2급	188	鋼3급Ⅱ	104	
家7급Ⅱ	19	姦3급	145	鑑3급Ⅱ	103	降4급	82	
		刊3급Ⅱ	103	敢4급	82	康4급Ⅱ	61	
각		幹3급Ⅱ	103	甘4급	82	講4급Ⅱ	61	
		懇3급Ⅱ	103	減4급Ⅱ	61	強6급	36	
		肝3급Ⅱ	103	監4급Ⅱ	61	江7급Ⅱ	19	

개

箇1급	220			
凱1급	221			
愾1급	221			
漑1급	221			
芥1급	221			
价2급	189			
塏2급	189			
慨3급	145			
皆3급	145			
介3급Ⅱ	104			
概3급Ⅱ	104			
蓋3급Ⅱ	104			
個4급Ⅱ	61			
改5급	52			
開6급	36			

객

客5급Ⅱ　43

갱

羹1급	221
坑2급	172
更4급	83

가나다순으로 찾아보기

거

醵1급 221

醵1급 221
倨1급 221
渠1급 221
距3급II 104
居4급 83
巨4급 83
拒4급 83
據4급 83
去5급 52
舉5급 52
車7급II 19

건

巾1급 221
腱1급 221
虔1급 221
鍵2급 189
乾3급II 104
件5급 52
健5급 52
建5급 52

걸

杰2급 189

桀2급 189
乞3급 145
傑4급 83

검

劍3급II 104
儉4급 83
檢4급II 61

겁

劫1급 221
怯1급 222

게

偈1급 222
憩2급 172
揭2급 172

격

檄1급 222
膈1급 222
覡1급 222
隔3급II 104
擊4급 83
激4급 83
格5급II 43

견

繭1급 222
譴1급 222
鵑1급 222
甄2급 189
牽3급 145
絹3급 145
肩3급 145
遣3급 145
堅4급 83
犬4급 83
見5급II 43

결

訣3급II 104
潔4급II 61
缺4급II 61
決5급II 43
結5급 43

겸

兼3급II 104
謙3급II 104

경

憬1급 222

梗1급 222
磬1급 222
鯨1급 222
勁1급 223
痙1급 223
脛1급 223
莖1급 223
頸1급 223
儆2급 190
炅2급 190
璟2급 190
瓊2급 190
卿3급 146
庚3급 146
竟3급 146
徑3급II 105
硬3급II 105
耕3급II 105
頃3급II 105
更4급 83
鏡4급 83
傾4급 84
驚4급 84
境4급II 62
慶4급II 62
經4급II 62
警4급II 62

景5급 52
輕5급 52
競5급 53
敬5급II 43
京6급 36

계

悸1급 223
癸3급 146
繫3급 146
啓3급II 105
契3급II 105
桂3급II 105
械3급II 105
溪3급II 105
季4급 84
戒4급 84
系4급 84
繼4급 84
階4급 84
鷄4급 84
係4급II 62
界6급II 29
計6급II 29

고

叩1급 223

呱1급	223	**곡**		貢3급Ⅱ	106	藿1급	225	曠1급	225
拷1급	223			孔4급	85	郭3급	146	胱1급	226
敲1급	223	梏1급	224	攻4급	85	**관**		狂3급Ⅱ	107
痼1급	223	鵠1급	224	公6급Ⅱ	29			鑛4급	85
皐1급	223	哭3급Ⅱ	106	共6급Ⅱ	29	顴1급	225	廣5급Ⅱ	44
股1급	224	谷3급Ⅱ	106	功6급Ⅱ	29	棺1급	225	光6급Ⅱ	30
膏1급	224	穀4급	84	工7급Ⅱ	19	灌1급	225	**괘**	
袴1급	224	曲5급	53	空7급Ⅱ	19	款2급	172		
錮1급	224	**곤**		**곶**		串2급	190	卦1급	226
賈2급	188					琯2급	190	罫1급	226
雇2급	172	昆1급	224	串2급	190	冠3급Ⅱ	106	掛3급	146
皐2급	190	棍1급	224	**과**		慣3급Ⅱ	106	**괴**	
枯3급	146	袞1급	224			貫3급Ⅱ	106		
顧3급	146	坤3급	146	顆1급	225	館3급Ⅱ	106	乖1급	226
姑3급Ⅱ	105	困4급	84	戈2급	172	寬3급Ⅱ	107	拐1급	226
稿3급Ⅱ	105	**골**		瓜2급	172	管4급	85	魁1급	226
鼓3급Ⅱ	105			菓2급	172	官4급	62	傀2급	173
孤4급	84	汨1급	224	寡3급Ⅱ	106	觀5급Ⅱ	44	槐2급	190
庫4급	84	滑2급	187	誇3급Ⅱ	106	關5급Ⅱ	44	塊3급	146
故4급Ⅱ	62	骨4급	85	課5급Ⅱ	43	**괄**		愧3급Ⅱ	146
固5급	53	**공**		過5급Ⅱ	43			壞3급Ⅱ	107
考5급	53			果6급Ⅱ	29	刮1급	225	怪3급Ⅱ	107
告5급Ⅱ	43	拱1급	224	科6급Ⅱ	29	括1급	225	**굉**	
古6급	36	鞏1급	224	**곽**		**광**			
苦6급	36	供3급Ⅱ	106					宏1급	226
高6급Ⅱ	29	恐3급Ⅱ	106	廓1급	225	匡1급	225	肱1급	226
		恭3급Ⅱ	106	槨1급	225	壙1급	225	轟1급	226

교

喬1급	226
嬌1급	226
轎1급	226
咬1급	227
攪1급	227
狡1급	227
皎1급	227
蛟1급	227
驕1급	227
僑2급	173
絞2급	173
膠2급	173
矯3급	147
郊3급	147
巧3급II	107
較3급II	107
橋5급	53
交6급	36
敎8급	14
校8급	14

구

仇1급	227
嘔1급	227
枸1급	227
鉤1급	227
駒1급	227
鳩1급	227
廐1급	228
垢1급	228
寇1급	228
嶇1급	228
樞1급	228
毆1급	228
溝1급	228
灸1급	228
矩1급	228
臼1급	228
謳1급	228
軀1급	228
舅1급	229
衢1급	229
歐2급	173
購2급	173
鷗2급	173
玖2급	190
邱2급	190
俱3급	147
懼3급	147
狗3급	147
苟3급	147
驅3급	147

龜3급	147
丘3급II	107
久3급II	107
拘3급II	107
構4급	85
句4급II	62
求4급II	62
究4급II	62
救5급	53
具5급II	44
舊5급II	44
區6급II	36
球6급II	30
口7급	24
九8급	14

국

鞠2급	190
菊3급II	107
局5급II	44
國8급	14

군

窘1급	229
君4급	85
群4급	85
郡6급	36

軍8급	14

굴

掘2급	173
窟2급	173
屈4급	85

궁

穹1급	229
躬1급	229
弓3급II	107
窮4급	85
宮4급II	62

권

倦1급	229
捲1급	229
眷1급	229
圈2급	173
拳3급II	107
券4급	85
卷4급	85
勸4급	86
權4급II	62

궐

蕨1급	229

闕2급	173
厥3급	147

궤

几1급	229
机1급	229
櫃1급	229
潰1급	230
詭1급	230
軌3급	147

귀

龜3급	147
鬼3급II	108
歸4급	86
貴5급	53

규

硅1급	230
窺1급	230
葵1급	230
逵1급	230
閨2급	173
圭2급	190
奎2급	191
揆2급	191
珪2급	191

叫3급	147	斤3급	148	急6급Ⅱ	30	璣2급	191	汽5급	53
糾3급	147	謹3급	148			沂2급	192	基5급Ⅱ	44
規5급	53	勤4급	86	**긍**		箕2급	192	己5급Ⅱ	44
		筋4급	86			耆2급	192	旗7급	24
균		根6급	36	亘1급	231	騏2급	192	氣7급Ⅱ	19
		近6급	37	矜1급	231	驥2급	192	記7급Ⅱ	19
龜3급	147			兢2급	191	麒2급	192		
菌3급Ⅱ	108	**글**		肯3급	148	幾3급	148	**긴**	
均4급	86					忌3급	148		
		契3급Ⅱ	105	**기**		旣3급	148	緊3급Ⅱ	109
귤						棄3급	148		
		금		枳1급	288	欺3급	148	**길**	
橘1급	230			伎1급	231	豈3급	148		
		擒1급	231	嗜1급	231	飢3급	148	拮1급	232
극		衾1급	231	妓1급	231	企3급Ⅱ	108	吉5급	54
		襟1급	231	基1급	231	其3급Ⅱ	108		
剋1급	230	琴2급	108	碁1급	231	畿3급Ⅱ	108	**김**	
戟1급	230	禽3급Ⅱ	108	崎1급	232	祈3급Ⅱ	108		
棘1급	230	錦3급Ⅱ	108	杞1급	232	騎3급Ⅱ	108	金8급	14
隙1급	230	禁4급Ⅱ	63	畸1급	232	奇4급	86		
克3급Ⅱ	108	今6급Ⅱ	30	綺1급	232	寄4급	86	**끽**	
劇4급	86	金8급	14	羈1급	232	機4급	86		
極4급Ⅱ	63			肌1급	232	紀4급	86	喫1급	232
		급		譏1급	232	器4급Ⅱ	63		
근				棋2급	174	起4급Ⅱ	63	**나**	
		扱1급	231	冀2급	191	技5급	53		
覲1급	230	汲1급	231	岐2급	191	期5급	53	儺1급	232
饉1급	231	及3급Ⅱ	108	淇2급	191			懦1급	232
槿2급	191	給5급	53	琦2급	191			拏1급	232
瑾2급	191	級6급	37	琪2급	191			拿1급	233
僅3급	148							那3급	148
								奈3급	149

낙

諾3급Ⅱ 109

난

煖1급 233
暖4급Ⅱ 63
難4급Ⅱ 63

날

捏1급 233
捺1급 233

남

男7급Ⅱ 19
南8급 14

납

衲1급 233
納4급 86

낭

囊1급 233
娘3급Ⅱ 109

내

乃3급 149

奈3급 149
耐3급Ⅱ 109
內7급Ⅱ 19

녀

女8급 14

년

撚1급 233
年8급 14

녈

涅1급 233

념

念5급Ⅱ 44

녕

寧3급Ⅱ 109

노

弩1급 233
駑1급 233
奴3급Ⅱ 109
努4급Ⅱ 63
怒4급Ⅱ 63

농

膿1급 233
濃2급 174
農7급Ⅱ 20

뇌

惱3급 149
腦3급Ⅱ 109

뇨

撓1급 233
尿2급 174

눌

訥1급 234

뉴

紐1급 234

능

能5급Ⅱ 44

니

尼2급 174
泥3급Ⅱ 109

닉

匿1급 234
溺2급 174

다

茶3급Ⅱ 109
多6급 37

단

簞1급 234
緞1급 234
蛋1급 234
鍛2급 174
湍2급 192
丹3급Ⅱ 109
但3급Ⅱ 109
旦3급Ⅱ 109
段4급 86
單4급Ⅱ 63
斷4급Ⅱ 63
檀4급Ⅱ 63
端4급Ⅱ 63
壇5급 54
團5급Ⅱ 44
短6급Ⅱ 30

달

撻1급 234
疸1급 234
達4급Ⅱ 64

담

憺1급 234
澹1급 234
痰1급 234
譚1급 234
曇1급 235
潭2급 174
膽2급 174
淡3급Ⅱ 110
擔4급Ⅱ 64
談5급 54

답

遝1급 235
畓3급 149
踏3급Ⅱ 110
答7급Ⅱ 20

당

撞1급 235
棠1급 235

螳1급	235	德5급II	45	途3급II	110	敦3급	149	杜2급	193
塘2급	192			陶3급II	110	豚3급	149	斗4급II	64
唐3급II	110	**도**		徒4급	87			豆4급II	64
糖3급II	110	堵1급	235	盜4급	87	**돌**		頭6급	37
黨4급II	64	屠1급	235	逃4급	87	乭2급	193	讀6급II	30
當5급II	44	掉1급	235	導4급II	64	突3급II	111		
堂6급II	30	睹1급	235	島5급	54			**둔**	
		賭1급	235	都5급	54	**동**		臀1급	237
대		搗1급	236	到5급II	45	憧1급	236	遁1급	237
撞1급	235	淘1급	236	度6급	37	疼1급	237	屯3급	149
袋1급	235	滔1급	236	圖6급II	30	瞳1급	237	鈍3급	150
垈2급	174	濤1급	236	道7급II	20	胴1급	237		
戴2급	174	禱1급	236			桐2급	174	**득**	
臺3급II	110	萄1급	236	**독**		棟2급	175	得4급II	64
貸3급II	110	蹈1급	236	瀆1급	236	董2급	193		
帶4급II	64	鍍1급	236	禿1급	236	凍3급II	111	**등**	
隊4급II	64	兜1급	237	篤3급	149	銅4급II	64	橙1급	237
待6급	37	悼2급	174	毒4급II	64	童6급II	37	藤2급	175
代6급II	30	燾2급	192	督4급II	64	冬7급	24	謄2급	175
對6급II	30	塗3급	149	獨5급II	45	同7급	24	鄧2급	193
大8급	14	挑3급	149	讀6급II	30	洞7급	24	騰3급	150
		稻3급	149			動7급II	20	燈4급II	65
댁		跳3급	149	**돈**		東8급	15	等6급II	30
宅5급II	50	倒3급II	110	沌1급	236			登7급	24
		刀3급II	110	惇2급	192	**두**			
덕		桃3급II	110	燉2급	192	兜1급	237	**라**	
悳2급	192	渡3급II	110	頓2급	193	痘1급	237	懶1급	237

螺 1급 237
癩 1급 237
邏 1급 237
剌 1급 238
裸 2급 175
羅 4급Ⅱ 65

락

烙 1급 238
酪 1급 238
駱 1급 238
洛 2급 175
絡 3급 111
落 5급 54
樂 6급Ⅱ 31

란

瀾 1급 238
鸞 1급 238
爛 2급 175
欄 3급Ⅱ 111
蘭 3급Ⅱ 111
亂 4급 87
卵 4급 87

랄

剌 1급 238

辣 1급 238

람

籃 1급 238
藍 2급 175
濫 3급 150
覽 4급 87

랍

臘 1급 238
蠟 1급 238
拉 2급 175

랑

狼 1급 238
廊 3급Ⅱ 111
浪 3급Ⅱ 111
郞 3급Ⅱ 111
朗 5급Ⅱ 45

래

萊 2급 193
來 7급 24

랭

冷 5급 54

략

掠 3급 150
略 4급 87

량

倆 1급 238
梁 1급 239
輛 2급 175
亮 2급 193
樑 2급 193
諒 3급 150
梁 3급Ⅱ 111
涼 3급Ⅱ 111
糧 4급 87
兩 4급Ⅱ 65
量 5급 54
良 5급Ⅱ 45

려

侶 1급 239
戾 1급 239
濾 1급 239
閭 1급 239
黎 1급 239
呂 2급 193
廬 2급 193

礪 2급 193
驪 2급 193
勵 3급Ⅱ 111
慮 4급 87
麗 4급Ⅱ 65
旅 5급Ⅱ 45

력

瀝 1급 239
礫 1급 239
曆 3급Ⅱ 111
歷 5급Ⅱ 45
力 7급Ⅱ 20

련

輦 1급 239
煉 2급 175
漣 2급 194
憐 3급 150
戀 3급Ⅱ 112
蓮 3급Ⅱ 112
鍊 3급Ⅱ 112
聯 3급Ⅱ 112
連 4급Ⅱ 65
練 5급Ⅱ 45

렬

劣 3급 150
裂 3급Ⅱ 112
烈 4급 87
列 4급Ⅱ 65

렴

斂 1급 239
殮 1급 239
簾 1급 239
濂 2급 194
廉 3급 150

렵

獵 3급 150

령

囹 1급 240
逞 1급 240
鈴 1급 240
齡 1급 240
玲 2급 194
零 3급 150
嶺 3급Ⅱ 112
靈 3급Ⅱ 112
令 5급 54
領 5급 54

례

醴2급 194
隷3급 150
例6급 37
禮6급 37

로

撈1급 240
擄1급 240
虜1급 240
盧1급 194
蘆2급 194
魯2급 194
鷺2급 194
爐3급Ⅱ 112
露3급Ⅱ 112
勞5급 45
路6급 37
老7급 24

록

碌1급 240
麓1급 240
鹿3급 150
祿3급Ⅱ 112
錄4급Ⅱ 65

綠6급 37

론

論4급Ⅱ 65

롱

壟1급 240
瓏1급 240
聾1급 240
籠2급 175
弄3급Ⅱ 112

뢰

磊1급 241
儡1급 241
牢1급 241
賂1급 241
賴3급Ⅱ 112
雷3급Ⅱ 113

료

寮1급 241
燎1급 241
瞭1급 241
聊1급 241
寥1급 241
療2급 175

遼2급 194
了3급 151
僚3급 151
料5급 54

룡

龍4급 87

루

壘1급 241
陋1급 241
屢3급 151
涙3급 151
樓3급Ⅱ 113
漏3급Ⅱ 113
累3급Ⅱ 113

류

溜1급 241
琉1급 242
瘤1급 242
硫2급 176
謬2급 176
劉2급 194
柳4급 87
留4급Ⅱ 65
流5급Ⅱ 45

類5급Ⅱ 45

륙

戮1급 242
陸5급Ⅱ 45
六8급 15

륜

淪1급 242
綸1급 242
崙2급 194
倫3급Ⅱ 113
輪4급 88

률

慄1급 242
栗3급Ⅱ 113
率3급Ⅱ 113
律4급Ⅱ 65

륭

隆3급Ⅱ 113

륵

勒1급 242
肋1급 242

름

凜1급 242

릉

凌1급 242
稜1급 242
綾1급 242
菱1급 243
楞2급 194
陵3급Ⅱ 113

리

俚1급 243
悧1급 243
痢1급 243
籬1급 243
罹1급 243
裡1급 243
釐1급 243
驪2급 193
梨3급 151
吏3급Ⅱ 113
履3급Ⅱ 113
裏3급Ⅱ 113
離4급 88
李6급 37

利6급Ⅱ	31	麻3급Ⅱ	114	**말**		枚2급	176	棉1급	246
理6급Ⅱ	31	馬5급	54			魅2급	176	眄1급	246
里7급	24			抹1급	245	埋3급	152	緬1급	246
		막		沫1급	245	媒3급Ⅱ	114	麪1급	246
린				襪1급	245	梅3급Ⅱ	114	冕2급	195
		寞1급	244	靺2급	195	妹4급	88	沔2급	195
吝1급	243	膜2급	176	末5급	55	買5급	55	俛2급	195
燐1급	243	幕3급Ⅱ	114			賣5급	55	免3급Ⅱ	115
躙1급	243	漠3급Ⅱ	114	**망**		每7급Ⅱ	20	眠3급Ⅱ	115
鱗1급	243	莫3급Ⅱ	114					綿3급Ⅱ	115
麟2급	195			芒1급	245	**맥**		勉4급	88
隣3급	151	**만**		惘1급	245			面7급	25
		卍1급	244	網2급	176	貊2급	195		
림		彎1급	244	忘3급	151	麥3급Ⅱ	114	**멸**	
		挽1급	244	忙3급	151	脈4급Ⅱ	65		
淋1급	244	瞞1급	244	罔3급	151			蔑2급	177
臨3급Ⅱ	114	蔓1급	244	茫3급	151	**맹**		滅3급Ⅱ	115
林7급	25	輓1급	244	妄3급Ⅱ	114				
		饅1급	244	亡5급	55	萌1급	245	**명**	
립		鰻1급	244	望5급Ⅱ	46	盲3급Ⅱ	114		
		娩2급	176			孟3급Ⅱ	115	暝1급	246
笠1급	244	灣2급	176	**매**		猛3급Ⅱ	115	溟1급	246
粒1급	244	蠻2급	176			盟3급Ⅱ	115	皿1급	246
立7급Ⅱ	20	慢3급	151	寐1급	245			螟1급	246
		漫3급	151	昧1급	245	**멱**		酩1급	246
마		晩3급Ⅱ	114	煤1급	245			冥3급	152
		滿4급Ⅱ	65	罵1급	245	汨1급	224	銘3급Ⅱ	115
摩2급	176	萬8급	15	邁1급	245	覓2급	195	鳴4급	88
痲2급	176							明6급Ⅱ	31
魔2급	176			呆1급	245	**면**			
磨3급Ⅱ	114								

메

袂1급 246

모

摸1급 246
糢1급 246
牡1급 247
耗1급 247
帽2급 177
矛2급 177
牟2급 195
茅2급 195
謨2급 195
侮3급 152
冒3급 152
募3급 152
暮3급 152
某3급 152
慕3급Ⅱ 115
謀3급Ⅱ 115
貌3급Ⅱ 115
模4급 88
毛4급Ⅱ 66
母8급 15

命7급 25
名7급Ⅱ 20

목

沐2급 177
穆2급 195
睦3급Ⅱ 115
牧4급Ⅱ 66
目6급 37
木8급 15

몰

歿1급 247
沒3급Ⅱ 116

몽

夢3급Ⅱ 116
蒙3급Ⅱ 116

묘

描1급 247
杳1급 247
渺1급 247
猫1급 247
畝1급 247
昴2급 195
卯3급 152
廟3급 152
苗3급 152

墓4급 88
妙4급 88

무

巫1급 247
拇1급 247
毋1급 247
畝1급 247
誣1급 247
憮1급 248
撫1급 248
蕪1급 248
戊3급 152
霧3급 152
茂3급Ⅱ 116
貿3급Ⅱ 116
舞4급 88
務4급Ⅱ 66
武4급 66
無5급 55

묵

墨3급Ⅱ 116
默3급Ⅱ 116

문

蚊1급 248

紊2급 177
汶2급 196
紋3급Ⅱ 116
聞6급 31
問7급 25
文7급 25
門8급 15

물

勿3급Ⅱ 116
物7급Ⅱ 20

미

媚1급 248
薇1급 248
靡1급 248
彌2급 196
眉3급 153
迷3급 153
尾3급Ⅱ 116
微3급Ⅱ 116
味4급Ⅱ 66
未4급Ⅱ 66
米6급 38
美6급 38

민

悶1급 248
旻2급 196
旼2급 196
玟2급 196
珉2급 196
閔2급 196
憫3급 153
敏3급 153
民8급 15

밀

謐1급 248
蜜3급 153
密4급Ⅱ 66

바

婆1급 301

박

剝1급 248
撲1급 248
樸1급 248
搏1급 249
珀1급 249
箔1급 249
粕1급 249
縛1급 249

가나다순으로 찾아보기

膊1급 249
駁1급 249
舶2급 177
泊3급 153
迫3급Ⅱ 116
薄3급Ⅱ 117
拍4급 88
博4급Ⅱ 66
朴6급 38

반

拌1급 249
攀1급 249
斑1급 249
礬1급 249
蟠1급 249
槃1급 250
畔1급 250
絆1급 250
頒1급 250
搬2급 177
潘2급 196
磻2급 196
伴3급 153
叛3급 153
返3급 153
盤3급Ⅱ 117

般3급Ⅱ 117
飯3급Ⅱ 117
半6급Ⅱ 31
反6급Ⅱ 31
班6급Ⅱ 31

발

勃1급 250
撥1급 250
潑1급 250
跋1급 250
醱1급 250
魃1급 250
渤2급 196
鉢2급 196
拔3급Ⅱ 117
髮4급 88
發6급Ⅱ 31

방

尨1급 250
幇1급 250
坊1급 251
彷1급 251
昉1급 251
枋1급 251
榜1급 251

肪1급 251
膀1급 251
謗1급 251
紡2급 177
旁2급 196
厖2급 197
倣3급 153
傍3급 153
邦3급 153
芳3급Ⅱ 117
妨4급 88
房4급Ⅱ 66
訪4급Ⅱ 66
防4급Ⅱ 66
放6급Ⅱ 31
方7급Ⅱ 20

배

徘1급 251
湃1급 251
胚1급 251
陪1급 251
俳2급 177
賠2급 177
裵2급 197
杯3급 154
培3급Ⅱ 117

排3급Ⅱ 117
輩3급Ⅱ 117
拜4급 66
背4급Ⅱ 67
配4급Ⅱ 67
倍5급 55
北8급 15

백

帛1급 252
魄1급 252
柏2급 177
伯3급Ⅱ 117
百7급 25
白8급 15

번

蕃1급 252
藩1급 252
磻2급 196
煩3급 154
飜3급 154
繁3급Ⅱ 117
番6급 38

벌

閥2급 177

筏2급 197
伐4급Ⅱ 67
罰4급Ⅱ 67

범

帆1급 252
梵1급 252
氾1급 252
泛1급 252
汎2급 178
范2급 197
凡3급Ⅱ 117
犯4급 89
範4급 89

법

法5급Ⅱ 46

벽

劈1급 252
擘1급 252
璧1급 252
癖1급 252
闢1급 253
僻2급 178
碧3급Ⅱ 118
壁4급Ⅱ 67

급수별 한자

변

卞 2급 197
弁 2급 197
辨 3급 154
辯 4급 89
邊 4급Ⅱ 67
變 5급Ⅱ 46
便 7급 28

별

瞥 1급 253
鱉 1급 253
別 6급 38

병

瓶 1급 253
餠 1급 253
倂 2급 178
昞 2급 197
昺 2급 197
柄 2급 197
炳 2급 197
秉 2급 197
屛 3급 154
竝 3급 154
丙 3급Ⅱ 118

兵 5급Ⅱ 46
病 6급 38

보

堡 1급 253
洑 1급 253
菩 1급 253
甫 2급 197
潽 2급 198
輔 2급 198
補 3급Ⅱ 118
譜 3급Ⅱ 118
普 4급 89
保 4급Ⅱ 67
報 4급Ⅱ 67
寶 4급Ⅱ 67
步 4급Ⅱ 67
布 4급Ⅱ 79

복

洑 1급 253
僕 1급 253
匐 1급 253
輻 1급 253
鰒 1급 253
馥 2급 198
卜 3급 154

腹 3급Ⅱ 118
覆 3급Ⅱ 118
伏 4급 89
複 4급 89
復 4급Ⅱ 67
福 5급Ⅱ 46
服 6급 38

본

本 6급 38

봉

捧 1급 254
棒 1급 254
烽 1급 254
鋒 1급 254
俸 2급 178
縫 2급 178
蓬 2급 198
蜂 3급 154
封 3급Ⅱ 118
峯 3급Ⅱ 118
逢 3급Ⅱ 118
鳳 3급Ⅱ 118
奉 5급Ⅱ 46

부

俯 1급 254
剖 1급 254
咐 1급 254
埠 1급 254
孵 1급 254
斧 1급 254
腑 1급 254
駙 1급 254
芙 1급 255
訃 1급 255
賻 1급 255
敷 2급 178
膚 2급 178
傅 2급 198
釜 2급 198
阜 2급 198
赴 3급 154
付 3급Ⅱ 118
扶 3급Ⅱ 118
覆 3급Ⅱ 118
浮 3급Ⅱ 119
符 3급Ⅱ 119
簿 3급Ⅱ 119
腐 3급Ⅱ 119
賦 3급Ⅱ 119
附 3급Ⅱ 119
否 4급 89

負 4급 89
府 4급Ⅱ 67
復 4급Ⅱ 67
副 4급Ⅱ 68
婦 4급Ⅱ 68
富 4급Ⅱ 68
部 6급Ⅱ 31
夫 7급 25
父 8급 15
不 7급Ⅱ 20

북

北 8급 15

분

吩 1급 255
噴 1급 255
忿 1급 255
扮 1급 255
焚 1급 255
盆 1급 255
糞 1급 255
雰 1급 255
芬 2급 198
墳 3급 154
奔 3급Ⅱ 119
奮 3급Ⅱ 119

紛3급	119	琵1급	256	悲4급Ⅱ	68	奢1급	258	私4급	90
憤4급	89	砒1급	256	非4급Ⅱ	68	娑1급	258	絲4급	90
粉4급	89	秕1급	256	飛4급Ⅱ	68	徙1급	258	辭4급	90
分6급Ⅱ	31	妣1급	256	比5급	55	祠1급	258	寺4급Ⅱ	68
		痺1급	257	費5급	55	紗1급	258	師4급Ⅱ	68
불		緋1급	257	鼻5급	55	蓑1급	258	舍4급Ⅱ	68
佛1급	255	翡1급	257			瀉1급	259	謝4급Ⅱ	69
沸1급	256	脾1급	257	**빈**		獅1급	259	思5급	55
弗2급	178	臂1급	257	嚬1급	257	麝1급	259	査5급	55
拂3급Ⅱ	119	蚍1급	257	瀕1급	257	唆2급	178	寫5급	56
佛4급Ⅱ	68	裨1급	257	嬪1급	258	赦2급	178	仕5급Ⅱ	46
不7급Ⅱ	20	誹1급	257	殯1급	258	飼2급	178	史5급Ⅱ	46
		譬1급	257	濱1급	258	泗2급	199	士5급Ⅱ	46
붕		鄙1급	257	彬2급	199	似3급	155	使6급	38
棚1급	256	匪2급	178	賓3급	155	巳3급	155	死6급	38
硼1급	256	丕2급	198	頻3급	155	捨3급	155	社6급Ⅱ	32
繃1급	256	毖2급	198	貧4급Ⅱ	68	斯3급	155	事7급Ⅱ	20
鵬2급	198	毘2급	198			詐3급	155	四8급	15
崩3급	154	泌2급	213	**빙**		賜3급	155		
朋3급	154	妃3급Ⅱ	119	憑1급	258	司3급Ⅱ	120	**삭**	
		肥3급Ⅱ	119	馮2급	213	斜3급Ⅱ	120	朔3급	155
비		卑3급Ⅱ	120	聘3급	155	沙3급Ⅱ	120	削3급Ⅱ	120
匕1급	256	婢3급Ⅱ	120	氷5급	55	祀3급Ⅱ	120	索3급Ⅱ	121
庇1급	256	批4급	89			蛇3급Ⅱ	120	數7급	26
憊1급	256	祕4급	89	**사**		詞3급Ⅱ	120		
扉1급	256	碑4급	90			邪3급Ⅱ	120	**산**	
沸1급	256	備4급Ⅱ	68	些1급	258	射4급	90	刪1급	259
嗣1급	258								

급수별 한자

珊1급 259		上7급Ⅱ 21	黍1급 261	席6급 38
疝1급 259	**상**		鼠1급 261	石6급 38
傘2급 179		**새**	瑞2급 179	夕7급 25
酸2급 179	孀1급 259		舒2급 199	
散4급 90	爽1급 260	璽1급 260	庶3급 156	**선**
産5급 46	翔1급 260	塞3급Ⅱ 121		
算7급 25	觴1급 260		敍3급 156	亘1급 231
山8급 15	箱2급 179	**색**	暑3급 156	扇1급 261
	庠2급 199		誓3급 156	煽1급 261
살	嘗3급 155	嗇1급 260	逝3급 156	羨1급 261
	祥3급 155	塞3급Ⅱ 121	徐3급Ⅱ 121	腺1급 261
撒1급 259	霜3급Ⅱ 120	索3급Ⅱ 121	恕3급Ⅱ 121	膳1급 261
煞1급 259	像3급Ⅱ 121	色7급 25	署3급Ⅱ 121	銑1급 261
薩1급 259	償3급Ⅱ 121		緖3급Ⅱ 122	繕2급 179
殺4급Ⅱ 69	喪3급Ⅱ 121	**생**	序5급 56	瑄2급 199
	尙3급Ⅱ 121		書6급Ⅱ 32	璇2급 199
삼	桑3급Ⅱ 121	牲1급 260	西8급 16	璿2급 199
	裳3급Ⅱ 121	甥1급 260		旋3급Ⅱ 122
滲1급 259	詳3급Ⅱ 121	省6급Ⅱ 32	**석**	禪3급Ⅱ 122
蔘2급 179	傷4급 90	生8급 16		宣4급 90
森3급 120	象4급 90		潟1급 261	善5급 56
參5급Ⅱ 50	常4급Ⅱ 69	**서**	碩2급 179	船5급 56
三8급 16	床4급Ⅱ 69		奭2급 199	選5급 56
	想4급Ⅱ 69	嶼1급 260	晳2급 199	仙5급Ⅱ 47
삽	狀4급Ⅱ 69	抒1급 260	錫2급 199	鮮5급Ⅱ 47
	賞5급 56	曙1급 260	昔3급 156	線6급Ⅱ 32
扱1급 231	商5급Ⅱ 46	棲1급 260	析3급 156	先8급 16
澁1급 259	相5급Ⅱ 46	薯1급 260	惜3급Ⅱ 122	
揷2급 179		壻1급 261	釋3급Ⅱ 122	
		犀1급 261		
		胥1급 261		

설

屑1급	262
泄1급	262
洩1급	262
渫1급	262
卨2급	199
薛2급	199
舌4급	90
設4급II	69
說5급II	47
雪6급II	32

섬

殲1급	262
閃1급	262
纖2급	179
暹2급	200
蟾2급	200
陝2급	200

섭

燮2급	200
攝3급	156
涉3급	156

성

醒1급	262
晟2급	200
城4급II	69
星4급II	69
盛4급II	69
聖4급II	69
誠4급II	69
聲4급II	70
性5급II	47
成6급II	32
省6급II	32
姓7급II	21

세

貰2급	179
勢4급II	70
稅4급II	70
細4급II	70
歲5급II	47
洗5급II	47
說5급II	47
世7급II	21

소

塑1급	262
宵1급	262
疎1급	262
逍1급	262
遡1급	262
搔1급	263
梳1급	263
甦1급	263
瘙1급	263
簫1급	263
蕭1급	263
繰1급	286
紹2급	179
巢2급	200
沼2급	200
邵2급	200
召3급	156
昭3급	156
蔬3급	156
騷3급	157
燒3급II	122
疏3급II	122
蘇3급II	122
訴3급II	122
掃4급II	70
笑4급II	70
素4급II	70
消6급II	32
少7급	25
所7급	25

소

小8급	16

속

贖1급	263
粟3급	157
屬4급	90
俗4급II	70
續4급II	70
束5급II	47
速6급II	39

손

遜1급	263
損4급	90
孫6급	39

솔

率3급II	113

송

悚1급	263
宋2급	200
誦3급	157
訟3급II	122
松4급	91
頌4급	91
送4급II	70

쇄

灑1급	263
碎1급	263
刷3급II	122
鎖3급II	122
殺4급II	69

쇠

衰3급II	123

수

繡1급	317
嫂1급	263
戍1급	264
狩1급	264
瘦1급	264
穗1급	264
竪1급	264
粹1급	264
繡1급	264
羞1급	264
蒐1급	264
袖1급	264
酬1급	264
髓1급	265
洙2급	200

銖2급	200	數7급	26	脣3급	158	升2급	180	市7급II	21
隋2급	200	手7급II	21	巡3급II	124	繩2급	201	時7급II	21
囚3급	157	水8급	16	旬3급II	124	乘3급II	124		
搜3급	157			瞬3급II	124	僧3급II	124	**식**	
睡3급	157	**숙**		純4급II	71	昇3급II	124		
誰3급	157	塾1급	265	順5급II	47	承4급II	71	拭1급	266
遂3급	157	夙1급	265			勝6급	39	熄1급	266
雖3급	157	菽1급	265	**술**				蝕1급	266
須3급	157	孰3급	157	戌3급	158	**시**		殖2급	180
垂3급II	123	淑3급II	123	述3급II	124			湜2급	201
壽3급II	123	熟3급II	123	術6급II	32	匙1급	265	軾2급	201
帥3급II	123	叔4급	91			媤1급	265	飾3급II	124
愁3급II	123	肅4급	91	**숭**		弑1급	265	息4급II	71
殊3급II	123	宿5급II	47	崇4급	91	柿1급	266	識5급II	47
獸3급II	123					猜1급	266	式6급	39
輸3급II	123	**순**		**슬**		諡1급	266	植7급	26
隨3급II	123	筍1급	265	膝1급	265	豺1급	266	食7급II	21
需3급II	123	醇1급	265	瑟2급	201	屍2급	180		
秀4급	91	馴1급	265			柴2급	201	**신**	
守4급II	70	盾2급	179	**습**		矢3급	158	呻1급	266
收4급II	70	洵2급	201	濕3급II	124	侍3급II	124	娠1급	266
修4급II	71	淳2급	201	拾3급II	124	施4급II	71	宸1급	266
受4급II	71	珣2급	201	襲3급II	124	是4급II	71	燼1급	266
授4급II	71	舜2급	201	習6급	39	視4급II	71	蜃1급	266
首5급II	47	荀2급	201			試4급II	71	薪1급	267
宿5급II	47	殉3급	157	**승**		詩4급II	71	訊1급	267
樹6급	39	循3급	158	丞1급	265	示5급	56	迅1급	267
						始6급II	32	紳2급	180

가나다순으로 찾아보기

腎2급 180		垩1급 267	闇1급 268	涯3급 159
伸3급 158	**십**	愕1급 267	癌2급 180	哀3급Ⅱ 126
晨3급 158	什1급 289	顎1급 267	巖3급Ⅱ 126	愛6급 39
辛3급 158	拾3급Ⅱ 124	握2급 180	暗4급Ⅱ 72	
愼3급Ⅱ 125	十8급 16	岳3급 158		**액**
辰3급Ⅱ 135		惡5급Ⅱ 48	**압**	扼1급 269
申4급 71	**쌍**	樂6급Ⅱ 31	鴨2급 202	縊1급 269
臣5급Ⅱ 47	雙3급Ⅱ 125		押3급 159	腋1급 269
信6급Ⅱ 32		**안**	壓4급Ⅱ 72	厄3급 159
神6급Ⅱ 32	**씨**	按1급 267		額4급 91
身6급Ⅱ 32	氏4급 91	晏1급 268	**앙**	液4급Ⅱ 72
新6급Ⅱ 33		鞍1급 268	昂1급 268	
	아	雁3급 158	怏1급 268	**앵**
실	俄1급 267	岸3급Ⅱ 125	秧1급 268	櫻1급 269
悉1급 267	啞1급 267	顔3급Ⅱ 125	鴦1급 268	鶯1급 269
實5급Ⅱ 48	衙1급 267	眼4급Ⅱ 72	殃3급 159	
失6급 39	訝1급 267	案5급 56	仰3급Ⅱ 126	**야**
室8급 16	餓3급 158	安7급 21	央3급Ⅱ 126	冶1급 269
	亞3급Ⅱ 125			倻1급 269
심	我3급Ⅱ 125	**알**	**애**	爺1급 269
瀋2급 201	牙3급Ⅱ 125	斡1급 268	崖1급 268	惹2급 180
尋3급 158	芽3급Ⅱ 125	軋1급 268	曖1급 268	倻2급 202
審3급Ⅱ 125	阿3급Ⅱ 125	閼2급 201	隘1급 269	也3급 159
甚3급Ⅱ 125	雅3급Ⅱ 125	謁3급 158	靄1급 269	耶3급 159
沈3급 139	兒5급Ⅱ 48		礙2급 180	若3급Ⅱ 126
深4급Ⅱ 72		**암**	埃2급 202	夜6급 39
心7급 26	**악**	庵1급 268	艾2급 202	野6급 39

급수별 한자 찾아보기 **541**

약

藥 1급 269
躍 3급 159
若 3급II 126
約 5급II 48
弱 6급II 33
藥 6급II 33

양

癢 1급 270
瘍 1급 269
恙 1급 270
攘 1급 270
釀 1급 270
孃 2급 180
壤 2급 202
楊 3급 159
壤 3급II 126
揚 3급II 126
讓 3급II 126
樣 4급 91
羊 4급II 72
養 5급II 48
洋 6급 39
陽 6급 39

어

圄 1급 270
瘀 1급 270
禦 1급 270
於 3급 159
御 3급II 126
漁 5급 56
魚 5급 56
語 7급 26

억

臆 1급 270
憶 3급II 126
抑 3급II 126
億 5급 56

언

堰 1급 270
諺 1급 270
彦 2급 202
焉 3급 159
言 6급 40

얼

孼 1급 270
奄 1급 270

엄

掩 1급 271
嚴 4급 91

업

業 6급II 33

여

予 3급 159
汝 3급 159
余 3급 160
輿 3급 160
與 4급 91
如 4급II 72
餘 4급II 72

역

繹 1급 271
亦 3급II 126
役 3급II 127
疫 3급II 127
譯 3급II 127
驛 3급II 127
易 4급 91
域 4급 92
逆 4급II 72

연

咽 1급 278
閱 3급 160
悅 3급II 127

羨 1급 261
捐 1급 271
椽 1급 271
筵 1급 271
鳶 1급 271
咽 1급 278
硯 2급 180
妍 2급 202
淵 2급 202
衍 2급 202
宴 3급II 127
沿 3급II 127
燕 3급II 127
軟 3급II 127
延 4급 92
燃 4급 92
緣 4급 92
鉛 4급 92
演 4급II 72
煙 4급II 72
研 4급II 72
然 7급 26

열

咽 1급 278
閱 3급 160
悅 3급II 127

熱 5급 56

염

焰 1급 271
艶 1급 271
厭 2급 180
閻 2급 202
染 3급II 127
炎 3급II 127
鹽 3급II 127

엽

燁 2급 202
葉 5급 57

영

嬰 1급 271
暎 2급 202
瑛 2급 203
瑩 2급 203
盈 2급 203
泳 3급 160
詠 3급 160
影 3급II 128
映 4급 92
營 4급 92
迎 4급 92

榮4급II 73	傲3급 160	雍2급 203	枉1급 273	邀1급 274
永6급 40	吾3급 160	甕2급 204	旺2급 204	妖2급 181
英6급 40	嗚3급 160	翁3급 160	汪2급 204	堯2급 204
	娛3급 160	擁3급 161	往4급II 73	姚2급 204
예	汚3급 160		王8급 16	耀2급 204
洩1급 262	悟3급II 128	**와**		搖3급 161
曳1급 271	烏3급II 128	渦1급 272	**왜**	腰3급 161
穢1급 271	誤4급II 73	蝸1급 272	矮1급 273	遙3급 161
裔1급 271	惡5급II 48	訛1급 272	歪2급 181	謠4급II 73
詣1급 272	午7급II 21	臥3급 161	倭2급 204	曜5급 57
預2급 181	五8급 16	瓦3급II 128		要5급II 48
濊2급 203			**외**	樂6급II 31
睿2급 203	**옥**	**완**	巍1급 273	
芮2급 203	沃2급 203	婉1급 272	猥1급 273	**욕**
銳3급 160	鈺2급 203	宛1급 272	歪2급 181	慾3급II 128
譽3급II 128	獄3급II 128	玩1급 273	畏3급 161	欲3급II 128
豫4급 92	玉4급II 73	腕1급 273	外8급 16	辱3급II 128
藝4급II 73	屋5급 57	阮1급 273		浴5급 57
		頑1급 273	**요**	
오	**온**	莞2급 204	僥1급 273	**용**
伍1급 272	蘊1급 272	緩3급II 128	凹1급 273	涌1급 274
奧1급 272	穩2급 181	完5급 57	拗1급 273	聳1급 274
寤1급 272	溫6급 40		饒1급 273	茸1급 274
懊1급 272		**왈**	夭1급 274	蓉1급 274
梧2급 181	**옹**	曰3급 161	擾1급 274	踊1급 274
吳2급 203	雍1급 272		窈1급 274	傭2급 181
塢2급 203	邕2급 203	**왕**	窯1급 274	熔2급 181

급수별 한자 찾아보기 543

溶2급	204	遇4급	92	
瑢2급	204	郵4급	92	**웅**
鎔2급	204	牛5급	57	熊2급 205
鏞2급	204	友5급Ⅱ	48	雄5급 57
庸3급	161	雨5급Ⅱ	48	
容4급Ⅱ	73	右7급Ⅱ	21	**원**
勇6급Ⅱ	33			冤1급 275
用6급Ⅱ	33	**욱**		猿1급 275
		旭2급	205	鴛1급 275
우		昱2급	205	苑2급 181
嵎1급	274	煜2급	205	媛2급 205
寓1급	274	郁2급	205	瑗2급 206
虞1급	275	頊2급	205	袁2급 206
迂1급	275			怨4급 93
隅1급	275	**운**		援4급 93
佑2급	205	殞1급	275	源4급 93
祐2급	205	耘1급	275	員4급Ⅱ 73
禹2급	205	隕1급	275	圓4급Ⅱ 73
于3급	161	芸2급	205	原5급 57
又3급	161	云3급	161	院5급 57
尤3급	161	韻3급Ⅱ	129	願5급 57
偶3급Ⅱ	128	雲5급Ⅱ	48	元5급Ⅱ 48
宇3급Ⅱ	128	運6급Ⅱ	33	園6급 40
愚3급Ⅱ	129			遠6급 40
憂3급Ⅱ	129	**울**		
羽3급Ⅱ	129	鬱2급	181	**월**
優4급	92	蔚2급	205	越3급Ⅱ 129

月8급	16	揄1급	276
		柚1급	276
위		游1급	276
萎1급	275	癒1급	276
尉2급	181	諛1급	276
渭2급	206	諭1급	276
韋2급	206	蹂1급	276
魏2급	206	鍮1급	276
緯3급	162	俞2급	206
違3급	162	庾2급	206
僞3급Ⅱ	129	楡2급	206
胃3급Ⅱ	129	踰2급	206
謂3급Ⅱ	129	唯3급	162
危4급	93	惟3급	162
圍4급	93	愈3급	162
委4급	93	酉3급	162
威4급	93	幼3급Ⅱ	129
慰4급	93	幽3급Ⅱ	129
爲4급Ⅱ	73	柔3급Ⅱ	129
衛4급Ⅱ	73	猶3급Ⅱ	129
位5급	57	悠3급Ⅱ	130
偉5급Ⅱ	48	維3급Ⅱ	130
		裕3급Ⅱ	130
유		誘3급Ⅱ	130
喩1급	275	乳4급	93
宥1급	275	儒4급	93
愉1급	276	遊4급	93

遺4급	93	恩4급Ⅱ	74	椅1급	277	易4급	91	人8급	17
油6급	40	銀6급	40	毅1급	277	異4급	94		
由6급	40			誼1급	277	移4급Ⅱ	74	**일**	
有7급	26	**을**		宜3급	162	耳5급	57	佚1급	278
		乙3급Ⅱ	130	矣3급	162	以5급Ⅱ	48	溢1급	278
육				依4급	94	二8급	17	壹2급	182
肉4급Ⅱ	73	**음**		儀4급	94			佾2급	207
育7급	26	蔭1급	276	疑4급	94	**익**		鎰2급	207
		吟3급	162	義4급Ⅱ	74	翌1급	277	逸3급Ⅱ	130
윤		淫3급Ⅱ	130	議4급Ⅱ	74	翊2급	207	一8급	17
允2급	206	陰4급Ⅱ	74	衣6급	40	翼3급Ⅱ	130	日8급	17
尹2급	206	音6급Ⅱ	33	醫6급	40	益4급Ⅱ	74		
胤2급	206	飮6급Ⅱ	33	意6급Ⅱ	33			**임**	
鈗2급	207					**인**		妊2급	182
閏3급	162	**읍**		**이**		咽1급	278	壬3급Ⅱ	130
潤3급Ⅱ	130	揖1급	277	姨1급	277	湮1급	278	賃3급Ⅱ	131
		泣3급	162	弛1급	277	蚓1급	278	任5급	49
융		邑7급	26	爾1급	277	靭1급	278		
戎1급	276			痍1급	277	刃2급	182	**입**	
絨1급	276	**응**		餌1급	277	姻3급	163	入7급	26
融2급	181	膺1급	277	貳2급	181	寅3급	163		
		鷹2급	207	伊2급	207	忍3급Ⅱ	130	**잉**	
은		凝3급	162	怡2급	207	仁4급	94	剩1급	278
垠2급	207	應4급Ⅱ	74	珥2급	207	印4급Ⅱ	74	孕1급	278
殷2급	207			夷3급	163	引4급Ⅱ	74		
誾2급	207	**의**		而3급	163	認4급Ⅱ	74	**자**	
隱4급	94	擬1급	277	已3급	130	因5급	58	仔1급	278

炙1급	278	炸1급	279	仗1급	280	障4급II	74	咀1급	281
煮1급	278	綽1급	279	匠1급	280	章6급	41	狙1급	281
瓷1급	278	芍1급	279	杖1급	280	場7급II	22	箸1급	281
疵1급	279	雀1급	279	檣1급	280	長8급	17	詛1급	281
蔗1급	279	鵲1급	279	漿1급	280	**재**		躇1급	281
藉1급	279	醋1급	295	薔1급	280			邸1급	281
磁2급	182	爵3급	163	醬1급	280	滓1급	280	沮2급	182
諮2급	182	酌3급	163	庄2급	208	齋1급	280	抵3급II	132
雌2급	182	作6급II	33	獐2급	208	哉3급	163	著3급II	132
滋2급	207	昨6급II	33	璋2급	208	宰3급	163	底4급	95
恣3급	163			蔣2급	208	栽3급II	132	低4급II	75
玆3급	163	**잔**		墻3급	163	裁3급II	132	貯5급	58
刺3급II	131	棧1급	279	丈3급II	131	載3급II	132		
慈3급II	131	盞1급	280	掌3급II	131	再5급	58	**적**	
紫3급II	131	殘4급	94	粧3급II	131	災5급	58	炙1급	278
姉4급	94			莊3급II	131	材5급II	49	嫡1급	281
姿4급	94	**잠**		葬3급II	131	財5급II	49	狄1급	281
資4급	94	箴1급	280	藏3급II	131	在6급	41	謫1급	281
者6급	40	簪1급	280	臟3급II	132	才6급II	34	迹1급	282
字7급	26	蠶2급	182	壯4급	94			滴3급	163
子7급II	21	暫3급II	131	奬4급	95	**쟁**		寂3급II	132
自7급II	21	潛3급II	131	帳4급	95	錚1급	281	摘3급II	132
				張4급	95	爭5급	58	笛3급II	132
작		**잡**		腸4급	95			跡3급II	132
勺1급	279	雜4급	94	裝4급	95	**저**		蹟3급II	132
嚼1급	279			狀4급II	69	氐1급	281	積4급	95
灼1급	279	**장**		將4급II	74	豬1급	281	籍4급	95

績 4급 95	甸 2급 208	點 4급 96	鄭 2급 208	齊 2급 182
賊 4급 95	殿 3급II 132	店 5급II 49	鼎 2급 209	堤 3급 164
適 4급 95	專 4급 95		訂 3급 164	諸 3급II 133
敵 4급II 75	轉 4급 96	**접**	井 3급II 133	齊 3급II 133
赤 5급 58	錢 4급 96		亭 3급II 133	帝 4급 96
的 5급II 49	田 4급II 75	蝶 3급 164	廷 3급II 133	制 4급II 75
	傳 5급II 49	接 4급II 75	征 3급II 133	祭 4급II 75
전	典 5급II 49		淨 3급II 133	製 4급II 75
		정	貞 3급II 133	除 4급II 75
剪 1급 282	展 5급II 49		頂 3급II 133	提 4급 76
塡 1급 282	戰 6급II 34	幀 1급 283	丁 4급 96	濟 4급 76
奠 1급 282	全 7급II 22	挺 1급 284	整 4급 96	際 4급 76
廛 1급 282	前 7급II 22	町 1급 284	靜 4급 96	第 6급II 34
悛 1급 282	電 7급II 22	睛 1급 284	政 4급II 75	題 6급II 34
栓 1급 282		碇 1급 284	程 4급II 75	弟 8급 17
氈 1급 282	**절**	穽 1급 284	精 4급II 75	
煎 1급 282		酊 1급 284	停 5급 58	**조**
箭 1급 282	截 1급 283	釘 1급 284	情 5급II 49	
纏 1급 282	竊 3급 164	錠 1급 284	定 6급 41	凋 1급 285
銓 1급 282	折 4급 96	靖 1급 284	庭 6급II 34	嘲 1급 285
氵巓 1급 283	絶 4급II 75	偵 2급 182	正 7급II 22	曹 1급 285
巓 1급 283	切 5급II 49	呈 2급 182		棗 1급 285
箋 1급 283	節 5급II 49	艇 2급 182	**제**	槽 1급 285
篆 1급 283		旌 2급 208		漕 1급 285
輾 1급 283	**점**	晶 2급 208	啼 1급 284	爪 1급 285
顚 1급 283	粘 1급 283	楨 2급 208	悌 1급 284	眺 1급 285
顫 1급 283	霑 1급 283	汀 2급 208	梯 1급 284	稠 1급 285
餞 1급 283	漸 3급II 133	珽 2급 208	蹄 1급 285	糟 1급 285
	占 4급 96	禎 2급 208		

遭1급	285	調5급Ⅱ	49	鍾4급	97	駐2급	183	蠢1급	288
粗1급	286	朝6급	41	疇2급	209	准2급	183
繰1급	286	祖7급	26	宗4급Ⅱ	76	舟3급	164	埈2급	209
肇1급	286			終5급	58	奏3급Ⅱ	134	峻2급	209
藻1급	286	**족**		種5급Ⅱ	50	宙3급Ⅱ	134	晙2급	209
詔1급	286	簇1급	286			柱3급Ⅱ	134	浚2급	209
躁1급	286	族6급	41	**좌**		株3급Ⅱ	134	濬2급	209
阻1급	286	足7급Ⅱ	22	挫1급	287	洲3급Ⅱ	134	駿2급	209
彫2급	183			佐3급	164	珠3급Ⅱ	134	俊3급	164
措2급	183	**존**		坐3급Ⅱ	134	鑄3급Ⅱ	134	遵3급	164
釣2급	183	存4급	97	座4급	97	周4급	97	準4급Ⅱ	76
曹2급	209	尊4급Ⅱ	76	左7급Ⅱ	22	朱4급	97		
祚2급	209					酒4급	97	**중**	
趙2급	209	**졸**		**죄**		走4급Ⅱ	76	仲3급Ⅱ	134
弔3급	164	猝1급	286	罪5급	58	州5급Ⅱ	50	衆4급Ⅱ	77
燥3급	164	拙3급	164			週5급Ⅱ	50	重7급	27
兆3급Ⅱ	133	卒5급Ⅱ	50	**주**		晝6급	41	中8급	17
照3급Ⅱ	133			做1급	287	注6급Ⅱ	34		
租3급Ⅱ	134	**종**		冑1급	287	主7급	26	**즉**	
條4급	96	慫1급	286	呪1급	287	住7급	27	卽3급Ⅱ	134
潮4급	96	腫1급	286	喉1급	287			則5급	59
組4급	96	踵1급	286	廚1급	287	**죽**			
助4급Ⅱ	76	踪1급	287	紬1급	287	竹4급Ⅱ	76	**즐**	
早4급Ⅱ	76	綜2급	183	註1급	287			櫛1급	288
造4급Ⅱ	76	琮2급	209	誅1급	287	**준**			
鳥4급Ⅱ	76	縱3급Ⅱ	134	疇1급	287	樽1급	288	**즙**	
操5급	58	從4급	97	輳1급	287	竣1급	288	汁1급	288
				紂1급	288				

茸1급 288	智4급 97	振3급Ⅱ 135	斟1급 289	**착**
	誌4급 97	辰3급Ⅱ 135	朕1급 289	
증	志4급Ⅱ 77	鎭3급Ⅱ 135		搾1급 290
贈3급 164	指4급Ⅱ 77	陳3급Ⅱ 135	**집**	窄1급 290
憎3급Ⅱ 135	支4급Ⅱ 77	震3급Ⅱ 135	什1급 289	鑿1급 290
曾3급Ⅱ 135	至4급Ⅱ 77	珍4급 98	輯2급 184	捉3급 165
症3급Ⅱ 135	止5급 58	盡4급 98	執3급Ⅱ 136	錯3급Ⅱ 136
蒸3급Ⅱ 135	識5급Ⅱ 47	陣4급 98	集6급Ⅱ 34	着5급 50
證4급 97	知5급Ⅱ 50	眞4급 77		
增4급Ⅱ 77	地7급 27	進4급Ⅱ 77	**징**	**찬**
	紙7급 27		澄1급 290	撰1급 290
지		**질**	懲3급 165	纂1급 290
	직	佚1급 278	徵3급Ⅱ 136	簒1급 290
咫1급 288	稙2급 210	叱1급 289		饌1급 290
摯1급 288	稷2급 210	嫉1급 289	**차**	餐2급 184
枳1급 288	織4급 97	帙1급 289		燦2급 210
祉1급 288	職4급Ⅱ 77	桎1급 289	叉1급 290	璨2급 210
肢1급 288	直7급Ⅱ 22	膣1급 289	嗟1급 290	瓚2급 210
旨2급 183		跌1급 289	蹉1급 290	鑽2급 210
脂2급 183	**진**	迭1급 289	遮2급 184	贊3급Ⅱ 136
址2급 210		窒2급 183	且3급 165	讚4급 98
芝2급 210	嗔1급 289	姪3급 165	茶3급Ⅱ 109	
只3급 165	疹1급 289	疾3급Ⅱ 136	借3급Ⅱ 136	**찰**
遲3급 165	塵2급 183	秩3급Ⅱ 136	此3급Ⅱ 136	
之3급Ⅱ 135	津2급 183	質5급Ⅱ 50	差4급 98	擦1급 290
枝3급Ⅱ 135	診2급 183		次4급Ⅱ 77	刹2급 184
池3급Ⅱ 135	晉2급 210	**짐**	車7급Ⅱ 19	札2급 184
持4급 97	秦2급 210			察4급Ⅱ 77

급수별 한자

참

僭1급	291
塹1급	291
懺1급	291
站1급	291
讒1급	291
讖1급	291
斬2급	184
慘3급	165
慙3급	165
參5급Ⅱ	50

창

倡1급	291
娼1급	291
廠1급	291
愴1급	291
猖1급	291
菖1급	291
槍1급	292
漲1급	292
瘡1급	292
脹1급	292
艙1급	292
彰2급	184
滄2급	184
敞2급	210
昶2급	210
暢3급	165
倉3급Ⅱ	136
昌3급Ⅱ	136
蒼3급Ⅱ	136
創4급Ⅱ	77
唱5급	58
窓6급Ⅱ	34

채

寨1급	292
埰2급	211
蔡2급	211
采2급	211
菜3급Ⅱ	136
債3급Ⅱ	137
彩3급Ⅱ	137
採4급	98

책

柵1급	292
策3급Ⅱ	137
冊4급	98
責5급Ⅱ	50

처

凄1급	292
悽2급	184
妻3급Ⅱ	137
處4급Ⅱ	78

척

擲1급	292
滌1급	292
瘠1급	292
脊1급	292
隻2급	184
陟2급	211
斥3급	165
刺3급Ⅱ	131
尺3급Ⅱ	137
戚3급Ⅱ	137
拓3급Ⅱ	137

천

喘1급	293
擅1급	293
穿1급	293
闡1급	293
釧2급	211
薦3급	165
淺3급Ⅱ	137
賤3급Ⅱ	137
踐3급Ⅱ	137
遷3급Ⅱ	137
泉4급	98
千7급	27
天7급	27
川7급	27

철

凸1급	293
綴1급	293
轍1급	293
撤2급	184
喆2급	211
澈2급	211
哲3급Ⅱ	137
徹3급Ⅱ	138
鐵5급	59

첨

僉1급	293
籤1급	293
諂1급	293
瞻2급	211
尖3급	165
添3급	166

첩

帖1급	293
貼1급	293
捷1급	294
牒1급	294
疊1급	294
諜2급	184
妾3급	166

청

晴3급	166
廳4급	98
聽4급	98
請4급Ⅱ	78
淸6급Ⅱ	34
靑8급	17

체

涕1급	294
諦1급	294
締2급	185
替3급	166
逮3급	166
遞3급	166
滯3급Ⅱ	138
切5급Ⅱ	49
體6급Ⅱ	34

초

憔1급 294
梢1급 294
樵1급 294
硝1급 294
礁1급 294
稍1급 294
蕉1급 294
炒1급 295
貂1급 295
醋1급 295
哨2급 185
焦2급 185
楚2급 211
抄3급 166
秒3급 166
礎3급Ⅱ 138
肖3급Ⅱ 138
超3급Ⅱ 138
招4급 98
初5급 59
草7급 27

촉

囑1급 295
蜀2급 211

燭3급 166
促3급Ⅱ 138
觸3급Ⅱ 138

촌

忖1급 295
村7급 27
寸8급 17

총

叢1급 295
塚1급 295
寵1급 295
聰3급 166
總4급Ⅱ 78
銃4급Ⅱ 78

촬

撮1급 295

최

崔2급 211
催3급Ⅱ 138
最5급 59

추

墜1급 295

樞1급 295
芻1급 295
椎1급 296
酋1급 296
錐1급 296
錘1급 296
鎚1급 296
鰍1급 296
槌1급 300
趨2급 185
楸2급 211
鄒2급 212
抽3급 166
醜3급 166
追3급Ⅱ 138
推4급 98
秋7급 27

축

蹙2급 185
軸2급 185
丑3급 167
逐3급 167
畜3급Ⅱ 138
縮4급 99
築4급Ⅱ 78
蓄4급Ⅱ 78

樞1급 295
芻1급 295
祝5급 59

춘

椿2급 212
春7급 27

출

黜1급 296
出7급 27

충

衷2급 185
沖2급 212
衝3급Ⅱ 138
忠4급Ⅱ 78
蟲4급Ⅱ 78
充5급Ⅱ 50

췌

悴1급 296
膵1급 296
萃1급 296
贅1급 296

취

娶1급 296
翠1급 297

脆1급 297
炊2급 185
聚2급 212
臭3급 167
吹3급Ⅱ 138
醉3급Ⅱ 139
就4급 99
趣4급 99
取4급Ⅱ 78

측

惻1급 297
側3급Ⅱ 139
測4급Ⅱ 78

층

層4급 99

치

侈1급 297
嗤1급 297
幟1급 297
熾1급 297
痔1급 297
癡1급 297
緻1급 297
馳1급 297

峙2급	212	寢4급	99	擢1급	298	眈1급	299	態4급Ⅱ	79
雉2급	212	針4급	99	鐸1급	298	耽2급	212	太6급	41
値3급Ⅱ	139	侵4급Ⅱ	79	琢2급	185	貪3급	167		
恥3급Ⅱ	139			託2급	185	探4급	99	**택**	
稚3급Ⅱ	139	**칩**		托3급	167			澤3급Ⅱ	140
治4급Ⅱ	78	蟄1급	298	濁3급	167	**탑**		擇4급	99
置4급Ⅱ	78			濯3급	167	搭1급	299	宅5급Ⅱ	50
齒4급Ⅱ	79	**칭**		拓3급Ⅱ	137	塔3급Ⅱ	139		
致5급	59	秤1급	298	卓5급	59			**탱**	
		稱4급	99	度6급	37	**탕**		撑1급	300
칙						宕1급	299		
勅1급	297	**쾌**		**탄**		蕩1급	299	**터**	
則5급	59	快4급Ⅱ	79	呑1급	299	糖3급Ⅱ	110	攄1급	300
				坦1급	299	湯3급Ⅱ	139		
친		**타**		憚1급	299			**토**	
親6급	41	唾1급	298	綻1급	299	**태**		兎3급Ⅱ	140
		惰1급	298	灘2급	212	汰1급	299	吐3급Ⅱ	140
칠		楕1급	298	誕3급	167	笞1급	299	討4급	100
漆3급Ⅱ	139	舵1급	298	彈4급	99	苔1급	299	土8급	17
七8급	17	陀1급	298	歎4급	99	跆1급	299		
		駝1급	298	炭5급	59	胎2급	185	**통**	
침		墮3급	167			颱2급	185	慟1급	300
砧1급	298	妥3급	167	**탈**		兌2급	212	桶1급	300
鍼1급	298	他5급	59	奪3급Ⅱ	139	台2급	212	筒1급	300
枕3급	167	打5급	59	脫4급	99	怠3급	167	痛4급	100
沈3급Ⅱ	139					殆3급Ⅱ	139	統4급Ⅱ	79
浸3급Ⅱ	139	**탁**		**탐**		泰3급Ⅱ	140	通6급	41

洞 7급	24	芭 1급	301	牌 1급	302	**평**		襃 1급	303
		跛 1급	301	稗 1급	302			逋 1급	303
퇴		坡 2급	212	覇 2급	186	萍 1급	302	曝 1급	303
堆 1급	300	把 3급	168	貝 3급	168	坪 2급	186	砲 1급	303
槌 1급	300	播 3급	168	敗 5급	59	評 4급	100	瀑 1급	304
腿 1급	300	罷 3급	168			平 7급Ⅱ	22	怖 2급	186
褪 1급	300	頗 3급	168	**팽**				抛 2급	186
頹 1급	300	派 4급	100	澎 1급	302	**폐**		鋪 2급	186
推 4급	98	波 4급Ⅱ	79	膨 1급	302	斃 1급	302	葡 2급	213
退 4급Ⅱ	79	破 4급Ⅱ	79	彭 2급	213	陛 2급	302	鮑 2급	213
						幣 3급	168	抱 3급	168
투		**판**		**팍**		蔽 3급	168	飽 3급	168
套 1급	300	辦 1급	301	愎 1급	362	廢 3급Ⅱ	140	捕 3급Ⅱ	141
妬 1급	300	阪 2급	212			弊 3급Ⅱ	140	浦 3급Ⅱ	141
透 3급Ⅱ	140	販 3급	168	**편**		肺 3급Ⅱ	140	胞 4급	100
投 4급	100	版 3급Ⅱ	140	鞭 1급	302	閉 4급	100	包 4급Ⅱ	79
鬪 4급	100	判 4급	100	騙 1급	302			布 4급Ⅱ	79
		板 5급	59	扁 2급	213	**포**		暴 4급Ⅱ	79
특				遍 3급	168	匍 1급	302	砲 4급Ⅱ	79
慝 1급	301	**팔**		偏 3급Ⅱ	140	咆 1급	303		
特 6급	41	八 8급	17	片 3급Ⅱ	140	哺 1급	303	**폭**	
				編 3급Ⅱ	140	圃 1급	303	輻 1급	253
파		**패**		篇 4급	100	泡 1급	303	曝 1급	303
婆 1급	301	佩 1급	301	便 7급	28	疱 1급	303	瀑 1급	304
巴 1급	301	唄 1급	301			脯 1급	303	幅 3급	168
爬 1급	301	悖 1급	301	**폄**		蒲 1급	303	爆 4급	100
琶 1급	301	沛 1급	301	貶 1급	302	袍 1급	303	暴 4급Ⅱ	79

표

剽1급 304
慓1급 304
豹1급 304
飄1급 304
杓2급 213
漂3급 169
標4급 100
票4급Ⅱ 80
表6급Ⅱ 34

품

稟1급 304
品5급Ⅱ 50

풍

諷1급 304
馮2급 213
楓3급Ⅱ 141
豊4급Ⅱ 80
風6급Ⅱ 34

피

跛1급 301
披1급 304
彼3급Ⅱ 141

皮3급Ⅱ 141
被3급Ⅱ 141
疲4급 101
避4급 101

필

疋1급 304
弼2급 213
泌2급 213
匹3급 169
畢3급Ⅱ 141
必5급Ⅱ 51
筆5급Ⅱ 51

핍

乏1급 304
逼1급 304

하

瑕1급 304
蝦1급 305
遐1급 305
霞1급 305
何3급Ⅱ 141
荷3급Ⅱ 141
賀3급Ⅱ 141
河5급 60

夏7급 28
下7급Ⅱ 22

학

瘧1급 305
壑1급 305
謔1급 305
虐2급 186
鶴3급Ⅱ 141
學8급 18

한

悍1급 305
澣1급 305
罕1급 305
翰2급 186
邯2급 188
旱3급 169
汗3급Ⅱ 141
恨4급 101
閑4급 101
限4급Ⅱ 80
寒5급 60
漢7급Ⅱ 22
韓8급 18

할

轄1급 305
割3급Ⅱ 142

함

函1급 305
涵1급 305
喊1급 306
檻1급 306
緘1급 306
銜1급 306
鹹1급 306
艦2급 186
咸3급 169
含3급Ⅱ 142
陷3급Ⅱ 142

합

盒1급 306
蛤1급 306
陜2급 213
合6급 41

항

缸1급 306
肛1급 306
亢2급 213
沆2급 213

巷3급 169
恒3급Ⅱ 142
項3급Ⅱ 142
降4급 82
抗4급 101
港4급Ⅱ 80
航4급Ⅱ 80
行6급 41

해

偕1급 306
楷1급 306
諧1급 306
咳1급 307
懈1급 307
邂1급 307
駭1급 307
骸1급 307
亥3급 169
奚3급 169
該3급 169
解4급Ⅱ 80
害5급Ⅱ 51
海7급Ⅱ 22

핵

劾1급 307

核 4급 101

행
杏 2급 213
行 6급 41
幸 6급Ⅱ 35

향
嚮 1급 307
饗 1급 307
享 3급 169
響 3급Ⅱ 142
鄕 4급Ⅱ 80
香 4급Ⅱ 80
向 6급 42

허
噓 1급 307
墟 1급 307
虛 4급Ⅱ 80
許 5급 60

헌
軒 3급 169
獻 3급Ⅱ 142
憲 4급 101

헐
歇 1급 307

험
險 4급 101
驗 4급Ⅱ 80

혁
爀 2급 214
赫 2급 214
革 4급 101

현
眩 1급 307
絢 1급 308
街 1급 308
弦 2급 186
峴 2급 214
炫 2급 214
鉉 2급 214
絃 3급 169
縣 3급 169
懸 3급Ⅱ 142
玄 3급Ⅱ 142
顯 4급 101
賢 4급Ⅱ 80

見 5급Ⅱ 43
現 6급Ⅱ 35

혈
穴 3급Ⅱ 142
血 4급Ⅱ 80

혐
嫌 3급 170

협
俠 1급 308
挾 1급 308
狹 1급 308
頰 1급 308
峽 2급 186
陜 2급 213
脅 3급Ⅱ 142
協 4급Ⅱ 81

형
荊 1급 308
型 2급 186
瑩 2급 203
瀅 2급 214
炯 2급 214
邢 2급 214

馨 2급 214
亨 3급 170
螢 3급 170
衡 3급Ⅱ 142
刑 4급 101
形 6급Ⅱ 35
兄 8급 18

혜
彗 1급 308
醯 1급 308
兮 3급 170
慧 3급Ⅱ 143
惠 4급Ⅱ 81

호
弧 1급 308
狐 1급 308
琥 1급 308
瑚 1급 309
糊 1급 309
濠 2급 186
昊 2급 214
晧 2급 214
皓 2급 214
壕 2급 215
扈 2급 215

澔 2급 215
祜 2급 215
鎬 2급 215
乎 3급 170
互 3급 170
毫 3급 170
浩 3급Ⅱ 143
胡 3급Ⅱ 143
虎 3급Ⅱ 143
豪 3급Ⅱ 143
呼 4급Ⅱ 81
好 4급Ⅱ 81
戶 4급Ⅱ 81
護 4급Ⅱ 81
湖 5급 60
號 6급 42

혹
酷 2급 187
惑 3급Ⅱ 143
或 4급 101

혼
渾 1급 309
昏 3급 170
魂 3급Ⅱ 143
婚 4급 102

混4급 102

홀

惚1급 309
笏1급 309
忽3급Ⅱ 143

홍

哄1급 309
虹1급 309
訌1급 309
泓2급 215
弘3급 170
鴻3급 170
洪3급Ⅱ 143
紅4급 102

화

靴2급 187
嬅2급 215
樺2급 215
禾3급 170
禍3급Ⅱ 143
華4급 102
貨4급Ⅱ 81
化5급Ⅱ 51
畫6급 42

和6급Ⅱ 35
花7급 28
話7급Ⅱ 23
火8급 18

확

廓1급 225
穫3급 170
擴3급 171
確4급Ⅱ 81

환

喚1급 309
宦1급 309
驩1급 309
鰥1급 309
幻2급 187
桓2급 215
煥2급 215
丸3급 171
換3급Ⅱ 143
還3급Ⅱ 143
歡4급 102
環4급 102
患5급 60

활

猾1급 310
闊1급 310
滑2급 187
活7급Ⅱ 23

황

凰1급 310
徨1급 310
恍1급 310
惶1급 310
慌1급 310
煌1급 310
遑1급 310
晃2급 215
滉2급 215
皇3급Ⅱ 144
荒3급Ⅱ 144
況4급 102
黃6급 42

회

恢1급 310
晦1급 310
誨1급 310
徊1급 311
繪1급 311
膾1급 311

蛔1급 311
賄1급 311
廻2급 187
檜2급 216
淮2급 216
悔3급Ⅱ 144
懷3급Ⅱ 144
灰4급 102
回4급Ⅱ 81
會6급Ⅱ 35

획

劃3급Ⅱ 144
獲3급Ⅱ 144
畫6급 42

횡

橫3급Ⅱ 144

효

哮1급 311
嚆1급 311
爻1급 311
酵1급 311
曉3급 171
效5급Ⅱ 51
孝7급Ⅱ 23

후

吼1급 311
嗅1급 311
朽1급 311
逅1급 312
喉2급 187
后2급 216
侯3급 171
候4급 102
厚4급 102
後7급Ⅱ 23

훈

暈1급 312
勳2급 187
壎2급 216
熏2급 216
薰2급 216
訓6급 42

훤

喧1급 312

훼

卉1급 312
喙1급 312

훼

毁3급 171

휘

彙1급 312
諱1급 312
麾1급 312
徽2급 216
輝3급 171
揮4급 102

휴

休2급 216
携3급 171
休7급 28

휼

恤1급 312

흉

兇1급 312
洶1급 312
匈2급 216
胸3급Ⅱ 144
凶5급Ⅱ 51

흑

黑5급 60

흔

欣1급 312
痕1급 313

흠

欠1급 313
歆1급 313
欽2급 216

흡

恰1급 313
洽1급 313
吸4급Ⅱ 81

흥

興4급Ⅱ 81

희

犧1급 313
噫2급 187
姬2급 187
熙2급 187
嬉2급 216
熹2급 216
憙2급 217
禧2급 217
羲2급 217
戱3급Ⅱ 144
稀3급Ⅱ 144
喜4급 102
希4급Ⅱ 81

힐

詰1급 313

한자능력검정시험
한자에서 사자성어까지

편저자 正漢研
발행인 朴海成
발행처 正進出版社

초판 1쇄 발행 2011년 10월 10일
6쇄 발행 2022년 11월 15일

주소 서울특별시 성북구 하월곡동 10-6호
대표전화 (02) 917-9900
Fax (02) 917-9907
Homepage www.jeongjinpub.co.kr
등록일 1989.12.20
등록번호 제6-95호
ISBN 978-89-5700-109-7 *13710

정가 9,000원

Copyrights ⓒ2011, 正進出版社
출판사의 허락 없이 이 책의 일부 또는 전부를 무단 복사·복제·전재할 수 없습니다.
*잘못 만들어진 책은 구입하신 서점에서 교환해 드립니다.

재미있는 원리로 배우는
한자능력검정시험 시리즈(전 5권)

쏙쏙 머리에 들어오는 한자, **척척** 붙는 한자능력검정시험!

컴퓨터로 분석한 출제빈도 높은 활용어 정리

한눈에 들어오는 짜임새 있는 편집 체재

재미있는 한자의 구성 원리를 그림과 함께 해설

한자를 쓰면서 익힐 수 있도록 연습란 구성

기출 및 예상문제 5회분 수록

재미있는 원리로 배우는 **한자능력검정시험 8.7급** | 국배판 104면 / 정가 7,000원

재미있는 원리로 배우는 **한자능력검정시험 6급** | 국배판 112면(6급Ⅱ 포함) / 정가 7,000원

재미있는 원리로 배우는 **한자능력검정시험 5급** | 국배판 120면 / 정가 8,000원

재미있는 원리로 배우는 **한자능력검정시험 4급** | 국배판 184면(4급Ⅱ 포함) / 정가 9,000원

재미있는 원리로 배우는 **한자능력검정시험 3급** | 국배판 256면(3급Ⅱ 포함) / 정가 9,500원

정진출판사 한자학습서 안내

한눈에 한권에 한손에 한자능력시험 끝내기 | 김양섭 편/국반판 640면
정가 8,000원

한눈에 한권에 한손에 고사성어 끝내기 | 정한연 편/4×6판 560면
정가 9,000원

한눈에 한권에 한손에 상공회의소 한자시험 끝내기 | 이수철 편/4×6판 576면
정가 10,000원

쓰면서 익히는 한자능력검정시험 8급~2급(전 8권) | 편집부 편/신국판 136~280면
각권 정가 4,000~7,000원

완풀[완전풀이] 千字文 | 진동일 글,그림/4×6배판 256면/부록 96면
정가 13,000원

완풀[완전풀이] 1800한자 끝내기 | 정한연 편/4×6배판 376면
정가 11,000원

부수로 원리로 끝내는 한자시험의 모든 것 | 정한연 편/신국판 592면
정가 12,000원

이솝이야기로 풀어본 이야기 술술! 한자 쑥쑥! ❶~❷ | 진동삼 저/4×6배판 146~200면
각권 정가 8,000원

급수별 완전정복 한자능력검정용 3500자 | 편집부 편/신국판 384면
정가 9,500원

컴퓨터 분석 한자능력검정용 3500자 | 편집부 편/4×6판 304면
정가 7,500원

한손으로 요약하는 한자능력검정용 3500자 | 정한연 편/국반판 변형 416면
정가 7,000원

漢字로 풀어본 수학·과학 학습용어사전 | 박희 편저/신국판 472면
정가 12,500원

적중 한자능력검정시험 5급~3급(전 3권) | 이상진·최상근 공저/국배판 104~152면
각권 정가 7,000~8,000원

풀어서 배우는 한자성어 Ⅰ~Ⅱ(전 2권) | 마종필 편저/4×6배판 208~216면
각권 정가 8,000원

이야기 漢文 공부 Ⅰ~Ⅲ(전 3권) | 송영일 저/각권 4×6배판 180면
각권 정가 7,000원

中國史로 풀어본 故事成語 | 이수철 저/4×6배판 184면
정가 5,500원

21세기 1800漢字 펜글씨 敎本 | 이상남 편저/4×6배판 176면
정가 5,500원

21세기 千字文 펜글씨 敎本 | 이상남 편저/4×6배판 152면
정가 5,000원

21세기 故事成語 펜글씨 敎本 | 이상남 편저/4×6배판 152면
정가 5,000원

正進出版社 www.jeongjinpub.co.kr